21世纪高等院校公共课精品教材

新高教金课建设系列　大信会计审计丛书

Business Ethics

商业伦理

（第二版）

叶陈刚　谢泽敏　连远强　主编

东北财经大学出版社
Dongbei University of Finance & Economics Press

大连

图书在版编目（CIP）数据

商业伦理 / 叶陈刚，谢泽敏，连远强主编. —2版. —大连：东北财经大学出版社，2020.6（2021.12重印）
（21世纪高等院校公共课精品教材）
ISBN 978-7-5654-3827-1

Ⅰ.商…　Ⅱ.①叶…②谢…③连…　Ⅲ.商业道德-高等学校-教材　Ⅳ.F718

中国版本图书馆 CIP 数据核字（2020）第 044078 号

东北财经大学出版社出版
（大连市黑石礁尖山街 217 号　邮政编码　116025）
网　　址：http：//www.dufep.cn
读者信箱：dufep@dufe.edu.cn
大连雪莲彩印有限公司印刷　　　东北财经大学出版社发行
幅面尺寸：170mm×240mm　字数：442千字　印张：21.25　插页：1
2020年6月第2版　　　　　　　　　2021年12月第3次印刷
责任编辑：李智慧　王　莹　孔利利　　　责任校对：和　众
封面设计：冀贵收　　　　　　　　　　　版式设计：钟福建

定价：45.00元

教学支持　售后服务　　联系电话：（0411）84710309
版权所有　侵权必究　　举报电话：（0411）84710523
如有印装质量问题，请联系营销部：（0411）84710711

新高教金课建设系列 大信会计审计丛书

编 委 会

第二版前言

21世纪是公民社会，弘扬公平正义，推进民主法制，倡导责任、道德和文化成为时代的主旋律。然而，从美国历史上最大诈骗案制造者前纳斯达克董事会主席麦道夫操作的"庞氏骗局"、美国硅谷美女伊丽莎白·福尔摩斯制造的微量血液检测60亿美元骗局，以黄光裕为代表的"中国福布斯权贵"纷纷被罚巨款、判重刑，到近年来"康美药业""大智慧""康得新"等知名企业与瑞华等中介机构由于财务舞弊和审计失败而被惩处的事件，折射出的深层次问题是：一些公司高管无视责任与法治，缺失道德与文化，毫无诚信与担当，而有关政府监管调控部门失职渎职亦难辞其咎。联合国前秘书长安南认为，由美国次贷危机引发的全球金融危机，本质上是华尔街金融寡头贪婪、欺诈和无知等商业伦理泯灭的结果。

国家兴亡，匹夫有责。政府公民、企业公民和自然公民唯有力行仁义礼智信，信内求财；讲求温良恭俭让，让中取利；依靠义务、良心、荣誉、节操建立友好关系，并配套法治规范，方能提升商业伦理道德水准，完善公司治理与商业诚信文化，增加企业精神财富，打造美丽企业，切实履行社会责任，促进市场经济发展，落实科学发展观，在建设有责任的大国与社会主义和谐社会进程中发挥积极作用，实现中华民族伟大复兴的中国梦。

在建设中国特色社会主义市场经济新时代，现代国家政府治理与社会经济可持续发展需要法律和道德共同发挥作用；必须坚持一手抓法治、一手抓德治，大力弘扬社会主义核心价值观（富强、民主、文明、和谐，自由、平等、公正、法治，爱国、敬业、诚信、友善），弘扬中华传统美德，培育社会公德、职业道德、家庭美德、个人品德；既重视发挥法律的规范作用，又重视发挥道德的教化作用，以法治体现道德理念、强化法律对道德建设的促进作用，以道德滋养法治精神、强化道德对法治文化的支撑作用，实现法律和道德相辅相成、法治和德治相得益彰，构建美丽强大中国。

我华夏之先人于远古时代即以"天干地支"作为载体。"天干"承载天之道，"地支"承载地之道。在天成象，在地成形，在人成运；天道与地道决定着人道，故设天干地支，以契天地人事之运。又"天干地支"之意义来自于树木：干者犹树之干也，支者犹树之枝也。倘至于行文之中，文之篇如树之干，文之章如树之枝。天、地、道、德、篇、章与中华传统文化一脉相承，古今相通。

早在18世纪，以《国富论》闻名天下的英国经济学代表人物亚当·斯密（Adam Smith，1723—1790），在其倾注了一生心血的名著《道德情操论》中就向世人强调："人在追求自身物质利益的同时要受道德观念的约束，不可伤害他人，而要帮助他人，人既要'利己'也要'利他'，道德与正义对于社会乃至于市场经济的运行至关重要。"同时，亚当·斯密告诫我们："自爱、自律、劳动习惯、诚实、公平、正义感、勇气、谦逊、公共精神以及公共道德规范等，所有这些都是人们在前往市场之前就必须拥有的。"[①]

19世纪西方思想家傅立叶（Fourier）明确指出，伦理协作是普遍的完善，在经营制度上有极光辉的一面；他把物质利益与情感的平衡视为善与美、有益与愉快的关系[②]。西方国家数百年市场经济发展历史表明：商业伦理道德对市场经济的健康运行具有重要意义。因为诚信与道德是市场经济和企业发展的基石。企业违反诚信规则无异于饮鸩止渴，不仅毁了自己，还会危害社会。美国学者理查德·比特纳在其著作的导读中认为，美国的次贷市场真是一个缺失"上帝之城"秩序的"地狱之城"，"次贷市场的很多经纪商是骗子、流氓、无赖、妓女、恶棍，他们形成了混乱的交易网，反映了交易背后的利益勾连，造成美国次贷危机的真相就是贪婪、欺诈和无知"[③]。

综观当今世界，经济、管理、法律、商务崇尚伦理道德，已经成为一种新的全球性发展趋势。优秀商业伦理道德的巨大力量以其"秩序与资源"的基本价值向这个时代充分展示出来，显示其勃勃生机。在英美及西欧、日本的较多先进企业内部逐步建立起严格的伦理制度和监管机制。据有关权威机构的调查与研究，大多数世界500强企业制定了成文的伦理准则来规范员工的行为。在前100强企业中，近90%的企业非常重视管理道德，有明确的伦理手册、伦理章程或管理伦理纲要。不少企业出现一种新型职位：伦理主管。国际企业界改变旧有偏见的经营观念，把企业目标定位在追求利润与推动社会良性循环的变迁上，使企业能够长久持续协调地生存下去并且发展壮大。经营业绩一直不俗的强生、惠普、波音、IBM等，因成功运营商业伦理而受到广泛推崇。

为了全面开展商业道德教育，加强商业道德建设，必须进行相关方面的理论研究和实践分析。然而，长期以来我国学者对这一领域关注不够、研究不多、著述较少。撰写本书正是作者为改变这一局面所做的努力。出版这本以高等学校经济、管理、法律等专业同学为主要教学对象的教材，极为必要。

本书在编写过程中力求体现以下特点：

1.实践性强，数据翔实

本书首次提出伦理经济并非从属于法治经济，伦理经济与法治经济同等重要，从而对伦理革命的地位做出重新诠释，强调商业伦理者必须做出伦理领导和伦理决策，从而前瞻性地预测伦理革命是一次伟大的管理变革。本书深刻剖析企业的失德行为并进行现实反思，提供关于我国商业伦理道德现状的资本市场的最新数据，并在此基础上提出商业伦理道德原则设计，阐述商业伦理道德规范机制、商业道德管理的实践组织。

---

① 斯密 A.道德情操论［M］.韩巍，译.北京：西苑出版社，2005.
② 宋希仁.西方伦理思想史［M］.北京：中国人民大学出版社，2004：475-486.
③ 理查德.贪婪、欺诈和无知——美国次贷危机真相［M］.覃扬眉，丁颖颖，译.北京：中信出版社，2008.

2.体系完备，便于应用

本书将商业伦理细分为商业伦理判断与道德决策、企业道德责任与社会责任、企业内部管理道德规范、企业对外经营道德规范、企业信用管理道德规范、企业会计与审计职业道德规范，角度比较新颖，内容也与国内外同类图书有所不同。此外，作者密切联系中国政策动态，提出商业伦理必须借助伦理道德建立强有力的自律机制与他律机制，伦理道德必须在一定程度上与法律法规相配合，以提高企业经营管理的水平。最后，作者关注商业伦理领域内比较前沿的研究议题，比如电子商务环境下的新伦理议题、全球商业伦理、构建伦理型企业等，紧随时代潮流，具有宝贵的应用价值。

3.体例活泼，易于教学

本书在内容安排、体例设计、写作方法等方面独具匠心，采取弹性的教学内容与学时安排，便于教师根据不同情况授课，结合经济、管理、法律等专业教学特点，每一章都配合以经典名言警句、主要知识点、关键概念、引言、复习思考练习题、案例讨论题，便于学生课堂讨论和复习，培养学生解决实际伦理道德问题的能力。

本书是国家社会科学基金重点项目（13AZD002）、国家自然科学基金项目（70672060）、世界银行委托财政部招标课题"中国会计人员职业道德规范"项目（2018）与教育部人文社会科学规划项目（06JA630014）的研究成果。本书由叶陈刚（国务院学位办全国审计专业学位研究生教育指导委员会委员、中国注册会计师协会职业道德准则委员会委员、大信会计师事务所审计研究院副院长，对外经济贸易大学教授、博士生（后）导师，大信审计发展研究中心主任、现代会计与审计研究所所长、中国学位与研究生教育学会审计分会副会长，中国管理现代化研究会管理思想与商业伦理专业委员会副主任委员，《中国审计评论》执行主编，中国对外经贸会计学会学术委员会秘书长，云南工商学院特聘教授）、谢泽敏（大信会计师事务所总裁、管委会执行副主任、中国注册会计师、高级会计师）与连远强（中国管理现代化研究会管理思想与商业伦理专业委员会秘书长，扬州大学人文社科处处长、教授）担任主编，全面设计篇章架构，并分别执笔第1、3、4章及总纂定稿全书；副主编由徐素波（黑龙江八一农垦大学经济管理学院院长、教授）、梁瑶（江苏扬州杨杰电子科技股份有限公司执行总裁、中国管理现代化研究会管理思想与商业伦理专业委员会副秘书长）、和森勤（中国新高教集团经营分析部副总经理）与杨存博（郑州升达经贸管理学院科研处处长）担任，并分别执笔第5、6、7、8章；山东财经大学教授黄少英博士执笔第2章；吉林财经大学会计学院王海菲副教授执笔第9章；北京化工大学叶淑林执笔第10章；广东外语外贸大学南国商学院教授杜勇博士执笔第11章；北京第二外国语学院商学院副教授武剑锋博士执笔第12章。

由于商业伦理是在商业道德实践中发展起来的新领域，故本书针对股东、董事、独立董事、监事、公司高层管理者、对企业关注的社会公众、企业员工等实践主体，探讨了具有可操作性的商业道德管理方法和手段，对我国商业道德实践具有一定的指导意义。我们对被引用的各位作者表示感谢！同时，我们真诚感谢长期以来关心、帮助和支持作者学习、工作与生活的各位老师、领导、亲人、朋友、同事和同学们！

本书全面阐述了商业伦理的思想体系、理论框架与实践方法，在查阅与研究中外大量文献资料的基础上，结合国内外社会经济生活中严重的诚信缺失情况以及突出的商业伦理问题，全面进行商业伦理现状分析，提出了一系列新颖、独到的观点，构建了商业伦理理论及其应用体系。

本书适用于普通高等院校管理类专业、经济类专业、法律类专业、MBA专业学位及MPAcc专业学位与本科生的商业伦理学课程教材，也可供在职管理、经济与法律人士学习和参考。

我们的目标是编写一本高水平的《商业伦理》教材，以便为培养新型企业人才发挥积极作用，但由于本书选题属于现代管理学科前沿课题，可供借鉴与参考的资料有限以及我们的水平所限，因此撰写难度较大。加之撰写本书时间较紧，书中难免存在不妥和疏漏之处，衷心地希望能够得到学界同仁、实务界的朋友以及广大读者的批评指正，在今后的教学实践中我们会使本教材不断得到完善。

叶陈刚

2020年5月18日于北京惠园

目　录

第1章　绪　论 ·· 1

　　经典名言警句 ·· 1

　　主要知识点 ·· 1

　　关键概念 ·· 2

　　【引言】向道德模范学习！习近平这样为他们"点赞" ·········· 2

　　1.1　加强商业伦理道德建设的重要意义 ···················· 3

　　1.2　道德、中华美德与社会主义核心价值观 ················ 9

　　1.3　社会公德与职业道德概念及其特征 ···················· 18

　　1.4　商业伦理的研究内容、任务与背景 ···················· 21

　　复习思考练习题 ·· 24

　　【案例讨论题】德诚信：铸同仁堂金字招牌 ·················· 26

第2章　商业伦理道德原则 ································ 28

　　经典名言警句 ·· 28

　　主要知识点 ·· 28

　　关键概念 ·· 29

　　【引言】关于表彰第七届全国道德模范的决定 ··············· 29

　　2.1　集体主义原则：打造优秀团队 ························ 30

　　2.2　诚实守信原则：企业经营之灵魂 ······················ 31

　　2.3　义利统一原则：现代企业强大之源泉 ·················· 32

　　2.4　公平与效率兼顾原则：企业和谐发展之根本 ············ 35

　　复习思考练习题 ·· 39

　　【案例讨论题】文化引领　厚德载物——山西天元集团绿色发展的启示 ··· 41

第3章　商业伦理判断与道德决策 ························ 43

　　经典名言警句 ·· 43

　　主要知识点 ·· 43

　　关键概念 ·· 43

　　【引言】共铸诚信　有你有我 ···························· 44

　　3.1　道德风险、囚徒困境与逆向选择 ······················ 45

　　3.2　商业伦理判断及其影响因素 ·························· 48

　　3.3　商业伦理道德评价理论 ······························ 51

　　3.4　商业道德决策流程设计 ······························ 57

　　　　复习思考练习题 ⋯⋯⋯⋯⋯⋯⋯⋯⋯⋯⋯⋯⋯⋯⋯⋯⋯⋯⋯⋯⋯ 61

　　　　【案例讨论题】海南航空公司文化 ⋯⋯⋯⋯⋯⋯⋯⋯⋯⋯⋯⋯⋯⋯ 63

第4章　企业道德责任与社会责任 ⋯⋯⋯⋯⋯⋯⋯⋯⋯⋯⋯⋯⋯⋯ **65**

　　经典名言警句 ⋯⋯⋯⋯⋯⋯⋯⋯⋯⋯⋯⋯⋯⋯⋯⋯⋯⋯⋯⋯⋯⋯⋯ 65

　　主要知识点 ⋯⋯⋯⋯⋯⋯⋯⋯⋯⋯⋯⋯⋯⋯⋯⋯⋯⋯⋯⋯⋯⋯⋯⋯ 65

　　关键概念 ⋯⋯⋯⋯⋯⋯⋯⋯⋯⋯⋯⋯⋯⋯⋯⋯⋯⋯⋯⋯⋯⋯⋯⋯⋯ 65

　　【引言】百孝篇 ⋯⋯⋯⋯⋯⋯⋯⋯⋯⋯⋯⋯⋯⋯⋯⋯⋯⋯⋯⋯⋯⋯ 66

　　4.1　企业社会责任的本质：道德责任 ⋯⋯⋯⋯⋯⋯⋯⋯⋯⋯⋯⋯ 67

　　4.2　企业社会责任的理论基础与内容要求 ⋯⋯⋯⋯⋯⋯⋯⋯⋯ 70

　　4.3　企业社会回应与企业社会表现 ⋯⋯⋯⋯⋯⋯⋯⋯⋯⋯⋯⋯ 76

　　4.4　企业社会责任的评价体系 ⋯⋯⋯⋯⋯⋯⋯⋯⋯⋯⋯⋯⋯⋯ 78

　　复习思考练习题 ⋯⋯⋯⋯⋯⋯⋯⋯⋯⋯⋯⋯⋯⋯⋯⋯⋯⋯⋯⋯⋯ 85

　　【案例讨论题】华为扛起重大社会责任：科技创新 ⋯⋯⋯⋯⋯⋯ 86

第5章　企业内部管理道德规范 ⋯⋯⋯⋯⋯⋯⋯⋯⋯⋯⋯⋯⋯⋯⋯ **89**

　　经典名言警句 ⋯⋯⋯⋯⋯⋯⋯⋯⋯⋯⋯⋯⋯⋯⋯⋯⋯⋯⋯⋯⋯⋯⋯ 89

　　主要知识点 ⋯⋯⋯⋯⋯⋯⋯⋯⋯⋯⋯⋯⋯⋯⋯⋯⋯⋯⋯⋯⋯⋯⋯⋯ 89

　　关键概念 ⋯⋯⋯⋯⋯⋯⋯⋯⋯⋯⋯⋯⋯⋯⋯⋯⋯⋯⋯⋯⋯⋯⋯⋯⋯ 89

　　【引言】企业家的道德修养与实践 ⋯⋯⋯⋯⋯⋯⋯⋯⋯⋯⋯⋯⋯ 90

　　5.1　企业与股东：投资者是企业的上帝 ⋯⋯⋯⋯⋯⋯⋯⋯⋯⋯ 91

　　5.2　董事会、独立董事与监事会的道德责任 ⋯⋯⋯⋯⋯⋯⋯⋯ 98

　　5.3　企业管理者道德人格的塑造 ⋯⋯⋯⋯⋯⋯⋯⋯⋯⋯⋯⋯⋯ 103

　　5.4　企业与员工：同舟共济，风险共担 ⋯⋯⋯⋯⋯⋯⋯⋯⋯⋯ 110

　　复习思考练习题 ⋯⋯⋯⋯⋯⋯⋯⋯⋯⋯⋯⋯⋯⋯⋯⋯⋯⋯⋯⋯⋯ 118

　　【案例讨论题】海尔企业文化：真诚到永远 ⋯⋯⋯⋯⋯⋯⋯⋯⋯ 120

第6章　企业对外经营道德规范 ⋯⋯⋯⋯⋯⋯⋯⋯⋯⋯⋯⋯⋯⋯⋯ **123**

　　经典名言警句 ⋯⋯⋯⋯⋯⋯⋯⋯⋯⋯⋯⋯⋯⋯⋯⋯⋯⋯⋯⋯⋯⋯⋯ 123

　　主要知识点 ⋯⋯⋯⋯⋯⋯⋯⋯⋯⋯⋯⋯⋯⋯⋯⋯⋯⋯⋯⋯⋯⋯⋯⋯ 123

　　关键概念 ⋯⋯⋯⋯⋯⋯⋯⋯⋯⋯⋯⋯⋯⋯⋯⋯⋯⋯⋯⋯⋯⋯⋯⋯⋯ 124

　　【引言】信守诺言　取信于民 ⋯⋯⋯⋯⋯⋯⋯⋯⋯⋯⋯⋯⋯⋯⋯ 124

　　6.1　企业与购销客户：顾客就是上帝 ⋯⋯⋯⋯⋯⋯⋯⋯⋯⋯⋯ 125

　　6.2　企业与竞争者：互惠互利，实现双赢 ⋯⋯⋯⋯⋯⋯⋯⋯⋯ 132

　　6.3　企业对国家：遵纪守法，及时足额纳税 ⋯⋯⋯⋯⋯⋯⋯⋯ 138

　　6.4　企业热心慈善与公益活动，做优秀企业公民 ⋯⋯⋯⋯⋯⋯ 142

　　复习思考练习题 ⋯⋯⋯⋯⋯⋯⋯⋯⋯⋯⋯⋯⋯⋯⋯⋯⋯⋯⋯⋯⋯ 153

　　【案例讨论题】李嘉诚：超人、诚商、善人之道 ⋯⋯⋯⋯⋯⋯⋯ 155

第7章　企业信用管理道德规范 ·· 158

经典名言警句 ··· 158

主要知识点 ·· 158

关键概念 ··· 159

【引言】国务院办公厅关于加快推进社会信用体系建设
　　　　构建以信用为基础的新型监管机制的指导意见 ····· 159

7.1　契约经济、道德契约与信用机制 ····················· 164

7.2　企业信用管理道德要求：履行契约，信守诺言 ····· 167

7.3　企业信用管理模式的比较与选择 ····················· 170

7.4　我国企业信用管理体系 ································· 175

复习思考练习题 ··· 181

【案例讨论题】安然–安达信：不守信用，自毁前程 ····· 183

第8章　会计假账与财务舞弊道德对策 ·· 185

经典名言警句 ··· 185

主要知识点 ·· 185

关键概念 ··· 185

【引言】国务院关于建立完善守信联合激励和失信联合惩戒制度
　　　　加快推进社会诚信建设的指导意见 ··············· 186

8.1　利益驱动、信息不对称及会计败德行为 ············· 191

8.2　权钱交易、腐败寻租与会计假账 ····················· 196

8.3　上市公司会计假账与财务舞弊的内涵手段 ··········· 201

8.4　上市公司会计假账与财务舞弊的道德对策 ··········· 211

复习思考练习题 ··· 216

【案例讨论题】证监会2019年最新调查牵出瑞华"连环雷"
　　　　　　　——已连累40多家公司，成中国版"安然事件" ······ 217

第9章　企业会计与审计职业道德规范 ·· 220

经典名言警句 ··· 220

主要知识点 ·· 220

关键概念 ··· 221

【引言】把诚信教育放在首位 ································· 221

9.1　市场经济对企业会计道德的影响 ····················· 222

9.2　为会计行业营造良好的社会道德环境 ················· 225

9.3　会计职业道德规范要求 ································· 228

9.4　注册会计师审计职业道德规范要求 ··················· 231

复习思考练习题 ··· 241

【案例讨论题】康美药业财务造假与正中珠江会计师事务所
　　　　　　——虚构财务报告与未勤勉尽责 ················· 243

第10章　商业伦理道德范畴 ····························· 246

经典名言警句 ······································· 246

主要知识点 ··· 246

关键概念 ·· 247

【引言】社会信用体系建设规划纲要（2014—2020年）·········· 247

10.1　履行商业道德义务 ······························ 250

10.2　培育商业道德良心 ······························ 253

10.3　珍惜商业道德荣誉 ······························ 256

10.4　坚守商业道德节操 ······························ 259

10.5　锤炼商业道德品质 ······························ 261

复习思考练习题 ······································ 264

【案例讨论题】宁可辞职　绝不做假：一位上市公司CFO的明智抉择 ··· 265

第11章　商业伦理道德实践活动 ························· 269

经典名言警句 ······································· 269

主要知识点 ··· 269

关键概念 ·· 270

【引言】古有陶朱公范蠡：草民成千古商圣 ················· 270

11.1　商业道德行为的选择 ····························· 271

11.2　大力开展商业道德教育 ··························· 275

11.3　商业道德修养实践原则与方法 ······················ 278

11.4　商业道德境界的层次与升华 ······················· 281

复习思考练习题 ······································ 283

【案例讨论题】万达集团召开廉洁与遵章守纪教育大会 ·········· 285

第12章　商业伦理道德机制构建 ························· 287

经典名言警句 ······································· 287

主要知识点 ··· 287

关键概念 ·· 288

【引言】今有胡雪岩：帮助左宗棠收复新疆 为国理财 ··········· 288

12.1　道德自律与他律理念及关系的辨析 ··················· 289

12.2　商业伦理道德自律机制 ··························· 292

12.3　商业伦理道德他律机制 ··························· 298

12.4　商业伦理道德评价机制 ··························· 301

12.5　商业伦理文化与和谐社会建设 ······················ 310

复习思考练习题 ·· 313

【案例讨论题】大诚于人，信通天下：大信会计师事务所七十载 ······ 315

附录 国务院办公厅关于加强个人诚信体系建设的指导意见 ·············· 319

主要参考文献 ·· 324

第1章

绪　论

经典名言警句

太上有立德，其次有立功，其次有立言；虽久不废，此之谓不朽。

——《左传》

道可道，非常道。名可名，非常名。

道生之，德畜之，物形之，势成之。

是以万物莫不尊道而贵德。

道之尊，德之贵，夫莫之命而常自然。

故道生之，德畜之；长之育之；成之熟之；养之覆之。

生而不有，为而不恃，长而不宰。是谓玄德。

上善若水，水善利万物而不争。

居善地，心善渊，与善仁，言善信，政善治，事善能，动善时。

——老子《道德经》

使命呼唤担当！使命引领未来。我们要不负人民重托、无愧历史选择，在新时代中国特色社会主义的伟大实践中，以党的坚强领导和顽强奋斗，激励全体中华儿女不断奋进，凝聚起同心共筑中国梦的磅礴力量！

——党的十九大报告

做人比做事更重要，道德比才能更重要，诚信比知识更重要！

——佚名

主要知识点

1.商业伦理道德建设的时代价值。

2.道德、社会公德、职业道德社会功能。

3.商业道德与商业伦理学的定义及关系。

4.商业伦理学的构成、特征、功能与内容。

5.商业伦理的展开方式与关注方法。

关键概念

社会公德（social morality）

职业道德（professional ethic）

伦理学（ethics）

商业伦理（business ethics）

【引言】

向道德模范学习！习近平这样为他们"点赞"

习近平总书记近日（2019-09-07）对全国道德模范表彰活动做出重要指示，向受表彰的全国道德模范致以热烈的祝贺。他强调，"要广泛宣传道德模范的先进事迹""着力培养担当民族复兴大任的时代新人""为奋进新时代、共筑中国梦提供强大精神力量和道德支撑"。

一直以来，总书记高度重视社会主义精神文明建设特别是思想道德建设，他曾多次亲切会见全国道德模范，就加强社会主义思想道德建设，发挥道德模范的榜样作用，做出一系列重要指示，为推进思想道德建设指明了前进方向，提供了根本遵循。

正值第七届全国道德模范评选表彰之际，央视网《联播+》栏目特从其中选取典型人物，和您一起学习他们身上的闪光点。

人物1：刘传健

故事：2018年5月14日，川航3U8633航班从重庆至拉萨飞行任务中，在万米高空突然发生驾驶舱风挡玻璃爆裂脱落、座舱释压的紧急状况，航班机长刘传健，凭借二十年的飞行经验，手动操纵，成功处置航班险情，确保机上119名乘客安全。

你们化险为夷的英雄壮举感动了无数人。得知你们的英雄事迹，我很感动，为你们感到骄傲。

——2018年9月30日，在会见四川航空"中国民航英雄机组"全体成员时的讲话

人物2：张富清

故事：71年前，张富清是西北野战军的突击队员，冒着枪林弹雨，战功卓著，是董存瑞式的战斗英雄。64年前，他退役转业，主动选择到湖北省最偏远的来凤县工作，为贫穷山区奉献一生。老英雄张富清60多年深藏功名，一辈子坚守初心、不改本色，事迹感人。在部队，保家卫国；到地方，为民造福。

——2019年5月，对张富清同志先进事迹做出重要指示

人物3：卓嘎、央宗姐妹

故事：西藏自治区山南市隆子县玉麦乡牧民卓嘎、央宗姐妹，始终秉持"家是

玉麦，国是中国，放牧守边是职责"的坚定信念，几十年如一日，守护着祖国的领土。

希望你们继续传承爱国守边的精神，带动更多牧民群众像格桑花一样扎根在雪域边陲，做神圣国土的守护者、幸福家园的建设者。

——2017年10月28日，给卓嘎、央宗姐妹回信

资料来源 郭泽华. 向道德模范学习！习近平这样为他们"点赞"[EB/OL]. [2019-09-07]. http://www.chinanews.com/gn/2019/09-0718950173.shtml.

开展商业伦理结构与道德治理机制等重大问题的探讨、研究与教育具有重要的理论价值与积极的现实意义。

1.1 加强商业伦理道德建设的重要意义

1.1.1 道德伴随着社会经济关系变化而变化

1）伦理道德理念及其变迁

作为一种以社会经济为基础的上层建筑和意识形态，伦理道德是通过人们的意识所形成的思想的社会关系，反映着社会关系的特殊方面。由于道德的性质取决于社会经济关系的性质，故而社会经济关系的变化必然会引起道德的变化。

从过往的历史和理论研究表明，商业伦理决定着企业与社会的可持续发展。随着经济社会的发展，公司的快速成长导致股权的分散，股东的核心控制地位日益受到威胁，公司权力不再完全掌握在股东手里。因此，社会正朝着美国经济学家阿道夫·贝利和米恩斯所说的"新的公司活动"和"将公司利益置于社会利益之下"的方向发展。其中，新的公司活动，是指公司既不像过去那样单纯地为股票持有人的利益服务，又不像现在这样被公司管理者用来为自己牟取私利，所有者的要求和管理者的要求都不能违反社会的持久利益。

之所以会出现这样的趋势，新制度学派的主要代表人物加尔布雷斯在《新工业国》一书中指出：现代公司的权力已经从资本家手里转移到技术结构阶层手里，因为谁掌握了不可或缺的生产要素的供给，谁就拥有权力。200多年前，土地是最重要的生产要素，所以地主掌权；后来资本代替了土地，于是权力转移到资本家手里；现在，专业知识取代了资本，因此，专业知识的拥有者——技术结构阶层掌握了权力。因为资本家不再掌权，所以现代公司的目标已经发生了根本性变化。股东或者资本家有追求利润最大化的动力，但是技术结构阶层或者说职业经理人阶层没有这样的动力，因为他们的主要收入是薪水和奖金。出于自身利益的考虑，这个掌权阶层最希望公司获得稳定的可持续发展，而要达到这样的目的，就需要在考虑股东利益的同时，顾及员工、债权人、供应商、用户以及所在社区及经营者的利益，要实现所有利益相关方的利益最大化。遵循商业伦理的多方合作，并由此营造最合理的公平和效率，是实现这种经营目标的必经之路。

2) 在实现经济现代化同时必须实现道德现代化

还应看到,即使处于同一社会形态,社会道德状况也会随着社会经济关系的某些局部变化而相应地发生着变化。生活在某一社会经济关系形态中的人们,在这一社会经济关系内部的某些方面产生某些或大或小的变化时,他们就会伴随着对他人利益和自身利益认识的发展而不断地在自己的社会道德中注入新的时代内容,或者赋予原有的社会道德以新的现实意义,从而体现着时代要求,推动着人类及其道德的全面进步。

我国经济体制改革的目标,是建立和完善社会主义市场经济体制,从而使我国传统道德体系面临着前所未有的巨大挑战,也给我国的社会道德提出了许多崭新的课题。为了保持我国特色,必须在实现经济现代化的同时,实现道德现代化。

3) 加强社会主义道德建设要注意做到"两破两立"

我们在进行社会主义道德建设时,首先要注意做到"两破两立"。

两破是指:一破"左"的观念,要破除"左"倾思想影响,破除形形色色阻碍社会主义市场经济发展的"左"的观念,主要有重农轻商、重义轻利和平均主义等思潮;二破"旧"的观念,要破除与传统封建小农生产方式相联系的各种伦理道德观念、商品价值观念以及资产阶级的腐朽道德观念。

两立是指:第一,建立与社会主义市场经济体制相适应的道德规范体系、商品、市场与价值观念体系以及社会信用体系,以期推进社会主义市场经济建设。

中共十一届三中全会以来,在市场经济的刺激和推进下,与社会主义市场经济相配套的新价值思想体系和道德规范体系正在形成过程中,投身建设、讲求效益的价值准则正在逐步取代空谈政治、不讲效果的价值准则;义利并重的价值倾向正在逐步取代重义轻利的价值倾向;独立自主、自强不息的价值主体正在逐步取代自我压制、不图进取的价值主体。

第二,建立以共产主义理想教育为代表的职业道德教育、集体主义和爱国主义教育体系。还应看到,越是搞市场经济,社会就越要提醒人们应该有理想,讲道德,要有社会主义、爱国主义和集体主义精神,方能在市场经济海洋中保持头脑清晰,扬帆远航,否则就可能触礁搁浅,甚至船毁人亡,被市场经济的大潮淹没。

4) 社会主义道德建设与精神文明建设同时推进

党和国家十分重视精神文明建设,广大人民群众也迫切要求改变前些年出现的道德大滑坡局面。事实上,早在1983年邓小平同志就明确指出:"现在我们要特别注意建设物质文明。与此同时,还要建设社会主义的精神文明,最根本的是要使广大人民有共产主义的理想、有道德、有文化、守纪律。"[①]

中华人民共和国成立七十年来的社会主义建设实践经验告诫人们,社会主义现代化建设必须坚持"精神文明和物质文明两手抓,两手都要硬"的方针。这是因为精神文明建设为物质文明建设指明了发展方向,并为其提供智力条件,而物质文明

---

① 邓小平. 建设社会主义物质文明和精神文明［M］//邓小平文选:第3卷. 北京:人民出版社,1993:28.

建设则为精神文明建设提供了必要的外在条件和物质基础。因此两者相辅相成，相互依存，密切关联，不可分离，如人之两手，鸟之两翼，车之两轮。

精神文明建设包括两大方面：思想道德建设和科学文化建设。显然，道德建设是精神文明建设的核心内容，其根本目的在于提高人们的思想水平和政治觉悟，而社会主义思想道德集中体现着社会主义精神文明建设的性质和方向，对社会政治经济的发展具有巨大的能动作用。在改革和现代化建设的整个过程中，思想道德建设的基本任务是：坚持爱国主义、集体主义、社会主义教育，加强社会公德、职业道德和家庭美德建设，引导人们树立建设有中国特色社会主义的共同理想和正确的世界观、人生观、价值观。

1.1.2 加强商业道德建设的重要性

加强商业道德建设的目的，是促使企业员工不断追求崇高的商业道德观念，达到更高的商业道德境界，锻炼出高尚的商业道德品质，从而在企业工作的时候，廉洁奉公、忠于职守、勤俭理财、全心全意为人民服务。

1) 加强商业道德建设是培养企业"四有"新人的重要措施

对于企业员工来说，"四有"新人的要求是："有理想"就是要把全体人民共同的、远大的共产主义理想与本职企业工作紧密结合起来，敬业爱岗，树立企业职业理想；"有道德"就是要把社会主义道德规范落实到本职工作之中，培养高尚的商业道德品质，形成良好的商业道德风尚；"有文化"就是要具有较高的现代科学文化修养，精通企业专业知识，熟悉公司规章制度，能做好企业专业工作；"有纪律"就是要遵守党纪国法，履行单位规章制度。其集中表现为：在坚持四项基本原则的基础上，在企业职业工作中，自觉遵守公司法规，恪守企业岗位准则，完成企业责任工作。以上四个方面的修养是相互促进、相互联系的。其中对科学文化的学习和提高，不少人在所谓的"读书无用论"的思潮影响下有所忽视，没有掌握丰富的专业知识和过硬的专业技能，这当然是不对的。只有掌握丰富的专业知识和过硬的专业技能的人，才能独立解决好企业的实际问题，胜任企业岗位的工作。但是，仅仅掌握科学文化知识是不够的，企业还应该特别强调商业道德品质的锤炼，才能提高工作队伍的政治素质和道德水准，从而在企业后备队伍中造就出一代又一代的"四有"新人。

2) 加强商业道德建设是提高企业员工道德水平的有效手段

商业道德建设中的一个重要内容就是运用科学的马克思主义伦理道德理论、先进的现代管理理论和知识加强对企业员工的商业道德教育建设，从而提高企业员工的商业道德意识。在商业道德品质的形成过程中，客观社会条件、企业活动环境、个人的经历虽然都起着重要作用，但人是一个自觉的能动的主体，因此，在工作中，企业员工如何行动是有自己的认识和选择的。外部环境只有通过人的内因才能发挥作用，形成优秀的道德品质。所以说，一个企业员工道德水平的高低，在很大程度上，取决于其商业道德修养的自觉程度。商业道德不同于公司法纪的一个重要方面就是商业道德不是通过强制的、无条件的规定执行，而是通过内心信念力量的作用，反映人们自觉的行动。所以，在商业道德评价中，对依照商业道德要求自觉遵守某种商业道德原则和规范的行为，与在社会舆论压力下遵守这些商业道德原则和规范的行为，两者有所不同。前者才是真正的有道德的行为。企业员工在形成和完善自身商业道德品质的过程中，既要解决客观商业道德要求和自己主观认识之间的矛盾，又要解决在个人思想中反映不同社会影响的商业道德观念之间的矛盾。

目前，剥削阶级道德的影响有一定的市场，时刻侵袭和腐蚀企业员工的思想，破坏社会风气，这对于我们企业队伍的消极影响不容低估。要抵制没落腐朽思想的影响，必然要用先进的商业道德武装企业员工的头脑，提高他们的商业道德水平，而加强商业道德建设，进行商业道德教育和商业道德修养是提高企业员工道德水平的根本途径。

3）加强商业道德建设，有利于企业领域反腐倡廉，纠正企业不正之风

社会主义市场经济建设的全面开展，一方面给在企业领域进行的反腐败斗争提出了新的严峻挑战；另一方面又给在企业领域进行的创廉洁风尚带来新的课题。因为，市场经济是一把"双刃剑"。市场经济在发挥巨大效应的同时，也有其天然的负效应。市场经济的竞争原则会刺激一些人的投机心理和不正当竞争行为；市场经济的等价交换原则会自觉不自觉地渗透到人际关系之中，渗透到党内的政治生活和行政行为中去，诱发新形式的权钱交易和以权谋私；在市场经济中适度投机行为的合法性导致某些人的投机诈骗行为；市场经济的价值取向在讲效益、讲盈利、激励人们的时候，也很容易使人滋生极端利己主义思想和个人自私行为，对爱国主义、社会主义和集体主义思想产生强大冲击。

滋生消极腐败现象的原因众多。之所以能呈现其蔓延发展的态势是由于源源不断的公款支持，而这些公款大多是经企业员工之手流入腐败分子手中，故而从客观上助长了消极腐败现象。当然，公款流失主要是由单位负责人一支笔批准报销造成的，但与企业员工屈从压力，不坚持原则，迎合领导心意，不能说不无关系。值得注意的是，消极腐败现象的蔓延发展，严重地破坏并阻碍社会主义市场经济体制的正常发展和现代化经济建设，因此，引起了广大人民群众的强烈不满，已经成为某些地方和单位不安定的重要因素。国内外资本证券市场上市公司十大造假案见表1-1。

只有加强商业道德规范来武装企业员工的头脑，使他们能用商业道德来规范、指导自己的行为，逐渐形成商业道德责任心和荣誉感，正确地使用自己的企业权利，忠实地履行自己的企业义务，才能使企业员工自觉地维护财经制度，遵守财经企业纪律，有权不搞特殊化，严于律己，清正廉洁。

1.1.3 加强商业道德建设的客观必然性

在进行中国特色社会主义现代化建设的今天，加强商业道德建设不仅具有上述的重要性，而且具有其客观必然性。这是因为：

表 1-1　　　　　　　　　　　国内外资本证券市场上市公司十大造假案

上市企业	注册会计师/会计师事务所	造假年份	造假手法	造假金额
美国雷曼兄弟公司（158年历史，2008年9月15日破产保护）	安永国际会计师事务所	2007年第4季度、2008年第1、2季度	"回购105"或"回购108"的会计手段粉饰账面	分别隐藏问题资产390亿美元、490亿美元、500亿美元
美国安然公司	安达信国际会计师事务所	1997—2000年	各类子公司和合伙公司数量超过3 000个，虚夸收入和利润，隐藏的债务高达数10亿美元	利用关联交易共虚报5.52亿美元盈利
美国施乐公司	毕马威国际会计师事务所	1997—2000年	虚报营业收入和税前利润	虚报近30亿美元的营业收入和15亿美元的税前利润
意大利帕玛拉特公司	均富国际会计师事务所	1988—2003年	伪造文件虚报银行存款，然后以高估的资产举债利用关联方和设立投资基金转移资金；利用衍生金融工具和复杂的财务交易掩盖负债	在过去15年中，公司管理者通过伪造会计记录，以虚增资产的方法掩盖累计高达162亿美元的负债漏洞
科龙电器	德勤华永会计师事务所	2002—2004年	利用虚假银行收付款凭证、银行存款账簿记录、银行对账单等低劣手段，隐瞒每笔资金的转入转出，同时伪造企业印章，虚构科龙电器的销售收入，并且通过少提坏账准备、少计诉讼赔偿编制虚假报表	分别虚增利润1.2亿元、1.14亿元、1.49亿元
金亚科技	广东大华德律会计师事务所	2014年	虚构客户、伪造合同、伪造银行单据、伪造材料产品收发记录、隐瞒费用支出等方式虚增利润	金亚科技2014年年度报告合并财务报表共计虚增营业收入73 635 141.10元，虚增营业成本19 253 313.84元，少计销售费用3 685 014.00元，少计管理费用1 320 835.10元，少计财务费用7 952 968.46元，少计营业外收入19 050.00元，少计营业外支出13 173 937.58元，虚增利润总额80 495 532.40元

上市企业	注册会计师/会计师事务所	造假年份	造假手法	造假金额
大智慧	立信会计师事务所	2013年	提前确认收入、延后确认成本支出等方式	虚增2013年度利润1.2亿余元
振隆特产	瑞华会计师事务所	2012—2014年	采用虚增出口销售单价方式虚增利润；通过调节出成率、调低原材料采购单价以及未在账面确认已处理霉变存货损失的方式虚增利润和存货	公司2012年、2013年、2014年分别虚增利润1 962.43万元、2 863.19万元、2 790.56万元
万福生科	中磊会计师事务所	2009—2011年	自编营业收入、营业利润、净利润分别为累计9.89亿元、1.28亿元及1.21亿元，但若非造假，其真实业绩仅为累计5.29亿元、0.13亿元、0.2亿元，隐瞒了2012年上半年停产的事实；自买自卖、虚构客户、彻头彻尾的欺骗行为	累计虚增收入7.4亿元左右，即利润、净利润中有90%、84%为造假
长春长生	致同会计师事务所	2018年	一是未按规定披露问题疫苗不符合标准以及停产和召回的相关信息；二是披露子公司产品有关情况的公告存在误导性陈述及重大遗漏；三是未披露被吉林药监局调查的信息；四是违规披露狂犬疫苗GMP证书失效致主业停产以及该证书重新获取的情况；五是披露的2015年至2017年年报及内部控制自我评价报告存在虚假记载	
康得新	瑞华会计师事务所	2019年	持续时间长、涉案金额巨大、手段极其恶劣、违法情节特别严重	账面150亿元的虚假现金资产，虚增利润119亿元

资料来源　根据美国证监会网站、中国证监会网站、《中国会计报》等有关资料整理.

第一，我国目前正处于社会主义初级阶段，经济体制改革的根本目标是建立卓有成效的社会主义市场经济体制，因此与自然经济和产品经济相比，我国经济成分复杂得多，社会生产方式及人们的生活方式有了很大变化，国家、集体与个人三者之间的利益关系及人事关系较过去大大复杂化。社会经济领域的巨大变化对商业道德建设提出了新挑战，明确了新任务，这就要求商业道德建设在原则、观念及其他方面要积极适应市场经济建设的需要。因此，为了配合复杂的经济生活和日益频繁的人际关系，调整好各方面的利益关系，就必须在企业领域加强商业道德建设，强化员工的商业道德意识。

第二，改革开放引起了新旧体制的转换交替，在法律、道德等领域形成了新旧观点交替之间的间隙。一些旧的道德传统严重阻碍新体制的运行，阻碍了市场经济的健康发展。与此同时，资产阶级利己主义道德思想得到滋生的环境，带来许多突出的社会道德生活问题，其中以商业道德领域的问题最为突出，特别是社会主义市场经济体制的确立，为商业道德建设提出了更新、更高的要求。市场经济是按照价值规律的要求实现社会资源合理配置的经济运行方式。

第三，规范企业员工职业行为的规则主要体现在各种公司规章制度之中，但在强调运用公司规章制度来规范员工的职业行为时，仍必须辅之以商业道德规范。原因在于制度的完备总是相对的，再完善的制度总会存在某些"空隙"和"疏漏"，以及滞后性。假如员工没有良好的商业道德自我约束，他们就会利用公司制度中的某些不完备的条款，做各种损人利己、损公肥私的勾当，想方设法搞投机、钻空子，而且任何公司规章制度都是要员工去执行的，因此，遵纪守法是一项重要的道德规范。

1.2 道德、中华美德与社会主义核心价值观

1.2.1 道德的本质属性与功能

1）道德的定义与本质属性

在现实社会生活中，每个社会成员的行为都会对社会和他人产生一定影响。这种影响有两种后果：一是有些行为会给他人和社会带来幸福，因而被认为是有道德的行为；二是有些行为会给社会和他人带来痛苦和不幸，因而被认为是不道德的行为，即失德行为。道德在这里作为评价人们行为善恶的一种准则尺度，那么什么是道德呢？

道德是社会为了调整人们之间相互关系，以及个人与社会之间关系所倡导的行为准则和规范的总和。道德以善与恶、是与非、正义与邪恶、荣誉与耻辱、诚实与虚伪等概念来评价人们的各种行为，通过各种形式的教育和社会舆论的力量使人们内心逐步形成正确的思想观念，从而培养良好的习惯，指导并控制自己践行合理、合法的行为。

2）道德是一种由社会经济关系决定的、从属于上层建筑的社会意识形态

马克思曾经指出："物质生活的生产方式制约着整个社会生活、政治生活和精神生活的过程。不是人们的意识决定人们的存在，相反，是人们的社会决定人们的意识。"[①]作为社会精神生活之一的道德深深根基于社会经济生活中，为一定的社会经济基础所决定，并为该社会的上层建筑服务。故恩格斯说："一切以往的道德论归根到底都是当时的社会经济状况的产物。"[②]

在马克思主义伦理学科学体系中，道德反映了人类社会的一种特殊现象，认为道德是由一定社会的经济关系所决定的，依靠社会舆论、传统习俗和内心信念的约束力量来调整人们之间，以及个人与社会之间的行为规范的总和。

3）道德的特征功能

道德作为社会意识形态之一，具有与其他意识形态不同的特点。

（1）规范性。道德是调整人与人之间，以及人与社会之间关系的行为规范。人本质上是社会人。人生活在世界上，要与他人、与社会发生复杂的关系。人们在社会中的行为，均是在一定的社会关系中进行的。行为规范的道德，是指个人与社会应该建立一种什么样的关系，他对社会需要承担什么义务，在处理与他人的关系时应该遵守哪些原则，应该采取什么样的行动等。这些对人们的思想和言行起到规范性作用。

（2）非强制性。人与人之间的社会关系非常复杂，除了道德关系外，还有政治关系、经济关系、法律关系等。因此，调整人与人之间的关系，除了道德规范，还有政治规范、法律规范和经济手段。但是道德规范不像政治规范、法律规范和经济手段那样需要由政党、国家和经济部门专门制定，并由专门机关监督执行。道德依靠社会舆论、传统习惯和人们的内心信念来维持并发挥作用，具有非强制性，是一种内在的内心的内化的特殊的规范调解方式。

（3）历史性。道德的历史性是指历史上各种人类道德的出现，都是当时社会经济关系的产物，并且总是与特定的历史阶段相适应的，因而带有那个时代的社会特征。从历史发展进程看，人类已经历了原始社会道德阶段、奴隶社会道德阶段、封建社会道德阶段、资本主义道德阶段，现在正处于社会主义道德阶段。

（4）全人类性。道德的全人类性，就人类历史发展的全过程来说，是指不同时代道德体系之间有着共同的地方；就同一个时代和不同时代的社会关系来说，是指不同阶级或对立阶级道德之间有着共同的地方，以及相互联系之处。历史上各种类型的道德体系都包含着全人类性因素，具有历史的继承性。

（5）社会实践性。道德具有广泛的社会实践性。道德是人类社会特有的现象，是人类有别于其他动物的根本标志所在。道德贯穿人类社会的始终。只要有人类社会的存在，就需要有调整人与人之间关系的道德规范。道德遍及社会生活的各个领

---

　　①　马克思. 政治经济学批判导言［M］//马克思，恩格斯. 马克思恩格斯选集：第2卷. 北京：人民出版社，1972：82.
　　②　恩格斯. 反杜林论［M］//马克思，恩格斯. 马克思恩格斯选集：第3卷. 北京：人民出版社，1972：134.

域，渗透到社会的人与人之间的关系中去。道德是人类的实践精神，是人类把握世界的特殊方式，是人类完善、发展自身的社会实践活动。

（6）相对独立性。马克思主义伦理学认为，经济基础是第一性的，道德是第二性的，经济基础决定道德；同时又认为，道德同其他社会意识形态一样，一旦形成之后，便具有相对独立性。道德相对独立性表现之一，是道德与社会经济基础变化的不一致性。道德相对独立性表现之二，是道德意识的发展和社会经济发展水平的不平衡性。道德相对独立性表现之三，是道德有自身独立的发展过程，在此过程中呈现出历史连续性和继承性。

1.2.2　道德的历史起源与历史发展类型

1）道德的历史起源

道德的起源问题一直为历史上的伦理学家所重视。历史上曾有一些伦理学家，企图离开人类历史的发展和人们的社会实践，去观察和研究道德现象，进而寻找道德的起源。他们的观点，大致可归纳为以下四类：

其一，认为道德源于客观精神和上帝及佛、道、神。

其二，认为道德源于人类天性、人类同情心等。

其三，认为道德源于人的自然本性、感觉欲望。

其四，认为道德源于动物世界。

2）道德发展的五种历史类型

道德是社会经济状况的产物。道德会随着社会经济状况的变化而不断变化。人类社会迄今为止已经先后经历了原始社会、奴隶社会、封建社会、资本主义社会和社会主义社会五种社会形态，与此相对应，道德的发展也划分为五种历史类型：原始社会道德、奴隶社会道德、封建社会道德、资本主义社会道德和社会主义社会道德。

1.2.3　伦理学：道德哲学——法哲学——达到幸福的科学

伦理学是在人类知识体系中一个最古老而又与引人入胜的领域。公元前 5 世纪至公元前 2 世纪的古代中国就有"人伦""道德""伦类以为理"等说法，并出现《道德经》《论语》《墨子》《庄子》《孟子》《荀子》等具有丰富伦理思想的著作；秦汉之交，产生了"伦理"的概念，出现了《孝经》《礼记》等伦理著作。但长期以来中国的伦理学内容与哲学、政治教育结合在一起，直到近代才分化成独立的学科。

在西方荷马时代，德谟克利特和柏拉图开始了伦理道德的研究，公元前 4 世纪，古希腊哲学家亚里士多德在雅典学园讲授关于道德品性的学问，创造新名词"Ethic"，即伦理学，写出《尼各马可伦理学》等专著，从此以后伦理学作为独立的学科在欧洲各国不断发展。

关于伦理学的定义，在历史上人们从不同角度做过多种解释和说明。亚里士多德认为伦理学是研究善与善的终极目的即至善的科学。中世纪经院哲学家阿伯拉德认为伦理学主要是研究心灵的善恶意向的科学。18世纪的法国唯物主义者爱尔维修和19世纪的德国唯物主义者费尔巴哈都认为伦理学是"达到幸福的科学"。19世纪德国的黑格尔则表示他的伦理学就是法哲学。19世纪英国的边沁和穆勒从功利主义出发，认为伦理学是"求得最大幸福之术"。此外，也有人认为伦理学是"人生理想之术"。

在中国伦理思想史上，中国古代的老子、孔子、孟子、庄子，直至近代的康有为、梁启超、蔡元培等先贤都把研究道德问题视为己任。他们有的认为伦理学（即道德学）是关于人性善恶的学问，有的认为伦理学是关于人伦天理与伦常大道的学问，有的认为伦理学是王霸义利的学问，或人生理想的学问。上述很多说法颇有价值，但没有对伦理学定义给出科学的回答。马克思主义伦理学认为，科学的伦理学是通过对道德现象的全面研究，揭示道德关系的矛盾，指出道德的本质、特点、作用及其发展规律的科学。

道德二字最初是分开使用的。古人云"道者，路也"，古人以"道"表示事物发展变化的规律，做人做事的道理和规矩；"德者，得也"，古人把认识了"道"内得于已，外施于人，称之为"德"。战国末期的荀子将二字连用，他在《荀子·劝学篇》中说："故学至乎礼而止矣。夫是之谓道德之极。"这以后就延续下来。在西方古代文化中，"道德"一词起源于拉丁语"摩里斯"，意为风俗和习惯，引申其义也有规范行为品质和善恶评价等意义。在当今社会，道德是指在人类生活中特有的，由经济关系决定的依靠人们内心信念和特殊社会手段维系的，并以善恶进行评价的原则规范、心理意识和行为活动的总和。

在现实生活中，人们常常把"伦理""道德"两个概念相互混用，有时连在一起叫作"伦理道德"用以说明道德现象。之所以如此，是因为作为科学概念，两者有相互交错的部分。伦理学包含道德规范的内容，这些与道德有直接联系。道德本身包含道德思想内容，这便是一种尚未展开的伦理学。但从科学研究的角度讲，两者不能混淆，必须严格区别开来：伦理学是研究道德的科学，而道德则是伦理学研究的对象。在哲学上人们将研究道德伦理学称为道德哲学。

1.2.4　中华美德

中华民族传统美德，是指中国五千年历史流传下来，具有影响，可以继承，并得到不断创新发展，有益于后代的优秀道德遗产，概括起来是：中华民族优秀的道德品质、优良的民族精神、崇高的民族气节、高尚的民族情感以及良好的民族习惯的总和。它标志着中华民族的"形"与"魂"，也是中国人民千百年来处理人际关系、人与社会的关系和人与自然的关系的实践结晶。

1）中华民族传统美德的时代价值

本着"古代存在，现代需要"及批判继承、整体优化、针对实效、知行统一等系列原则，中国伦理学会中华民族传统美德教育研究会理事长栾传大先生领导的中华民族传统美德教育研究课题组（组长为陈坚，副组长为栾传大）从丰厚的中国古代道德资源中挖掘、选择，确定了中华民族传统美德基本德目：孝敬父母、尊师敬长、团结友爱、立志勤学、自强不息、谦虚礼貌、诚实守信、严己宽人、人贵有耻、见义勇为、整洁健身、求索攻坚、勤劳节俭、见利思义、敬业尽责、清正廉洁、爱国爱民，天下为公。这18条德目，目标明确，有利于大中小学校开展德育教育，并了解掌握中华民族传统美德知识，弘扬继承中华民族传统美德，提高区别真善美与假丑恶的道德判断能力，增强民族自尊心、自信心、自豪感和凝聚力，养成良好的道德文明习惯。

中华民族传统美德，倡导"格物、致知、诚意、正心、修身、齐家、治国、平天下"的实现人生理想的步骤和模式。这种为人处世的基本道德观念，是人类进行物质生产活动和自身生存发展的基本要求，也是人类共同生活的起码行为准则。它正确反映了人类社会发展的客观要求，是人类社会道德关系具有科学性的优秀遗产。

传统道德一般都是在社会稳定时发挥作用，而社会剧烈变动时则缺少用武之地，中华民族传统美德正所谓"治平尚德行，有事赏功能"。古人说："以史为镜，可以知兴衰。"历史证明，儒家伦理往往在太平盛世发挥它稳定社会、缓和矛盾、调节人际关系的社会功效。当代中国已进入相对稳定的和平发展时期，社会稳定、政治稳定是中国的大局。为实现构建和谐社会的宏伟目标，需要社会方方面面团结合作、共同努力。其中，道德建设无疑是重要的精神基石，是构建和谐社会的有力抓手。一个社会能否和谐，一个国家能否长治久安，在很大程度上取决于全体社会成员思想道德水平的高低。

加强道德建设必须承接中华民族的传统美德。道德从来就是现实性与历史性的统一。社会主义道德不是无源之水、无本之木，而是植根于民族文化的沃土，是中华传统美德的延续和升华。承接中华传统美德，就是要以中华传统道德的背景为基础，把传统道德中的这些符合时代要求，有助于经济社会协调发展的内容承接下来，推广到全体人民中去。

在新的经济、政治、文化变革的推动下，当今社会的道德结构发生了重大变化，出现了一些新领域、新趋势。进行道德建设既要大力继承和弘扬中华民族道德文化的优秀传统，又要学习和借鉴世界各国道德建设的优秀成果，还要激发人们与时俱进、开拓创新的精神，创造出适应社会主义市场经济发展要求的新道德、新观念。与此同时，我们还要发扬党在领导人民进行革命、建设和改革实践中形成的优良道德。中华传统美德规范、引导着人们的行为和精神追求，同时又在新时代人们的实践中不断丰富和发展，我们要继承和弘扬中华传统美德，就必须使之随着时代的发展而发展。

建设和谐社会，惠及全体人民，体现了人民群众的根本利益和共同心愿。和谐社会不会凭空而至。构建和谐社会，人人有责。人是社会关系的总和，也是社会建设的主体。和谐美好的社会，需要脚踏实地艰苦奋斗，需要全体人民的共同参与。

每一个社会成员都应各司其职，承担起自己的职业角色和社会角色，尽职尽责，做好本职工作；每一个社会成员都应各守其则，具有法律意识和诚信意识，自觉遵循社会规则、规章制度和公共秩序。人人有行动，人人有贡献，我们才能更快、更好地实现和谐社会。

2）中华民族传统美德核心价值理念：仁、义、礼、智、信

"仁、义、礼、智、信"是中华民族传统美德的核心价值理念和基本要求。中国是文明古国、礼仪之邦，重德行、贵礼仪，在世界上素来享有盛誉。自古以来，中华民族传统美德始终是中华民族赖以生存和发展的道德根基和思想基础，以及精神支柱和精神动力。中华民族传统美德的形成和发展已经有几千年的历史，从口头传承到文字记载，内容博大而精深，但归纳起来，在历史典籍里加以明确，且历代历朝基本形成共识的内容主要是"仁、义、礼、智、信"五大要素。当然，在传统道德方面还有很多表述，但大部分都包含在这五大要素之中，或者是这五大要素的延伸，或者是这五大要素的丰富，或者是这五大要素的发展。

（1）仁、义、礼、智、信的基本含义

①"仁"，是指同情、关心和爱护这样的心态，即"仁爱之心"。关于"仁"，最早出自《尚书》。《尚书》中说："克宽克仁，彰信兆民。"意思是说当年商汤用宽恕仁爱之德，明信于天下的百姓。"仁"最早的含义是"亲人"，《说文解字》中说："亲，仁也"，又说："仁，亲也"。这里的"仁"主要是指家庭成员之间、氏族亲人之间要"亲爱"，这种"仁爱"之情，仅仅局限于家族亲属之间。随着历史演变，"仁"的含义得到了进一步扩展，由"亲人"发展到了"爱人"。

老子说："居善地，心善渊，与善仁，言善信，政善治，事善能，动善时。"意思是与人交往要友爱、真诚、无私。孔子曾说过："志士仁人，无求生以害仁，有杀身以成仁。"这里"仁"已成为人生道德的最高境界，为了维护"仁"，可以"杀身"，即可以牺牲自己的生命来维护这一道德理念。由此可见，在"仁"的情感范围由家族扩展到社会的同时，"仁"的道德内涵和道德地位也得到了进一步丰富和提升，成为中华民族传统美德的第一要素。

②"义"，是指正当、正直和道义这样的气节，即"正义之气"。"义"的原义是指人的仪表，是人们在人际交往中对亲密友谊、对美好善良的追求。《说文解字》曾这样解释，"义，己之威仪也。从我从羊。"意思是说，"义"是一个人的外在形象和内在涵养，我们崇尚羊的形象和涵养，要像羊一样温和、善良、美好。这里的"义"，主要是指一种美好、善良的情感和气节。羊在我们生活中，从古至今都是六畜之一，中国人非常崇尚羊，古人在造字的时候，把"羊"都用在最美好的事物上面。比如，羊与鱼构成了"鲜"，在中国人的心目中，羊和鱼都是最鲜美的食品，最好吃的食品。

中国人最美好的字眼"美""善"上面都有一个"羊"字，都是用"羊"作主要部首来构造的，这反映了人们对羊所具备的美好境界的追求，并把这种境界作为国人应该追求的品行，作为应该提倡的道德。《说文解字》把"义"同"美"和

"善"联系起来解释，"美"和"善"是"羊"字头，"义"的繁体字"義"也是羊字头。所以，义、美、善是同义的。古人强调"义气"，就是指这样一种美好善良的境界和正直正义的气节。孔子极为推崇"仁"德，提倡"杀身成仁"。而孟子非常推崇"义"德，说要"舍生取义"。"杀身"和"舍生"是相同的意思、相同的境界，说明孟子是把"义"和"仁"放在同等重要的位置上来认识的。我们讲中华传统美德主要是"仁、义、礼、智、信"五大要素，通常也简化成"仁义道德"，可见，在这五大要素里最重要的是"仁"和"义"两德，是最核心、最基本的两大要素。古人云："仁则荣，不仁则辱""由义为荣，背义为辱"，说明中国传统道德的荣辱观也是以是否做到"仁"和"义"作为主要标准的。

③ "礼"，是指礼仪、礼貌和礼节这样的规矩，即"礼仪之规"。"礼"最初是原始社会祭神祈福的一种习俗和仪式。《礼记·表记》讲："殷人尊神，率民以事神，先鬼而后礼。"这里"礼"是指一种仪式、一种习俗。当时还没有把"礼"作为一种道德规范、道德准则和道德理念加以明确并倡导。随着社会进一步发展，关于"礼"的认识和理解也有了新的变化。《礼记·表记》中说："周人尊礼尚施，事鬼敬神而远之，近人而忠焉。"这句是讲殷人尊神，而周人事鬼敬神而远之，开始远离它，并且"制礼作乐"，逐步把这些礼仪规范起来，对在哪种情况下实行什么样的礼节、使用什么样的礼仪、讲究什么样的礼貌进行了具体规范，提倡以"礼乐"治天下。

到了春秋战国时期，"礼"的内容又有了创造性的变化，开始将"礼"作为道德准则加以提倡。我国最古老的诗集《诗经》中就有"相鼠有皮，人而无仪；人而无仪，不死何为？"的诗句。意思是说，看那老鼠还有一张脸皮，做人岂能无礼仪；如果一个人没有礼仪，不去死还干什么？孔子也有一句名言："克己复礼为仁。"意思是说，每个人都应克制自己不正当的欲望、冲动的情绪和不正确的言行，做到"非礼勿视、非礼勿听、非礼勿言、非礼勿动"，使自己的视、听、言、行，一举一动都符合"礼"的规定。这说明"礼"在道德领域已经被放在非常重要的位置加以尊崇、规范、倡导。古代著名的政治家、思想家管仲，更提出了"礼义廉耻，国之四维"的治国理念，把"礼"放在道德规范之首，表明"礼"已经由原来的一种习俗和仪式逐步地规范为一种道德教化和道德理念，升华为治国的四大要素之首。中国人向来把"礼"放在重要的位置上，以礼仪之邦来表明我们是文明的，不讲礼仪是不文明的。由此可见，"礼"在中华传统美德中同样有着重要位置。

④ "智"，是指辨是非、明善恶和知己识人这样的能力，即"智谋之力"。"智"作为中华传统美德的基本要素之一，很早就出现在文字记载中。孔子常说："君子道有三，我无能焉：仁者不忧，知者不惑，勇者不惧。"《中庸》云："智仁勇三者，天下之大德。"大家熟悉的《论语》有云："知之为知之，不知为不知，是知也"，是讲人的知识再丰富，总有不懂的问题，那么就应当有实事求是的态度，只有这样才能学到更多的知识，才是智慧之举。这里讲的"是知也"就是指"这才是智慧、这才是聪明、这才是智者"。

孔子、孟子在继承和发展唐尧、虞舜、夏禹、商汤等关于认识自我、认识社会、认识是非、认识善恶这样的智慧思想的基础上，丰富了"智"的具体思想内容，提升了"智"作为一种道德要求在道德规范中的地位，使之成为一个具有普遍意义的新道德概念和价值取向，成为对人们思想道德和文明素质方面最基本的要求之一。

⑤"信"，是指诚实守信、坚定可靠、相互信赖这样的品行，即"诚信之品"。"信"不是简单的诚实，信用才是"信"最基本的内涵。它不仅要求人们在自己的行为上要诚实和守信，同时也反映出人们对某一个事物、某一种理念认识上的坚定可靠，反映出人与人之间、人与物之间相互信赖的关系。缺乏坚定可靠和相互信赖这样一种基础，人们在自己的行为上也难以实现诚实和守信。关于"信"，早在远古时期，我们的祖先就认识了它，并且积极地加以提倡。

历代贤人圣哲关于"信"的强调不绝于书，甚至包括《三国演义》《水浒传》《红楼梦》等一些古典文学名著，也都强调"信"的道德理念，都有关于"信"的人性诠释和故事描绘。《左传·僖公二十五年》记载："信，国之宝也，民之所庇也"，意思是说统治者有"信"，是立国的根本，是老百姓得以生存的基础。老子说："言，善信"，意即说话要恪守信用。程颐也说，"人无忠信，不可立于世"，又说"人而无信，不知其可也"。孔子还把"言必信，行必果""敬事而信"作为规范弟子言行的基本要求，把诚信看作做人立世的基点。孟子则把诚信看作社会的基石和做人的准则，他所谓"诚者，天之道也。思诚者，人之道也。至诚而不动者，未之有也；不诚，未有能动者也"的阐述，即是其证。

《贞观政要》中唐代名相魏征说："德礼诚信，国之大纲"，把"信"作为治国大纲来加以强调。《旧唐书》讲："君之所保，惟在于诚信。"《尚书》写道："信用昭明于天下。"《诗经》里面有一句非常有名的成语叫"信誓旦旦"。像这样一种对"信"的认识、对"信"的提倡、对"信"的崇拜，从古至今像一棵常青树一样存活于中华民族生生不息、世代繁衍的思想文化沃土中，说明"信"作为中华民族传统美德的重要内容，历来被人们所肯定、所推广。

（2）仁、义、礼、智、信的相互关系

如何看待中华民族传统美德"仁、义、礼、智、信"五大基本要素呢？从五大要素的关系看，它们之间相互关联、相互依存、相互支撑，共同构成了中华民族传统道德大厦的根基，也可以说是道德大厦的支柱。从基本内涵来看，"仁"主要是人与人之间互相关怀、互相尊重和互相爱护的情感，是世间万物共生、和谐相处、协调发展的一种道德规范；"义"是超越自我、正视现实、仗义公道的做人态度；"礼"是建立人际关系、社会秩序的一种标准和规则；"智"是人认识自己、了解社会、解决矛盾、处理问题的眼光和能力；"信"是人们交往和处事的道德准则。"仁、义、礼、智、信"是中华民族传统美德的核心价值理念和基本要求，是我们要遵循的最重要的五种社会道德规范。从中华民族传统美德各种组合的比较来看，"仁、义、礼、智、信"是人们应该履行的基本义务和主要品行，在道德建设中具有基础地位。从中华民族传统美德的产生、发展的历史来看，"仁、义、礼、智、信"在中华民族道德建设的长河中具有本源地位。从中华民族传统美德林林总总、丰富多彩的庞大体系来看，"仁、义、礼、智、信"具有主导地位。从中华民族传统美德对社会进步所产生的广泛性、深远性影响来看，"仁、义、礼、智、信"带动整个社会道德体系的发展和社会道德水平的提升，在整个中华民族传统美德中具有重要地位。

1.2.5　培育和践行社会主义核心价值观

1）培育和践行社会主义核心价值观的内容框架

中共中央办公厅于2013年12月23日印发《关于培育和践行社会主义核心价值观的意见》。该《意见》分培育和践行社会主义核心价值观"富强、民主、文明、和谐；自由、平等、公正、法治；爱国、敬业、诚信、友善"的重要意义和指导思想、把培育和践行社会主义核心价值观融入国民教育全过程、把培育和践行社会主义核心价值观落实到经济发展实践和社会治理中、加强社会主义核心价值观宣传教育、开展涵养社会主义核心价值观的实践活动、加强对培育和践行社会主义核心价值观的组织领导。

党的十八大以来，中央高度重视培育和践行社会主义核心价值观。习近平总书记多次做出重要论述、提出明确要求。中央政治局围绕培育和弘扬社会主义核心价值观、弘扬中华传统美德进行集体学习。中央的高度重视和有力部署，为加强社会主义核心价值观教育实践指明了努力方向，提供了重要思路。

2）国家层面社会主义核心价值观：富强、民主、文明、和谐

"富强、民主、文明、和谐"是我国社会主义现代化国家的建设目标，也是从价值目标层面对社会主义核心价值观基本理念的凝练，在社会主义核心价值观中居于最高层次，对其他层次的价值理念具有统领作用。

（1）富强即国富民强，是社会主义现代化国家经济建设的应然状态，是中华民族梦寐以求的美好夙愿，也是国家繁荣昌盛、人民幸福安康的物质基础。

（2）民主是人类社会的美好诉求。我们追求的民主是人民民主，其实质和核心是人民当家作主。它是社会主义的生命，也是创造人民美好幸福生活的政治保障。

（3）文明是社会进步的重要标志，也是社会主义现代化国家的重要特征。它是社会主义现代化国家文化建设的应有状态，是对面向现代化、面向世界、面向未来的，民族的科学的大众的社会主义文化的概括，是实现中华民族伟大复兴的重要支撑。

（4）和谐是中国传统文化的基本理念，集中体现了学有所教、劳有所得、病有所医、老有所养、住有所居的生动局面。它是社会主义现代化国家在社会建设领域的价值诉求，是经济社会和谐稳定、持续健康发展的重要保证。

3）社会层面社会主义核心价值观：自由、平等、公正、法治

"自由、平等、公正、法治"，是对美好社会的生动表述，也是从社会层面对社会主义核心价值观基本理念的凝练。它反映了中国特色社会主义的基本属性，是我们党矢志不渝、长期实践的核心价值理念。

（1）自由是指人的意志自由、存在和发展的自由，是人类社会的美好向往，也是马克思主义追求的社会价值目标。

（2）平等是指公民在法律面前的一律平等，其价值取向是不断实现实质平等。它要求尊重和保障人权，人人依法享有平等参与、平等发展的权利。

（3）公正即社会公平和正义，它以人的解放、人的自由平等权利的获得为前提，是国家、社会应然的根本价值理念。

（4）法治是治国理政的基本方式，是社会主义民主政治的基本要求。它通过法治建设来维护并保障公民的根本利益，是实现自由平等、公平正义的制度保证。

4）个人行为层面社会主义核心价值观：爱国、敬业、诚信、友善

"爱国、敬业、诚信、友善"，是公民基本道德规范，是从个人行为层面对社会主义核心价值观基本理念的凝练。它覆盖社会道德生活的各个领域，是公民必须恪守的基本道德准则，也是评价公民道德行为选择的基本价值标准。

（1）爱国是基于个人对自己祖国依赖关系的深厚情感，也是调节个人与祖国关系的行为准则。它同社会主义紧密结合在一起，要求人们以振兴中华为己任，促进民族团结、维护祖国统一、自觉报效祖国。

（2）敬业是对公民职业行为准则的价值评价，要求公民忠于职守，克己奉公，服务人民，服务社会，充分体现了社会主义职业精神。

（3）诚信即诚实守信，是人类社会千百年传承下来的道德传统，也是社会主义道德建设的重点内容，它强调诚实劳动、信守承诺、诚恳待人。

（4）友善强调公民之间应互相尊重、互相关心、互相帮助，和睦友好，努力形成社会主义的新型人际关系。

|1.3| 社会公德与职业道德概念及其特征

1.3.1 社会公德的基本要求：公平与正义

1）社会公德维护人民大众的整体利益

社会公德是指在社会公共生活中为全体公民所公认的、人人都应遵循的起码的公平与正义道德规范的总和。社会公德之所以重要，是因为它维系人们之间的正常社会交往，以及和睦相处，坚持社会公共生活的安定有序，并维护人民大众的整体利益。

2）社会公德与个人私德对立统一

一般情况下，社会公德与个人私德相对立，前者是与集体、组织、阶级以及整个社会、民族、国家有关的道德，后者则是在个人私生活中处理爱情、婚姻、家庭问题的道德，以及个人的品德、作风、习惯等。虽然两者有区别，但并非绝对对立，在一定条件下能相互转化，对立统一。社会公德产生于人类社会中共同生活的客观需要，人们在社会生活中互相联系、互相依存，彼此之间存在着某些一致的共同利益，社会公德就是这种共同利益的反映。

1.3.2 社会公德的基本特征

1）我国公民整体公德意识较为淡薄

由于历史的原因，我国公民整体公德意识较为淡薄，因此，当前公民道德建设应针对具体情况，以公德建设为基点，提高全社会的公德水平。社会道德的形成需要主客观条件的成熟。只有在一定社会经济形式中，有了人与人、人与集体之间的社会关系，才有可能产生道德。而社会公德的形成和完善，同样依赖一定的社会经济形式与特定的社会关系。

2）我国传统道德重人伦、重礼教，轻公共道德与公共社会生活规范

从客观上讲，我国是传统的农业社会，其基本特征表现为封闭、稳定、保守和民众生活单一。农业经济决定人们的生活交往圈子狭窄，即使在今天，中国广大农村地区的这种状况也未完全改变。而且，在农业社会实行自给自足的自然经济，人们的衣食住行自行解决，绝大多数人的生活内容简单。所以，长期以来，我国传统道德重人伦、重孝廉、重礼教、重家教，礼仪道德、家规、乡规民约发展完善，而现代社会所需的公共道德、公共社会生活规范却没有发展的土壤。

3）社会公德发展完善依赖全体公民养成自觉的社会责任感和义务感

从主观上讲，社会公德的发展完善还依赖社会全体公民养成自觉的社会责任感和义务感。我国经历了漫长的封建社会，人的社会角色是依特权、等级来确定的。在这种等级制度中，民众是不具备平等身份的社会公民。因此，在权利与义务的关系上，作为臣民、子民没有自身的权利可言。这种严重不对等的权利义务关系造成的后果是：表面上看，百姓虽无权利意识，却有很强的义务意识；但实际上，百姓被动履行义务，内心产生对无权利的义务的强烈抵触，权利意识和义务意识都被弱化，在一般情况下，社会责任感不足，对许多事情抱着"事不关己，高高挂起"的态度。

1.3.3 职业道德的概念、物理与功能

1）职业道德的含义及其特点

（1）职业道德的概念与要求

职业道德，是指在一定的职业生活中所应遵循的且具有自身职业特征的道德原则和规范以及分内应做工作的总和。职业道德规定人们在自己的职业生活中所必须遵循的道德规范，规定人们"应该"做什么，"不应该"做什么，"应该"怎样做，"不应该"怎样做。换言之，职业道德是从道义上要求人们在其职业生活中以一定的思想、感情、态度、作风和行为去待人接物、处事，明确工作任务，完成本职工作。

（2）职业道德责任与职业工作规范密切相关

何谓职业？职业是指人们在社会生活中所从事的对社会承担一定的职责，并作为自己主要生活来源的具有专门职能的工作。人们的职业生活作为一个历史范畴，并非从来就有，它是社会分工及其发展的结果，而职业分工的出现与发展，使职业道德的产生成为需要和可能。在此基础上，各职业团体通过其中有代表性的人物的言论和行为示范，逐步建立起各职业人员应遵守的职业道德。职业道德通过公约、守则、条例等形式，促使职工忠于职守，钻研业务和技术，完成工作和任务，服从秩序和领导，团结协作，推动各项事业的发展。

（3）职业道德的推行协调本职业内部和外部社会各方面的关系

职业道德的推行，一方面可以协调本职业和社会各方面的关系，满足社会各方面对本职业的需要；另一方面可以协调本职业内部的相互关系，解决内部矛盾和纠纷，共同完成职业工作，履行职业责任。在我国，职业道德是共产主义道德体系的重要组成部分，是共产主义道德原则与规范在职业行为和职业关系中的特殊表现；同时又受社会公德的约束，体现社会公德的要求。近代西方研究职业道德的学科被称为职业伦理学，包括律师伦理学、教师伦理学、医生伦理学、科学伦理学、管理伦理学。在本书研究企业领域中，因企业活动的发生所引起的会计伦理道德、社会责任及其发展变化的规律，即为"会计职业道德"。

2）职业道德的特点

职业道德作为职业生活领域特殊行为的调节手段，具有以下特点：

（1）鲜明的行业性。职业道德和职业生活是密切相连的，它具有鲜明的职业和行业的特点。职业道德是人们在其职业活动过程中形成的特殊道德关系的反映。各行业都有自己的特殊道德规范、特殊的活动内容和特殊的活动方式。因此，行业性是职业道德最显著的特点。

（2）范围的有限性。职业道德的适用范围不是普遍的，而是特殊的、有限的。其约束的对象是一定职业活动的从事者，超出这个范围，对他人行为就不具有道德调节作用。

（3）形式的多样性。由于社会分工的不同，人们所从事的职业多种多样，职业道德呈现多样性，以规章制度、工作守则、服务公约、公规民约等多种简明适用、生动活泼的形式教育来约束本职业的从业者。

（4）稳定的连续性。由于职业道德和职业劳动、职业要求紧密结合，因此，道德有较强的稳定的连续性。这种稳定的连续性，常常表现在世代相传的职业传统中，形成人们比较稳定的职业道德、职业心理和职业习惯。

3）职业道德的社会功能

（1）职业道德是推动物质文明建设的重要力量

为了建设物质文明，人类社会形成了严密的分工和协作关系。各行各业的分工和协作，都直接或间接地影响着社会物质文明建设。怎样才能保证人们自觉地做好本职工作，为建设社会主义物质文明尽职尽力呢？职业道德起着特殊的、重要的作用。职业道德的基本要求是"忠于职守"。当人们确立了相应的职业道德观念，并且转化成人们自己的信念、良知、义务和荣誉感，形成高尚的思想觉悟和精神境界时，就能正确认识和处理个人与社会、本职业集体与其他职业集体之间的关系，在自己的岗位上尽职尽责地工作，只有这样，国家和民族的物质文明建设才可能硕果累累；相反，如果一个社会、一个国家的公民职业道德观念淡薄或不讲职业道德，不能很好地履行自己的职责，那么国家和民族的物质文明建设就会停滞不前。

（2）职业道德是形成和改造社会风尚的重要因素

社会风尚是人们精神面貌的综合反映，归根到底是现实社会关系的综合反映。职业道德要求人们在从事职业活动时，把正确认识和处理人与人之间的关系放在重要位置。一方面通过职业活动创造物质财富，另一方面为建设精神文明承担自己应尽的义务。各种职业都有特殊的权利和义务。如果人们有高尚的职业道德，能够正确地认识并使用自己的权利，履行自己的义务，能够遵循自己的职业道德规范，那么就可能在从事物质资料生产的同时，培养出良好的社会关系和社会风尚。相反，如果人们不遵守职业道德，就可能在从事物质资料生产的同时，不自觉地产生尔虞我诈、制假贩假、不择手段、追逐名利等各种不良社会风尚。当然，在阶级社会里，社会风尚归根到底是由经济关系决定的。但是，职业道德对社会风尚的作用是不容抹杀的。

（3）职业道德可以促使人们自我完善

一个人是否成才，是否对社会有贡献，主要依靠其在职业生活的实践中学习和锻炼。职业道德是人们职业生活的指南，对人们的思想和行为产生深刻和经常性的影响。职业道德规定了具体职业的社会责任，指导人们在具体的职业岗位上，确立具体的职业生活目标，选择具体的职业生活道路，形成具体的人生观和职业理想，培养具体的职业道德品质。

历史和现实生活告诉人们，一个人能否成才常常不在于是否有优越的客观条件，而在于是否有高尚的职业道德。很多有才华的人之所以昙花一现，一个重要的原因是他们不注重职业道德修养；而一些本来资质平凡的人之所以能对人类社会有较大的贡献，其中重要的原因是他们长期注重职业道德修养。

|1.4| 商业伦理的研究内容、任务与背景

1.4.1　商业伦理的研究内容

商业伦理研究商业道德这一特定的社会现象，不仅要研究善恶规范及其作用、形式，还要研究商业道德规范的建设、商业道德评价和商业道德品质的塑造等。美国堪萨斯大学教授理查德·T.德·乔治（Richard T.De George）把商业伦理研究内容划分成三个层次：对经济制度进行道德评价；对商业行为进行道德评价；对个人

行为进行道德评价。乔治的这种内容规定与广义的商业道德是相一致的。我们认为，商业伦理的研究内容的确定应充分考虑商业道德的基本内容，也就是说，商业伦理的研究内容应包含商业道德的所有内容。商业伦理研究内容的展开方式主要有：

1）按利益关系展开

按照企业形成的主要利益关系，伦理研究相应地有：企业与顾客关系中的伦理问题，企业与供应者关系中的伦理问题，企业与竞争者关系中的伦理问题，企业与政府关系中的伦理问题，企业与社区关系中的伦理问题，企业与环境关系中的伦理问题，企业与投资者关系中的伦理问题，企业与管理者关系中的伦理问题，企业与员工关系中的伦理问题，员工与员工关系中的伦理问题等。

2）按企业职能展开

企业职能，是企业所要履行的职责，主要包括采购、研究开发、生产、营销、财务、人事、后勤、管理等。所有这些活动中都存在着伦理问题，与之相应，就会有：采购中的伦理问题，研究开发中的伦理问题，生产中的伦理问题，营销中的伦理问题，财务中的伦理问题，人事中的伦理问题，后勤中的伦理问题，管理中的伦理问题等。

3）按典型的伦理问题展开

企业在经营过程中，存在着一些典型的伦理问题，如产品安全性、广告真实性、不正当竞争、性别歧视、环境污染、回扣、对企业忠诚与检举不道德经营行为、做假账等。商业伦理可以围绕这些问题进行讨论。

4）按基本伦理范畴展开

公正、平等、诚实、自由、守信等是几个重要的伦理范畴，结合经营管理实践对它们进行讨论也是有意义的。

1.4.2　商业伦理的任务

关于商业伦理学的任务，国外有两种不同的看法：

一种是纯理论的观点。例如理查德·T.德·乔治认为："商业伦理能够证明不道德的商业行为为什么不道德，并指出取代这种不道德行为的可能选择是什么，但其本身作为一门学科并不使企业和企业中的个人更道德，商业伦理学研究的客观性应得到保证，它不能用于捍卫商业伦理现状，也不能用于对商业伦理现状进行攻击。"

另一种是功利的观点。W.A.弗兰切（W.A.Franch）等人主张："商业伦理通过激发道德想象、促进道德认识、整合道德与管理、强化道德评价等手段培养企业中个人的道德推理能力，最终达到澄清和化解企业活动中存在的利益冲突的目的。"

我们认为，商业伦理作为指导实践的理论，具有理论指导的实践，仅仅指出什么是道德的，什么是不道德的，或仅仅研究解决商业伦理的不道德行为，都不是商业伦理的全部任务。对商业伦理任务的理解，当然应结合理论和实践的要求。

在现阶段，商业伦理的基本任务体现了社会主义精神文明建设的根本任务要求，不断探索、揭示商业道德的形成和发展规律，制定切合实际的具体规范，开展商业道德教育，提高企业员工道德水平，培养适应社会主义现代化建设需要的有理想、有文化、有道德、有纪律的企业公民，提高整个中华民族的思想道德素质和科学文化素质。同时，加强社会主义商业伦理研究，开展我国商业道德建设，本身就是社会主义精神文明建设的一个重要组成部分。

具体来说，开展商业伦理教育需要承担以下五方面的任务：

（1）描述商业道德现状，提升商业道德水准

了解商业道德的实际状况，比如，哪些商业道德规范遵守得比较好，哪些没有得到遵守；有哪些不道德现象，其严重程度如何；产生不道德经营行为的原因是什么；企业与哪些利益相关者的关系处理得比较好，哪些处理得比较差；企业经营者的道德素质如何，扬长避短，抑恶扬善，从而提升商业道德水准等。

（2）明确商业道德规范，引导企业健康发展

在市场经济条件下的企业是面向市场、自主经营、自负盈亏、自我发展和自我约束的市场竞争主体和法人实体，具有自主性、趋利性、竞争性和平等性等特点。企业与利益相关者的关系也逐渐形成，并趋于规范，企业经营有其自身的特点，因而，不能照搬一般伦理规范。例如，诚信作为一般伦理规范，在许多的商业活动中无疑是我们需要遵守的，但在具体的经营实践中，我们需要区别对待，企业尚在研制中的新产品的详情、企业计划中的广告策略、企业的成本及构成等，显然不能公之于众，因此，商业伦理的之一任务是建立一套能充分考虑企业经营特点的道德规范，引导企业健康成长，使企业步入持续稳定协调的发展道路。

（3）对企业及其成员的行为进行道德评价，提高商业道德修养的自觉性

企业员工要能够对企业工作的道德行为做出评价和判断，要以社会主义制度下的商业道德原则和商业道德规范作为企业工作中判断是非、评价善恶的标准；要通过宣传、教育等方式，使企业员工把握商业伦理学的基本理论、基本要求和基本标准；要明白在企业工作中哪些可以做，该怎么做，哪些不能做，不该怎么做；还要懂得提高商业道德修养的重要性，将自己造就成为具有高尚道德情操的企业员工。

运用规范，根据行为的动机和效果来评价企业及其成员行为的善恶，特别应从理论上对似是而非的问题进行分析，明辨是非。例如，买卖双方自愿的经营行为有没有道德问题？什么是不正当的？更重要的是要证明："正当的行为"为什么是正当的；"不正当的行为"为什么是不正当的。正如威廉和伯瑞所说："道德规范的有效性并不取决于权威的命令，而取决于理由的充分性。"

（4）探索新颖的、既符合商业道德又能给企业带来利益的经营管理模式

商业伦理不能仅仅停留在评判现状，它应该具有创造性，并能开拓经营管理者的新视野。企业的目的是双重的，既要追求利润，又要对社会做出贡献。没有利润，企业不可能生存和发展，但追求利润并不是企业唯一的目标。企业既要追求利润，同时又要承担对社会的责任，故商业伦理还需要设计和提出能促使经营行为既

符合商业道德要求又能给企业带来利润的经营目的、经营思想、决策程序、组织结构、报酬制度等。

（5）造就"道德的个体"，形成正确的金钱观，树立良好的商业道德风尚

造就"道德的个体"是商业伦理的归宿。"道德的个体"是指其经营行为是善的、应该的、符合道德规范要求的个体。商业伦理要充分发挥商业道德的独特调节作用，充分运用一系列的监督、控制、激励等行为，使企业、个人等各个体能成为"道德的个体"，摆正义利关系，形成正确的金钱观。

商业伦理教学的当务之急，就是要大力加强商业道德的宣传，努力提高企业员工的道德水平，树立良好的商业道德风尚，保证、促进我国经济体制改革和企业改革的健康稳步发展。

1.4.3　本书的研究背景与学术价值

为了建设与发展中国社会主义市场经济，我们要坚持不懈地加强社会主义法治建设，依法治国，加快科技强国、教育兴国的步伐；同时也要坚持不懈地加强社会主义道德建设，以德治国，必须把道德建设提升到与法治建设同等重要的高度，这对于推进新世纪改革开放和现代化建设，实现中华民族的伟大复兴，必将产生深远的历史意义和积极的现实意义。

在这里，以德治国思想是本书的研究基础，在本书的研究过程中着力实现：

第一，依法治国与以德治国并举，依法治企与以德治企并重；

第二，加强商业伦理建设，优化商业伦理环境，推动企业与社会可持续协调发展。

本书的研究具有重要的学术价值和迫切的应用需求。一方面，我们认为，商业伦理是商业活动的道德基础。因为，商业伦理所要探讨的企业公平、公开、公正、透明度、伦理责任与环境等构成商业伦理的道德基础；另一方面，商业伦理也是对商业伦理研究的纵深发展和最终归宿。当代商业伦理研究更多是着眼于横向技术层面的问题，今后商业伦理研究亦应关注纵深思想文化与道德意识层面的问题。

复习思考练习题

一、单项选择题

1.（　　）是精神文明建设的核心内容，其根本目的在于提高人们的思想水平和政治觉悟。

　　A.商业伦理　　　　B.道德建设　　　　C.经济建设　　　　D.公德

2.职业道德，是指在一定的职业生活中所应遵循的且具有自身职业特征的道德原则和规范以及（　　）的总和。

　　A.履行相应的社会责任

　　B.分内应做工作

　　C.从事本单位的生产经营和业务管理工作

D.维护公众利益

3.企业与管理者关系中的伦理问题属于（ ）。

A.按利益关系展开 B.按企业职能展开

C.按典型的伦理问题展开 D.按基本伦理范畴展开

4.造就"道德的个体"是商业伦理的（ ）。

A.要求 B.归宿 C.义务 D.出发点

5.（ ）是职业道德最显著的特点。

A.客观性 B.稳定性 C.行业性 D.专业性

二、多项选择题

1.近代西方研究职业道德的学科被称为职业伦理学，包括（ ）。

A.科学伦理学 B.教师伦理学

C.敬业守信精神 D.律师伦理学

2.职业道德的社会功能包括（ ）。

A.职业道德是推动物质文明建设的重要力量

B.职业道德是形成和改造社会风尚的重要因素

C.职业道德可以促使人们自我完善

D.职业道德是人们日常生活的指南

3.按典型的伦理问题展开，商业伦理研究内容的展开方式主要有（ ）。

A.产品安全性 B. 广告真实性

C.企业与社区关系 D. 不正当竞争

4.商业伦理教育需要承担的任务包括（ ）。

A.描述商业道德现状，提升商业道德水准

B.明确商业道德规范，引导企业健康发展

C.对企业及其成员的行为进行道德评价，提高商业道德修养的自觉性

D.探索新颖的、既符合商业道德又能给企业带来利益的经营管理模式

5.职业道德规定人们在自己的职业生活中所必须遵循的道德规范，规定人（ ）。

A."应该"做什么 B."不应该"做什么

C."应该"怎样做 D."不应该"怎样做

三、判断题

1.由于道德的性质取决于社会经济关系的性质，故而社会经济关系的变化必然会引起道德的变化。 （ ）

2.社会公德是指在社会公共生活中为全体公民所公认的、人人都应遵循的起码的道德规范的总和。 （ ）

3.职业道德的适用范围是普遍的，无限的。其约束的对象是一定职业活动的从事者。 （ ）

4.理查德·T.德·乔治认为："商业伦理能够证明不道德的商业行为为什么不

道德，并指出取代这种不道德行为的可能选择是什么。   （   ）

5.道德规范的有效性并不取决于理由的充分性，而取决于权威的命令。   （   ）

6.商业伦理的任务之一是建立一套能充分考虑企业经营特点的道德规范，引导企业健康成长，使企业步入持续稳定协调的发展道路。   （   ）

四、简答题

1.简述商业伦理学的研究对象及其主要研究方法。

2.怎样理解加强商业道德建设的客观必然性？

3.国内外商业道德发展状况如何？

4.简述精神文明建设与物质文明建设的内在联系。

5.怎么理解社会道德与社会经济之间的内在关联？

案例讨论题

德诚信：铸同仁堂金字招牌

说起中药，北京人立即会想到"同仁堂"三个字。同仁堂已存在350年，与它同时产生的老字号成百上千，而至今能像同仁堂这样青春常在的却是凤毛麟角，难道它有什么秘诀？记者对同仁堂进行了专访。同仁堂集团公司党委书记田大方在接受采访时说，同仁堂之所以长盛不衰，并不断发展壮大，很重要的一个原因是：同仁堂一直坚守"德、诚、信"，以为百姓制好药为本分，追求诚实、守信的药德，并随着时代的发展，不断融入新的内涵。

孔子说，仁者，爱人也。同仁堂从创建开始就贯彻了这种仁爱思想。创始人乐显扬说："同仁二字可以命堂名，吾喜其公而雅，需志之。"同仁堂的堂训是："同修仁德，亲和敬业，共献仁术，济世养生。"300多年来，同仁堂人都将该堂训奉为圭臬，并取得了成功。其成功绝不是偶然的。中华民族几千年来形成了仁爱和睦、诚信尚义的道德观，只有植根于这种文化的经营者才能使自己的企业立于不败之地。诚信首先表现在同仁堂的原材料购买和药品制造上。成书于康熙年间的《乐氏世代祖传丸散膏丹下料配方》的序言中明确规定："炮制虽繁必不敢省人工，品位虽贵必不敢减物力。"从过去的手工作坊，到现在的大规模生产，质量一直是同仁堂生存的命脉。

1997年北京同仁堂股份有限公司组建，实现了股改上市。2000年股份公司实现了分拆，成立了北京同仁堂科技集团，在香港地区上市。2013年由同仁堂科技控股的北京同仁堂国药，同年又在香港创业板上市。短短十余年的时间，同仁堂集团资产总和由上市前的10多亿元猛增到80多亿元，销售额从20多亿元上升到200多亿元。目前，同仁堂已形成六个二级集团、三个院、五个直属子公司的主体架构，涵盖现代制药业、零售商业和医疗服务三大板块。坚守中医药传统文化和传统技艺正是同仁堂品牌取得成功的重要保障。

进入21世纪，同仁堂人的目标是：承同仁堂诚信传统，扬中华医药美名。同仁堂以"践行工匠精神，传承中药文化"为主旨，弘扬精益求精、追求极致的工匠精神。同仁堂中医药文化对传统技艺的传承和保护，使其在非物质文化遗产保护上做出了突出贡献，也带动了同仁堂工作人员强人品、传技艺、学业务的热情和决心。正因有了历代同仁堂人对工匠精神的恪守与践行，才有了今天"配方独特，选料上乘、工艺精湛、疗效显著"的同仁堂制药特色，才使得人们一想到中医药就想到同仁堂，才能让同仁堂从众多企业中脱颖而出，成为全国制药行业中第一个获得"中国质量奖"的企业。同仁堂人将始终沿着中医药专业化的发展道路，遵循"同修仁德、济世养生"的至高追求，努力将中医药文化发扬光大，传承弘扬，服务于更多、更广大的顾客。

诚信表现在同仁堂的经营中就是"以义为上，义利共生"。同仁堂的负责人说，古人讲过，"君子爱财，取之有道"。对同仁堂来说，这个"道"就是"义"，把顾客的需要和满意放在首位。经营者无疑都想取得最大利润，但没有"大义"就不可能有"大利"。只追逐眼前的蝇头小利，必然会失去消费者的信任。如今同仁堂仍然坚持代客加工、邮寄、代客煎药、为人送药等，不仅取得了社会效益，而且增加了客源，带动了其他药品的销售，取得了很好的经济效益。

择取同仁堂特别晨训训词领略其德诚信的训诫：

特别晨训训词

志公雅之意，同仁初始创；怀仁德之心，承道自岐黄。

供御药事君，炭炭而小心；献百草为民，兢兢为济世。

两个必不敢，良方并良药；存心有天知，仁术共仁心。

传承三百载，堂韵何悠悠；维新数十年，堂风何赫然。

可承百年志，吾辈之福分；时逢宏图展，吾辈之幸甚。

念同仁之志，立堂前匾下；怀感恩之情，忆历代先人。

净匾祈福运，吾心愈赤诚；抚匾温堂训，吾志愈坚贞。

拳拳仁心代代传；报国为民振堂风！

五千载华夏，敬请鉴我情，十数亿神州，且请观我行！

资料来源　王建兵，德诚信．铸同仁堂金字招牌［N］．北京晨报，2001-12-12.

同仁宣．净尘　敬匾　精心　敬事——北京同仁堂举行2017年净（敬）匾仪式［N］．中国质量报，2017-03-01.有删改．

讨论问题：

1.同仁堂的发展历史与目前状况如何？

2.同仁堂成功的奥秘是什么？对我们有何借鉴价值？

第 2 章

商业伦理道德原则

经典名言警句

天行健，君子以自强不息；地势坤，君子以厚德载物。

——《周易·大象传》

子曰："学而时习之，不亦说乎？有朋自远方来，不亦乐乎？人不知而不愠，不亦君子乎？"

子曰："君子坦荡荡，小人长戚戚。"

志于道，据于德，依于仁，游于艺。

君子务本，本立而道生。孝悌也者，其为仁之本。

君子怀德，小人怀土。

君子矜而不争，群而不党。

子曰："德不孤，必有邻"；"君子道者三，我无能焉。仁者不忧，知者不惑，勇者不惧。"子贡曰："夫子自道也。"

子曰："温故而知新，可以为师矣。"

子贡问君子。子曰："先行其言而后从之"；贡君子周而不比，小人比而不周"；"君子喻于义，小人喻于利"。

——《论语》

为中国人民谋幸福，为中华民族谋复兴。

——"不忘初心，牢记使命"教育活动主题词

君子爱财，取之有道；真君子爱吉财，取之当守正道。

——佚名

主要知识点

1.功利性与超功利性、自律性与他律性的统一。

2.企业诚信的内在要求。

3.集体主义与优秀团队。

4.公平与效率兼顾的含义及要求。

关键概念

集体主义原则（principle of collectivism）

诚实守信原则（honest code of honor principle）

义利统一原则（principle of unifying）

公平与效率兼顾原则（principle of fairness and efficiency）

【引言】

关于表彰第七届全国道德模范的决定

党的十八大以来，以习近平同志为核心的党中央高度重视社会主义精神文明建设特别是思想道德建设。习近平总书记多次亲切会见全国道德模范，就加强社会主义思想道德建设，发挥道德模范的榜样作用，做出一系列重要指示，为推进思想道德建设指明了前进方向，提供了根本遵循。近年来，各地区各部门以习近平新时代中国特色社会主义思想为指导，深入学习贯彻党的十九大和十九届二中、三中全会精神，深入学习贯彻全国宣传思想工作会议精神，增强"四个意识"、坚定"四个自信"、做到"两个维护"，坚持守正创新，紧紧围绕举旗帜、聚民心、育新人、兴文化、展形象的使命任务，大力培育和践行社会主义核心价值观，深入推进思想道德建设，广泛开展道德模范宣传学习活动，大力弘扬模范精神，持续深化道德实践，涌现出一大批先进典型，在全社会形成崇德向善、见贤思齐、德行天下的浓厚氛围。

为充分展示思想道德建设的丰硕成果，凝聚全社会向上向善的强大力量，以新时代社会主义思想道德建设的新进展新成就庆祝新中国成立70周年，自2019年3月起，中央宣传部、中央文明办、全国总工会、共青团中央、全国妇联、中央军委政治工作部组织开展第七届全国道德模范评选表彰活动。按照从严把关、优中选优的原则，经过严格规范的评选程序，中央文明委决定，授予张富清等58位同志第七届全国道德模范荣誉称号，授予张佳鑫等257位同志第七届全国道德模范提名奖。

希望受到表彰的同志不忘初心、牢记使命，珍惜荣誉、再接再厉，继续发挥榜样示范作用，激励引导人们争做崇高道德的践行者、文明风尚的维护者、美好生活的创造者。各地区各部门要广泛宣传道德模范的先进事迹，大力弘扬道德模范热爱祖国、奉献人民的家国情怀，自强不息、砥砺前行的奋斗精神，积极进取、崇德向善的高尚情操，营造崇尚关爱模范的浓厚氛围。要着力培养担当民族复兴大任的时代新人，着力弘扬共筑美好生活梦想的时代新风，培育和践行社会主义核心价值观，推进社会公德、职业道德、家庭美德、个人品德建设，着力构筑中国精神、中国价值、中国力量，促进全体人民在理想信念、价值理念、道德观念上紧紧团结在一起，为奋进新时代、共筑中国梦提供强大精神力量和道德支撑。

资料来源　新华社中央精神文明建设指导委员会.

作为企业可持续发展不可缺失的根基，商业伦理道德原则到底应该由哪些内容组成呢？构成商业伦理的基本原则有四项：集体主义原则、诚实守信原则、义利统一原则以及公平与效率兼顾原则。集体主义原则区别于其他三个原则，是基础原则。推行集体主义原则的目的是打造优秀的企业团队，而只有具有共同目标和价值观的团队，才有可能实现其他三个原则。

2.1 集体主义原则：打造优秀团队

2.1.1 企业推行集体主义原则的理论依据

虽然企业是由人创立和经营的，但其作为一个整体，是一个不可分割的系统。当然企业员工也会有个人行动自由，但公司行为一般来说都是集体行为。因此，企业实践活动有理由要求把集体主义作为原则，从而形成公司的团队精神，以期提高企业主体的经济利益。

集体主义原则成为社会主义道德的基本原则，并不是偶然的，在道德理论方面具有充足的依据。从社会主义道德最一般原理上看，集体主义原则必然是社会主义道德的基本问题的具体体现和集中反映。所有一切道德问题都是围绕集体主义这一道德基本问题展开的，最后必须借助道德基本原则方能解答其他道德理论问题。所以，集体主义原则是一切道德理论的核心，是解答疑难道德理论的基本原理。从这个意义上讲，集体主义原则贯穿马克思主义道德理论体系的始终，必然成为马克思主义伦理学的基本道德原则。从社会主义道德规范体系上看，集体主义原则在本质上是该体系的规范之一，且高于别的具体规范，是说明和统驭别的具体规范的最高道德规范，处于该道德体系的最高层次，并对其以下层次的具体道德规范和道德范畴起指导作用。从社会主义道德评价体系上看，人们评价善恶的尺度，评价利益的尺度，作为劳动力标准的尺度往往具体化成集体主义尺度。也就是说，集体主义原则是衡量人道德境界高低的最基本的评判标准。

2.1.2 集体主义原则辩证统一集体利益与个人利益

社会主义的集体主义原则，其首要任务是辩证地统一集体利益与个人利益之间的关系。在我们社会主义国家，实现集体利益与个人利益的辩证、有机的统一，是社会主义的集体主义原则所追求的最高道德目标，是社会主义道德的最核心内容。

集体利益是以无产阶级为核心的所有社会劳动公众的整体利益，是由无产阶级与广大社会公众所组成的利益集体在政治、经济、精神、文化诸多方面利益的总和。其系统价值目标与共产主义理想的集体利益保持一致，是介于理想的集体利益与虚幻的集体利益之间的一种现实的集体利益。什么是个人利益呢？个人利益是劳动者个人全部需求的总和。这种个人利益首先体现为解决个人在经济上需求的个人经济利益，在今天分别体现为满足个人在政治、文化、精神等诸多方面需求的个人政治利益、个人文化利益和个人精神利益。

2.1.3 集体主义原则强调和颂扬自我牺牲精神

集体主义原则在强调集体利益与个人利益的辩证统一、明确集体利益至上性的同时，强调在十分必要之时，个人利益应该服从集体利益，甚至不惜牺牲个人利益来维护集体利益。当然这种个人的自我牺牲不是随时随地随意随机的，而应是一种在必要的情况下，服从和维护集体利益的方式。为了准确地坚持集体主义原则，维护集体主义原则，我们必须摒弃各种形式的不合理功利主义原则、极端个人主义原则和利己主义原则，使集体主义原则真正发扬光大。

2.1.4 企业推行集体主义原则目标：培养优秀公司团队

任何团队都是一个有机的整体。作为企业员工个人，完全渴望加入到这个有机的整体之中。正如利皮特博士所说的："人的价值，除了具有独立完成工作的能力外，更重要的是赋有和他人共同完成工作的能力。"在现实的市场竞争环境中，不可能只凭个人的力量大幅度提升企业的竞争力，而团队力量的发挥已成为赢得竞争胜利的必要条件，竞争的优势在于你能比别人更好发挥团队的力量。一个优秀的公司团队，能更好地贯彻企业的经营和质量方针，能更好地达成企业的质量目标；一个优秀的公司团队，能更好地实现顾客的满意度；一个优秀的公司团队，可以把企业带到永续经营的境界。

|2.2| 诚实守信原则：企业经营之灵魂

2.2.1 企业员工贯彻诚实守信原则的内在要求

"诚"是指诚实，"信"是指信用、信誉、信念，诚与信是中华民族的传统美德。中国古代思想家十分重视这两种德行，认为诚与信是人的安身立命之本。诚与信是紧密相连的，凡是真正的诚实之举，本身就显示着信用，也肯定能得到别人的信任；而真正守信用的行为，本身就是当事人诚意的反映，所以在评价人的行为时，人们往往将"诚信"连用。在人们的实际生活中，诚信一直作为基本的道德准则。欺诈、虚妄、投机取巧的行为总是被人所不齿。竞争行为是市场经济条件下人活动的主要方式，因而诚信同样是评价竞争行为的道德准则。

如果说"诚"在竞争中更多体现为主体的一种道德观念和精神境界，那么"信"在竞争中更多体现为一种为人处世的态度和行为作风。两者互为映射，前者是后者的基础，后者是前者的反映。只要以诚待人、以诚为本，就一定能以信取人，以信成事。这样，在竞争活动的各个环节中，如生产经营、产品质量、市场营销、企业洽谈、履行合同及服务方式等，就都能本着诚信原则，开展公开、公平、公正的竞争。

讲究信誉则更多地依靠企业员工的清醒意识和自觉行动，即企业和员工为了自己的良好信誉而恪守信用。在市场竞争中，经营者（无论是个人还是企业）的良好信誉本身就是一笔无形资产。当然，经营者的信誉既表现在产品质量、工艺和技术等硬件方面，又表现在重约守信、真实无妄、诚实守信等软件方面。对信誉的追求表明企业员工认为竞争活动不仅在于获取利润，而且更重要的是要展示自身良好的形象和品格，把求利和做人结合起来。

信念是"信"中的最高境界。信念不仅体现了企业员工充分的自觉性，而且表明了其明确的价值目标。企业员工恪守信用原则，其动机不是出于生意的需要和功利的考虑，甚至不仅仅是顾及自己的形象和信誉，而是出于员工内心深植的信念，是信念的外化。

2.2.2 诚实守信：企业立业之根本要求

对于广大的企业员工来说，坚持诚实守信原则就是要求立足企业实践，力行诚实守信。如果把诚信二字分开要求，我们认为，"诚"相对于企业员工至少有三层内容：

第一，忠诚于自己所承担的企业事业，热爱本职岗位；

第二，诚恳善待与自己企业工作有关和无关的人们；

第三，热诚勤勉地做好企业工作，精益求精，追求卓越。

"信"相对于企业员工至少也有三层内容：

第一，讲究信用，信守诺言，实话实说，只做真账；

第二，树立企业信誉，创建企业品牌，提高企业知名度，让公众信服；

第三，信任他人，像相信自己一样相信企业同行和他人。

从整体看，企业诚信品质的内容包括良好的商业道德和企业操守，完善的企业信息质量和优质的企业服务。所以，完全可以说，诚信是企业立业的根本，是企业的基础。企业诚信建设是一项庞大的系统工程，需要多方面的共同努力，但无论如何，外因只是变化的条件，内因才是变化的根本。从这个意义上讲，企业员工的道德诚信素质将对企业诚信建设发挥决定性影响。

| 2.3 | 义利统一原则：现代企业强大之源泉

2.3.1 义利统一：实现商业道德与利益的最佳结合

义与利的关系是一个长盛不衰的伦理学话题。现代企业为了谋求持续稳定协调发展，必须寻求义利统一，实现道德与利益的最佳结合，而传统文化的"义利之辩"值得我们把握："利"应以"义"为导向；合理的"利"为"义"，"义"之所在才是真正的"利"。一旦见利忘义，多行不义必自毙！新时代的企业员工应确立以下"义利观"的三个要求：

第一，公众利益是终极目的，个体利益不应凌驾于社会公众利益之上。

从形式上看来，企业与客户签订业务合同，似乎应唯客户利益是从。然而，企业服务从本质上观察，其业务约定的最终委托人是社会公众。尤其是上市企业，众多的现实投资者与潜在投资者、债权人等的公众利益是天然合理的，只有"公众利益"至上，即在面临不同方案选择的情况下，毫不犹豫地选择社会效益最大化的方案，现代企业才会不负公众期望，最终得以持续发展。

第二，个体利益有其现实合理的存在性，"义"不必游离于"利"之外。

强调以"公利"（义）为本，并非固守虚假的社会本位主义，以否定"私利"的合理性及其道德上的遵循性，从而否定个体利益作为道德目的所具有的本质意义。事实上，个体利益的获取才是使一个社会、一个道德模式的合理性得以确证的最后依据。正因为如此，现代社会承认其企业员工个体利益有其现实合理的存在性，正当之"义"不必、也不应该游离于"利"之外。

第三，当短期利益与长期利益发生冲突时，弃短就长，方为"合义"。

企业的制度创新，不仅取决于职业界内部的自主选择，而且取决于职业界外部的约束偏好。走合伙制之路，可能使短期利益受到损害，业内人士缺少选择合伙制的强烈动机。但是，一味指望用有限责任换取公众的无限信任，显然难以奏效。是应付现在，还是放眼未来，企业不难做出回答：短期利益的土壤里生长不出信用文化，长期利益才是滋养信用文化的雨露。

通过上述三个要求的确立，可以初步形成新义利观的框架：公众利益是企业永远的旗帜，个体利益是"义"的物质支撑，短期利益服从长远利益。企业应记住伟大的思想家孔子的话，虽然富与贵，是人之所欲，但"不义而富且贵，于我如浮云"！

中西方优秀企业的发展壮大历史也从事实上证明：企业从义利共存、义利共融到义利共生是商业伦理发展的必经之路。

2.3.2　构建义利统一观为基础的企业信用文化

我们看到，传统的"信"与"义"是结合在一起的，或者说"信"随"义"走，"义"指向哪里，"信"就实践到哪里。所以，对于部分企业遗失了信用的问题，应从"义"的迷惘中去寻找缘由。

一旦企业融入转型经济的洪流——"利"成为社会关系的基本内容的时候，传统与现实便从此发生了剧烈冲突，并引发了信用文化和信用秩序的迷失。观点之一是企业以营利为目的，似乎必须做到舍利取义；观点之二是企业作为市场经济微观机制运行的实体，体现着竞争规则和职业精神，既利他又利己，义必须在利前；观点之三则认为在通向超然独立的殿堂途中，不必守身如玉，某些失信行为既是可以理解的，又是难以避免的。

显然，第一种观点会导致义与利的对立，第三种观点可能导致在实务中对信用的放纵，第二种观点则代表着新义利观导向。

正直守信，率先垂范，是现代企业信用文化的基石。一位经营大师说，人本正直，不应被迫正直。企业经常面临着如何让客户认可其出具的鉴证报告的问题，此时，诚实地表达自己的专业判断，正直地恪守道德标准，威武不屈、富贵不淫、挫折不馁、诱惑不移！无论外部环境存在多少规范盲区和信号失真，不抱怨、不懈怠，始终守护心中对"义"的那份坚持。企业的职责毕竟非同一般，其"信用指数"有理由高出社会平均水平。

讲究良知，崇尚理性，是现代企业信用文化的主体。有时，客户会提出超越专业规范的要求，试图购买鉴证意见；有时，客户会发掘专业规范的空白地带，获取非信用利益……企业要么屈服于感性，"食君之禄，分君之忧"；要么登高望远，让良知弹劾盲从。显然，后者是企业的正确选择。

2.3.3　肯定合理合法的功利主义

1）经济与道德相互依赖的基础——正当功利

我们假设的前提是，把一切经济活动定义在"经济人"或"社会人"的基础之上，因此，经济与道德具有可分、不可分的两重性，急需解决的突出问题是：如何正确认识功利，如何解决功利性与超功利性、自律性与他律性的统一？

（1）功利性与超功利性的两面性

市场经济具有功利性，它排斥超功利的道德，而不排斥那些允许个体追求、保持或争取自己正当功利的道德规范。例如，在一种为交易双方都能带来利益的买卖中，货真价实、童叟无欺是必须的——这里起作用的是诚实与平等的道德；在借贷活动中，守信用、及时付息还贷是必须的——这里起作用的是守信、负责任的道德；在市场的良性、有序竞争中，机会均等、排斥垄断和特权是必须的——这里起作用的是公平、公正的道德；在独立审计中，委托与被委托是一种买卖关系，但它应当是独立、客观、公正进行的——这里起作用的是商业道德和注册会计师审计职业道德……对这一类道德，不能称之为超功利道德，因为它并不要求人们完全放弃自己的正当功利，而只是要求人们放弃对市场经济带来负效应的不正当功利。这一类道德之所以是市场经济需要的，是因为市场经济正常运转的基本前提是建立在机会均等基础之上的公平竞争。为了保证竞争的公平性，必须确立这样的市场规则：它一方面允许每个个体在竞争中追求自己的正当利益，另一方面防止以一己之私的追求堵塞了他人的利益追求。体现在这些规则中的道德便是社会公德。企业市场的伦理道德认同功利性道德，排斥超功利性道德。

（2）自律性与他律性的对立和统一

自律性是正当功利的道德本性。自律——把行善视为目的，他律——为达到自己的物质利益而给他人提供好处的行为。自律同行为的功利性相一致，但作为纯粹的"经济人"，自律与他律又是相互排斥的。实际经济生活中的人，在扮演"经济人"的同时，依然具有"道德人"的一面。在市场中就有可能出于某种非功利性的考虑，而放弃追求最大限度的物质利益，仅满足适度利益。在这样的市场经济参与者的行为中，既有他律，又有自律的成分。处理得好，两者是一致的；处理得不好，两者则是相互矛盾的，而且呈此消彼长的状态。"企业假账"就是在两者矛盾无法统一的条件下产生的。超功利性是产生"企业假账"的根源之一。

2）正确理解功利主义

（1）功利主义不等于利己主义

功利主义调整个人利益和公共利益的关系，从而达到两者之间的和谐统一。功利主义包括功利利己主义，也包括功利利他主义。会计师事务所受企业委托进行审计，需要收费，如果出具审计报告是独立、客观、公允、真实的，这既是功利利己主义，又是功利利他主义，是完全正当的，也有利于市场经济的发展，受法律保护，符合职业道德原则。反之，见利忘义，为了追求利益，出具虚假审计报告，既损害了自身的功利，又损害了企业的功利，更损害了社会公众的功利。

（2）功利主义是一把双刃剑

为了发挥功利主义的正面效应，限制它的负面效应，应以公正原则来补充功利原则，以公平原则来补充效益原则，防止出现损人利己的功利主义行为。

3）市场经济转型期间正确运用功利主义的对策

我国经济体制正处于转型期间，人们的功利原则的价值取向，既有积极的一面，促进社会的良性运行；又有消极的一面，妨碍社会的健康发展。应当采取以下对策：

宽容。宽容不是恩赐、施舍，它的前提是平等，承认多元化的价值取向。

批判。宽容是有原则的，但批判不是专制，是一种平等基础上的竞争。

建设。这种价值导向：一是反对极端个人主义和纯粹利己主义；二是容忍温和个人主义和合理利己主义；三是在一般条件下提倡现实集体主义和温和利他主义；四是在特殊条件下鼓励理想集体主义和极端利他主义。

4）功利主义的两种导向的约束机制

（1）内在机制

内在机制培养了人们的社会责任感和义务感，形成心理—意识机制，自觉选择正当的功利主义行为。

（2）外在机制

外在机制包括社会经济、政治政策导向、社会赏罚和社会舆论，鼓励并宣传正当功利主义行为。

价值主体归根到底是利益主体。因此，价值取向归根到底是利益导向。在某一时期，由于人们利益失衡，导致人们的价值观念失衡，没有用好这两种机制。

|2.4| 公平与效率兼顾原则：企业和谐发展之根本

2.4.1 市场经济中的公平、公正、公开、公信规则

市场经济中的公平、公正、公开、公信规则是一种社会的历史范畴，是一种侧

重调解人们交往关系的行为准则。公平、公正、公开、公信观是对这种社会规范的价值评价。应该明确：公平、公正、公开、公信不是一个抽象的、永恒不变的范畴。公平、公正、公开、公信在不同的社会领域里表现为不同的形式。在经济领域里，其表现为等价交换；在政治领域里，其表现为权利平等；在道德领域里，其表现为机会均等。其作为历史范畴，受生产力发展程度的影响；其作为阶级范畴，受阶级关系的影响。虽然，公平、公正、公开、公信等呼吁很吸引人，但没有充分的物质技术基础来保证它们的实现，就只能流于空洞的形式。

市场经济需要机会均等的、效率均等的公平、公正、公开、公信原则要求表现在：

（1）机会均等

作为市场竞争机制实现的必要条件均等，机会均等是作为垄断与特权对立面而存在的。

（2）效率优先

效率优先的前提包含在公平、公正、公开之中。

（3）兼顾公平

兼顾公平是社会通过政府调控对市场经济的结果所作的一种伦理道德调节。通过这种调节，对人们从市场经济活动中直接得到收入进行一次再分配，如征收个人所得税。再分配所贯彻的精神就是使原来不平等程度较大的收入趋于公平。

（4）价值取向

经济公平、公正、公开、公信观首先与经济发展的价值取向有关，是经济发展的战略抉择问题，必须引起高度关注。

（5）公众信用

市场经济的本质是体现以公众信用为主体的信用经济，以诚信为核心的伦理道德是市场经济建立的基石。

2.4.2　公平与效率兼顾原则的含义与要求

为了使市场经济中的公平、公正、公开、公信规则切实贯彻，最重要的是应遵循公平与效率兼顾原则。由于资源的有限性和需求的无限性，管理本身作为一种资源的分配行为，包括对人力资源和物质资源的再分配，在进行企业资源的分配和管理时，怎样处理和兼顾公平与效率的问题，就是商业伦理的一项重要任务。

商业伦理中的公平至少包含四层含义：

第一，地位的平等。在市场经济中，作为企业法人的经济组织，不管其规模大小、成立先后、地处何方、经营性质如何，它们都应享受经营地位的平等对待；作为自然法人的个人，不管其学历高低、年龄大小、资产多寡，他们都应享受工作地位的平等对待。

第二，权力的平等。这种权力体现在多方面，例如对企业信息的了解程度，在企业内部的自由程度，对企业工作的参与程度等，都应拥有平等的权利。

第三，机会的平等。这种平等包括一切机会平等地面向全体成员，每个成员都有平等选择各种机会的权力。

第四，分配的平等。在分配中的平等不等于平均主义，不等于吃"大锅饭"，不要求均分。在管理中的公平直接影响员工发挥积极性、主动性和首创精神，进而直接影响管理的绩效和效益。

效率问题是企业壮大的关键要素和企业发展的根本问题，效率是企业组织活动的出发点和衡量标准，是企业高层必须经常思考以及长期面对的问题，效率最终来源于生产要素提供者的积极性、主动性的发挥。"效率实际上有两个基础，一个是物质技术基础，一个是道德基础。只具备效率的物质基础，只能产生常规效率。有了效率的道德基础，就能产生超常规的效率。"[①]

公平与效率问题是无处不在的，而且常常处于两难境地。公平与效率相统一的原则就是要求在商业伦理过程中坚持"效率优先，兼顾公平"这一伦理原则。反对"平均主义"，反对"不患寡而患不均"，反对以不公平或不道德方式不讲效率去追求绝对公平，同时反对"效率至上"，反对以不公平或不道德方式去追求所谓的效率。应该在注重效率的同时，重视公平，达到企业内部人际关系的日趋和谐，使企业获得长久发展。

为了体现公平与效率兼顾的原则，应该做到以下工作：

1）竞争与合作协调统一

市场经济既是竞争经济，又是分工协作经济。企业可以在竞争与合作中去追求公平与效率相统一。虽然，竞争是市场经济的题中应有之义，但市场竞争并非是纯经济的行为，它在内容、目的和手段上不仅有"合法"与"非法"之分，而且有"义"与"不义"之别。作为人类在经济生活中的一种现象，市场经济的基本特征是，促使企业利用价值规律和市场规则，以自己的优质产品和服务扩大市场占有额；与此同时，企业通过降低成本使自己凝结在商品中的个别劳动量低于社会平均必要劳动量，从而获得比其他企业更多的利润和收益。在市场中，企业发展的机会是无限的，因此，即使在激烈的商场如战场的市场竞争中，企业之间也不是人们所想象的那种你死我活的关系。市场竞争的目的也不是消灭对手，更不得为此不择手段坑人利己。

在现实经营活动中，企业之间的竞争一方面必须接受法律法规的约束，另一方面也必须受到经营伦理道德的约束，并以此形成规范、有序的良好竞争，以确保市场经济合法、合理运行。一个企业，如果它的行为不讲道德，不合伦理，即使能一时获利，也难以在市场上长期立足，最终会失去顾客而自毁前程。

今天的商场是由各种社会经济关系组成的"生态系统"。在这个庞大的系统中，不同企业各司其职，共存共竞。企业成员之间总在寻求双赢的共荣关系，不仅在竞争中合作，而且在合作中竞争。采用既合乎市场经济规律的运作方式和手段，

---

① 厉以宁. 道德是调节经济运行的第三种方式 [N]. 新华日报, 1999-05-06.

又符合社会主义精神文明和优秀文化传统的伦理道德准则的行为来加强经营管理和商业伦理，才能有利于整个社会文明的进步，也才能真正使企业获得长久的发展，从而实现公平与效率的统一。

2）控制与自由协调统一

从总体看，现代社会追求大众的高度民主，但其间不能缺乏有效的控制，否则可能会乱套。只有通过控制与自由的协调统一，方能追求真正意义上的公平与效率的统一。

经营管理实践表明，控制对于维持企业正常的生产经营活动是必不可少的。控制的根本目的是保证企业的实际活动符合计划的要求，以有效实现预定的发展战略，但由于各方面的影响，在商业伦理活动中，表现更多的是过度控制或控制不足。前者过度控制会对企业员工造成伤害，可能扼杀他们的主动性、创造性与积极性，会抑制他们的创新精神，从而影响他们个人能力的发展和工作热情的提高，最终会降低企业的效率。通用电气企业的前总裁杰克·韦尔奇明确指出："旧组织建筑在控制之上，但是世界已经今非昔比。世界变化得太快，使得控制成为限制，反而使速度慢了下来。"[①]控制不足就不能使企业活动有序地进行，不能保证各部门的活动进度和比例的协调，会造成企业有效资源的浪费。此外，控制不足可能使企业员工无视组织的要求，我行我素，不提供组织所需的贡献，甚至利用在企业中的便利地位谋求个人利益，导致企业的涣散和崩溃，最终也会降低企业的效率。

控制与自由的协调统一就是要求企业把控制在范围、程度和频度等方面做到恰到好处，既能满足企业组织活动监督和检查的需要，又能充分尊重企业员工的变化和差异性，给予企业员工自由畅想发挥的空间，从而充分调动企业员工的积极性、主动性和创造性，防止企业与员工之间发生强烈冲突。企业一方面严格限制员工的言行举止，使其与企业的思想保持一致，体现企业的精神风貌；另一方面企业又向员工提供较大的行动自主权。我们看到，实行思想控制旨在维护企业的价值观，而员工行动自由则促进了企业的发展。所以，杰克·韦尔奇指出，"企业必须在自由和控制之间取得平衡，但是你必须拥有以前想象不到的自由。"[②]"如果你想从员工身上获取利益，你必须给他们自由，让每一个人都成为参与者。每个人都知道所有事情，那么他们自己就可以做出最适当的决定。"[③]企业只有在员工的自由和控制之间取得平衡，才能达到公平与效率的统一。

3）权力与权威协调统一

因为经营实践的需要，企业经理层往往会被赋予一定的权力，包括领导权、指挥权、决策权、财务权和用人权等。在企业运行中，如果经理层不拥有这些权力，管理职能就难以实现，整个企业也就无法有序运行，陷入混乱状态。但是，作为经理层，仅拥有权力是不够的，光靠权力的作用去指挥别人，并不能使人心服口服，

---

① 秦朔. 传播成功学 [M]. 广州：广州出版社，1998：138-140.
② 秦朔. 传播成功学 [M]. 广州：广州出版社，1998：138-140.
③ 秦朔. 传播成功学 [M]. 广州：广州出版社，1998：138-140.

而且仅仅依靠权力的指挥棒去指挥别人，这种行为本身就是不道德的，也不符合伦理标准。对于经理层来说，权力只是一种外在的东西，要实施有效管理，除了拥有权力之外，还需要树立相当的权威。

随着社会经济的发展，在越来越富有理性和独立思考的员工面前，一味运用权力的影响去强制实行对被管理者的控制，不仅是不道德的，而且也越来越行不通。西方著名管理学家巴纳德指出："管理者的权威完全取决于下级人员接受命令的程度。""只有注重管理者自身的道德修养，充分体现管理者的人格魅力，才能真正实施管理的权威。"①这种人格的影响力可能会越来越大，直至可能抵消一个人权力的影响。企业经理层的人格对于被管理者的影响力和号召力比权力大得多。所以，权力与权威的协调统一就是要求加强企业经理层的人格塑造，提高企业经理层的品质修养，在商业伦理过程中要把握权力与权威的伦理界限，正确运用权力和权威，实现公平与效率的统一，以更好达到企业的目标。

复习思考练习题

一、单项选择题

1.商业伦理的基本原则中的（ ）是基础原则。

A.集体主义原则　　　　　　　　B.诚实守信原则

C.义利统一原则　　　　　　　　D.公平与效率兼顾原则

2.（ ）是以无产阶级为核心的所有社会劳动公众的整体利益，是由无产阶级与广大社会公众所组成的利益集体在政治、经济、精神、文化诸多方面利益的总和。

A.公众利益　　　　　　　　　　B.个人利益

C.社会利益　　　　　　　　　　D.集体利益

3.市场经济具有（ ），它排斥超功利的道德，而不排斥那些允许个体追求、保持或争取自己正当功利的道德规范。

A.超功利性　　　B.利己性　　　C.功利性　　　D.义利统一

4.（ ）是企业和谐发展之根本。

A.集体主义原则　　　　　　　　B.诚实守信原则

C.义利统一原则　　　　　　　　D.公平与效率兼顾原则

5.市场经济的本质是体现以（ ）为主体的信用经济，以诚信为核心的伦理道德是市场经济建立的基石。

A.公众信用　　　B.个人信用　　　C.个人效率　　　D.社会效率

二、多项选择题

1.构成商业伦理的基本原则包括（ ）。

A.集体主义原则　　　　　　　　B.诚实守信原则

① 苏勇. 管理伦理学［M］. 上海：东方出版中心，1998.

C.义利统一原则　　　　　　　　　　D.公平与效率兼顾原则

2."信"相对于企业员工至少包括（　　）内容。

A.讲究信用，信守诺言，实话实说

B.树立企业信誉，创建企业品牌

C.提高企业知名度，让公众信服

D.信任他人、公司信息，像相信自己一样相信企业同行和他人

3.市场经济转型期间正确运用功利主义的对策包括（　　）。

A.一是反对极端个人主义和纯粹利己主义

B.二是容忍温和个人主义和合理利己主义

C.三是在一般条件下提倡现实集体主义和温和利他主义

D.四是在特殊条件下鼓励理想集体主义和极端利他主义

4.公平、公正、公开、公信原则要求表现在（　　）。

A.兼顾公平　　　　　　　　　　　　B.效率优先

C.公众信用　　　　　　　　　　　　D.机会均等

5.为了体现公平与效率兼顾的原则，应该做到以下（　　）工作。

A.竞争与合作协调统一　　　　　　　B.控制与自由协调统一

C.权力与权威协调统一　　　　　　　D.利益与付出相统一

三、判断题

1.推行集体主义原则的目的是打造优秀的企业团队，而只有拥有具有共同目标和价值观的团队，才有可能实现其他三个原则。（　　）

2.个人利益首先体现为解决个人在经济上需求的个人经济利益，在今天分别体现为满足个人在政治、文化、精神等诸多方面需求的个人政治利益、个人文化利益和个人精神利益。（　　）

3.企业员工恪守信用原则，其动机不是出于生意的需要和功利的考虑，甚至不仅是为了顾及自己的形象和信誉，而是出于他内心深植的信念，是信念的外化。

（　　）

4.公众利益是企业永远的旗帜，个体利益是"义"的物质支撑，短期利益服从于长远利益。（　　）

5.对于纯粹"经济人"，自律与他律是统一的。（　　）

四、简答题

1.什么是商业伦理道德规范系统？它是如何构成的？

2.组建优秀的公司团队必备的条件是什么？

3.公平与效率兼顾原则如何实现？

4.市场经济转型期正确运用功利主义的对策是什么？

5.怎样理解企业活动中的诚实守信原则？

6.如何熟练运用商业伦理道德的义利统一原则？

案例讨论题

文化引领　厚德载物——山西天元集团绿色发展的启示

从 2002 年改制到 2016 年在"新三板"挂牌上市，天元集团走出了一条独特的绿色发展之路，并在绿色发展的道路上越走越远、越走越宽！

"资金可以做大，技术可以做强，但文化才能做久。"对此，天元集团董事长李景春一句话直击关键。他说，公司多年来发展壮大，选择绿色环保的事业，坚持走绿色的道路，最重要的原因就是企业文化的引领，是企业文化为天元插上了腾飞的翅膀，带动企业 36 年快速、健康发展。

一、以德立世，以善修身，以德待人，以善处事

德善，是做人做事的万源之本，是修身齐家立命之根。

多年来，李景春饱读圣贤文化，《四书》《五经》等中国传统文化典籍，"学而时习之"，对他深有触动。在日复一日的学习中，他意识到，传统文化对企业发展有着长远而深刻的意义。做企业就像做人一样，首先要扎好"德"和"善"的根。

在李景春的讲述中，2002 年的天元还是供销社家电门市部，经营面临着重重困境：工资分配大锅饭，员工没有积极性……李景春清醒地意识到，企业要想走下去，必须彻底改制，可是改制的压力也是前所未有的。李景春明确提出，天元的企业精神就是"帮助人成功"！改制后的天元，销售业绩逐年递增，企业规模日益壮大，员工收入持续增长，天元发生了日新月异的变化。

为天地立心，为生民立命。李景春从中华优秀传统文化中感悟到，天元应该传承并弘扬古圣先贤的思想精华，以德、善、孝、和为基础，在企业发展的同时，承担更多的社会责任，用仁爱感恩公益慈善的行动回报社会。

穷则独善其身，达则兼济天下。李景春个人先后资助 80 余名贫困女童；援助地震灾区、捐资希望工程、慰问社会福利院孤寡老人，为患病儿童捐款捐物……这样的善行，他坚持了十几年。

李景春的德行和善举深深触动了每一位天元人，感召着员工们说好话，做好事，做善人，做善事，自发组织成立了天元义工队，前往张庄镇敬老院帮助老人洗头洗脚、打扫卫生、奉献爱心；前往困难员工的家中帮助秋收；主动利用空余时间清洁城市的交通护栏。

二、以孝为美，以和为贵，行孝行善，和谐家企

百善孝为先，家和万事兴。正如《弟子规》言说：首孝悌，次谨信。

李景春的母亲已近耄耋之年，几十年来在商场打拼，无论工作多么繁忙，他每周都要抽出时间亲自给母亲做饭，陪母亲一起吃饭聊天。

孟子讲："孝子之至，莫大乎尊亲。"在一次传统文化论坛学习中，讲师问道："长这么大，有谁没有和父母顶过嘴、吵过架？"全场千余名学员，只有李景春和另一位新加坡人举手。"百善孝为先"在李景春身上得到了充分体现。

在企业经营发展的过程中，李景春特别重视孝悌文化，在《论语》《弟子规》

《三字经》《孝经》中，提炼中华孝悌文化的思想精华，在公司内部持续落实孝悌文化的学习和实践。公司的会议上，他多次提出，天元录用员工的首要标准就是孝顺。孝心一开，百善皆来。

孝心使家庭和睦，孝行使企业和谐。在天元，没有董事长，只有大家长，没有上下级关系，只有亲人关系，没有员工，只有家人。

天元有这样一段同事歌："同事不会错，如果同事错，一定是因为我看错，如果不是我看错，那一定是因为我的错，才使同事有了错，如果不是同事错，我们的日子一定过得很不错。"

天元就是一个大家庭，所有的员工都是天元的家人。所有家人的父母都是天元人的父母，所有家人的孩子都是天元人的孩子。

以德善润物细无声，以孝和育人家企谐。天元重视德善孝和，落实在每个具体的行动中，员工收获了身心和谐、家庭和谐，企业实现了和谐发展。

"积善之家必有余庆。今天的天元，我们不讲业绩，但业绩在持续稳增；我们不讲管理，但员工全部自觉做好工作；我们不谋名誉，但天元收获了'全国和谐劳动关系模范企业''全国双爱双评先进企业工会''全国模范职工之家'等16项国家级荣誉和上百项省市级荣誉。这就是忘我才能有我，这，就是天元。天元的文化兴企、品牌增值、健康发展，是德善的积累，是传统文化和企业文化的积淀。"李景春如是说。

李景春表示："为天地立心，为生民立命，为往圣继绝学，为万世开太平，是企业家的使命和责任。天元集团将弘扬和践行优秀传统文化作为企业的精神源泉，致力于用中华优秀传统文化打造百年幸福企业，用仁爱之心打造家乡一片净土，用积德之心造福一方百姓，为生态环境的可持续发展贡献自己的力量。"

资料来源　李华，郑铭经. 融人融心 厚德载物——天元集团坚持文化引领企业发展的启示[N]. 阳泉日报，2017-02-23.

讨论问题：

1.山西天元集团是怎样践行习近平总书记提出的"既要绿水青山，又要金山银山；绿水青山就是金山银山"的？

2.怎样理解"资金可以做大，技术可以做强，但文化才能做久"的说法？

第3章

商业伦理判断与道德决策

经典名言警句

大学之道，在明明德，在亲民，在止于至善。

古之欲明明德于天下者，先治其国，欲治其国者，先齐其家；欲齐其家者，先修其身；欲修其身者，先正其心；欲正其心者，先诚其意；欲诚其意者，先致其知，致知在格物。物格而后知至，知至而后意诚，意诚而后心正，心正而后身修，身修而后家齐，家齐而后国治，国治而后天下平。

君子先慎乎德。有德此有人，有人此有土，有土此有财，有财此有用。

德者本也，财者末也。

——《大学》

为天地立心，为生民立命，为往圣继绝学，为万世开太平！

——张载横渠四句

我们既要绿水青山，也要金山银山；宁要绿水青山，不要金山银山，而且绿水青山就是金山银山。

——习近平

主要知识点

1. 在道德领域中的囚徒困境现象。
2. 道德风险和逆向选择的关系以及防范方法。
3. 商业伦理评价理论。
4. 商业道德决策的主要模型和步骤。

关键概念

道德滑坡（moral decline）

囚徒困境（prisoner's dilemma）

道德风险（moral risk）

逆向选择（adverse selection）

【引言】

共铸诚信　有你有我

在人们谴责企业失信行为的同时，一个共识也在形成：构建诚信社会，是每个人、每家企业、每个部门的共同责任。

诚信是市场经济的基石。随着我国社会主义市场经济的建立和发展，很多企业提出建立诚信文化，涌现出一批重品牌、重信用的企业。但从近年来央视"3·15"晚会所曝光的事件来看，从小作坊到家乐福、麦当劳等跨国企业，这些企业都存在不同程度的欺诈行为，令消费者无所适从，严重损害了消费者权益，破坏了市场秩序。为何经济快速发展，而失信行为越发"花样翻新"？为何一些以高标准、严管理著称的跨国企业到了中国就出问题？从本质上看，诚信缺失原因复杂。逐利是企业的特质。当企业的逐利成本远远低于诚实守信所付出的成本，当企业的失信行为没有相应的政策、法律来制约，面对巨大的利益诱惑和监控机制的缺位，很难寄希望于企业家的道德成就一个诚信的企业。所以推进诚信建设需要市场环境、法律环境、政策环境的共同支撑，同时还需要企业、监管、媒体等各方的共同努力。

诚信建设，企业先行。诚信是企业发展的立身之本，也是企业文化和企业价值观的核心理念。技术、人才、资金可以引进，但是诚信不能引进，要靠企业自身积累。经营企业就是经营信用。不讲诚信的企业，注定无法做大，无法长久。

诚信建设，监管护航。制度及法律是诚信的保障，一方面需要有制度对企业的失信行为做出严厉的约束和处罚，另一方面也需要制度先行、监管在前，把失信行为遏制在源头，以免在对社会及消费者造成损失后再行监管。

诚信建设，媒体助力。媒体的作用是倡导、是监督、是督促，是营造以讲诚信为荣、不讲诚信为耻的社会舆论氛围。从数十年前无人知晓"3·15"为何物，到今天全民呐喊消费维权，以央视"3·15"晚会为代表的主流媒体起到了至关重要的作用。央视"3·15"晚会用记者扎实的调查取证，展示了一个个诚信缺失甚至违法经营的典型案例，唤醒了消费者的权益意识，不仅打造了有影响力的品牌栏目，更成为规范市场秩序、传播国家法规政策的强大平台。

企业行业全力推动、政府部门齐抓共管、新闻媒体营造氛围，共铸诚信，有你也有我。让我们共同努力，营造出诚信和谐的市场环境。

资料来源　陈学慧. 共铸诚信 有你有我［N］. 经济日报，2012-03-19.

由于企业不道德不伦理现象的加剧，人们日益关注企业的道德品质，逐渐学会也必须学会用脚投票的方式来惩罚不道德的企业。就企业自身而言，要想企业能够可持续发展，不断做强做大，必须将商业道德问题纳入战略决策。

|3.1| 道德风险、囚徒困境与逆向选择

3.1.1 "道德滑坡"已经成为一个不争的事实

目前，中西方企业伦理道德滑坡最严重的现象表现为食品安全与产品质量安全领域中层出不穷的恶性事件，深入分析道德领域中的囚徒困境现象，是正确进行企业伦理决策的重要前提之一。

当前中国社会是否出现了"道德滑坡"现象，这个问题在2011年的时候曾经在社会上引起了广泛关注与热议，从普通老百姓到中央高层都参与其中。2011年4月14日温家宝总理同国务院参事和中央文史研究馆馆员座谈时指出：近年来相继发生"毒奶粉""瘦肉精""地沟油""彩色馒头"等事件，这些恶性的食品安全事件足以表明，诚信的缺失、道德的滑坡已经到了何等严重的地步。一个国家，如果没有国民素质的提高和道德的力量，绝不可能成为一个真正强大的国家、一个受人尊敬的国家。

尽管"道德滑坡"是个相对的概念，但整个社会不同层面都出现了很多不道德的现象，乃至出现把"不做不道德的事情"这种最起码的道德底线当成了高尚品质，即使在西方发达国家，政界、商业界与法律界也存在明显"道德滑坡"的现象。

2011年9月27日，中央文明办官员回应国人"道德滑坡说"时指出：从主流上看，中国人呈现了"良好道德风貌"。其理由有三个方面：

第一，中国经济持续发展，展示了中国人自强不息的优良道德风貌；

第二，隆重庆祝中华人民共和国成立60周年，庆祝建党90周年，成功举办北京奥运会、上海世博会和广州亚运会、亚残会等一系列重大活动；

第三，面对大灾大难，灾民顽强不息，不畏困难所压倒的坚强品格。面对大灾大难，全体中国人爱心如潮，展现了仁者爱人的美德。其实，这两种说法并不矛盾，一方面指出了目前道德建设中存在的严重问题；另一方面是揭示出我国道德建设中的积极因素。

3.1.2 囚徒困境理论揭示个人的最佳选择，并非团体的最佳选择

囚徒困境由美国普林斯顿大学数学家阿尔伯特·塔克（Albert Tucker）教授于1950年首次提出。他通过讲故事向斯坦福大学的一群心理学家们解释何为博弈论。这个故事后来成为博弈论中最著名的经典案例。故事大致过程：两个嫌疑犯（A和B）作案后被警察抓住，隔离审讯；警方的政策是"坦白从宽，抗拒从严"，假如两人都坦白各判8年；如果一人坦白另一人不坦白，坦白的放出去，不坦白的判10年；如果都不坦白则因证据不足各判1年。

单次发生囚徒困境，和多次重复囚徒困境的结果不一样。在重复的囚徒困境中，博弈被反复地进行。因而每个参与者都有机会去"惩罚"另一个参与者前一回

合的不合作行为。合作可能会作为均衡的结果出现。欺骗的动机这时可能被受到惩罚的威胁所克服，从而可能导向一个较好的结果。作为反复接近无限的数量，纳什均衡趋向于帕累托最优。

囚徒困境的目的是，囚徒们彼此合作，坚不吐实，可能为全体带来最佳利益而无罪开释，但在信息不明的情况下，因为出卖同伙可为自己带来利益而缩短刑期，也因为同伙把自己招出来可为他带来利益，彼此出卖虽违反最佳共同利益，反而是自己的最大利益所在，而执法机构不可能设立如此情境来诱使所有囚徒招供，因为囚徒们必须考虑刑期以外的因素，而无法完全以执法者所设立的刑期作考量。

囚徒困境是博弈论的非零和博弈中具代表性的经典案例，反映个人最佳选择，而并非团体最佳选择。困境本身属模型性质，但现实工作中在道德领域也频繁出现类似情况。

3.1.3　社会道德领域中的囚徒困境现象

在私家车还没普及的自行车盛行时代，多数人都经历过从"买新车"到"买赃车"的过程。"赃车市场"还有一个很响亮的名字叫"二手车市场"。"二手车市场"在哪个城市都很出名。为什么大家都热衷买"二手车"呢？这可以从囚徒困境理论中得到解析。

当"买赃车"成为一种公众行为的时候，很多人因此责怪公众知赃买赃，助长了盗车者的气焰，导致"自行车族中没有人不丢几辆自行车"现象的产生。"买一辆赃车"尽管比"买一辆新车"成本低，但如果大家都买赃车，却提供了庞大的赃车需求，刺激了盗车现象的增多，赃车又很快丢失。结果，"反复买赃车"的成本很快超过了"买一辆新车"的成本。其中包括经常丢车给工作、生活带来的不便，心理上的挫折感等在内，但是你又无法拒绝买赃车。因为在别人都买赃车的情况下，你拒绝买赃车将会使你的损失最大化：你不得不付出"买新车"的成本，所以作为"理性经济人"的你应该选择买赃车；在别人都不买赃车的情况下，你买赃车的成本显然比别人低，所以作为"理性经济人"的你也应该选择买赃车！大家都这样想，于是就产生了大规模的"囚徒困境"。

道德领域中的"囚徒困境"屡见不鲜。大家常见的汽车抢道、排队加塞，司空见惯的见义不为，大家痛恨的行贿成风，都是囚徒困境的"表现"。在现实生活中，谁都希望有一个良序社会，享有一个好的道德环境，但"经济人"的自利天性又使其不想对良好的道德环境付出必要的成本。于是，一部分人在提供道德产品为全社会创造福利的同时，另一部分人"搭便车"免费使用，导致谁提供谁亏损，谁不提供谁盈利。从而，使得德行收益与德行成本不一致，非德行者比德行者获得更高的收益。最后，就德行者而言，如果在德行成本与收益的理性选择中找不到充分的根据，就会弃善从恶。久而久之，道德环境只会越来越坏，最终导致道德的无序状态，反德行的盛行也就不足为奇了。

3.1.4 道德领域"囚徒困境"的相关问题分析

1）经济人、道德人与"囚徒困境"

英国古典经济学家亚当·斯密在他的《道德情操论》和《国富论》中，形成了"经济人"和"道德人"的悖论。在现存的经济理论和实践中，人们总是从"经济人"的角度去看待、管理、要求社会公众，把人的自爱、利己、逐利本性作为经济活动的前提和基础；在现存的道德理论和实践中，人们又总是从"道德人"的角度去看待、管理、要求社会公众，把人的仁爱、利他、为他本性作为道德活动的前提和基础。这在现存的理论和实践中，形成了"经济人"和"道德人"的悖论。

尽管"经济人"自身的特点决定了它必然会陷入"道德困境"，但是，人们都希望"经济人"与"道德人"能够走上结合的道路。一方面，"经济人"和"道德人"存在统一的一面。如果经济人的自利行为并不妨碍人类整体利益的实现，那么，这样的"经济人"的自利性特点与"道德人"为他、利他和考虑群体利益的特性不仅不冲突，而且是统一的。同时，从斯密著名的"看不见的手"的原理中可以看出，只要有良好的法律和制度保证，"经济人"在追求自身利益最大化的过程中，会无意识地促进社会公共福利，从而实现"经济人"和"道德人"的统一。也就是说，一个好的社会制度必须具备这样一个特征：纵然被管理者自私自利，一心为自己打算，最终也不得不自动做出有利于社会公益的抉择。

另一方面，随着人们在现实中理性的提高或递增，行为主体对于合作的意识会得到改善。多次重复博弈的过程是一个不断学习、探索和提高思想境界的过程。人们在多次重复博弈的过程中认识到，必须采取基于回报的合作策略，才能实现自己的长期利益，从而产生"人利我、我利人"的互惠互利的利他精神。人类正是在博弈实践中不断学习、探索和自我教育，实现从追求短期利益到追求长期利益、再到追求共同利益的转变，人类社会也由此从混乱、野蛮走向秩序、文明，从低级走向高级。

2）个人理性、集体理性与"囚徒困境"

"囚徒困境"反映出了个人理性与集体理性的矛盾。经济人的个人理性，驱使单个的人围绕个人利益最大化这一目标行为，但导致了集体利益的最小化（其实质也是个人利益的最小化）；理性的个人，加在一起成了非理性的集体、非理性的社会；个人的理性导致了集体的非理性。但是在以下三种情况下两者也可以统一起来。

第一，多次重复博弈可以实现个人理性和集体理性的统一。经过多次重复博弈，自利的个人追求的并不是在某一次博弈中的期望的收益最大，而是在多次重复博弈中期望的收益的总和最大；人们从追求自己的短期的利益最大化的目标转变为追求长期利益最大化的目标，再转变到追求共同利益最大化的目标。这样，个人理性和集体理性实现了统一。

第二，由外部环境压力凸显集体的重要性时，可以实现个人理性和集体理性的统一。外部环境的威胁，使得集体成员之间的依存关系相当紧密，个人利益和集体的共同利益高度统一，理性的个人如果不相互合作，会导致集体所有成员（包括其本人）的失利。在此情况下，个人理性和集体理性就会走向统一。

第三，引入人工博弈规则，使得理性的个人有追求德行的动力和外部约束，可以实现个人理性和集体理性的统一。如果一种制度安排不能满足个人私利、个人理性，就不能贯彻下去，所以解决个人理性与集体理性之间冲突的办法不是否认个人理性，而是设计一种机制，在满足个人理性的前提下达到集体理性，在满足个人私利的同时实现集体公利。

3）道德回报与"囚徒困境"

如果能够实现善行得益（底线是善行不能失益）、恶行失益（底线是恶行不能得益），那么"囚徒"们就能够走出道德困境。"道德回报"是指道德行为主体因其道德行为（善行或恶行）的作用和影响，而获得相同性质、相当程度的后果回报。道德回报可以分为奖善和惩恶两个方面，可以通过物质上的奖惩和精神上的奖惩两种方式实施，道德回报是建立和维系良序社会的前提条件。

通过社会氛围和制度环境的创设来提高非道德行为的道德负成本，使无德失利、有德得利，使不道德行为人"下次不敢"或"下次不愿"，引导公众在追求利益的互动和博弈中感受到合作博弈比不合作博弈更为有利；在全社会范围内建立刚性的社会补偿制度，降低道德成本，打消德行主体践履道德义务的后顾之忧，让德行主体在不付出或付出很少代价的同时去行善，避免"救人"必将"舍己"、"行善"必将"失益"和"英雄流血又流泪"现象的发生；充分利用个人行善的利益动因，从制度、机制设置上满足个人行善的利益需要，尊重、维护德行背后的世俗权益，保证行善不仅能"谋义"，而且能"得利"，从而实现德得相通、德福一致。

如果一个社会大量存在、甚至普遍存在"得不必德"、"德不能得"甚至"德必定失"的德福分裂现象，或者存在可能的暴利，人们从成本—收益比较中就会修正自己已有的道德意识或弱化自己的道德意志，从而选择恶行。在一个社会中，如果行为者基于德行成本—收益分析而普遍弃善从恶，则说明道德回报未能得到实现。道德得不到回报，在本质上就是剥夺了德行者的道德收益权，就是在引导乃至强迫人们弃善扬恶，就是引导和强迫人们"搭便车"，这就形成"囚徒困境"。

|3.2| 商业伦理判断及其影响因素

3.2.1 商业伦理判断

商业伦理判断也称为商业道德评价，是指人们依据一定的商业道德原则，运用相应的方式方法，对他人或自身的商业行为进行善恶判断。

道德的商业行为是指人们在一定的道德意识支配下有利于或有害于他人和社会的商业行为，或者说，商业道德行为是指具有道德意义、可以进行道德评价的商业行为。非道德的商业行为是指不受一定道德意识支配，也不涉及有利或有害于他人和社会的无道德意义，不能进行道德评价的商业行为，例如由不可抗力而产生的商业违约行为。

就可以进行道德评价的商业行为而言，分为符合道德的商业行为和违背道德的商业行为或不道德的商业行为，或称商业道德行为与商业失德行为。人们经常说，"这个人不讲道德""这样做不应该"，实际上这就是在做伦理判断。一般的人都会做这样的道德评价，但如果当反问他评价的依据是什么时，就很难讲清楚了。答案很可能多种多样，有的人根据利害得失，有的人根据自己的感觉，有的人根据是否合法，有的人根据是否能为社会所接受。

在商业活动中绝大多数判断是基于一些公认伦理原则或规范，如诚信、公正等。

既然已经有现成的判断原则或规范，为什么还需要伦理学理论呢？

有三个方面的原因：第一，尽管一般伦理规范在通常情况下可以应付自如，但也确实存在一些无能为力的情况。对于几种伦理规范相冲突的情形，对于那些所遵循的伦理规范可能导致不道德行为的情形，对于新出现的现象、行为，我们该如何做出评价和选择呢？伦理学理论对判断行为的对与错、善与恶的理由加以解释，为疑难问题和有争议的问题的解决提供了依据。如果一个人掌握了伦理学理论，就可以在理论指导下进行道德推理，这将有助于个人或组织解决自身面临的复杂的道德问题。

第二，对于一些常常需要做出道德评价的人来说，掌握道德推理的一些工具有助于他们向他人阐述自己行为的依据及合理性。管理者在聘用、解雇或提升某位员工时，其行为的公正性可能会遭到质疑，在这种情况下，简单地以"我们认为这样做很公平"作为理由显然是不够充分且缺乏说服力的。有必要列举出种种具有说服力的理由和观点为自身行为进行辩护，而这就是道德推理的过程。

第三，如果我们遵循的都是传统道德准则，该如何对传统道德进行客观的评价呢？伦理学理论致力于对传统道德合理性的探讨，借助于伦理学理论，我们可以解释为什么我们所接受的部分应当被接受，为什么对其他一些内容要做必要的修正或摒弃。从这个意义上讲，伦理学理论体现出了其批判性的特征。

3.2.2 商业伦理判断的影响因素

（1）个人因素影响个人的道德评价

个人的道德观念是指个人对什么是正当行为的看法。一个人在成长过程中逐渐形成了一定的道德观念。根据美国心理学家劳伦斯·科尔伯格的研究，个人道德发展与生理发育一样，经历了从幼儿到成年人的过程。在成长过程中，他们的道德推理一般要经历由低到高的六个阶段。

第一，逃避惩罚导向：认为能逃避惩罚的行为是正当的；
第二，寻求奖赏导向：认为能获得奖赏的行为是正当的；

第三，良好关系导向：认为那些能获得家庭、朋友、上司、同事赞同或能使他们高兴的行为是正当的；

第四，守法导向：认为履行个人的义务、尊重权威、遵守法律、维护社会秩序的行为是正当的；

第五，社会契约导向：认为虽然规则和法律在大多数情况下应该遵从，但一些根本的价值，如生命、自由，更应该得到维护；

第六，普遍伦理原则导向：认为正当行为是由个人基于普遍伦理原则的良心决定的。

道德推理方式不同，对行为的道德评价结果不可能总是一致的。

D.R.福尔斯（D.R.Forsyth）认为，个人之间的道德判断和行为各异，这是道德决策观念差异所致的。他从两个维度来阐述不同的道德决策观念：一个维度是理想主义，即一个人相信合乎道德的行为总能带来好的结果的程度；另一个是相对主义，即一个人相信道德规范是因情景而异的程度。

情景主义者（高理想主义、高相对主义）：拒绝运用普遍的或个人的道德原则，具体情形具体分析，并根据分析确定什么是合乎道德的行为；主观主义者（低理想主义、高相对主义）：依据个人的而不是普遍的道德原则做出道德判断；绝对主义者（高理想主义、低相对主义）：相信遵循严格的普遍的道德原则能取得最佳的结果；例外主义者（低理想主义、低相对主义）：把普遍道德原则作为指导，但需要根据实际情况允许例外发生。

（2）组织因素影响个人的道德评价

组织的伦理政策是客观存在的，因为组织必然要面对如何看待经营与伦理关系的问题，必然要面对在道德上追求到何种程度的问题，必然要面对如何处理与利益相关者关系的问题，而组织对这些问题的看法和规定，不论是否以正式的形式出现，也不论是否以单独的政策出现或是渗透在其他政策中出现，都会影响组织成员的道德评价。

组织风气通过向组织成员提供明确的或隐形的可接受的行为指南而影响他们的行为。按差别关系理论，人们倾向采纳与其交往更频繁的人的行为和观念。因此，组织成员会受到关系密切的同事和上司的行为和观念的影响。根据相对权威理论，某人拥有的职位权力越大，对决策的影响就越大。因此，管理者特别是在组织中拥有最高权力的管理者对员工的道德观念影响最大。

（3）行业、职业因素影响个人的道德评价

行业政策或职业准则（或职业道德）会影响行业内成员或职业从业人员的道德评价。例如，美国投资管理与研究协会（Association for Investment Management and Reserch，AIMR）对会员及注册金融分析师的职业行为准则作了详细规定。要求在处理与公众、委托人、潜在的客户、雇主、雇员和同事的关系时，应以能给会员及职业带来良好声誉的、专业的和合乎道德的方式开展工作，并鼓励他人也这样做。由于规定的内容十分详细，什么是允许的，什么是禁止的，因此，从业人员知道得清清楚楚。

（4）社会因素影响个人的道德评价

从众心理广泛存在，从众是指人们采纳其他群体成员的行为和意见的倾向。社会舆论对某种行为是否合乎道德的看法越一致，对个人道德判断的影响就越大。

3.3 商业伦理道德评价理论

伦理学理论归纳起来有两大流派，即目的论或结果论和义务论或道义论。伦理道德评价理论通常也是从这两个方面展开阐述的。商业道德行为的评价应该遵循一般道德评价理论。为了分析的便利，本教材采用曼纽尔·G.贝拉斯克斯在其《商业伦理学：概念与案例》一书中从功利主义、权利论、公正论、关怀论和美德论五个方面来讨论道德评价理论的方法。

3.3.1 功利主义

（1）功利主义原则

功利主义原则是当且只有当行为所产生的总效用大于行为主体在当时条件下可能采取的任何其他行为所产生的总效用时，该行为才是道德的。功利主义原则假设我们能够衡量并加总每项行为产生的快乐（利益），减去该项行为带来的痛苦（损害），从而确定哪项行为所产生的快乐最多或痛苦最小。

（2）功利主义批评

对功利主义的指责主要有两个方面：一是衡量困难；二是不符合权利、公正原则。其中，对衡量困难的指责集中在以下几个方面：

第一，行为给不同的人带来的效用难以衡量和比较。例如，甲乙两人都想要某个岗位，怎么确定谁从该岗位中获得的效用最大呢？如果这一点确定不了，也就难以确定把岗位给谁能产生最大的效用，功利主义原则就不适用了。

第二，有些利益和成本难以计量。例如，假设在车间里安装一套昂贵的通风系统可以大大改善室内环境，工人的寿命能延长，生活质量能提高，部分工人因此能多活5年，那么，这增加的5年值多少钱呢？生活质量改善又值多少钱呢？如果无法定量计算安装通风系统带来的利益，怎么与成本相比较呢？

第三，许多利益和成本无法可靠地预测，因而也就不能确切地计量。例如，假设一项研究有可能获得理论性很强但没有直接用途的关于宇宙的知识，那么，怎么衡量这种知识的未来价值呢？怎么与把这笔钱投到建医院或给住房困难户建经济适用房带来的利益相比较呢？

第四，有些东西非金钱可以衡量。例如生命的价值、健康的价值、美丽的价值、公平的价值、时间的价值、人的尊严的价值等。

3.3.2 权利论

（1）道德权利的特点

权利分法律权利和道德权利两类。我国宪法规定，公民有人身自由、人格尊严不受侵犯的权利，这是法律权利。道德权利通常被认为是作为人，不管是哪个国家、哪个民族的人，都应该享有的权利。这一点与法律权利不同。

道德权利有两个方面：一是消极的权利或自由的权利，如隐私权、生命不被剥夺权、处置私有财产权等。它们之所以被称为消极的权利，是因为每一项权利都要求我们履行不干涉他人的义务。

二是积极的权利或福利的权利，包括受教育的权利、取得食物的权利、医疗服务的权利、住房的权利、工作的权利等。积极的权利要求我们履行积极的义务，即主动地帮助人拥有某种东西或帮助他做某些事。

道德权利具有三个特点：

第一，道德权利与义务紧密联系。一个人的道德权利至少部分地可以定义为他人对这个人承担的义务，如小孩有受教育的权利，家长有义务让小孩接受教育。如果我有道德权利做某件事，那么，其他人有道德义务不干涉我做这件事。一个人的道德权利意味着其他人的道德义务，相应的道德义务不一定针对某个人，有时是针对整个社会。例如，一个人有工作的权利，但不是说这个人所在的单位有道德义务给他工作岗位，而是说社会公共机构有义务给工人提供工作岗位。

第二，道德权利赋予个人自主、平等地追求自身利益的权利。承认一个人的道德权利，就是承认在权利允许范围内，我的意志不能强加给他，而且他的利益并不从属于我的利益。也就是说，在一定范围内，我们是自主平等的关系。

第三，道德权利是证明一个人行为正当性及保护或帮助他人的基础。如果我有道德权利做某件事，那么我做那件事在道德上是正当的，他人干涉我做这件事是不正当的。相反，他人阻止任何不让我行使权利的人和事才是正当的，或者他人有义务帮助我行使我的权利。

权利论的道德原则是：当行为人有道德权利从事某一行为，或从事某一行为没有侵害他人的道德权利，或从事某一行为提高他人的道德权利时，则该行为是道德的。

（2）道德权利的基础：康德的绝对命令

我们怎么知道人有哪些权利呢？对于法律权利，这个问题很好回答，因为法律有规定。对于道德权利，问题就不是那么简单了。关于人的道德权利的基础，德国哲学家康德的观点是最重要和最有影响力的解释之一。康德试图说明有一些道德权利是所有人都拥有的，不论行使这些权利是否会给他人带来利益。

康德的理论是建立在他称之为"绝对命令"的道德原则基础上的，即每一个人都应该作为平等的、自由的人来对待。康德的绝对命令包括两条：

康德的第一条绝对命令，即当且只有当一个人愿意把自己在特定条件下从事某一行为的理由作为每个人在相同条件下的行为理由时，该行为才是道德的。

这一绝对命令包含两个规则：一是普遍性，即一个人的行为理由必须能够成为每个人的行为理由；二是可逆性，即一个人的行为理由必须是他愿意其他人也遵循这样的理由反过来对待他。假设因为不喜欢某一雇员的肤色，我正在考虑是否解雇他。根据康德的原则我必须问问自己，我是否愿意一个雇主在任何时候仅仅因为不喜欢某个雇员的肤色而解雇他。特别是，我必须问问自己，假如雇主不喜欢我的肤色，我是否愿意被解雇。如果我不希望每个雇主都这么做，那么，我这样对待他人就是不道德的。因此，一个人从事行为的理由必须是可逆的，即一个人必须愿意其他人也用这样的理由对待自己。

换句话说，当行为者与受行为影响的其他人交换位置，行为者愿意接受同样的对待，那么该行为是善的，否则是恶的。例如，一位制造商尽管知道产品有潜在的不安全性缺陷，而且顾客不知道这一事实，但仍然推销该产品，根据普遍道德规律，判断制造商的这种行为是否道德，只要问"当他是不知情的顾客时是否乐意企业推销该产品"。

康德的第二条绝对命令，即理性人应该永远把人看作目的，而永远不要把人只看作实现目的的手段。这一绝对命令可以表述为以下伦理原则：当且只有当一个人从事某一行为时，不把他人仅仅作为实现自身利益的工具，而是尊重并发展他人自由选择的能力时，该行为才是道德的。

把人看做目的，并不意味着不能让雇员从事艰苦的甚至是危险的工作，如果这位雇员事先知道该工作的内容和性质，且自愿承担该工作，那么让雇员从事艰苦甚至是危险的工作是完全可以的。但，如果事先并未告知危险，或是雇员不是自愿的，则是不道德的。一般地说，欺骗、强迫行为没有尊重人的选择自由权，是不道德的。

3.3.3　公正论

当分配利益和负担时，当制定和执行政策时，当群体成员间相互合作或竞争时，当人们因为做错了事情而受到惩罚时，当人们因为他人的原因遭受损失得到补偿时，往往会涉及公正、公平问题。公正（justice）与公平（fairness）常常不加区分，有人认为公正涉及的是更为严肃的事情，也有人认为公平的概念更为基本。有关公正的问题包括分配公正、交易公正、程序公正、惩罚公正、补偿公正，下面进行讨论。

（1）分配公正

分配公正的基本原则是：相同的人应该受到相同的对待，不同的人应该受到不同的对待。但是，这个原则过于笼统，它并没有告诉人们哪些差异可以合理构成区别对待的基础。究竟哪些差异与分配利益及负担有关，存在着不同的看法。

第一，平均分配。

平均主义者视平均分配为公正。但是这种分配制度也存在严重的缺陷。其一，人与人之间的能力、智力、品德、需要、欲望等千差万别，人与人并不相同。其二，没有把需要、能力、努力考虑进去是不恰当的。这样，很可能造成吃"大锅饭"，导致社会整体的生产率和效率降低。

第二，按贡献分配。

一些学者认为，一个人获得的利益与他所做的贡献成正比才是公正的。社会或群体的利益分配原则应该是：利益应该按着每个人对社会、群体、任务的贡献大小进行分配。在工作独立性较强的群体中，成员一般希望按贡献大小支付报酬。按贡献分配，成员之间的合作程度会下降，甚至会形成竞争，人们不大情愿分享资源和信息。但是，按贡献分配也面临一个重要的难题就是如何衡量一个人的贡献大小。例如，市场给歌星的回报比给从事基础科学研究的科学家的回报要高得多，谁能说前者比后者对社会的贡献一定要大得多呢？

第三，按需要和能力分配。

按需要和能力分配的原则是：应该根据人的能力分配负担，根据人的需要分配利益。充分发挥人的潜力是有价值的，因此，应该按着一个人能尽可能提高生产能力的方式分配工作。通过工作产生的利益应该用于促进人类的幸福和福利。

在决定如何在成员之间分配利益和负担时，确实应考虑需要和能力。多数人都同意，应该把个人放在最能发挥自己长处的岗位上，应该帮助迫切需要帮助的人。但是，这一分配原则也受到了批评。首先，根据这一原则，工作努力程度与报酬之间没有任何联系，干多干少一个样，没有必要多干，导致员工失去了努力工作的动力。其次，根据个人的能力而不是自由的选择来分配工作，则个人自由受到了限制。如果一个人有能力成为一名优秀的研究员，但他却想当公务员，按能力分配工作，他只能做研究员。如果一个人需要得到一个面包，但他想要一瓶啤酒，按需要分配利益，他只能接受面包。

第四，罗尔斯的分配观。

约翰·罗尔斯（John Rawls）的《正义论》有一个重要的理论："无知之幕（Veil of ignorance）"。无知之幕是一种对特定道德问题判断的方法，过程是做以下思想实验：从对本人在社会秩序中特长、爱好与位置无知的原初状态出发，思考问题。无知之幕遮住了一个人社会合作对其利弊的知晓，然后决定社会中对权利、位置和资源分配原则。罗尔斯认为这样才能保证任何人都不会在选择原则时由于天然机会的结果或社会环境中的偶然事件而有利或不利。这个概念是为了在分配社会合作的原则正义与否时抹除一己之私而创造的。

约翰·罗尔斯要求人们采用"无知之幕"的思维方式，来寻求分配公正原则。

罗尔斯认为，当且只有当符合下列原则时，利益和负担的分配才是公正的：

其一，每个人对于所有人所拥有的最广泛平等的基本自由体系相容的类似自由体系都应有平等的权利。

其二，社会和经济不平等应该这样安排，使它们：①给处于最不利地位的人提供最大的利益；②给所有人提供均等的机会。

原则一称为平等原则，原则二的第一部分称为差别原则，原则二的第二部分称为机会均等原则。当原则一与原则二产生冲突时，原则一优先，即平等原则优先；当原则二的两部分产生冲突时，第二部分优先，即机会均等原则优先。

（2）交易公正

个人与个人之间，组织与组织之间，个人与组织之间不断发生交易，交易必然产生权利与义务，双方权利和义务的保障取决于契约规范。契约规范是保证个体信守诺言的一种途径，使得企业活动得以开展。

托马斯加兰特对规范契约的伦理规则概括为以下四条：双方必须对契约的性质有充分了解；任何一方都不能向对方提供有意歪曲的事实；任何一方都不能被强迫签订契约；契约不能约束双方从事不道德的行为。

（3）程序公正

程序公正的基本特征大致有如下五条：

第一，普惠性。

每一个社会群体、每一个社会成员的尊严和利益都应当得到有效维护，任何一个社会群体的尊严和利益的满足都不得以牺牲其他社会群体和社会成员的尊严和利益为前提条件。

第二，公平对待。

公平对待包含两层含义。第一层含义是，在处理同样的事情时，应当按照同一尺度，如果有所差别，也应当因事而异，不能因人而异。第二层含义类似法律界所说的"无偏袒的中立"，即"与自身有关的人不应该是法官"，解决纠纷者应当保持中立，结果中不应包含纠纷解决者的个人利益。

第三，多方参与。

在制定法律和重要的公共政策时，必须让多方人员参与，尤其是要允许相关社会群体有充分参与和表达意见的机会，使之能够充分表达自己的意见，并维护自己的利益。

第四，公开性。

公开性主要体现在利益相关者对信息知晓权利的平等性。在制定和实施政策的过程中，利用信息的不对称性，对其他社会群体进行各种类型的欺骗和误导，而信息缺乏一方难以做到有效参与，无法得到公平对待，程序公正也就无从谈起。

第五，科学性。

程序公正还包含一些技术方面的要求，一般应该包括两个方面的内容：其一，相关信息充分、准确；其二，应当具有必要的评估机制和修正机制。

（4）惩罚公正

惩罚公正关心的是对一个做错事情的人怎样惩罚才算公正的问题。可以说犯同样或同等程度错误的人应该受到同样或同等程度的惩罚，但是必须考虑可以免除或减轻道德责任的情况。免除或减轻道德责任的条件就是所谓的谅解条件。谅解条件分为三大类型：第一，缺少行为可能性条件；第二，缺少必要的认识条件；第三，缺少必要的自由条件。

（5）补偿公正

一个人损害了另一个人，则加害者有道德义务给受害者某种补偿。补偿多少才合适呢？这是一个较难回答的问题。有人认为，补偿的量应等同于加害者有意使受害者遭受损失的量。可是，有些损失难以计量，例如，一个人诽谤他人，使他人名誉受损，这个损失怎么计量？有些损失根本无法弥补，如失去生命或失去双眼，这种情况下我们只能要求加害者至少向受害者或其亲属给予物质补偿。

3.3.4　关怀论

一般的伦理学说都假设伦理应该是不偏不倚的，在决定做什么时，对与个人有特殊关系的人，如亲属、朋友、同事、下属等，也应该一视同仁。有些功利主义者主张，一个陌生人与父亲同时落水，而你只能救一个，你是救陌生人还是救父亲？如果救陌生人比救你父亲能产生更大的效用（假如这个陌生人是个著名的外科大夫，能救许多人的生命），那么，你的道德责任应该是救陌生人而不是救父亲。许多学者指出，这样的观点是不合情理的，是错误的。在上述例子中，你与你的父亲之间特殊的关怀、爱护关系决定了你对父亲负有特别关怀的义务，这种义务应该超过对陌生人承担的义务。

对与我们有密切关系，尤其是有依靠关系的人，承担特别关怀的义务，是关怀伦理的关键。关怀伦理强调了两个道德需求：

第一，我们每个人都生活在关系之中，所以应该培育和维护我们与特定个人建立起来的具体的、可贵的关系；

第二，我们每个人都应该对那些与我们有实实在在关系的人，尤其是那些易受损害的、仰仗我们关怀的人，给予特殊的关怀，关心他们的需要、价值观、欲望和福利，对他们的需要、价值观、欲望和福利做出积极的反应。

关怀伦理与中国传统文化非常吻合，但是，关怀伦理还是受到不少批评，认为关怀伦理容易导致偏袒和不公正。关怀伦理要求人们对孩子、父母、配偶、朋友等给予特别的关怀，似乎在要求人们为了他人的福利而牺牲自己的需要与欲望。

3.3.5　美德论

美德论通常又称德性论。

何谓美德？美德是习得性的、体现在个人行为习惯中的、构成道德高尚的人的特征的一种品质。例如，诚实被认为是道德高尚的人的一种特征，如果一个人习惯性地讲真话，而且之所以这样做，是因为他相信讲真话是对的，在讲真话时他感到愉悦，在说假话时他感到难受，那么，我们可以说这个人拥有诚实的美德。相反，如果一个人偶尔讲真话，或者之所以讲真话是因为出于错误的动机，如为了博得他人的欢心，那么，不能说这个人拥有诚实的美德。

在我国古代，人们除了把仁、义、礼、智、信作为五常德之外，还提出礼义廉耻、忠孝节义等道德要求。孙中山先生在辛亥革命时提出忠孝、仁爱、信义和平等的道德标准。有人提出当今社会主义道德品质体系应该包括：忠实、无私、勇敢、勤奋、仁爱、公道、诚信、节制道德标准。

美德论对行为的指导原则：

如果实施某项行为使行为主体实践、展示和培育高尚的品德，那么，该行为便是道德的；如果通过实施某项行为使行为主体实践、展示和发展了邪恶，那么，该行为便是不道德的。美德论不仅可以用于评价行为，而且可以用于评价制度。例如，有人认为，一些经济制度使人变得贪婪，大型的官僚组织使人变得不负责任，这种评价的基础便是美德论。

可以这样说，那些倾向于形成不良品性的制度是在道德上有缺陷的制度。

3.4　商业道德决策流程设计

3.4.1　商业道德决策的主要模型

为了将理论融入企业决策活动中，西方学者和企业还提出并运用了一些简明易行的决策模型来帮助经理们做出符合道德的决策。由于学者信奉的理论基础不同，因此相应地采用的决策模型也不同。主要的模型有以下几种：

1）布来查德和皮尔伦理检查模型

伦理检查模型由肯尼斯·布来查德和诺曼·Q.皮尔在1988年提出，包括三个伦理检查项目。该模型主要依据合理利己论和显要义务论，优点是简单实用，无须掌握在不少人看来比较抽象的伦理原则，便可做出大致符合伦理的决策。因此，被很多企业采用。理论模型如图3-1所示：

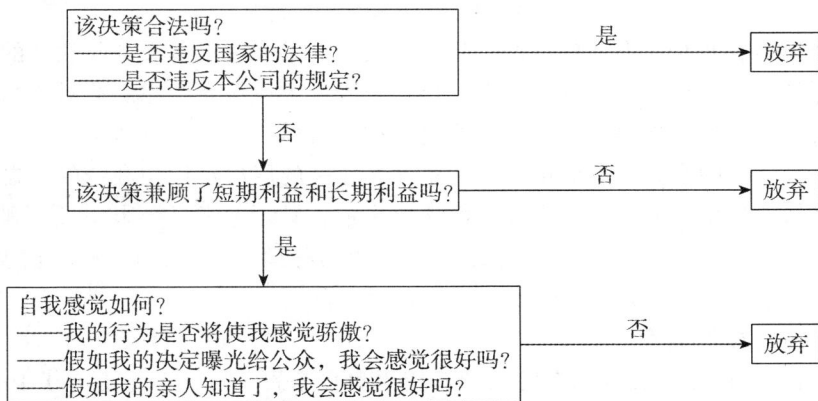

图3-1　布来查德和皮尔伦理检查模型

企业在运用该模型制定伦理决策时，首先要进行合法性检查。依据合理利己论，个人或本企业利益的实现应当在合乎良心与法律规范的前提条件下进行。伦理与法律是一致的，不合法的通常也是不道德的（当然也有例外）。然后，检查一项决策是否兼顾了短期利益和长期利益，其理论依据是具有长期利益的行为不大可能是不道德的行为。最后，企业决策者对一项决策进行自我感觉检验和曝光检验。这里，模型实际上假定决策者知道对他人、对社会应有的义务，如果决策违反了诸如诚实、感恩、公正、行善、自我完善、不作恶等当然的义务，决策者应该会感到良心的谴责以及无法面对其他人。

2）卡瓦纳道德决策树模型

卡瓦纳道德决策树模型是1981年由杰拉尔德·卡瓦纳等人设计的，如图3-2所示：

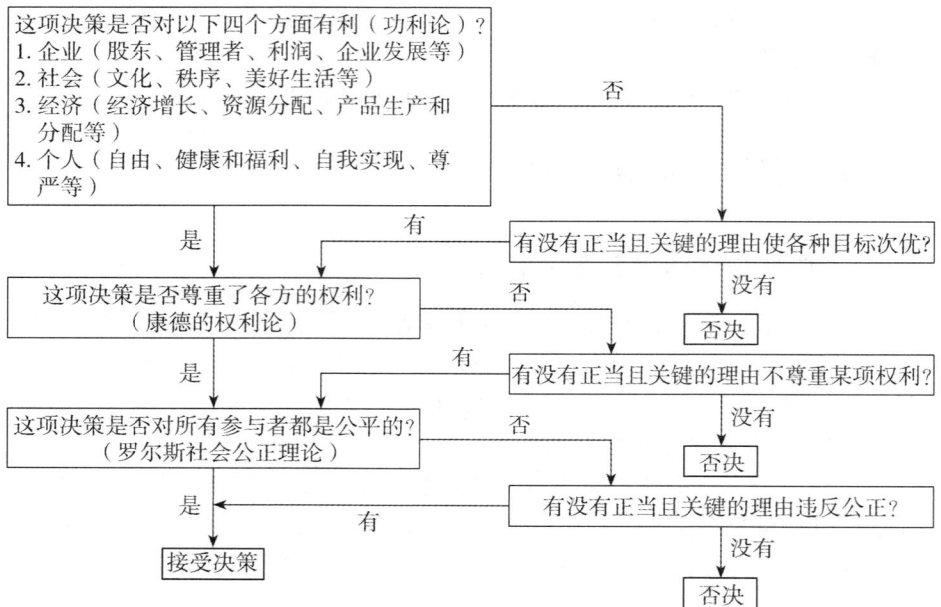

图3-2　卡瓦纳道德决策树模型

这个模型有两个特点：特点之一是从决策的后果和决策对义务与权利的尊重两方面来评价决策在道德上的可接受性，模型首先要求决策者考虑决策对相当广泛的利益相关者的影响，如对企业自身、对整个社会目标的实现、对整个经济体系的运转、对决策涉及的个人权利的影响等，是站在较高的层次运用功利论的。在从后果上衡量之后，模型要求继续从道义方面评价决策，必须考虑对受影响者权利的尊重和对各方的公正性。特点之二是运用加勒特的相称理论，考虑例外情况的解决方式。模型虽然比较复杂，但其全面性是显而易见的。

3）"九问式"模型

"九问式"模型由美国马奎特大学营销学教授基恩·拉克兹尼亚克于1983年提出。模型在九个问题中运用了显要义务论、相称论和公平公正论。企业决策者可以通过回答这些问题来制定符合道德的决策。如果回答全部为否定，那么该决策在道德上是可接受的。该模型的问题是：

第一，该行动违法吗？

第二，该行动违反以下任一条普遍性的道义吗？

——诚实的责任；

——感恩的责任；

——公平的责任；

——仁慈的责任；

——自我完善的责任；

——无伤害的责任。

第三，该行动侵犯由组织类型而相应产生的特定义务吗？

第四，该行动的动机是邪恶的吗？

第五，采取该行动会不会发生某种"大恶"？

第六，是否故意否定了可以比该行动产生更多的善、更少的恶的另一行动？

第七，该行动侵犯了消费者不可剥夺的权利了吗？

第八，该行动是否侵犯别的组织的权利？

第九，个人或组织是否已经没有相关的权利了？

我们可以看出，这个模型遵循的设计思路是，从法律检验开始，依次进行显要义务检验、特殊行业责任检验、目的检验、结果检验、过程检验、权利检验、公正检验。它不仅照顾到了一般性的问题，而且针对了特定行业、特定产品面临的特殊问题，这是该模型的一个优点。

4）纳什模型

纳什模型衡量企业决策伦理性的 12 个问题：

第一，你已经准确地定义决策问题了吗？

对决策问题必须有清楚理解，掌握的事实越多，越准确，处理时就越少感情用事。

第二，如果你站在他人的立场上，会怎样定义问题？

从可能会对决策是否道德提出质疑或最有可能受决策不利影响的人的角度审视一下决策问题，问问自己，在定义问题时是否做到了客观、不偏不倚。

第三，问题是怎样产生的？

考察问题的形成过程，搞清问题的实质。

第四，作为个人以及公司成员，你忠诚于谁，忠诚于什么？

每个管理者都会遇到忠诚冲突，如自己的良心与履行公司职责之间的冲突，还有同事要你参与违反公司政策的事情等。

第五，你做该决策的意图是什么（目的）？

为什么要这样做，如果得不到满意的回答，就不要选择该方案。

第六，你的决策意图与可能的结果相符合吗？

有时意图很好，但结果可能是有害的。

第七，你的决策会损害谁的利益？

即使产品有正当用途，但如果使用不当或落入一些人手中，会对消费者造成伤害，管理者就得重新考虑是否生产并销售该产品。

第八，你能在做决策前与受影响的各方讨论该决策问题吗？

例如，你要关闭某个工厂，是否能在事先与受此影响的工人和社区讨论这一问题，以评估决策的后果。

第九，你认为从长远来看，该决策将会像现在看上去那样有成效吗？

你能坚持你的承诺吗？你能预见可能改变你的想法的条件吗？今天的好决策到明天会是一个失误吗？

第十，你能毫无顾忌地与你的上司、高层管理者、董事、家庭以及整个社会谈论你的决策吗？

如果你做的决策在电视上报道，你会感觉如何？你会乐意接受采访吗？

第十一，如果理解正确，人们会对你的行为产生什么样的看法呢？误解了又会怎么样？

这一问题涉及真诚，以及他人对行为的看法。

第十二，在什么样的条件下，你会允许对你的立场有例外（即稍稍改变你的立场）？

你发现一个员工挪用了 1 000 元，随后归还了。公司员工手册对挪用公款有严格规定，一经查实，立即开除，假如这笔钱是用于支付紧急医疗费用，你会怎么办？如果是用于赌博呢？对于这名员工在公司里工作 12 年或者 18 个月这两种情形，你的决定会有什么不同？

5）利益相关者分析模型

利益相关者分析模型应考虑的以下 8 个问题：

第一，谁是我们现行的利益相关者？

第二，谁是我们潜在的利益相关者？

第三，利益相关者想从我们这里得到什么？

第四，我们想从利益相关者那里得到什么？

第五，我们的决策会对哪些利益相关者产生利益？利益有多大？

第六，我们的决策会给哪些利益相关者造成伤害？伤害有多大？

第七，利益相关者受到损害后会不会采取行动？如果会，会采取什么样的行动？

第八，对可能采取行动的利益相关者的影响力有多大？

3.4.2　商业道德决策的主要步骤

决策是管理过程的核心问题之一。决策的过程因人而异，不少学者在努力探讨比较科学合理的决策过程，以便尽量减少决策的失误。比较著名的有西蒙的决策三步骤和德鲁克的决策六步骤。甚至一些著名的大公司也形成了自己独特的决策步骤，如 IBM 的最佳决策五步骤。本教材在探讨商业道德决策步骤时主要借鉴德鲁克的决策六步骤方法。

"现代管理学之父"德鲁克认为,有效的决策主要有6个步骤:

第一,对商业道德问题进行分类,明确问题是普遍性问题、特例性问题还是新问题。高效决策者首先会对问题进行分类,对于普遍性问题、新问题(即新问题的早期表现)采取普遍性的解决方案,也就是制定某种规则、政策或原则,并结合实际来处理问题,而真正的特例性问题则必须个别处理。

第二,对商业道德问题进行定义,即我们遇到的是什么问题,明确所做的定义是否能解释已发生的情况,是否能解释所有情况。

高效决策者明白,在对问题进行定义的这一步骤中,应该避免出现貌似合理、实则不全面的定义,并且明确定义所要促成的目标。

第三,明确决策的限定条件。"限定条件"即决策必须实现什么目标?决策的最低目标是什么?必须满足什么条件?只有满足了限定条件的决策,才能是有效的决策。

第四,判断哪些是符合限定条件的"正确"决策,而不是先考虑决策可否被接受。若从一开始就考虑"什么样的决策会被接受",那么决策往往会丢掉重点,这便不利于做出有效的决策,更不用说正确的决策。恰当运用前面所述的道德决策模型以促进决策的正确性和有效性。

第五,在制定商业道德决策时将实施行动考虑在内。要将决策转化为行动,在制定决策时就必须确认:将决策告知哪些人?采取哪些行动?由谁来执行?为了使执行者能够胜任,任务应该是什么样的?

第六,对照实际执行情况检验决策的正确性和有效性。在决策过程中还必须建立信息跟踪和汇报机制,不断将决策的预期目标与实际情况进行对照。高效管理者往往通过一个要素明确、步骤清晰的系统化过程来进行重大决策。

复习思考练习题

一、单项选择题

1.（　　　）是建立和维系良序社会的前提条件。

A.道德奖励　　　　　　　　　　B.道德回报

C.社会利益　　　　　　　　　　D.惩罚

2.由不可抗力而产生的商业违约行为属于（　　　）。

A.非道德的商业行为　　　　　　B.道德的商业行为

C.不讲道德　　　　　　　　　　D.讲道德

3.在下列选项中,不属于道德权利特点的是（　　　）。

A.道德权利与义务紧密联系

B.道德权利赋予个人自主、平等地追求自身利益的权利

C.道德权利是证明一个人行为正当性及保护或帮助他人的基础

D.道德权利与义务不相关

4.（   ）是指个人对什么是正当行为的看法。

A.集体观念　　　　　　　　　　B.个人的道德观念

C.个人健康观念　　　　　　　　D.理念

5."要进行合法性检查。依据合理利己论，个人或本企业利益的实现应当在合乎良心与法律规范的前提条件下进行"属于（   ）的内容。

A.布来查德和皮尔伦理检查模型

B.卡瓦纳道德决策树模型

C."九问式"模型

D.纳什模型

二、多项选择题

1.个人理性、集体理性在以下哪些情况下可以统一起来（   ）。

A.多次重复博弈可以实现个人理性和集体理性的统一

B.围绕个人利益最大化

C.由外部环境压力凸显集体的重要性

D.引入人工博弈规则，使得理性的个人有追求德行的动力和外部约束

2.就可以进行道德评价的商业行为而言，分为（   ）。

A.良好的商业道德和企业操守　　B.符合道德的商业行为

C.企业与社区关系中的伦理问题　　D.违背道德的商业行为

3.分配公正的基本原则是（   ）。

A.相同的人应该受到相同的对待

B.不同的人应该受到不同的对待

C.平均分配

D.机会均等

4.下列属于商业伦理判断的影响因素有（   ）。

A.个人因素　　　　　　　　　　B.组织因素

C.行业、职业因素　　　　　　　D.社会因素

5.下列哪些属于商业道德决策原则（   ）。

A."以人为本"的原则　　　　　　B.信息原则

C.系统原则　　　　　　　　　　D.行动原则

三、判断题

1.囚徒困境是博弈论的非零和博弈中具代表性的经典案例，反映团体最佳选择，而并非个人最佳选择。（   ）

2.经过多次重复博弈，自利的个人追求的并不是在某一次博弈中的期望收益最大，而是在多次重复博弈中的期望收益的总和最大。（   ）

3.如果一个人掌握了伦理学理论，就可以在理论指导下进行道德推理，这将有助于个人或组织解决自身面临的复杂的道德问题。（   ）

4.道德权利通常被认为是作为人，不管是哪个国家、哪个民族的人，都应该享

有的权利。   （ ）

5.当且只有当一个人不愿意把自己在特定条件下从事某一行为的理由作为每个人在相同条件下的行为理由，该行为才是道德的。   （ ）

四、简答题

1.分析经济人、道德人与"囚徒困境"，个人理性、集体理性与"囚徒困境"的相互关系。

2.商业道德风险产生的原因有哪些？

3.试述道德风险与逆向选择的联系、区别及解决方法有哪些？

4.试述伦理评价理论中的公正论。

5.分析商业伦理判断的影响因素。

6.简述商业道德决策的主要模型与步骤。

案例讨论题

海南航空公司文化

海南航空控股股份有限公司（以下简称"海南航空"）于1993年1月成立，致力于为旅客提供全方位无缝隙的航空服务，打造安全舒适的旅行体验。自2011年起，海南航空凭借高品质的服务及持续多年的创新，已连续九年荣膺国际航空运输评级组织SKYTRAX"世界五星航空公司"称号，并于2019年跻身"全球最佳航空公司TOP10"榜单第7位，成为中国唯一入围并蝉联该项荣誉的航空公司。

海南航空积极履行企业文化，以"大众认同、大众参与、大众分享、大众成就"为共同追求，在运营中努力遵守道德行为标准。海南航空提出的"同仁共勉"如下："团体以和睦为兴盛；精进以持恒为准则；健康以慎食为良药；争议以宽恕为旨要；长幼以慈爱为进德；学问以勤习为入门；待人以至诚为基石；处众以谦恭为有理；凡事以预立而不劳；接物以谨慎为根本。"

为贯彻诚信合规文化，传播诚信合规理念，落实诚信合规职责，海航公司制定了《海南航空诚信与合规行为准则》，指导海南航空及海南航空员工诚信合规经营和履职，培养海南航空员工对海南航空的认同感、使命感和责任感，维护海南航空声誉。

海南航空以"海航精神"价值体系为引领，将社会责任提高到企业发展的战略高度，坚定履行政府责任、股东责任、员工责任、客户责任、伙伴责任等基础责任，并不断向社区责任、环境责任、公益慈善等外延责任扩张，积极推进企业社会责任建设。其社会责任发展目标为以可持续发展为核心，以履行社会责任为载体，以打造世界卓越航空为目标，建立社会责任管理体系，履行ISO 26000核心议题工作，促进海航与社会的和谐共赢与可持续发展。

海航精神由共同理想、共同信仰、共同追求和共同理念构成。海航人的共同理想是"造福于人类的幸福与世界的和平"；共同信仰是"天佑善人、天自我立、自我主宰"，是"真、善、美"，是"无疆大爱"；共同追求是"大众认同、大众参与、大众分享、大众成就";共同理念是"诚信、业绩、创新"。

资料来源　根据海南航空公司网站有关资料整理.

讨论问题:

1.海南航空为什么取得不俗的成绩?

2.海南航空提出的"同仁共勉"和"海航精神"包含哪些内容?对我们有什么启发价值?

第 4 章

企业道德责任与社会责任

经典名言警句

夫孝，德之本也，教之所由生也。

身体发肤，受之父母，不敢毁伤，孝之始也。立身行道，扬名于后世，以显父母，孝之终也。夫孝，始于事亲，中于事君，终于立身。

父子之道，天性也，君臣之义也。父母生之，续莫大焉。君亲临之，厚莫重焉。故不爱其亲而爱他人者，谓之悖德。不敬其亲而敬他人者，谓之悖礼。

孝悌之至，通于神明，光于四海，无所不通。

——《孝经》

尊老爱幼、妻贤夫安，母慈子孝、兄友弟恭，耕读传家、勤俭持家，知书达礼、遵纪守法，家和万事兴等中华民族传统家庭美德，铭记在中国人的心灵中，融入中国人的血脉中，是支撑中华民族生生不息、薪火相传的重要精神力量，是家庭文明建设的宝贵精神财富。

——习近平

主要知识点

1. 企业社会责任的定义。
2. 企业社会责任的经济学、法学和伦理学基础。
3. 企业社会责任的基本内容。
4. 企业社会回应与企业社会表现的内涵。
5. 企业社会责任评价报告和评价标准。

关键概念

企业社会责任（corporate social responsibility）

道德责任（moral obligation）

企业社会回应（corporate social responsiveness）

企业社会表现（corporate social performance）

企业社会责任评价（corporate social responsibility evaluation）

【引言】

百孝篇

天地重孝孝当先，一个孝字全家安。　孝顺能生孝顺子，孝顺子弟必明贤。

孝是人道第一步，孝子谢世即为仙。　自古忠臣多孝子，君选贤臣举孝廉。

尽心竭力孝父母，孝道不独讲吃穿。　孝道贵在心中孝，孝亲亲责莫回言。

惜乎人间不识孝，回心复孝天理还。　诸事不顺因不孝，怎知孝能感动天。

孝道贵顺无他妙，孝顺不分女共男。　福禄皆由孝字得，天将孝子另眼观。

人人都可孝父母，孝敬父母如敬天。　孝子口里有孝语，孝妇面上带孝颜。

公婆上边能尽孝，又落孝来又落贤。　女得淑名先学孝，三从四德孝在前。

孝在乡党人钦敬，孝在家中大小欢。　孝子逢人就劝孝，孝化风俗人品端。

生前孝子声价贵，死后孝子万古传。　处世唯有孝力大，孝能感动地合天。

孝经孝文把孝劝，孝父孝母孝祖先。　父母生子原为孝，能孝就是好男儿。

为人能把父母孝，下辈孝子照样还。　堂上父母不知孝，不孝受穷莫怨天。

孝子面带太和相，入孝出悌自然安。　亲在应孝不知孝，亲死知孝后悔难。

孝在心孝不在貌，孝贵实行不在言。　孝子齐家全家乐，孝子治国万民安。

五谷丰登皆因孝，一孝即是太平年。　能孝不在贫和富，善体亲心是孝男。

兄弟和睦即为孝，忍让二字把孝全。　孝从难处见真孝，孝容满面承亲颜。

父母双全正宜孝，孝思鳏寡亲影单。　赶紧孝来光阴快，亲由我孝寿由天。

生前能孝方为孝，死后尽孝枉徒然。　孝顺传家孝是宝，孝性温和孝味甘。

羊羔跪乳尚知孝，乌鸦反哺孝亲颜。　为人若是不知孝，不如禽兽实可怜。

百行万善孝为首，当知孝字是根源。　念佛行善也是孝，孝仗佛力超九天。

大哉孝乎大哉孝，孝矣无穷孝无边。　此篇句句不离孝，离孝人伦颠倒颠。

念得十遍千个孝，念得百遍万孝全。　千遍万遍常常念，消灾免难百孝篇。

资料来源　白水老人 .《百孝篇》全文［EB/OL］.［2019-08-15］. https://zhidao.baidu.com/
question/586429680472909685.html.

　　"企业社会责任"这一概念最早于1924年由英国学者欧利文·谢尔顿提出，其
基本含义是指企业应该为其影响到其他实体、社会和环境的所有行为负有责任。事
实上，企业社会责任的概念自其诞生之日起就饱受争议，褒贬不一。

|4.1| 企业社会责任的本质：道德责任

4.1.1 企业社会责任的古典观和社会经济观

人们开始认识到仅仅把利润最大化作为企业的唯一目标是不可取的，企业还应当对社会其他利益相关者负责，并由此引发了20世纪30年代著名的伯尔和多德以"董事对谁承担义务"为主题的激烈论战。随后，对企业社会责任的不同认识逐渐形成了两种相对的观点，即古典观和社会经济观。

1）古典观

古典观的最重要的倡导者是1976年诺贝尔经济学奖获得者、美国经济学家米尔顿·弗里德曼。他认为，在自由企业制度中，企业管理者必须要对股东负责，而股东想尽可能多地获取利润；因此，企业的唯一使命就是要力求达到这一目的。当管理者将企业的资源用于社会产品时，可能会破坏市场机制的基础。企业承担社会责任，生产社会产品，实际上是一种资源的再分配，有人必须要为这种分配付出代价。更重要的是，弗里德曼指出：当企业管理者追求利润以外的目标时，他们实际上是将自己置于非选举产生的政策制定者地位，而他们并不具有制定公共政策的专长。

2）社会经济观

针对古典观，社会经济观明确主张企业应自觉地承担起社会责任。持社会经济观的学者认为：时代的变化使公众对企业的社会预期发生了改变，而企业的法律形式就是对此最好的说明。在社会经济观论者看来，企业管理者应该关心其长期的资本收益最大化。为了实现这一目标，企业在创造财富、追求利润最大化的同时，还要承担起对政府、员工、消费者、社区和环境的社会责任，包括：遵守法律法规和商业道德，注重生产安全，保障职业健康，保护劳动者的合法权益以及保护环境，节约资源，支持慈善事业，捐助社会公益，保护弱势群体，倡导良好社会风气等。

4.1.2 企业社会责任的内涵与外延

尽管企业社会责任问题已经逐渐受到企业界和理论界的关注，但是由于其含义本身的模糊性，加之不同学者研究的视角不一样，因此，什么是企业社会责任目前还没有统一的定义。表4-1列出了西方学者关于企业社会责任定义的主要观点。

但是，笔者认为卡罗尔关于企业社会责任的定义相对来说更加全面、合理。卡罗尔的企业社会责任定义包括四个具体方面，即企业社会责任是指某一特定时期社会对组织所寄托的经济、法律、伦理和自由决定（慈善）的期望。

表 4-1   西方学者关于企业社会责任定义的主要观点

时间	代表人物	主要观点
1924 年	谢尔顿	把企业社会责任与经营者满足产业内外各种人类需要的责任联系起来,并认为企业社会责任含有道德因素在内
1963 年	迈克·伽尔	企业社会责任的观念意味着企业不仅具有经济和法律的义务,而且具有某些超出这些义务之外的对社会的责任
1975 年	塞思	企业社会责任暗指把企业行为提升到这样一个等级,以至于与当前风行的社会规范、价值和目标相一致
1979 年	卡罗尔	企业社会责任囊括了经济责任、法律责任、伦理责任和慈善责任
1985 年	霍德盖茨	企业社会责任是指企业为了所处社会的福利而必须关心的道义上的责任,要对不同集团承担特定的社会责任,这些不同集团主要有股东或业主、顾客、债权人、员工、政府、社会
1998 年	维尔翰	企业具有超出对其业主或股东狭隘责任观念之外的替整个社会所应承担的责任

1) 经济责任

企业必须承担经济责任,把经济责任称为社会责任看起来有点不可思议,但是,实际情况就是如此。美国社会规定企业首先是一个经济机构,也就是说,企业应该是一个以生产或提供社会需要的商品和服务为目标,并以公平的价格进行销售的机构。

2) 法律责任

既然社会已准许企业负起生产职责,并履行有关的社会契约,那么,社会就会相应制定一些基本规则——法律,同时希望企业在法律的框架内开展活动。遵从这些法律是企业社会责任不可缺少的一部分,但是,法律责任涵盖不了社会对企业的所有期望行为。其主要原因是:第一,法律应付不了企业可能面对的所有话题、情况或问题;第二,法律常常滞后于被认为是合适的新行为或新观念;第三,法律是由立法者制定的,可能体现了立法者的个人利益和政治动机。

3) 伦理责任

法律是重要的,但永远不够用。伦理责任包括那些为社会成员所期望或禁止的、尚未形成法律条文的活动和做法。从某种意义上讲,伦理规范或价值观的变革在立法之前。从另一个意思讲,即使伦理责任可能反映出的行为标准比眼下法律所要求的要高,也可能只被看作是包含和反映新出现的、社会期待企业去迎合的价值观和规范。

4) 慈善责任

企业的慈善活动或行为被视为责任是因为它们反映了公众对企业的新期望。这些活动是自愿的，也就是说，是非强制性的，并非法律要求的，也不是寄予企业一般伦理方面期望的，只取决于企业从事这些社会活动的意愿。

企业社会责任定义的实质内涵是由经济、法律、伦理和慈善四个方面的责任构成，具体见表4-2。

表4-2 企业社会责任定义理解

责任类别	社会期望	例子
经济责任	社会对企业的要求	盈利；尽可能扩大销售，尽可能降低成本；制定正确的决策；关注股息政策的合理性
法律责任	社会对企业的要求	遵守所有的法律、法规，包括环境保护法、消费者权益法和雇员保护法；完成所有的合同义务；兑现保修承诺
伦理责任	社会对企业的期望	避免造成问题的做法；对法律的精神实质和字面条文做出回应；认识到法律能够左右企业的行为；做正确、公平和正义的事；合乎伦理的开展领导工作
慈善责任	社会对企业的期望	成为一个好的企业公民；对外捐助，支援社区教育，支持健康/人文关怀、文化与艺术、城市建设等项目的发展；帮助社区改善公共环境；自愿为社区工作

资料来源 卡罗尔，巴克霍尔茨. 企业与社会：伦理与利益相关者 [M]. 黄煜平，译. 北京：机械工业出版社，2004：26.

另外，卡罗尔的企业社会责任的定义可用一个四个层次的金字塔图加以形象说明，如图4-1所示。

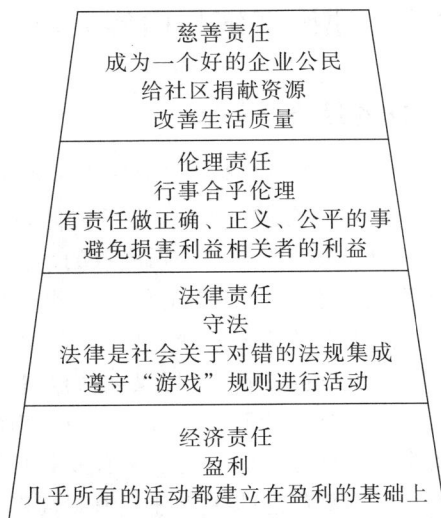

```
          慈善责任
      成为一个好的企业公民
        给社区捐献资源
        改善生活质量
          伦理责任
         行事合乎伦理
    有责任做正确、正义、公平的事
     避免损害利益相关者的利益
          法律责任
           守法
     法律是社会关于对错的法规集成
     遵守"游戏"规则进行活动
          经济责任
           盈利
    几乎所有的活动都建立在盈利的基础上
```

图4-1 企业社会责任金字塔图

该金字塔图描绘了企业社会责任的四个层次。经济责任是基本责任，处于这个金字塔的底部。同时，期望企业遵守法律。法律是社会关于可接受和不可接受行为的法规集成。再上去就是企业伦理责任这一层次。在这一层次上，企业有义务去做那些正确的、正义的、公平的事情，还要避免或尽量减少对利益相关者（雇员、顾客、环境等）的损害。在该金字塔的最上层，期望企业成为一位好的企业公民，也就是说期望企业履行其慈善责任，为社区生活质量的改善做出财力资源和人力资源方面的贡献。

4.1.3　企业社会责任与企业伦理

企业社会责任与企业伦理有着密切的联系。从内容上看，狭义的企业社会责任主要是指道德责任。企业经济责任自然要负担，因为这是其自身利益之所在，法律责任也是要负担的，而以前忽视的是正是道德责任。换句话说，企业社会责任观念的提出主要是针对道德责任而言的。可见，企业社会责任与企业伦理在内容上是一致的，要求企业讲求伦理道德，实质上就是要求企业履行社会责任，反之亦然。

从对象上看，企业社会责任的对象与企业伦理涉及的领域基本一致，此外，企业社会责任观念的提出为企业伦理的兴起打下了基础，而企业伦理学的发展，有利于进一步明确企业的社会责任。当然，企业伦理与企业社会责任还是有区别的。企业伦理强调权利与义务两个方面，企业社会责任只注重责任；企业伦理是双向的，企业社会责任是单向的；企业伦理旨在明确怎样处理好企业与利益相关者的关系，企业社会责任重在回答企业在社会中应尽什么样的责任；企业伦理还包含员工的职业道德规范，企业社会责任则不涉及个人的责任。

|4.2|　企业社会责任的理论基础与内容要求

4.2.1　企业社会责任的经济学基础

对于公司权力的转移理论，美国经济学家阿道夫·贝利和米恩斯于1932年合著了经典著作——《现代公司与私有财产》，提出了"贝利-米恩斯假说"。"贝利-米恩斯假说"认为，大公司的高速成长导致公司股权的日渐分散，从而弱化了股东权力，与此同时，经营者取得了公司的控制地位。因此社会正朝着"新的公司活动"和"置公司于社会利益之下"的方向发展。

1941年，美国制度经济学家詹姆斯·白恩汉在《经理革命：世界上正在发生什么》一书中第一次提出了经理革命的概念，将公司中经理的地位提升到了社会统治阶级的高度。白恩汉认为，虽然从法律角度，所有权和管理权是可以分开的，但从社会学的角度来看，所有权本身就意味着管理，因此真正的所有者（而不是名义上的所有者）必然是接近生产手段和产品分配的人，经理阶层正是这样的群体，而对大多数股票持有人来说，所有权有着非常次要的性质，因为他们很少有接近生产手段的管理权，而且没有比较决定性的管理权，故经理阶层是社会上最有权力的群体，既是管理者，又是实际的所有者①。

1967年新制度学派的重要代表人物加尔布雷斯认为：凡是权力转移到"技术结构阶层"的公司即为"成熟的公司"，而"成熟的公司"并不一定要使它的利润最大化，它也不会这样做。理由之一是技术结构阶层的收入主要是薪水和奖金，而不是股息。如果企业追求最大限度的利润，得到好处的是最不忠于本企业的股东们，而技术结构阶层却要为此承担风险，所以出于自身利益的最基本考虑，技术结构阶层不得不把防止亏损放在获取最大限度利润之前，因为亏损会搞垮技术结构阶层，赚得多却使别人受益②。因此，公司的目标已不再是追求最大限度的利润，而是公司持续稳定的发展。

到了20世纪80年代，利益相关者理论勃然兴起，它对股东本位主义发起了强有力的挑战。其核心就是公司的目的不能局限于股东利润最大化，而应同时考虑其他利益相关者——员工、债权人、供应商、用户、所在社区及经营者的利益，企业各种利益相关者的利益最大化才应是现代公司的经营目的，这不仅公平而且具有社会效率。希尔和霍恩斯建立了一个利益相关者-代理模型，他们指出，当真诚合作使长期利润最大化时，股东应鼓励采取这一战略。但由于契约的不完善和机会主义行为，股东的背叛行为随时可能会出现，为了在该模型中维护合作战略，企业必须与其员工和交易伙伴建立一种有形的长期契约和制度保障。

从上述公司理论的发展历程可以看到，随着公司规模的发展和随之而来的股权分散，股东与公司之间的密切关系日益松弛，股东必将丧失只为自身利益运营公司的权利。因此，公司的目标将不再是股东利益最大化，而是公司利益相关者的利益最大化。

4.2.2 企业社会责任的法学基础

随着社会由封建制度过渡到资本主义制度，个人主体意识日益受到重视，于是产生了以保护个人权利、崇尚个人自由、尊重个人意识自治的以个人为本位的中心观念。与此相呼应，法律在设计上极度尊重个人财产并坚持所有权绝对的原则。在这个时期，个人利益作为一种绝对的利益被法律自始至终地推崇并保护着，对个人利益的尊重，就是对社会利益的尊重，因为个人利益和社会利益是一致的，亚当·斯密提出的个人利益与社会利益的一致性为人们追求个人利益提供了理论基础。到了19世纪末期，随着人们对社会利益的关注，加上以庞德、耶林等为重要代表提出的社会利益理论的推动，人们逐渐认识到"社会利益包括并高于个人利益"。法律的目的就是社会利益，社会利益是法律的创造者，是法律的唯一根源，所有的法律都是为了社会利益的目的而产生的。

公平和效率都是法律的基本价值。法律往往通过保证机会公平来实现公平，通

① 邹进文. 公司理论变迁研究 [M]. 长沙：湖南人民出版社，2000：89-91.
② 邹进文. 公司理论变迁研究 [M]. 长沙：湖南人民出版社，2000：92-98.

过缩小贫富差距来实现公平；通过确立和保障市场经济制度来保证经济效率，通过解决市场失灵来提高效率；通过法律的可确定性，确立和保障市场经济制度、降低成本，运用确定的科学方法来提高效率。在效率和公平这对矛盾中，效率一般占主导地位，为了实现利润最大化的目标，公司应追求尽可能高的效率。但同时，也要考虑公平的道德因素，如果公司一味追求高效高利而破坏社会的公平正义观，最终社会中的所有个体将不得不为此付出沉重的代价。

4.2.3　企业社会责任的伦理学基础

20世纪50年代末至60年代初美国出现了一系列企业经营中的丑闻，包括受贿、规定垄断价格、欺诈交易、环境污染等。公众对此反应强烈，要求政府对此进行调查。1962年，美国政府公布了一个报告——《关于企业伦理及相应行动的声明》。20世纪70年代初期，企业伦理问题引起了美国公司更为广泛的关注。美国企业越来越多地卷入了非法政治捐款、非法股票交易、行贿受贿、弄虚作假、窃取商业机密等活动中，人们感叹企业中的相当一部分管理者已经达到了道德沦丧的地步。由此引发了整个社会对企业伦理问题的关注。

伦理学是关于道德的学说，是道德思想、道德观念的系统化和理论化。它所要解决的问题既多又复杂，但伦理学的基本问题则是道德和利益的关系问题。用中国传统思想家的话来说，就是义和利的关系问题。这个问题包括两个方面：一方面是经济利益和道德的关系问题，即是经济关系决定道德，还是道德决定经济关系，以及道德对经济关系有无反作用的问题；另一方面，也是与上述问题直接相关的，就是个人利益和社会利益，或者说局部的、单个组织的利益和社会整体利益之间的关系问题。伦理学论证了为什么单纯追求利润最大化作为企业社会责任是不合适的，尤其论证了为什么企业社会责任应该包含道德责任。无疑，伦理学的产生和发展为企业社会责任理论奠定了基础[①]。

4.2.4　企业社会责任的基本内容

企业社会责任的本质内容就是要求企业必须履行其对社会的道德责任。

目前，人们所接受的企业社会责任的具体内容十分广泛，大致可以概括为以下几个方面：

1）企业对员工的责任

员工是企业财富的创造者，企业的发展离不开员工的贡献。一个富有社会责任感的企业应该善待自己的员工，充分尊重员工的价值，发挥员工的创造性。

（1）为员工提供安全、健康的工作环境是企业的首要责任

员工为企业工作是为了获得报酬并维持自己的生存和发展，企业不应以为员工提供工作为由而忽视员工的生命和健康，而应提供安全卫生的工作条件、丰富的文

---

① 苏勇. 现代管理伦理学——理论与企业的实践 [M]. 北京：石油工业出版社，2003：34.

化娱乐活动。

（2）在招聘、报酬、培训、升迁等方面为员工提供平等的机会

企业应该实行公平就业、上岗、报酬、调动、晋升，为不同性别、年龄、民族、肤色和信仰的员工提供平等的机会，不得人为地划定限制。

（3）为员工提供民主参与企业管理的渠道，为实现自我管理企业创造机会

员工在企业中虽然处于被管理者的地位，但同样有权参与企业的经营管理。企业应当实行参与管理、全员管理，尊重员工民主管理的权利，重视员工的意见和要求，为员工提供教育、培训，与员工分享利润，这样也有助于调动员工的工作积极性。

2）企业对消费者的责任

企业是为获得最佳经济效益而向消费者提供某种产品或服务的组织。消费者是企业产品或服务的购买者，对企业的生存发展具有重大意义，它是企业生存的基础，以及发展的前提与保证，企业利润的最大化最终需要依赖消费者的认同来实现。企业应该对消费者忠诚，深入调查并千方百计地满足消费者的需求，广告要真实，交货要及时，价格要合理，产品使用要方便、经济、安全，产品包装不应引起环境污染，实行质量保证制度，提供周到的售后服务。

（1）向消费者提供优质的产品和服务是企业最基本的责任

消费者购买企业提供的产品和服务是为了满足自身的某种需求，按照公平交易的原则，企业必须为消费者提供令其满意的产品和服务。

（2）企业应尊重消费者的知情权和自由选择权

消费者在购买产品前有权通过企业提供的产品信息对产品进行全面了解，以便在多种商品中做出选择。企业应当通过广告、宣传材料和说明书等方式向消费者提供真实的产品信息。

（3）企业应满足消费者的需求

企业应该通过各种途径了解消费者的需求，利用消费者的思想和建议等来对产品、服务和流程进行改进和创新，从而最大限度地满足消费者的需求。随着人们生活水平的提高和消费观念的转变，随着买方市场向卖方市场的进一步过渡，一种新型的以人为本、消费者至上的理念正逐步得到强化。这种新型理念要求企业不仅要以消费者作为整个生产过程的终点，更重要的是以消费者作为整个进程的起点[①]。

3）企业对所在社区的责任

社区就是企业赖以生存的环境，没有一个好的环境，企业将难以生存，更谈不上持续健康发展了。企业与社区一荣俱荣、一损俱损，企业关爱社区就是关爱自己。只有社区支持企业的发展，企业才能如鱼得水、畅游自如。因此，企业要实现自己的发展目标，就必须提供就业机会、支持社区建设、促进社区发展。

---

① 熊胜绪，黄昊宇. 企业伦理文化与企业管理［J］. 经济管理，2007（4）.

　　在推进社区发展的过程中，企业不仅要扮演好"居民"的一般角色，还要力争充当主要角色。通过了解社区的具体需求以及企业自身所具备的资源，选择能够使社区的需求与企业拥有的资源相匹配的社区活动项目，制订出切实可行的社区活动计划，从而在社区这个大舞台中找准自己的定位，最大限度地发挥自身的积极作用，为社区的建设做出自己应有的贡献[①]。另外，企业应积极参与慈善公益事业，例如：资助文化、教育、体育事业的发展；帮助老弱病残；救济无家可归的人，安置残疾人就业，资助失学儿童重返校园，在高校设立奖学金，支援老少边穷地区发展经济；对遭受自然灾害的地区进行捐赠等。

4）企业对政府的责任

　　在市场经济条件下，企业和政府的关系不是单纯的管理和控制，更多的是监督、协调和服务。

　　（1）企业应当遵守法律法规，依法诚信纳税

　　企业如果想做大做强，长久地经营下去，遵守国家的法律法规、照章纳税，是一个基本的前提条件。否则，即使企业经营得再出色，一旦有了违法的污点，也将失去社会的认可，遭到社会舆论的谴责，严重的可能会导致整个企业的灭亡。

　　（2）企业应当支持政府的社会公益活动、福利事业和慈善事业

　　企业应当支持政府的社会公益活动、福利事业和慈善事业，以此服务于社会。政府是代表国家对社会进行组织、协调、监督和管理的机构组织，它所代表的是社会公众利益。企业积极参与政府组织的社会公益活动、福利事业和慈善事业，是企业服务社会、造福人类的积极表现。

5）企业对股东的责任

　　在市场经济条件下，企业与股东的关系实际上是企业与投资者的关系，这是在企业内部关系中最为重要的内容。企业对股东的责任和一般的社会责任不同，它是通过对股东负责的方式体现出来的。

　　（1）企业对股东的最基本责任是对法律所规定的股东权利的尊重

　　遵守法律的规定是每一个企业必须履行的最基本的责任。企业若违背了法律的规定，侵犯了股东的利益，就是对股东严重的不负责任。

　　（2）企业要对股东的资金安全和收益负主要责任

　　投资人希望通过对企业的投资进而获得丰厚的回报，企业应当满足股东提高投资收益率、使股票升值的基本期望。

　　（3）企业有责任向股东提供真实的经营和投资方面的信息

　　企业必须保证向投资者公布的财务会计信息是及时的、真实可靠的，主动做到信息对称，任何瞒报和谎报企业信息、欺骗股东的行为都是不道德的，企业对此要负法律和道德的双重责任。

　　①　田野. 企业在建立和谐社区中的作用与途径〔J〕. 企业文明，2007（1）.

6）企业对环境的责任

企业是环境问题的主要责任者。大大小小的企业每天都在吞噬着自然资源，排放着有害废弃物。当今大多数的环境问题，如不可再生资源的耗竭、可再生资源的衰减、环境污染的加剧、生态平衡的破坏等，都与企业的活动有关系。因此，作为环境问题的主要责任者，企业为了与环境和谐发展，更为了自身的可持续发展，应当主动承担保护环境的责任。

（1）树立和谐发展的价值观

企业对环境的首要责任体现为：树立人与自然和谐发展的价值观，努力做到尊重自然、爱护自然，合理地利用自然资源。企业必须遵循环境保护与经济发展同步的原则，不能以牺牲环境换取经济增长。企业应该保护环境、优化经济增长，在保护环境中求发展，实现经济和环境的双赢。

（2）以绿色价值观践行绿色管理

企业要以绿色价值观为指导，强化绿色角色意识，实施绿色管理，积极倡导绿色生产和绿色消费。企业应积极构建绿色供应链管理，实现循环生产模式。

（3）以绿色审计严于律己

企业要严格自律，按照绿色审计的要求进行严格的企业自我管理。绿色审计就是把环境因素作为企业管理的重要内容。企业在日常经营管理中应严于自律、自我监督、自我检查，杜绝任何不正确的危害环境的观点和做法①。

7）企业对供应商的责任

企业的供应商参与了企业价值链的形成过程，对企业的生产经营有着举足轻重的影响。因此，企业应该恪守信誉，严格执行合同。此外，企业应当建立对供应商的核查和评估机制，促进供应商履行企业社会责任，确保形成与供应商共同承担社会责任的一体化战略。企业应该采用国际上通用的标准，由专人对供应商的情况进行评估检查，并与供应商保持顺畅的沟通，如定期召开供应商会议，定期公布核查结果，对不符合标准的供应商提出限期改进的建议，如在规定期限内仍达不到要求的供应商将被解除合约②。

8）企业对竞争者的责任

在市场经济中，企业与企业之间的竞争是一种相互依存的关系，双方都在为获得或维持自己的利益而相互较量，任何一种旨在削弱或剥夺竞争对手利益的行为都将遭到对方的强烈抵制，要么两败俱伤，要么虽然一方获胜，但却可能无法赢得消费者。一个富有社会责任感的企业应当遵循公平竞争的原则，杜绝诽谤，放弃不正当竞争。公平竞争是指竞争者之间所进行的公开、平等、公正的竞争，它对市场经济的持续健康发展具有重要作用。它可以使社会资源得到合理的配置，并最终为整个社会带来巨大的福利。因此，在市场竞争中，企业应当采用合理合法的竞争手

---

① 曹凤月. 企业道德责任论 [M]. 北京：社会科学文献出版社，2006：33.
② 国家发改委运行局. 瑞典企业履行社会责任的实践 [J]. 经济管理文摘，2007（5）.

段，杜绝腐败和贿赂行为的发生。[1]

4.3 企业社会回应与企业社会表现

4.3.1 企业社会回应

企业社会回应是在企业社会责任之后出现的一个概念，它是关于企业社会责任的另一表达用语，是行动导向的企业社会责任。下面是不同学者对于企业社会回应的理解：

（1）承担义务的动机

罗伯特·阿克曼和雷蒙德·鲍尔指出："责任的含义是承担义务，它强调的是动机而不是绩效。"他们还说："对社会要求做出回应比决定做什么要复杂得多。对已经决定了的事情怎么去做是管理者的任务，它绝不是件小事。"因此，他们认为社会响应的概念能更好地描述问题的关键。

（2）对社会压力的反应

威廉·弗雷德里克认为，企业社会回应是指企业对社会压力做出反应的能力。组织的机制、程序、安排和行为模式综合作用决定了组织对社会压力做出反应能力的大小。他进一步指出，倡导企业社会响应就是促进企业绕开社会责任这样的哲学问题，而集中考虑更具体的问题，即怎样对环境压力做出有效的反应。

（3）企业长远的社会作用

赛思将社会回应需要的企业行为进行了分类，提出一种三个活动领域的见解：社会义务、社会责任和社会回应。他认为，社会义务是企业对市场的影响力量和法律约束予以回应的行为；社会责任意味着使企业行为够得上通行的社会规范、价值观和期望所要求的水平；关于社会回应，他认为："企业对社会压力应该怎样回应并不重要，从长远的观点来看，企业在生机勃勃的社会系统中应该起到什么样的作用，这才是重要的。"

（4）关注企业管理的过程

艾文·爱泼斯坦对社会回应讨论的重点主要放在其过程上面。他认为，企业的有些问题是因为内部和外部利益相关者的不同要求和期望而引起的，而企业社会回应需要着重关注对企业预测、回应和管理这些问题的能力进行确定、运用和评价的过程。

4.3.2 企业社会表现

企业社会表现是接受企业社会责任和采取社会响应策略的结果。

1）卡罗尔的企业社会表现模型

卡罗尔的企业社会表现模型的第一个方面是关于企业社会责任的，包括经

---

① 叶陈刚. 企业伦理与会计职业道德［M］. 北京：高等教育出版社，2005：99.

济、法律、伦理和自由决定（慈善）四个方面的责任。第二个方面是关于企业社会回应的主张。伊恩·威尔逊认为，企业可以采取的社会回应战略有四种：反应、防御、适应和主动寻变。第三个方面是涉及社会或利益相关者问题的，如图4-2所示：

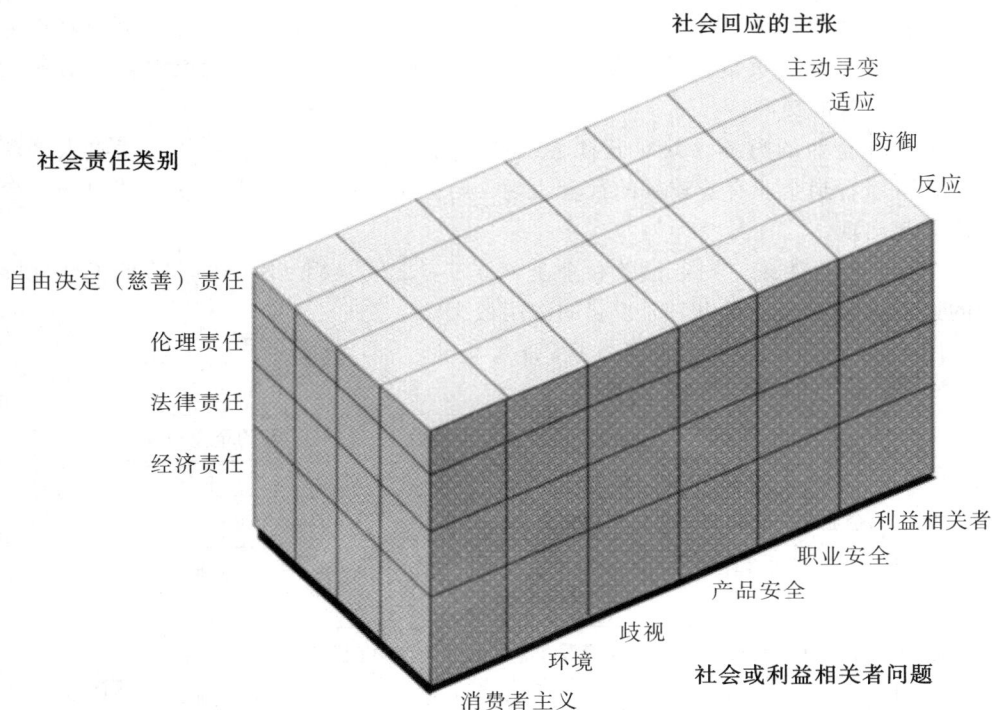

图 4-2　卡罗尔的企业社会表现模型

2）斯蒂芬 L.瓦蒂克和菲利普 L.科切兰的企业社会表现模型

斯蒂芬 L.瓦蒂克和菲利普 L.科切兰的企业社会表现模型是在卡罗尔的企业社会表现模型的基础上发展起来的，见表4-3：

表 4-3　　斯蒂芬 L.瓦蒂克和菲利普 L.科切兰的企业社会表现模型

原则	过程	政策
企业社会责任	企业社会响应	社会问题管理
经济的	反应性	确认问题
法律的	防御性	分析问题
道德的	适应性	采取对策
自行处理的	主动性	

他们认为，社会问题不能仅仅停留在确认问题上，还应该包括分析问题和采取对策。一句话，就是要包含完整的管理——社会问题管理。他们进一步把企业社会责任维、企业社会响应维和社会问题管理维分别视为原则维、过程维和政策维。

3）企业社会表现与财务绩效的关系

在企业社会表现与财务绩效之间关系的研究中，先后出现了三个不同的观点：

第一，对社会负责任的企业的盈利能力是最强的，社会表现能够促进财务绩效、企业声誉的提高。

第二，企业的财务绩效对其社会表现起着推动作用。当企业的营业收入可观时，就可以看到企业有着较好的社会表现，财务绩效或是先于社会表现或是与社会表现一起出现。

第三，社会表现、财务绩效和企业声誉三者之间是相互影响的，在它们相互影响的过程中很难确定哪一个因素起的作用最大。

图4-3给出了三个观点的基本意思：

观点1：企业社会表现驱动的关系

好的企业社会表现 → 好的企业财务绩效 → 好的企业声誉

观点2：企业财务绩效驱动的关系

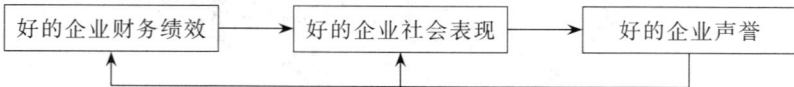

好的企业财务绩效 → 好的企业社会表现 → 好的企业声誉

观点3：企业社会表现、企业财务绩效和企业声誉三者之间相互影响的关系

好的企业社会表现 ← 好的企业财务绩效 → 好的企业声誉

图4-3 企业社会表现、企业财务绩效和企业声誉三者之间的关系

|4.4| 企业社会责任的评价体系

4.4.1 企业社会责任报告

我们应当把企业履行社会责任的情况也纳入社会公开机制，可采用将财务与社会责任两者相结合的报告模式，以透明的方式向社会公开企业运作的综合效果。

笔者建议的企业报告内容及格式如下：

1）封面和目录

2）公司概况

公司概况主要包括以下内容：

（1）公司所从事的行业、经营范围、公司注册地址、办公地址及其邮政编码、公司国际互联网网址、电子邮箱、公司股票上市交易所、股票简称和股票代码、企业法人营业执照统一社会信用代码及公司聘请的会计师事务所名称和办公地址等；

（2）公司的法定代表人及其致辞；

（3）公司董事会主要成员介绍；

（4）公司的发展战略；

（5）公司的价值观、企业文化；

（6）公司对社会做出的承诺；

（7）公司与股东、员工、政府、社会组织、商业合作伙伴、媒体、社区和顾客等利益相关者的信息沟通体系。

3）公司年度重要事项

按事项发生的时间顺序分月进行报告，主要包括公司本年度所取得的成就、面对的挑战以及所采取的应对措施等。

4）公司财务报告

公司财务报告主要包括对本年度以及上一年度资产负债表、利润表和现金流量表的披露并显示变化方向及比例。对于需要补充说明的某些重大项目另外予以报告。

5）企业社会责任报告

企业社会责任报告按照员工、消费者、投资者、政府、社区、环境、商业合作伙伴、竞争者以及其他几大部分分别进行报告。

表4-4是笔者设计的企业社会责任报表。

表4-4 企业社会责任报表

各利益相关者	内容	本年度	上一年度
员工	是否有使用童工的现象		
	未成年工占员工的比例		
	员工工资水平是否超过当地最低工资标准		
	需要加班的，是否额外发放加班工资及标准		
	工资支付率		
	是否为所有员工缴纳各类社会保险费		
	员工是否享受带薪年假		
	员工薪酬的增长比例		
	是否按照规定设立安全生产管理机构或者配备安全生产管理人员		

各利益相关者	内容	本年度	上一年度
员工	重大安全事故发生率		
	职工生产事故死亡率		
	职业病发病率		
	是否为所有员工定期进行健康检查		
	平均每日及每周工作时间		
	平均每周休息天数		
	平均每日及每月加班时间		
	女员工生育享受产假的天数		
	是否建立了工会组织		
	员工参加工会组织率		
	是否使用了体罚		
	是否遵循平等自愿和协商一致的原则与所有员工签订劳动合同		
	劳动合同的内容是否符合《中华人民共和国劳动法》的有关规定		
	劳动合同的试用期是多长时间		
	是否存在在下列情况下解除劳动合同的现象：患职业病或者因工负伤并被确认丧失或者部分丧失劳动能力的；患病或者负伤，在规定的医疗期内的；女员工在孕期、产期、哺乳期内的		
	在员工招聘、培训、报酬等方面是否存在性别、种族等歧视		
	是否建立了员工培训制度		
	年度员工培训支出		
	人才流失率		
消费者	顾客流失率		
	消费者投诉次数		
	是否实现了全面质量管理		

续表

各利益相关者	内容	本年度	上一年度
投资者	企业总销售增长率		
	净资产收益率		
	资本保值增值率		
	企业税后净利润增长率		
	研发费用占年度销售额的比例		
	年度新产品销售额占销售总额的比例		
	每股股利及股利支付率		
	公布的财务报告是否经过审计，是否真实可信		
政府	有无违反国家法律法规被查处的记录		
	企业的罚款支出		
	企业诉讼与仲裁事项		
	年度纳税总额合计		
	企业每元总资产纳税额		
社区	新创造的就业机会		
	安排残疾人、下岗工人及退伍军人就业情况		
	安排大学生实习情况		
	参与了哪些公益活动		
	慈善捐赠金额占税前利润的百分比		
环境	环保支出占当期销售额比例		
	能源投入产出率		
	原材料投入产出率		
	水资源循环利用率		
	单位产出废弃物排放量		
	处理废弃物比例		
	环境污染违法记录的次数		

续表

各利益相关者	内容	本年度	上一年度
商业合作伙伴	合同履约率		
	长期拖欠或无故克扣供应商款项的次数		
竞争者	公司章程或制度中是否有明确的反腐败和反垄断原则		
	违反公平竞争原则的次数		
其他			

当然，这份报告的内容及格式不可能适用所有行业，所以笔者建议将上述报告内容作为企业报告的最基本内容，企业还可以根据自身的实际情况进行补充。

4.4.2　企业社会责任评价标准

上一节企业社会责任报告所包含的各项指标，有的是定性指标，有的是定量指标，而且它们的计量单位也有所不同，因此很难将所有的指标进行汇总。但是，如果我们在评价过程中直接给定各项指标的评分标准，将计量单位不同的各项指标进行定量和定性考核后，按照规定的评估标准直接给出该项指标的最后得分，就可以消除不同计量单位对指标评价的异质性影响。

下面是各项指标的评分标准：

以工资发放表和岗位职工花名册为依据，发现使用童工现象记为0分，没有使用童工记为100分。

未成年工占员工的比例＝未成年工人数÷员工总人数

本项指标得分＝（1-未成年工占员工的比例）×100

本项指标得分＝员工人均平均工资（剔除企业部门经理以上人员的工资）÷最低工资标准×100

以工资发放表和员工的工作记录为依据，凡是应发放加班工资而未发放加班工资的人日数超过应发放加班工资总人日数的1%，本项指标记为0分，否则记为100分。

工资支付率＝实际发放工资额÷应发放工资总额

本项指标得分＝工资支付率×100

劳动保险合同率＝实际缴纳社会保险费额÷应缴纳社会保险费总额

本项指标得分＝劳动保险合同率×100

本项指标得分＝享受带薪年休假的员工人数÷员工总数×100

本项指标得分＝员工薪酬增长比例×100

按照规定设立安全生产管理机构或者配备安全生产管理人员的，记为100分，否则记为0分。

本项指标得分＝（1-重大安全事故发生率）×100

本项指标得分=（1-职工生产事故死亡率）×100

本项指标得分=（1-职业病发病率）×100

本项指标得分=参加健康检查的员工人数÷员工总数×100

核查前12周员工平均工作时数，

本项指标得分=（1-平均工作时数超过44小时的周数÷12）×100

随机抽取5%～10%的员工以及一周的休息记录，

本项指标得分=一周内休息员工人数÷抽查员工总数×100

随机抽取5%～10%的员工以及一周的工作记录，

本项指标得分=（1-一周工作时数超过60小时的员工人数÷抽查员工总数）×100

本项指标得分=女员工平均享受的产假天数÷90×100

建立了工会组织记为100分，否则记为0分。

本项指标得分=员工参加工会组织率×100

如果发现使用体罚的现象记为0分，没有发现则记为100分。

本项指标得分=签订劳动合同的员工人数÷员工总数×100

本项指标得分=劳动合同符合规定的份数÷劳动合同总数×100

凡发现劳动合同试用期超过6个月的记为0分，未发现的记为100分。

在所列情况下解除劳动合同的，发生一次扣20分。

在员工招聘、培训、报酬等方面存在性别、种族等歧视的，发生一次扣20分。

建立员工培训制度的记为100分，否则记为0分。

本项指标得分=年度员工培训支出÷营业利润×100

本项指标得分=（1-人才流失率）×100

发生一次侵犯员工隐私的情况扣20分。

有记录显示员工参与企业决策的，一次加10分。

本项指标得分=（1-顾客流失率）×100

发生一次顾客投诉的情况扣20分。

本项指标得分=产品质量合格率×100

没有进行过虚假广告宣传的记为100分，否则记为0分。

本项指标得分=企业总销售增长率×100

本项指标得分=资本保值增值率×100

本项指标得分=企业税后净利润增长率×100

本项指标得分=研发费用占年度销售额的比例×100

本项指标得分=年度新产品销售额占销售总额的比例×100

本项指标得分=股利支付率×100

公布的财务报告经过审计、真实可信的记为100分；否则，只要存在虚假财务信息的就记为0分。

违反国家法律法规被查处的，一次扣50分。

本项指标得分=罚款支出÷税后净利润×100

发生企业诉讼与仲裁事项的，企业败诉一次扣20分。

本项指标得分=实际纳税总额÷应纳税总额×100

本项指标得分=企业每元总资产纳税额×100

本项指标得分=新就业人数÷员工总数×100

本项指标得分=安排残疾人、下岗工人及退伍军人就业的人数÷员工总数×100

本项指标得分=安排大学生实习人数÷员工总数×100

本项指标得分=以本企业名义公开直接投资公益事业的经费÷企业广告费总额×100

本项指标得分=慈善捐赠金额占税前利润的百分比×100

本项指标得分=环保支出占当期销售额比例×100

本项指标得分=能源投入产出率×100

本项指标得分=原材料投入产出率×100

本项指标得分=水资源循环利用率×100

本项指标得分=（1-单位产出废弃物排放量÷行业平均水平）×100

本项指标得分=处理废弃物比例×100

发生一次环境污染扣20分，后果特别严重的直接记为0分。

本项指标得分=合同履约率×100

发生长期拖欠或无故克扣供应商款项的，一次扣20分。

公司章程或制度有明确的反腐败和反垄断原则的记为100分，否则记为0分。

违反公平竞争原则一次扣20分。

说明：每项指标最高得分不得超过100分，最低为0分。涉及扣分的指标，从100分开始扣；涉及加分的指标，从0分开始加。指标权重的确定既可以采取等权的方法，又可以由专家委员会根据经验确定各指标的具体权数。

4.4.3 投资项目的后评价

投资项目的后评价是对于重大的投资项目或产生较大社会影响的投资项目，除了进行成本收益分析外，还应就其国民经济效益和社会效益进行后评价。

项目投资的后评价实际是项目管理工作的必要内容与程序，其意义在于：第一，有利于提高投资和经营管理决策的水平；第二，有利于提高项目或企业的宏观经济效益与社会效益；第三，有利于促进树立崇尚以社会责任为重的风气。

4.4.4 企业社会责任报告应该被审计鉴证其公信力

欧洲会计专家协会可持续性审核主席认为："没有经过审核的企业社会责任报告，比广告好不了多少。"为加强对企业履行社会责任情况的监督力度，保证企业对外披露的社会责任信息的真实性与公允性，我国也应实施企业社会责任审计制度，就像企业财务报告在公布前需要经过会计师事务所审计一样。各级政府审计机构应主动承担起建设和谐社会的监督职能，加紧研究并实施社会责任审计制度。

复习思考练习题

一、单项选择题

1.企业社会责任的古典观认为 （　　　）。

A.企业的唯一使命是获取更多的利润

B.企业应自觉地承担社会责任

C.企业在追求利润最大化的同时，还要承担起对政府、员工、消费者、社区和环境的社会责任

D.企业管理者应该关心其长期的资本收益最大化

2.（　　　）的产生和发展为企业社会责任理论奠定了基础。

A.伦理学　　　　　　　　　　B.经济学

C.管理学　　　　　　　　　　D.社会学

3.企业最基本的责任的是 （　　　）。

A.在招聘、报酬、培训、升迁等方面为员工提供平等的机会

B.向消费者提供优质的产品和服务

C.为员工提供安全、健康的工作环境

D.尊重消费者的知情权和自由选择权

4.（　　　）需要着重关注对企业预测、回应和管理这些问题的能力进行确定、运用和评价的过程。

A.企业社会责任　　　　　　　B.企业社会回应

C.企业社会道德　　　　　　　D.企业社会表现

5.项目投资的后评价的意义不包括 （　　　）。

A.有利于提高投资和经营管理决策的水平

B.有利于提高项目或企业的宏观经济效益与社会效益

C.有利于促进树立崇尚以社会责任为重的风气

D.有利于社会公平

二、多项选择题

1.企业社会责任的具体内容包括 （　　　）。

A.对顾客的责任　　　　　　　B.对供应者的责任

C.对竞争者的责任　　　　　　D.对员工的责任

2.企业对环境的责任包括 （　　　）。

A.树立和谐发展的价值观

B.以绿色价值观践行绿色管理

C.按照绿色审计严于律己

D.恪守信誉，严格执行合同

3.伊恩·威尔逊认为，企业可以采取的社会回应战略有 （　　　）。

A.反应　　　　　　　　　　　B.防御

C.适应 D.主动寻变

4.在企业社会表现与财务绩效之间关系的研究中，先后出现的观点有（　　）。

A.二者无明显相关关系

B.社会责任感强的企业的盈利能力是最强的，其社会表现能够促进财务绩效、企业声誉的提高

C.企业的财务绩效对其社会表现起着推动作用

D.社会表现、财务绩效和企业声誉三者之间是相互影响的

5.卡罗尔的企业社会表现模型包括（　　）。

A.企业可以采取的社会回应战略有四种：反应、防御、适应和主动寻变

B.社会问题不能仅仅停留在确认问题上

C.企业社会责任包括经济、法律、伦理和慈善四个方面的责任

D.关于企业社会回应的连续体

三、判断题

1.企业社会责任的本质是道德责任。　　　　　　　　　　　　　　（　　）

2.企业社会责任的本质内容要求：就是企业必须履行其对社会的道德责任。

（　　）

3.企业伦理强调权利与义务两个方面，企业社会责任只注重责任；企业伦理是双向的，企业社会责任是单向的。　　　　　　　　　　　　　　　（　　）

4.在市场竞争中，企业应当采用合理合法的竞争手段，但不必杜绝腐败和贿赂行为的发生。　　　　　　　　　　　　　　　　　　　　　　　（　　）

5.应当把企业履行社会责任的情况也纳入社会公开机制，可采用将财务与社会责任两者相结合的报告模式，以透明的方式向社会公开企业运作的综合效果。

（　　）

四、简答题

1.什么是企业社会责任？

2.什么是企业社会表现和企业社会回应？

3.怎样理解企业社会表现与财务绩效之间的关系？

4.什么是投资项目的后评价？

5.如何理解企业社会责任的理论基础？

6.企业社会责任的基本内容包括哪些？

案例讨论题

华为扛起重大社会责任：科技创新

1.华为是谁？华为创立于1987年，是全球领先的ICT（信息与通信）基础设施和智能终端提供商，致力于把数字世界带入每个人、每个家庭、每个组织，构建万物互联的智能世界。目前华为有18.8万名员工，业务遍及170多个国家和地区，服务30多亿人口。

华为在通信网络、IT、智能终端和云服务等领域为客户提供有竞争力、安全可信赖的产品、解决方案与服务，与生态伙伴开放合作，持续为客户创造价值，释放个人潜能，丰富家庭生活，激发组织创新。华为坚持围绕客户需求持续创新，加大基础研究投入，厚积薄发，推动世界进步。

2. 谁拥有华为？华为是一家100%由员工持有的民营企业。华为通过工会实行员工持股计划，参与人数为96 768人，参与人仅为公司员工，没有任何政府部门、机构持有华为股权。

3. 谁控制华为？华为拥有完善的内部治理架构。持股员工选举产生115名持股员工代表，持股员工代表会选举产生董事长和其他16名董事，董事会选举产生4名副董事长和3名常务董事，轮值董事长由3名副董事长担任。

轮值董事长以轮值方式主持公司董事会和常务董事会。董事会行使公司战略与经营管理决策权，是公司战略、经营管理和客户满意度的最高责任机构。

董事长主持持股员工代表会。持股员工代表会是公司最高权力机构，对利润分配、增资和董事监事选举等重大事项进行决策。

4. 谁影响华为？华为对外依靠客户，坚持以客户为中心，通过创新的产品为客户创造价值；对内依靠努力奋斗的员工，以奋斗者为本，让有贡献者得到合理回报；与供应商、合作伙伴、产业组织、开源社区、标准组织、大学、研究机构等构建共赢的生态圈，推动技术进步和产业发展；华为遵守业务所在国适用的法律法规，为当地社会创造就业、带来税收贡献、使能数字化，并与政府、媒体等保持开放沟通。

5. 华为为世界带来了什么？为客户创造价值。华为携手合作伙伴，为电信运营商提供创新、安全的网络设备，为行业客户提供开放、灵活、安全的ICT基础设施产品，为云服务客户提供稳定可靠、安全可信和可持续演进的云服务。华为智能终端和智能手机，正在帮助人们享受高品质的数字工作、生活和娱乐体验。

保障网络安全稳定运行。从2018年开始，网络安全和隐私保护成为公司的最高纲领。30多年来，华为和运营商一起建设了1 500多张网络，帮助世界超过30亿人口实现连接，华为保持了良好的安全记录。

推动产业良性发展。华为主张开放、合作、共赢，与客户、伙伴合作创新、扩大产业价值，形成健康良性的产业生态系统。华为加入400多个标准组织、产业联盟和开源社区，积极参与并支持主流标准的制定，推动产业良性发展。推动社会可持续发展。华为致力消除数字鸿沟、促进数字包容，在珠峰、北极圈内等地区建设网络，在西非埃博拉疫区、日本海啸核泄漏、中国汶川大地震等重大灾难现场恢复通信；同时，积极推进绿色低碳和节能环保，帮助培养本地ICT人才，促进数字经济发展。

为奋斗者提供舞台。华为坚持"以奋斗者为本"，以责任贡献来评价员工和选拔干部，为员工提供了全球化发展平台、与世界对话的机会，使大量年轻人有机会担当重任，快速成长，也使得十几万名员工通过个人的努力，收获了合理的报酬与值得回味的人生经历。

6.我们坚持什么？华为30年坚持聚焦在主航道，抵制一切诱惑；坚持不走捷径，拒绝机会主义，踏踏实实，长期投入，厚积薄发；坚持以客户为中心，以奋斗者为本，长期艰苦奋斗，坚持自我批判。

我们不会辜负时代慷慨赋予我们的历史性机遇，为构建万物互联的智能世界，一往无前。

7.公司详细信息。

2018年员工数量180 000人，联合创新中心36个，研究院/所/室14个。

2018年销售收入7 212亿元人民币，净利润593亿元人民币，经营活动现金流747亿元人民币。

讨论问题：

1.华为公司的核心价值观表现在哪些方面？

2.华为公司取得成功的原因在哪里？对我们的企业经营有何启发意义？

第 5 章

企业内部管理道德规范

经典名言警句

大道之行也，天下为公。选贤与能，讲信修睦。故人不独亲其亲，不独子其子。使老有所终，壮有所用，幼有所长，矜寡孤独废疾者皆有所养。男有分，女有归。货恶其弃于地也，不必藏于己。力恶其不出于身也，不必为己。是故谋闭而不兴，盗窃乱贼而不作。故外户而不闭，是谓大同。

——《礼运大同篇（天下为公）》

实现中国梦，是物质文明和精神文明均衡发展、相互促进的结果。

中华民族的先人们早就向往人们的物质生活充实无忧、道德境界充分升华的大同世界。

——习近平

勤劳有饭吃，善良保平安；敦厚传家宝，经书济世长。

——佚名

主要知识点

1. 投资者是企业的上帝。
2. 董事会、独立董事与监事会的道德责任。
3. 企业经理层道德人格的塑造。
4. 企业与员工之间同舟共济、休戚与共的关系。

关键概念

利益相关者（stakeholders）

员工忠诚度（loyalty of employees）

董事会道德义务（moral obligations of the board of directors）

独立董事道德责任（moral obligations of independent directors）

监事会道德责任（moral obligations of the board of supervisors）

【引言】

企业家的道德修养与实践

"道"就是浩然正气。这浩然正气无所不包，无所不在。天地得正气，风调雨顺；国家得正气，国泰民安；人体得正气，身心健康，长命百岁。

企业家是企业的首脑，是企业的生产行为、经营行为和市场行为的决策关键。企业家个人的素质和修养，是决定企业命运的"内因"。因此，在讨论现代的"企业之道"时，不能不谈谈企业家的道德修养问题。企业家的道德修养问题，主要集中在两个方面：一是"道"的方面，二是"德"的方面。"道"的方面，主要讨论企业家应当加强、加深对"道"的认识和领悟。"德"的方面，主要是涉及企业家在体认"大道"的基础上怎样加强与"道"相吻合的"德"的修养。

这样的"道德修养"，虽然与我们日常生活语言中的"道德"含意并不冲突，但二者仍然是有差异的。通常"道德"一词，在生活中代表着一些具体的道德规范，是一些行为规范的集合，以指令性、准则性为其特征，人们无须对其内涵有什么深入的理解，照着去办就行了。而我们这里将要讨论的"道德"问题，是更深、更高一个层次的问题，探讨的是对"道德"的根源的体认、对"道德"的精神实质进行体认、领悟和自觉地归属于这个精神实质的问题。

简单讲，普通"道德"课题，是要求人们记住遇到某些事情时应当怎么做，而这里谈及的"道德修养"却是要求我们明白为什么要这样做；进而使我们的思想、行为与道德的精神实质达成高度的统一。这多多少少，或深或浅，是一个在生命过程中展开的课题。它要求我们用生命去对"道"进行体认，而这种体认会落实在生命之中，融入我们生命的一呼一吸、融入我们的心跳和血液、更融入在我们的精神领域之中，变成我们生命内的一种自然；而这时，我们的生命因为体认"大道"而有了改变，所想的、所讲的、所做的，一发出来，无一不是与"道"同源；而我们的生命就因为体认"大道"而具备了如此不同的特性，这种特性我们管它叫作什么呢，就叫作"德"。

也就是说，悟"道"的生命，自然就具备了"德"。"道"和"德"被老子放在一起谈就是这个道理。"道"是树根，"德"是树上的枝叶花果之全体。"道"无形，但通过有形的事物而发挥，是为"德"。天下万事万物本出于"道"，故天下万事万物本有"德"。天有天道，地有地道；天有天德，地有地德；如此类推，万事万物皆有其道。那么人呢？同样，人背道，则无德；人入道，则自然有德。"道"通过人的生命发扬出来，是"德"；"德"经由人的生命内部反溯至源头，是"道"。

天道、地道、人道、一切道，统统又归属于大道。大道无形无相无始无终无极，却又可以通过天道、地道、人道、一切道等不同的途径去体察。天地无情、无欲、无为、无心，故常不离道而功德圆满。人因有情、有欲、有为、有心，故常不在道而功亏德损。所以，求道求德，还当以无心者（天地）为师。

古时候的圣人做事，总是出于"无心"。"无心"并不是停止了生命的心智活动。"无心"，实乃"无私"。老子说，"圣人无常心，以百姓心为心"讲的就是这个道理。

资料来源　薛永新.《百家论道》：薛永新谈企业家的道德修养［EB/OL］.［2019-07-03］. http://dao.china.com.cn/2019-07/03/content_40807676.htm.

世界上存在着不同的企业形态及股东表现形式，不同国家或地区、不同时期同一类型企业的股东形式各具特点，即使在同一国家、同一时期，不同企业的股东形式也有差异。相应地，这些股东与企业的伦理关系、所承担的责任和所享受的权利也不可能完全相同，所以对股东形式进行合理的分类将有助于我们全面理解企业与股东之间的伦理关系，为我们科学地认识每一类股东的权利和责任提供切实可行的思路。

|5.1| 企业与股东：投资者是企业的上帝

5.1.1 企业与股东的形式及组成

1) 企业组织形式的演进与特点

对于各类个体而言，为了充分利用各自拥有的资源，从其自身利益来讲，有必要相互联系起来组成一个个企业。这同时也就决定了现实生活中的企业形态及其与股东所形成的特定关系。因此为了揭示和理解企业与股东之间的伦理关系，我们有必要从企业与股东的角度对企业形态进行科学分析。从企业与股东的关系来看，企业可分为个体制企业、合伙制企业和公司制企业。

（1）个体制企业

个体制企业是指一个股东拥有并独立经营的企业。作为股东的个人和经营单位之间没有法律上的区别，企业的目标也正是业主个人所追求的目标。这是历史最久、最简单的企业形式。股东对企业财务、人事等重大问题拥有完全的控制权，同时对企业的债务负无限责任。

（2）合伙制企业

合伙制企业是指由两个或两个以上的股东以营利为目的组成的经济实体。合伙人有两种：有限责任合伙人和一般合伙人。有限责任合伙人不直接管理企业，对企业债务负有限责任；一般合伙人对企业负无限责任，承担企业的管理职责。对于这类企业来说，是由多个合伙人共同出资拥有企业，共同控制、支配企业，共同享有收益权，共同对企业债务负责。

（3）公司制企业

公司制企业是指按公司法登记成立，以营利为目的的社团法人组织。在这类企业中，企业的股东一般不直接管理企业，而是将资产的实际占用权和支配权交给企业的经理层；股东享有选择并监督企业经营层的权力，享有剩余索取权、企业的最终控制权，并以其投入的股本对企业债务负有限责任，从而极大地减少了其承担的风险。

2）企业股东的权利和义务

尽管股东与企业的伦理关系因不同的企业而异，但一般说来，股东因其对企业的所有权而应当享有的权利和承担的义务都有其共性。

（1）企业股东的权利

①对企业资产的拥有权（其中包括转让其资产的权利），即作为股东应享有的受法律和道德保护的最基本的权利，是企业对股东承担的最基本义务。

②拥有剩余控制权，即拥有企业中除了那些属于员工（包括高层企业管理者）享有的权利以外的权利控制权。具体表现为股东在确定企业使命、决定经营目标、实施经营策略以及亲自经营企业或委派、评价、监督高层企业管理者等方面的权利。

③拥有剩余索取权，即在取得与其所担风险相应的企业收益中，扣除用来支付各项主要要素报酬和投入商品价格之后的余额权利，即净利润的分配权。

④在企业解散时参加分配并有权获得份额内的剩余财产。

⑤对于企业制的股东，还有获得企业经营情况方面信息（财务、报告）的权利和新股摊认权。

⑥企业章程或其他有关法规、规则规定的其他权利。

（2）企业股东的义务

①及时、如数供应所应提供的财务资源。

②对企业的经营成果最终负责。股东既然享有剩余控制权，就决定了其必然对企业行为的最终结果负责。

③股东必须促使企业同与之有关的各利益主体保持协调的关系。

④股东还应有较强的民族责任心和自豪感。

⑤法律、法规、企业章程或企业其他利益相关者期望股东承担的其他责任。

但在现实中，常有违背上述股东义务的股东行为发生。有些事情表面上看好像能给股东带来某些好处，但事实上只要加以跟踪观察和分析，就会发现这些行为损害了企业、产品形象，严重地危及企业的正常发展乃至生存，最终无疑会导致包括股东在内的各利益相关者遭受损失。

5.1.2　企业与股东的内在利益关系

以公司制为主要形式的现代企业制度，是经过市场经济上百年的筛选和塑造，逐步形成、发展和完善起来的。它既体现公有制的利益要求，又适应市场经济的运行要求。因此，建立现代企业制度，是今后我国国有企业在市场经济条件下长期、稳定、健康、快速发展的根本性的制度保证，是实现公有制与市场经济结合的基本形式，符合国有企业的现实要求和长远发展要求。

建立现代企业制度是发展社会化大生产和市场经济的必然要求，我们所要建立的现代企业制度，就是在社会主义市场经济条件下，根据现代企业固有的性质和要求，按照世界通行的国际惯例和标准，塑造适应社会主义市场经济发展要求的，能自主经营、自负盈亏、自我发展、自我约束的法人实体和市场竞争的主体。现代企业制度的特征是产权明晰、权责明确、政企分开、管理科学。在这里，我们重点分析以公司制为主要形式的现代企业的内部利益关系。

1）现代企业的内部利益关系的协调与制衡

公司治理结构是现代企业制度的核心，现代企业区别传统企业的根本点在于所有权和经营权的分离。公司治理结构的全部内容，是指在契约制度的基础上，通过各种机制，既充分调动各种企业内部利益主体的积极性，又对各种内部利益主体形成有效约束，即形成相互制衡，保证各种利益主体自身的应有利益与权力，从而实现企业决策的科学化与最优化。因此，公司治理结构是一个复杂的制度体系。一般来讲，企业管理结构主要包括以下内容：

（1）法人治理结构

法人治理结构主要是界定股东与企业管理者的关系。法人治理结构的核心是契约制，其内容包括三个方面：第一是经济契约，即在股东与企业管理者之间形成责任权利内在统一的相关关系。人对利益和权力的追求是无限的，只能靠责任来约束。第二是道德契约，是指将股东与企业管理者之间的经济契约贯彻到股东与企业管理者的道德规范中，其主要内容是指在没有任何外在监督的条件下，双方都不会索取不属于自己的利益和权力。第三是环境契约，是指将经济契约贯彻到股东与企业管理者的整个社会环境中，即股东与企业管理者不应在外部交往中索取不属于自己的利益。

（2）委托经营结构

作为委托人的股东将财产授予代理人经营，由于委托人和代理人的目标不一致，以及信息不对称，代理人可能利用自己的信息优势，采取机会主义行为来谋求自身利益，而损害委托人的利益。因此，尽管所有权与经营权的分离可以产生代理收益（分工效果和规模效果），但委托人为使其效用最大化而通过合约监控代理人的行为，必然会产生代理成本。只要存在委托经营关系，就会产生利益冲突，如果这种冲突不可能通过完备的契约得以解决，则企业管理结构问题必然在企业中产生。加强企业管理之所以十分必要，关键在于企业中存在的两个问题：一是代理问题；二是不完备合约（契约）。

2）企业伦理与股东利益相互影响

企业伦理建设的目的就是要适应企业内外部环境变化的要求，公正、合理地处理好各利益相关者之间的复杂关系，使权利责任关系在各个利益相关者之间重新进行合理分配，推动企业健康成长，而绝不是削弱股东的权利，减少股东的收益。

（1）企业伦理维护股东的合理利益

首先，从根本上讲，股东的利益与企业的利益是一致的，只有企业兴旺发达才能给股东带来更多的利益。股东建立企业的最原始动机之一，就是追求尽可能多的利益，也正是这种对利益的追求，决定了企业是一个营利性组织，而非社会公共福利机构，从而在客观上推动了企业的成长，为社会积累财富，推动经济的发展和社会的进步。

其次，企业本质上是利益相关者缔结的一组合约，有股东投入的物质资产，也有员工投入的人力资产以及债权形成的资产等。按照谁贡献谁受益的原则，这些产权主体都有权参与企业剩余的分配。这就意味着股东并不是在企业获利过程中唯一起支配作用的主体，任何企业的获利过程都是在与内外部环境交换物质和信息的基础之上，在各利益相关者的共同参与下实现的。

再次，企业经营环境的巨大变化，特别是信息社会的到来，客观上要求企业必须突破原来只考虑股东单方面利益的局限性，建立起体现各利益相关者利益的合理的企业经营思想。

最后，企业伦理也是保护股东切身利益的需要。信息革命扩大了金融和经营之间的鸿沟，使得金融资本相对集中而经营权力却大量分散，从而出现了践踏股东权利的迹象。

（2）股东道德对企业伦理具有举足轻重的影响

首先，股东特别是管理型股东对于企业目标、企业宗旨、企业发展战略的形成具有重要影响，其经营理念、行为模式将会极大地影响企业的经营行为。其次，股东特别是管理股东是企业文化的倡导者和表率。自日本首次引入企业文化促使企业成功以来，企业文化已成为促进企业发展的巨大动力和手段。企业文化建设是否成功虽然取决于很多因素，但最重要的还在于股东。他们把企业的价值观和信念传输给员工并首先做出表率，从而产生巨大的带动效应。由于企业文化的核心就是企业伦理，所以企业股东也是企业伦理的倡导者和表率。日本松下电器的创始人松下幸之助曾明确提出，松下电器的目标是促进整个企业的成长及增进社会福利，与此同时还要进一步致力于世界文化的发展。正是在松下幸之助的倡导和示范下，松下电器由一个手工作坊发展为世界著名企业。

5.1.3　股东与管理者之间的道德规范：委托经营，信息对称

股东与企业管理者之间的关系可以视为一种契约关系。在这种关系中，股东把企业委托给企业管理者，让企业管理者经营，实现其利益。这里，真正的问题是如何通过一定的机制来保证企业管理者服务于股东的利益，保证股东与企业管理者之间"契约"的实现。在经济契约之外，股东与企业管理者之间还存在着重要的伦理道德规范。

由于企业管理者目标和股东目标的不一致以及二者之间明显的信息不对称导致股东主要面临以下风险：

第一，股东只能观察到经营结果，不能直接观察到企业管理者的行为，这时就存在着隐形行为的道德风险；

第二，企业管理者在给定的自然状态下做出自然的选择行动，股东能观察到企业管理者的行动，却观察不到自然的选择状态，于是就存在着隐形信息的道德风险；

第三，企业管理者为了实现自己的目标故意错误地报告信息，使股东面临"逆向选择与道德风险"，如企业管理者装饰豪华的办公室、买高档汽车等。

对于股东而言，总是希望企业管理者按其利益来选择行动，但股东不能直接观察到企业管理者究竟选择了什么行动，所能观察到的只是另一些变量，而这些变量是由企业管理者的行动和其他外生随机因素共同决定的。所以，股东的问题是如何根据所能观察到的信息来监督并奖惩企业管理者以激励其选择对自己最有利的行动。

1）股东监督企业管理者

为了避免道德风险和逆向选择，股东必须获取更多的信息，制定各项规章制度，建立各种监控机制，约束企业管理者的权限，监督企业管理者的行为，当发现其背离股东目标时给予一定的处罚甚至解聘。这时会产生高昂的成本，既包括由于监督而直接增加的费用，又包括由于监督而使企业管理者不能及时采取措施从而丧失时机造成的损失，因此需要在这种监督成本和因为监督而可能给股东带来的收益之间进行权衡。

2）股东激励企业管理者

企业管理者的个人报酬同企业的运营成果挂钩，有利于鼓励他们采取符合企业最大利益的行动。这也涉及成本问题，如果激励成本过低，则不足以激励企业管理者，股东的权益就得不到有效保护；如果激励成本过高，股东又得不到应得的收益，因此只有适当的激励才能在一定程度上调整股东与企业管理者之间的利益冲突。

对企业管理者的激励可以采用与企业产出相关的工资、奖金等货币形式，也可采用股票期权等形式，但对于行为和绩效难以监督的高层企业管理者，可以让他们拥有部分剩余索取权和控制权（如拥有企业股票或债券，成为企业的股东或准股东），使他们的报酬直接同企业的绩效挂钩。如果某些人员的产出难以计量，可以通过晋升制度来监督其努力程度。在股权分散的情况下，往往难以监督高层企业管理者，此时可以给予高级经理相应的津贴，并使这些津贴取决于企业的整体经营绩效，以为高层企业管理者提供激励和动力。

经济学家认为，企业内存在各种各样的激励和约束机制，如董事会的监督、正式的控制体制、预算上的限制、激励报酬体系等；但现代企业伦理学认为，企业管理者只有承担对股东的伦理道德责任，才能更完美地实现与股东之间的委托经营关系。因此，股东应特别关注企业管理者对某些伦理理念的反应（见表5-1和图5-1）。

表5-1 企业管理者对某些伦理理念的反应

管理者反应 伦理理念	完全不同意		不太同意		一般		比较同意		完全同意	
	频数	百分比（%）	频数	百分比（%）	频数	百分比（%）	频数	百分比（%）	频数	百分比（%）
善有善报，恶有恶报	8	2.7	31	10.3	39	13.0	117	39.0	105	35.0
人都是自私的	27	9.0	103	34.3	54	18.0	63	21.0	53	17.7
做生意运气很重要	9	3.0	43	14.3	59	19.7	107	35.7	82	27.3
吃苦在前，享受在后	3	1.0	23	7.7	43	14.3	107	35.7	124	41.3
一个人活着总要做点有意义的事情	2	0.7	11	3.7	24	8.0	53	17.6	210	70.0
生意归生意，朋友归朋友	7	2.3	40	13.3	40	13.3	62	20.7	151	50.4
讲信用是经营根本	3	1.0	8	2.7	18	6.0	40	13.3	231	77.0
商业中适当夸张和吹嘘是必要的	46	15.3	96	32.0	53	17.7	65	21.7	40	13.3
把握机会的能力是商业成功的关键	3	1.0	12	4.0	24	8.0	76	25.3	185	61.7
无商不奸	109	36.3	99	33.0	33	11.0	37	12.3	22	7.4

资料来源　苏勇，陈小平. MBA管理伦理学教学案例精选［M］. 上海：复旦大学出版社，2001：18-19.

3）企业管理者为全体股东利益服务

任何企业，一旦利润达到最大值，如果不采取应变的措施，就会超越这个利润最大值，出现亏损。因此作为企业管理者，当企业达到利润最大点时，就要为企业、股东重新确定边际利润的底线，这样才可以保证企业的利润底线。这是企业管理者的责任。企业管理者还有必要且有责任认识到，在哪个方向、企业应该采取何种措施和社交手段，使企业向边际利润最大化的方向发展，以及发展的途径是什么。

（1）树立企业目标

卓越的企业管理者做事情首先要有目标，要把目标作为企业的组织原则，知道自己的企业要做什么，为什么要这样做，并且要把企业的目标通过员工贯彻到企业的各个方面。这些都是事情的本源问题。目标的三大要素分别是：使命、远景和价值。使命，是通过大家共同努力，达到某个既定的目标；远景，是通过可以衡量的目标来说明解释结果；价值，是为结果提供非常具有意义的原因。

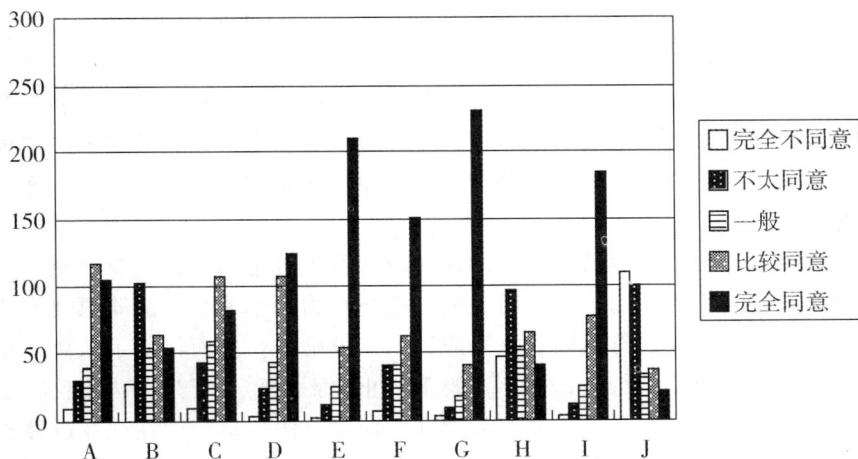

图 5-1　企业管理者对某些伦理理念的反应

资料来源　苏勇，陈小平．MBA 管理伦理学教学案例精选［M］．上海：复旦大学出版社，2001：18-19.

（2）管理者为企业做贡献

企业管理者应十分清楚企业的目标，与股东利益保持一致，为股东利益服务。一个企业的价值，就是改变他人的生活。企业管理者应该意识到企业对他们意味着什么，除了完成工作以外，重要的是自己为这个企业做出了贡献。

企业管理者必须为了结果进行管理，并且要通过与他人的共同努力来实现利润的增长，这是商业的精髓所在。因为利润是一种深层的条件，一个企业没有利润将无法生存，所以以营利为目的的企业不能从事没有利润的亏本工作。利润，同时是一种成本，以及未来要达到的某种指标，但利润不是最终的目的，只是一种手段。

5.1.4　股东和利益相关者之间的伦理道德规范

企业的利益相关者是指受企业行为影响或可影响企业行为的任何个人、群体和组织，通常包括顾客、供应商、竞争者、政府、社区、股东、员工等。企业股东与利益相关者的关系是客观存在的，没有了这种关系，企业就不复存在，企业股东的利益也就无法实现。

企业股东与利益相关者之间的伦理道德规范，是以社会道德为前提条件的：

第一，企业通过对社会做出贡献的方式谋求利润的最大化，企业在满足股东利益的同时，还要考虑其他利益相关者的利益。

第二，企业的经营活动与社会伦理规范有关，可用社会伦理规范来评价企业的经营活动。

第三，法律是企业经营最低限度的道德标准，企业应按高于法律要求的伦理规范从事其经营活动。

支持企业股东与利益相关者之间的伦理道德规范的主要理由是：

第一，企业与利益相关者存在着休戚与共的关系，只有考虑了利益相关者的利益，企业的利益才能得到保障。

第二，由于不完全竞争、外部效果和信息不对称的客观存在，股东利益最大化不一定能给社会带来最大好处。以空气污染为例，当一家工厂排放有害气体损害了当地居民的健康和财产，而该企业又不为此支付任何费用时，实际上等于把成本转嫁给了社会。

第三，法律是人们必须共同遵守的最起码的行为规范，它只能对触犯了"最起码的行为规范"的行为予以追究，对一般不道德行为并不追究，法律只规定什么是不应该的、禁止的，而没有指明什么是应该的、鼓励的。然而，除了法律禁止的行为外，并非都是受鼓励的行为，还存在既不禁止也不鼓励的行为。法律反映的是昨天的道德准则，不一定符合今天和明天的社会期望。法律出台后往往经过数年才修订，而社会是在不断发展变化的，因此，难免会出现法律滞后于现实的情形。仅仅守法不太可能激发员工的责任感、使命感，也不太可能赢得顾客、供应商、政府、社区、公众的信赖和支持，也就不太可能取得卓越的成就。

第四，利润与道德既有对立的一面，又有相辅相成的一面，利润与道德是可以兼得的。企业经营的道德性假设是客观存在的，尽管企业管理者不一定考虑过这一问题，但事实上，他们的每一项决策、每一个行为都是受特定的道德性假设支配的。道格拉斯·麦格雷戈视人性假设为管理的理论假设，同样，企业经营的道德性假设也是一种管理的理论假设，因为所持假设不同，所以管理实践将随之大不相同。

|5.2| 董事会、独立董事与监事会的道德责任

由于企业生产规模的不断扩大，企业股东人数越来越多，经营业务日益复杂，加之股东的管理能力、管理经验与时间、精力等各种客观条件的制约，不可能由所有的股东共同参与企业的日常经营管理，只能由专业的经营人员（即管理者）来负责经营，从而使企业的所有权与经营权产生分离。企业的所有权当然归全体股东所有，企业的经营权则归管理者所有。因股东人数众多，受管理成本的限制，每年只能举行几次股东会，而无法对企业的日常经营做出决策，因此企业需要一个常设机构来执行股东会的决议，并在股东会休会期间代表全体股东对企业的重要经营做出决策，这个机构就是董事会。显然，董事会责无旁贷地承担了对全体股东的道德责任。

从委托-代理理论的角度看，在股东与董事的关系中，股东是委托人，董事则是代理人；而在董事与经理的关系中，董事是委托人，经理则是代理人。显而易见，股东与经理之间是比较复杂的双层委托-代理关系。在股东、董事及经理的委托-代理关系中，股东（委托人）关心的是自己财产的安全、保值和增值，董事、经理（代理人）却有着他们自己的利益目标（比如相互攀比的年薪报酬与奢华的在职消费等）。可以肯定，如果没有良好的品质与道德修养、有效的约束和监督，他

们很难站在股东的立场上去追求企业资产的有效使用。当董事、经理自身的利益与企业的利益发生偏离甚至冲突的时候，他们可能会牺牲企业及股东的利益而追求自己的利益最大化，由此而做出的不当经营决策、滥用权力乃至中饱私囊等逆向选择行为必然会导致企业的道德风险，引起企业及股东利益的损失，这种损失就是"代理成本"。"代理成本"概念的提出，把如何在保证企业经营者拥有一定权力的条件下，对其进行有效的监督约束，以减少代理成本和控制代理风险、控制逆向选择以降低道德风险的难题摆在了各国立法者面前。在这种背景下，企业的独立董事制度与监事会制度在大陆法系①国家孕育而生，并通过各国企业立法制度的发展逐步走向成熟与完善。

5.2.1 董事会的道德义务与独立董事的道德责任

1）保持独立性，形成独立自主的人格

保持独立性，是指董事与独立董事在履行董事会业务、参加董事会决策时应当在精神上和形式上超出一切界限，独立于企业经理等管理者，其目的是取信于企业各利益相关者。这种独立性的需要有两层含义，即精神上的独立与形式上的独立。

精神上的独立，要求董事和独立董事明确，他们表面虽受聘于委托单位，但从精神层面看则受托于股东。董事和独立董事只有与委托单位保持精神上的独立，保持独立自主人格，才能够以客观、平等的心态发表董事和独立董事的意见。

形式上的独立，是对第三者而言的，董事和独立董事必须在第三者面前呈现一种独立于委托单位企业经理等管理者（少数执行董事例外）的身份，即在他人看来董事和独立董事是独立的、无倾向性的。由于董事和独立董事的意见是外界人士决策的依据，因而董事和独立董事除了保持精神上的独立外，还必须在外界人士面前呈现出形式上的独立，只有这样才会得到他人的信任和尊重。

董事和独立董事虽然接受委托单位的聘请履行董事和独立董事职责，并且从委托单位领取报酬，但董事和独立董事应始终牢记自身所承担的是对于股东的责任，这就决定了董事和独立董事必须与委托单位和外部组织之间保持一种超然独立的关系。因此可以说，独立性是董事和独立董事的灵魂，对于独立董事而言其重要性更是不言而喻的。

2）勤勉尽责、实事求是，真诚为企业谋取正当利益

勤勉尽责、实事求是是指董事和独立董事对有关企业事项的调查、判断和意见的表述，应当基于客观中立的立场，以企业客观存在的事实为依据，不掺杂个人的主观意愿，也不为委托单位或第三者的意见所左右，在分析问题、处理问题时，不以个人的好恶或成见、偏见行事，在工作中从实际出发，注重调查、研究、分析。只有深入了解实际情况，兢兢业业，勤勉尽责，才能取得主观与客观的一致，做到

---

① 大陆法系，又称为民法法系、法典法系、罗马法系、罗马-日耳曼法系，大陆法系首先产生在欧洲大陆，后扩大到拉丁族和日耳曼族各国，它是以罗马法为基础而发展起来的法律体系的总称。大陆法系的典型代表国家主要有法国和德国，还包括过去曾经是法国、西班牙、荷兰、葡萄牙四国殖民地的国家和地区，以及日本、泰国、土耳其等国家。

董事和独立董事出具的意见与结论有理有据。

真诚为企业谋取正当利益，主要是要求董事和独立董事必须忠实于受聘的企业，对企业有较高的忠诚度。其具体的要求是：模范遵守企业章程，忠实履行董事和独立董事的职务，在保障人民利益的前提下维护企业的正当利益，对那些明知危害人民利益而违规违法、不择手段追求企业不正当利益的行为，必须想方设法加以制止；不得利用自身在企业中的地位和职权为自己谋取私利；不得利用自身职权收受贿赂或者其他非法收入；不得侵占企业的财产；除依照法律规定或者经股东会同意外，不得泄露企业的秘密。董事和独立董事应当向企业申报所持的本企业的股份，并在任职期内不得转让；董事和独立董事应当向企业做出有关利益的说明。

3）善管守信，维护企业资产，审慎行使决议权

善管守信义务源于董事和独立董事与企业之间的委任关系。董事和独立董事作为受任人，在执行职务中应尽善管人的守信义务。尤其在企业的所有权与经营权分离的情况下，董事和独立董事对企业的正常运转负有高度的道德责任以及不可推卸的法律责任。所以，强化董事和独立董事的善管守信义务十分必要。董事和独立董事的善管守信义务包括以下4个方面：

（1）董事和独立董事必须维护企业的资产

企业资产是企业开展业务活动的前提，维护企业资产的安全、完整、保值、增值是对董事会组成人员的最基本要求。为此，董事和独立董事必须做到，不得私自挪用企业资金或者擅自将企业资金借贷给他人；不得将企业资产以其个人名义或者以其他个人名义开立账户存储；不得以企业资产为本企业的股东或者其他个人的债务提供担保。做到这些方面，可以防止将企业资产变为个人资产，从而保证企业财产的安全。

（2）董事和独立董事在董事会上有审慎行使决议权的道德义务

董事和独立董事不仅负有上述对企业的善管守信义务，而且应承担因未尽到义务而负的责任。董事和独立董事不得从事损害企业利益的活动；否则，企业可对其行使归入权，即将从事上述活动的所得收入归企业所有。董事和独立董事在履行职务时违反法律、行政法规或者企业章程的规定，给企业造成损害的，应当承担赔偿责任。董事会的决议违反法律、行政法规或者企业章程，致使企业遭受严重损失的，参与决议的董事和独立董事应对企业负赔偿责任。从董事和独立董事与企业的委任关系看，可将董事和独立董事对企业的赔偿责任视为因职务不履行所致；但是，如果就董事和独立董事违反善管守信义务和危及企业资产而言，董事和独立董事损害本企业利益的行为可能是侵害企业财产权的行为，因而将赔偿责任视为侵权责任也是有道理的。因此，董事和独立董事对企业的赔偿责任已不再是单一性质的问题，而是多元性质的问题。

（3）董事和独立董事有遵守竞业禁止的道德义务

这里的竞业禁止，即对竞业行为的禁止，是指特定地位的人不得实施与其所服务的营业具有竞争性质的行为。在股份有限公司中，董事和独立董事是具有特定地位的人。董事和独立董事不得自营或者为他人经营与其所任职企业同类的营业。其行为要素是：董事和独立董事自营或为他人经营的营业与所任职企业的营业同类。

一旦企业董事和独立董事违反上述竞业禁止规定，企业可以依法行使归入权。董事和独立董事从事上述竞业行为，就很有可能夺取企业的交易机会，还可能利用对企业商业秘密的了解，对企业造成损害。无疑，对董事和独立董事竞业禁止义务的规定尚需进一步完善：一是要明确董事和独立董事实施此种行为应向股东会说明其重要事实，取得股东会的认可；二是应禁止股东会未认可的上述行为；三是要确认企业行使归入权的程序和时效；四是上述行为如果给企业造成损失，还应赔偿企业的损失。

（4）董事和独立董事有遵守私人交易限制的道德义务

这里的私人交易，是指有特定地位的人为自己或为他人而与企业进行的交易。在股份有限公司中，董事和独立董事是处于特定地位的人。董事和独立董事除企业章程规定或者股东会同意外，不得同委托的本企业订立合同或者进行交易。这表明，董事和独立董事的私人交易是受到限制的。具体地说，董事和独立董事欲与企业订立合同或进行交易，应以企业章程的规定作为依据。如果企业章程无此规定，那么董事和独立董事应向股东会说明事实，取得股东会的同意。如果股东会同意，那么可进行此种交易，否则不能进行。如果股东会不同意，而董事和独立董事执意进行此种交易，那么该交易在法律上无效。这一规定，是为了防止董事和独立董事为谋私利而牺牲企业利益，从而成全自己的私人交易业务。

5.2.2　监事会的组成、职权与道德责任

监事会制度源自西方大陆法系国家，是"监督理事会"的简称。根据西方国家公司法的规定，监事会具有如下特点：监事会是股份有限公司的常设监督机构，负责监督董事会、管理者执行业务的情况。一般不参与企业的业务管理，对外一般无权代表企业。

监事会是公司法人治理的制衡机构。在企业治理结构①中，股东会是企业的最高权力机构；但股东会是一个会议体机构，只在例会期间行使权力，日常实际行使企业权力的则是董事会、管理者。股东会为了避免失控，必须建立一个机构来监督董事会、经理人的受托代理行为是否与股东的意志相符，从而使股东的利益得到保障。这个行使监督权的机构就是监事会。

《中华人民共和国公司法》（以下简称《公司法》）第五十一条规定：有限责

---

① 公司治理结构，狭义上是指投资者（股东）与企业之间的利益分配和控制关系，包括公司董事会的职能、结构、股东的权利等方面的制度安排；广义上是指关于公司控制权和剩余索取权，即企业组织方式、控制机制和利益分配的所有法律、机构、制度和文化的安排。它界定的不仅是所有者与企业的关系，而且包括利益相关者（股东、债权人、员工、顾客、供应商、当地社区居民、政府等）之间的关系。公司治理结构决定企业为谁服务（目标是什么），由谁控制，风险和利益如何在各个利益集团中分配等一系列根本性问题。

任公司设立监事会，其成员不得少于三人。国务院颁布的《国有企业监事会暂行条例》（2000）第二条规定：国有重点大型企业的监事会由国务院派出，对国务院负责，代表国家对国有重点大型企业的国有资产保值增值状况实施监督。我国各地在《国有企业监事会暂行条例》的框架下对国有企业监事会的人员有不同的要求。

在以下特殊情况下，监事会有权代表企业：一是当企业与董事之间发生诉讼时，除法律另有规定外，由监事会代表企业作为诉讼一方处理有关法律事宜；二是当董事自己或他人与本企业有交涉时，由监事会代表企业与董事进行交涉；三是当监事会调查企业业务及财务状况，审核账册报表时，代表企业委托律师、会计师或其他监督法人。修订后的《公司法》首次明确监事会、不设监事会的公司的监事行使职权所必需的费用，由公司承担。监事会、不设监事会的公司的监事发现企业经营情况异常，可以进行调查；必要时，可以聘请会计师事务所等协助其工作，费用由公司承担。

那么，监事会应如何履行道德责任？

1）公正审查，正确处理各种不同类型的经济利益关系

公正审查是指监事应当具备正直、诚实的品质，公平正直、不偏不倚地对待有关利益各方，不以牺牲一方利益为条件而使另一方受益。

监事在处理审查业务过程中，要正确对待与被审查单位有利害关系的各方面关系人，诸如：债权人、所有者、政府、企业员工和管理者等。这些人的利益与被审查单位有着密不可分的利害冲突。监事人员在处理审查业务时，如果保护了债权人的利益，则可能会损害所有者的利益；如果保护了所有者的利益，则可能会损害政府的利益；如果维护了企业员工的利益，则可能会影响企业管理者的利益。这些关系人的利益纵横交错，关系非常复杂。所以，企业监事在审查过程中（包括准备阶段、实施阶段和终结阶段），应保持正直、诚实的品质，不偏不倚地对待利益各方，不掺杂个人私心、主观看法，使各方面的利益关系人都能接受并认可最后的结果。

2）廉洁执法，适时对违规的董事、独立董事或经理提起法律诉讼

廉洁执法是指企业监事在审查监督过程中必须保持清廉洁净的情操，在独立、客观、公正的基础上，遵守国家有关法律、法规及制度的规定，依法进行合理、合法的审查监督，不得利用自己的身份、地位和工作中所掌握的被查单位的资料和情况，为自己或所在单位谋取私利，不得向被查单位索贿，不得以任何方式接受被查单位的馈赠和其他好处，不得向被查单位提出超出正常工作需要的个人要求。

随着市场经济的发展，企业监事在经济生活中的地位越来越重要，发挥的作用也会更大。企业监事如果存在工作失误或欺诈行为，将会给有关企业、国家或第三方造成重大损失，甚至导致经济秩序紊乱。

按照监事会的职权，当董事的行为损害企业利益时，监事会有权要求董事和独

立董事予以纠正。如果经监事会纠正后，董事和独立董事及时赔偿了企业的损失，那么企业的损害则得到了补救。如果董事和独立董事拒不赔偿企业的损失，那么会酿成以企业为原告以董事和独立董事为被告的损害赔偿诉讼。对此，需要讨论由谁代表企业提起诉讼。既然监事会有权纠正董事和独立董事损害企业利益的行为，那么它的职权也自然可以延伸为代表企业提起对董事和独立董事的诉讼。

因此，强化企业监事的法律责任意识，要求企业监事严格履行法律责任，以体现良好的职业道德，确保监督质量，意义重大。

5.3 企业管理者道德人格的塑造

企业精神实际上是企业管理者人格精神的延伸，而企业凝聚力的强弱在很大程度上取决于企业管理者的道德人格魅力。道德人格是企业管理者素质的内在化与轴心，决定着企业管理者的人格质量。因此，企业管理者道德人格素质包括知识、经验、能力、品质等的内在化。

企业管理者的道德人格主要表现在企业管理者具备良好的思想、精神和工作作风。具体而言表现为：第一，企业管理者要有大公无私、公而忘私的忘我精神，一心为公，严以律己，宽以待人。第二，企业管理者要有一丝不苟、实事求是的工作作风。有成绩不夸大，有缺点不缩小，勇于进行批评与自我批评，严肃认真地做好企业的各项工作。第三，企业管理者要有雷厉风行、艰苦奋斗的实干作风。要言行一致，不尚空谈，追求务实，树立威信，带领员工沿着企业正确的发展轨道前进。最后，企业管理者要有密切联系群众的民主作风。要有群众观点，走群众路线，工作上依靠群众出谋划策，生活上关心群众的疾苦。企业管理者要牢固树立"公仆"意识。唯有具备上述作风品质，企业管理者才能有效树立个人威望，发挥自己的领导力，通过科学决策，领导企业在市场上保持强大的竞争力。

杜莹等人（2005）研究表明，企业管理者在现代社会中具有较高的社会地位，时代也赋予他们发展经济、传播先进文化、促进社会道德水平提高的社会责任。[①]同时，企业管理者肩负着发展企业、振兴企业、实现民族腾飞的重任，这决定了企业管理者必须富有理想、廉洁奉公、遵纪守法、崇尚信誉、公正待人、尊重员工、坚韧不拔、锐意进取，先天下之忧而忧、后天下之乐而乐。这样才能团结员工、凝聚人心、振兴企业。就我国目前而言，作为社会主义的企业管理者，更应该具有责任意识、廉洁作风、创新精神、博大胸怀。可以说，强烈的创新精神、永不停止的经济冲动、坚韧不拔的内在毅力、对市场变化的灵敏触觉、极高的综合素质，是企业管理者的永恒主题。以上方面相互关联，构成"企业管理者道德人格"的基本要素。

在企业管理者中，处于最高位置的企业首席执行官，即 chief executive officer（CEO）。我们认为，首席执行官首先应该是首席道德官（虽然首席执行官不一定兼

---

① 杜莹. 企业家的社会地位与社会责任 [J]. 道德与文明，2005（2）：69-72.

任该职务），他应该是企业的道德楷模。在一项专题调研中，对于"企业 CEO 是首席执行官，首先应该是首席道德官，是企业的道德楷模"，表示非常赞同的有 71 人次，占 32.87%；表示赞同的有 114 人次，占 52.78%。

2002 年 10 月至 2003 年年底，美国就有 100 多家企业聘请伦理长，因为美国致力于从制度与机构设置上规范企业伦理。纽约证券交易所要求所有的上市企业都必须确立伦理规范，该项规定实施使许多企业纷纷聘用伦理长。华尔街的一系列丑闻使美国的企业管理者（CEO）明白，对员工进行企业伦理培训的重要性不亚于收支平衡或行销等业务培训。美国国际纸业公司的企业伦理长伯格说："如果企业看重伦理道德，这种美誉在今天的市场上是一种竞争优势，不仅客户对你忠诚，而且你也可赢得员工的忠诚。"①

企业管理者营造的氛围对于形成具有道德水准的组织关系重大。管理完善的组织——不论是企业、政府机构、非营利组织或职业组织——都能够坚持道德准则与诚信要求。曾经出现的欺诈案表明，需要这些准则来引导组织行为，例如，"泰科国际公司的高级管理者被起诉涉嫌于 2003 年发生的一起诈骗案，为了改善公司形象并提高预期业绩水平，新的管理者致力于进行法律与道德教育。现在有些公司出现了一种新型的首席执行官——首席道德官，首席道德官的责任是对道德准则的构建、培训及执行进行监管"。目前有要求注册会计师们通过后续教育获取道德方面的学分与考试成绩，以保持执业证书的有效性。

那么，怎样塑造企业管理者的道德人格？企业管理者有哪些道德规范要求？

5.3.1 依法为民经营：企业管理者的经营方向

民即人民，人民是一个历史范畴。在任何时代和任何国家，人民的主体就是劳动群众。依法为民经营就是要求企业管理者为劳动群众服务，为绝大多数人服务。依法为民经营规范的确定，正是人民的集体利益在企业道德观念上的集中反映。依法为民的经营规范贯穿经营过程的始终，落实于本职工作的方方面面，是企业活动的最低界限。企业管理者就是通过依法为民经营，来体现为人民服务的精神。显然，依法为民经营规范与毛泽东同志倡导的全心全意为人民服务的精神相吻合，与"人人为我，我为人人"及"取之于民，用之于民"的规范是一致的，同时体现了经营管理活动的基本要求和主要特点，反映了人民对企业管理者的特别要求。依法为民经营规范的主要内容有：

1）把人民的整体利益放在首位，合法开展规范经营

企业管理者在经营理财过程中，首先必须把人民的整体利益放在首位。无论在什么时候，什么情况下，绝不做明知对于人民有害的事情。因为，人民利益就是整体利益，把人民利益放在首位就是要把满足整体利益作为工作的出发点和归宿。凡是有悖于整体利益的事情，不仅自己不能做，而且要反对他人去做。

---

① 大松. 最新的职务：企业伦理长 [J]. 中国企业家, 2003 (1)：80.

2) 企业管理者做人民的"好管家"

为人民做"好管家",这是依法为民经营规范对广大企业管理者提出的直接要求。依法为民经营规范就是要求企业管理者理财得当,恰到好处,好上加好,低耗高效;就是要求企业管理者做到聚财有道,用财有效,生财有方。为了聚财有道,企业管理者应该熟悉财经法规,洞察市场行情,集聚恰当资财,以便生产经营;为了用财有效,企业管理者应该精打细算,勤俭节约,量力而行,统筹规划,积极参与预测,参与决策,编制全面预算,把有限的钱财用到刀刃上,讲究资产使用效果;生财有方,就是要求企业管理者积极做好资金使用决策,关注货币的时间价值,不断提高资金的使用效率。

3) 恰当处理长远利益与眼前利益关系

在经营管理实践活动中,企业管理者必须恰当处理好企业的长远利益和眼前利益的关系。应该看到,在一定的历史阶段,企业的长远利益与眼前利益是一致的;但在某一个特定时点上,由于劳动生产力的水平性和社会财富的有限性,企业的长远利益与眼前利益可能会呈现出差异性,存在一定程度的矛盾性。

企业管理者在工作中,既不能单纯为了满足企业的眼前利益而不顾长远利益,特别是要克服生产经营的短期行为;又不能借口企业的长远利益而不顾眼前利益,应促使企业员工的生活水平随着时间的推移逐步得到提高。也就是说,依法为民经营规范要求在兼顾企业的长远利益的同时,不断满足企业眼前利益的需要。

4) 妥善处理社会利益与企业利益关系

从总体上看,由于社会主义公有制的建立,企业利益包含在全体社会利益,即社会的整体利益之中。因此,社会的整体利益与企业利益应该是一致的。但在现实生活中,两者之间仍然会产生一些矛盾。企业管理者在经营理财工作中,不得以企业利益去损害社会的整体利益,也不得以社会的整体利益去取代企业利益。马克思曾经明确指出:"共产主义者既不拿利己主义来反对自我牺牲,又不拿自我牺牲来反对利己主义……"正确的做法是按照客观经济规律,根据国家的方针、政策和法规妥善处理好全体社会利益与企业利益之间的经济利益关系,使两者在尽可能的条件下达到和谐统一。

5.3.2 廉洁奉公:企业管理者之行为准绳

廉洁,是指清白、节俭、高洁、干净。"廉"的反义词是"贪","洁"的反义词是"污",廉洁与损公肥私和贪污盗窃相对立。《楚辞·招魂》中说:"朕幼清以廉洁兮。"东汉王逸注云:"不受曰廉,不污曰洁。"《淮南子·原道训》也说:"夫得其得者,不以奢为乐,不以廉为悲。"所以,廉洁就是要求廉洁清正,不谋私利。奉公是指奉行公事,主持正义,讲求公道,不偏不倚,与假公济私相对立。《史记·廉颇蔺相如列传》有云:"以君之贵,奉公如法,则上下平。"应该明确,奉公的基本依据是法律、法规和制度。因此"奉公"就是要求奉公执法,不畏权贵,不唯上,不唯钱,只唯法,只唯实。廉洁奉公就是要求洁身自好,操守为重,廉洁清正，奉公执法，照章办事为公众谋福利。企业道德理论把廉洁奉公从干部道德规范上升到企业道德规范的高度，是经营管理工作的特殊职能所规定的，是广大人民对企业管理者的客观要求，是经营活动的行为准绳。

企业管理者的职业生活，说到底就是经营理财，是通过使用价值的运营对价值运动所实施的反映、核算、控制和管理，是对使用价值所实施的监督。正是这一职业生活的特点，决定了企业管理者必须是廉洁奉公、公私分明的人，而社会也以此为标准来考察其是否具有资格管理企业。企业管理者在社会生活中的职业威信和信誉的取得，在很大程度上依赖于这种企业道德规范和企业道德品质。

企业管理者肩负起受托管理社会及单位的金钱账务这一重要的职业使命，也使得廉洁奉公在职业生活中显得更加重要。因为企业管理者一旦有渎职行为，受到损害的必然是全社会的利益，是人民大众的利益；所以，企业道德的廉洁奉公规范反映了社会对于企业管理者在管理活动中的责任、权利、利益等方面的根本要求。作为社会主义企业道德规范之一，廉洁奉公规范包括如下要求：

1）企业管理者要做到廉洁清正，操守为重

廉洁是我国各族人民的光荣传统。廉洁清正是民间广为流传的包公、狄仁杰、海瑞等清官的优秀品质，是毛泽东、刘少奇、朱德和周恩来等老一辈无产阶级革命家的优良作风，长期以来为我国人民所赞颂和敬仰。在市场经济条件下，廉洁清正是企业管理者正确执行国家经济法规、政策和制度，履行企业职责的基本保证，是社会主义企业道德的重要标志，是衡量企业管理者是否称职的重要尺度，是企业管理者最起码的道德品质。具体而言，企业管理者该怎样做到廉洁清正呢？

（1）洁身自爱，切忌以权谋私

企业管理者要培养洁身自好，自尊自爱，不贪不占的高尚品德，就应该珍惜自己的企业管理者身份，重视自己的品质、荣誉、情操。"老老实实做人，认认真真做事，明明白白获取"，彻底放弃"金钱至上、货币万能"的没落人生哲学，正确认识自己手中的经营管理权是人民神圣权利的一种表现。惩治、清除腐败是党和国家当前面临的重大任务，在企业领域就是要防止以权谋私。

（2）保护公共财产神圣不可侵犯

广大企业管理者应深刻认识到自己管理的财产是社会主义的公共财产。我们知道，大陆法系强调社会利益至上，而英美法系强调个人利益至上。我国宪法明确规定：社会主义的公共财产神圣不可侵犯。爱护公共财产是每个公民应尽的道德义务。企业管理者应该成为履行这一义务的模范。这也是企业管理者对祖国、对人民和社会主义事业忠诚、热爱的体现。企业管理者要把好"关"，守好"口"。绝不容许任何人以任何借口、任何方式挥霍、浪费、侵吞人民的公有财产。要同化公为私、损公肥私、盗公利私的行为进行坚决的斗争。

（3）自我约束，严禁舞弊贿赂

自我约束，又称自我控制，简称自觉性，是指一个人对自我思想和个人行为的内在的、内化的管理、约束和控制的能力和水平。一个人的自觉性体现在政治思想自觉性、道德情操自觉性、文化素质自觉性和职业工作自觉性等诸多方面。自我约束就是要求每个企业管理者应严格按照企业道德规范的基本要求，对自己的思想观念和行为活动加以反思、检查及分析，促使自己的企业道德境界不断提升到更高的层次。

（4）加强学习，造就廉洁清正的高尚道德品质

企业管理者要想具备廉洁清正的高尚道德品质，就必须加强学习，自觉提高思想觉悟和道德水准。原因在于：一个人高尚的廉洁清正的道德品质不会与生俱来，也不可能从他人处获取，唯有通过长期的自觉学习、自我改造和复杂的社会实践，方能锤炼出廉洁清正的优秀品质。

2）企业管理者要做到秉公执法，率先垂范

廉洁奉公规范不仅要求企业管理者做到廉洁清正，更重要的是要求企业管理者自觉做到秉公执法。何谓秉公？秉公是指在任何时候、任何地方、做任何事情时，企业管理者都要出以公心，主持公道，讲究公平、公正、公开，不偏不倚。秉公执法就是要求企业管理者做到不畏权势，唯法独尊，唯法是从，唯法独上。秉公执法是依法经营、为社会尽职尽责的具体表现。同时，秉公执法是企业管理者最主要的职业行为，是企业管理者应该尽到的职业责任和道德义务，是企业道德规范的重要内容。秉公执法，既是由社会主义的性质决定的，又是全社会对企业管理者的必然要求，是企业道德规范体系的现实基础。具体而言，企业管理者怎样才能做到秉公执法呢？

（1）熟悉法律，精通政策

企业管理者是对企事业单位的人力、财力、物力的使用价值形态与价值形态进行综合系统控制、监督使用的重要管理者。经营管理机构是国家经营管理法纪和制度的重要维护执行者，是协调各种经济实体内部及其与外部各方面经济联系的纽带。应该明确，全部工作与活动都必须以国家立法机关和国家行政机关制定和认可的经营管理法律、法规、准则为准绳。"依法经营、依法核算、依法监督"是企业管理工作的关键。经营管理法律控制、约束着经营管理日常工作的每个环节和全部过程。企业管理者应当熟悉、掌握经营管理法律法规，与此相关的其他法律和法规，以及基于上述法律制定的各项经营管理政策。与此同时，企业管理者还要增强执法、守法的自觉性。唯有如此，企业管理者在其业务工作中对经营管理法律和政策才能得心应手，运用自如。

（2）有法必依，执法必严

企业管理者在其经营工作中应有法必依，执法必严，违法必究，严格贯彻并执行国家有关的经营管理法律、法规和政策制度，无论是上级领导、顾客用户，还是亲朋好友，必须一视同仁，不讲亲疏。企业管理者必须要过好两个"关口"：

第一，平等过好"权利关"。企业管理者在业务经营过程中，无论是对领导，还是对平民百姓，都应该平等相待，坚持在法律面前人人平等，遵循法律，不以权变为规范。在某些地方、部门或单位领导，出于本位主义、地方主义及个人主义考

虑，会出面干涉企业管理者执法，以权压法，阻碍经营管理法律法规的贯彻执行，甚至对执法的企业管理者进行责难或打击报复。面对这种情况，有的企业管理者畏惧权贵，不讲原则，放任自流，听之任之；有的企业管理者同流合污，出谋划策，这些做法都是错误的。作为企业管理者，应当明确依法管理是国家和人民赋予的神圣权利，要勇于坚持正确意见，积极主动维护经营管理法规的尊严，维护国家和人民的整体利益。

第二，坦然过好"人情关"。企业管理者在执行经营管理法律法规的过程中，不能因为与个人关系的亲疏而区别对待。在收入确认与计量，费用开支与发生，工资计量与发放，成本归集与计算，利润形成与分配，款项借支与报销，税金预提与清缴等问题上"求情"的情形，常常会发生。当前，执行问题还会比较严重，有一个难闯的"人情关"。企业管理者既要做好耐心细致的法律法规的宣传与教育工作，又要按照秉公执法的规范待人处事。

（3）以身作则，克己奉公

"打铁先要自身硬。"企业管理者必须以经营管理法律法规来约束自己的言行。时时处处要以经营管理法律法规作为自己行为的准则，在群众中，要以身作则，克己奉公，率先垂范，起表率作用；在工作中，要严守经营管理法律法规，维护经营管理法律法规的权威性，自觉地把自己的活动置于法律法规允许的规范内，切实履行企业管理者对国家、社会、人民应承担的法律义务。绝不能以为经营管理法律法规只约束别人，而自己可以随心所欲。企业管理者必须从自己做起，身体力行，以自己的实际行动维护经营管理法律法规的严肃性和权威性，切实做到秉公执法，将廉洁奉公落到实处。

5.3.3　服务社会，追求卓越

1）兼顾企业利益与公众利益，服务人民

企业经理必须坚定不移地贯彻股东与客户第一、商品质量与服务至上的经营理念。企业作为社会经济组织，承担为社会创造物质财富与精神食粮，为公众提供优质商品与周到的服务的重任，要在生产品牌和服务公众的过程中发展自己，因此必须增强品牌意识与服务意识。纵观所有的企业管理者的业务类型，都是在服务客户的这一经营理念的基础上拓展的。尤其是在市场经济中，所有企业的发展都要建立在取信投资者与赢得客户的基础上。失信于投资者，企业将自断资金后路；失去客户，企业就会失去市场；失去市场，企业就会失去发展后劲；失去发展后劲，企业也就失去生机和活力。要赢得投资者与客户的信赖，开拓商品市场与资本市场，就必须落实股东与客户第一、商品质量与服务至上的经营理念。这就需要从6个方面着手：一是提供优质商品；二是创造丰厚利润；三是拓宽市场领域；四是完善服务手段；五是改善服务态度；六是提升服务质量。

企业管理者的职业性质决定了他所担负的是发展自身企业的责任与面对人民的责任。企业管理者之所以在现代社会中产生和发展，是因为他们能够以优良的道

德品质、成熟的管理能力、熟练的专业技术和独立的工作立场赢得企业所有者的信任与青睐，从而被赋予企业的经营管理权利。由企业会计人员编制、管理者签发的会计报表，通过审计后对外公布，将作为企业会计信息外部使用人进行决策的依据。会计信息外部使用人，既包括企业现有的投资人、债权人，又包括潜在的投资人、债权人以及政府有关部门等所有与企业财务信息相关的人士，可泛指为人民。人民在很大程度上依赖由企业会计人员编制、管理者签发的会计报表和注册会计师对会计报表的审计意见，并以此作为决策的基础。由于服务的对象从本质上讲是人民，因此，决定了企业管理者从产生的那一天起，所担负的是发展自身企业的责任与面对人民的责任。

2) 在生产经营管理过程中不断追求卓越

企业管理者作为一个独立的职业，是服务广大企业和人民的，其生存与发展依赖公众的评价和信任，因此，企业管理者作为专业管理人士，保持良好的职业风范是相当重要的。企业管理者的诚信品质、技术水准和服务质量是其生存的根基，也是其赢得人民信任的竞争优势之所在。因此，追求经营道德的日益完善、管理及技术的精益求精成为企业管理者的必然要求，具体包括以下几个方面：

（1）保持谦和、礼貌的态度

礼貌是中华民族的传统美德，作为具备一定素质的企业管理者，在与投资者、客户进行沟通的过程中，保持对投资者、客户和广大人民的礼貌态度是一个基本的要求。

（2）提高商品服务质量

企业管理者在为客户提供商品及配套服务时，必须时刻注意商品的品质与服务的效果，而不仅仅是为了完成业务，因为商品的质量与服务的效果直接决定了企业管理者在投资者、客户和公众心中的印象，也就决定了企业得到评价的好坏。而且，有的效果还反映在企业管理者对投资者、客户利益和人民利益的关心之上。

（3）对投资者、客户和公众的及时响应

企业管理者虽然是为客户提供服务，但其最终的服务对象却是广大的人民，因而对投资者、客户和公众等广义服务对象能够及时响应也是企业管理者所应具备的基本品质。

（4）保持高效率经营风格

效率是指劳动消耗与劳动产出之间的比率。对企业管理者而言，在生产经营管理过程中，保持较高的效率是其工作的基本要求，也是赢得投资者、客户和人民等方面良好评价的重要依据。

（5）不断创新

知识经济的本质就是创新，创新是企业长久发展的基石，不创新就没有前途。企业管理者要树立与时俱进、不断创新的观念，抓住机遇，锐意进取，不断开拓，在产品开发、质量提升、技术革新、服务市场和内部管理等方面有所创新。唯有如此，方能保证管理者所驾驭的企业这艘航船在市场经济的海洋中乘风破浪，稳健行进。

|5.4| 企业与员工：同舟共济，风险共担

企业与员工之间是既矛盾又一致的利益共同体的关系，二者之间的关系对企业的生存发展至关重要。企业对员工诚实不欺、恪守信用，严格地按照劳动合同上的规定履行承诺，为员工提供足额的工资、良好的福利、充足的受教育时间，员工不仅能获得生存的保障，而且能有进一步发展的可能。这样一来，员工的积极性和创造性就得到极大发挥，企业的经济效益也会因此而提高。企业与员工之间诚实不欺、相互尊重、相互信任、恪守合同、履行责任是形成企业和谐有序的劳动关系的基础和前提。

相反，如果企业对员工不诚实、言行不一致，不按照劳动合同法中的规定为员工提供当初承诺的工资、福利及教育上的保障，不尊重、不信任员工，仅仅将员工视为赚钱的工具，对员工的身心健康和未来发展不负责任，那么员工的劳动积极性将会大大降低，创造性也会受到极大打压，不仅如此，还将导致企业与员工之间的冲突，造成劳资关系紧张，直接的后果是企业的经济效益下降。员工是企业之本，企业要想有更大的发展，必须把员工的生存和发展当作头等大事来抓。

企业应当本着以诚为本、取信于民的原则，尊重员工，信任员工，激发他们的工作积极性和创造性，增强员工的荣誉感和自豪感，在企业与员工之间形成同舟共济、风险共担的利益共同体关系，这是企业的成功之本。

5.4.1　企业伦理是塑造企业员工良好素质的关键

由于科技进步，产品更新加快，企业之间的竞争加剧，"使消费者满意"将是未来企业成功的关键。企业只有将"我的工作方便了别人，实现了我的价值"这一理念渗透到企业员工的思想中去，才能使员工在工作中发自内心地为顾客着想，提供优质的产品和服务。除了"顾客满意"之外，企业伦理还提倡崇尚员工的敬业精神。员工的岗位可能有所不同，但只要敬业，就可以把工作干得出色。如果企业里的每一位员工都能爱岗敬业，恪尽职守，那么产品的设计、生产、销售、市场调研等工作都会精益求精，尽善尽美，企业肯定会立于不败之地。

良好的企业伦理还有助于合理使用人才，开发人力资本。当今成功的企业都将人力资源的管理和开发作为企业的发展战略。20世纪60年代舒尔茨提出了人力资本的理念。随着科技的高速发展，人力资本对劳动生产率的贡献已远远大于物质资本，而形成人力资本的主要方法是教育。不仅固定资产涉及折旧、更新改造，而且人力资本也需要追加投资、深入开发。人力资本的概念大大丰富了资本的概念。重视人力资本，使得在教育费用方面投入重金的企业受益匪浅。但据调查，我国国有企业人力资本的开发状况不容乐观：30%以下的国有企业的教育、培训费年人均在

10元以下；20%左右的国有企业教育、培训费年人均在10～30元；仅5%以下的国有企业加速人力资本投资。大多数亏损企业已基本停止了人力资本投资，部分尚有能力进行人力资本投资的企业，已放弃或准备放弃岗前或中长期的教育培训。企业面临国内、国际竞争日益激烈，产品的技术含量越来越高，以及人力资本知识含量的要求大幅提高的新形势，如果放弃了人力资本的开发，必然会影响企业的经济效益和竞争力，这种状况堪忧。

5.4.2　企业与员工的权利和责任关系表

在开始讨论之前，有必要理清员工与企业的权利和责任（见表5-2）。

表5-2　　　　　　　　　　企业与员工的权利和责任关系表

员工的权利和责任	企业的权利和责任
工作的权利	招聘和解雇的非歧视性
获得公平报酬的权利	给付公平报酬的责任
自由集会和罢工的权利	尊重工会的存在和权力
是非感的自由和言论自由的权利	接受员工的批评
诉讼的权利	与员工讨论的责任
获得健康安全工作条件的权利	承认劳动法，并按劳动法解决冲突
提高工作质量的权利	提高工作质量的责任
遵守劳动合同的责任	对员工最低劳动生产率的要求
忠于企业	忠于合作
尊重目前法律、道德规范	要求员工在工作岗位上的正确行为

从企业与员工的权利和责任关系表中，我们可以得到下列结论：

第一，员工和企业的权利和责任是相互补充的：一方的权利隐含着强加另一方的责任，反过来也一样。

第二，双方之间的权利和责任是不完全对称的：一方的某些权利（例如工作的权利）并没有相称的另一方的责任与之相配。这种不对称表明，为了保证某些权利，需要加强社会整体的努力。这也说明有大量的权利责任仍然在不断地发展着。

第三，员工与社会的权利和责任也可能发生冲突。例如，员工的隐私权可能会与企业控制员工行为的权利冲突；员工忠于企业的权利和责任可能与他们为全体利益或个人利益的责任矛盾。

对于所有这些问题，没有一种十分合适的方法来处理。下面主要讨论工作权利的含义以及从这个基本权利中演绎出来的具体的权利和义务。

工作权利：这里"工作"可以泛指任何具有目的性、创造性的活动，人们借助它来满足个人需求（广义上的劳动）；也可以指在特定领域中的程式化活动，即社会意义、经济意义上的"职业"（狭义的劳动）。在这里，工作权利是后一种含义，因此亦称"就业权利"，是指一种有保障的方法，用它获得付薪的工作。个人可以自我雇佣，出卖创造权，从自己所生产的商品中获利，也可遵守合同受雇于他人。

"权利"的含义模棱两可。我们应该区分法律意义上的权利和道德意义上的权利。没有在法律中规定的基本权利，在特定的社会条件下可能已经具备了道德效力；只有通过完备的立法程序，道德规范才能确定为法律。到目前为止，就业的权利基本局限于道德思想规范的领域内。有工作能力并乐意工作的无业人员不能在法律上要求某个国有或私有企业为他们提供满意的工作。只要这一要求没有被接受，那么就业的权利就不会成为真正意义上的法律权利。

工作权利在劳动契约开始和终结时有明显的表现。企业实际上有权在决定是否雇用一个人时考虑其他因素，例如血缘关系或者家庭背景。一个企业可能更愿意提供工作机会给一个养家糊口的人而不是一个单身汉。当雇用出现偏袒或专断行为时，企业应意识到已侵犯了求职者要求平等对待的道义上的权利。

例如，企业仅凭性别把求职者排除在外或对一项特殊工作不录用具备合格条件的人，而接纳对此工作缺乏必要条件的求职者。一名员工的工作时间越长，当他被解雇时找到新工作的平均机会就越少。所以，企业在道义责任上应尽力使工作年限长的员工在企业中工作到退休，这关系到员工的基本社会保障。大部分员工常常必须依靠稳定的工作来承担社会义务并获得个人成功。企业绝不能无故解聘员工。当经济形势迫使企业关闭一个工厂或削减员工时，企业应提供最大程度的社会保障，包括员工的再培训等。

接受书面合同的权利：当一个人得到一份工作时，他就成为一些特殊的权利和责任的承担者。其中的某些权利和责任应当在一份劳动合同中以适当的法律形式明确地予以表达。一份劳动合同的草案，就其本身而言，是一份与道德有关的协议。对于草案中包含的部分，它给予法律上的保证，并且在它能达到的范围内对合同的条文做出完整的、明确的、具体的规定，而且它还将为企业和员工在随后的合作期内提供一个相互信赖的基础。由于合同草案具有一定的约束力，所以每个员工都应该把它作为一般原则来接受。各种类型的员工（包括临时工和兼职人员）都应当接受合法形式下的书面合同的约束。

获得公平报酬的权利：是指获得合理薪水的权利。它从工人运动一开始就已成为一项基本目标。事实上，薪水首先是作为每个员工所付出的工作绩效的交换条件的价值表现。但对大部分工人来说，它也是收入的主要来源和生活的基本保障。然而，合理薪水的界定是一个复杂的问题，它涉及关于风险与劳动力、劳动力与收入、责任能力与决定收入的业绩标准之间的关系的详尽分析，以及企业政策的选择。在没有对这些基础问题做出进一步说明的情况下，我们采用以下对薪水的公平性做出评价的标准：合法保证最低收入；工作的困难程度；公平对待的原则；特定部门的平均薪水；企业的能力；地区平均的生活消费水平；工作稳定性的保证程度。

在员工行使自己权利的同时，企业也在行使自己的权利，即权利和责任是相互的。各企业的具体情况不同，所表现出来的权利也会有差异。因此，为了便于处理好未来发生的劳动争议，企业必须从自身的实际出发，明确自身与员工的权利和责任的关系。

5.4.3　企业与员工之间的道德规范

1) 企业对员工的伦理道德要求

马克斯·韦伯在其《新教伦理与资本主义精神》中论证了经济发展需要伦理精神的推动，在他看来，伦理道德已不仅是作为人们行为的约束力存在，而且是作为一种现实的人文动力在发挥着作用。韦伯的论点同样适用于微观层次的企业发展。

现代西方管理理论和众多企业的成功实践证明，企业伦理精神是推动企业发展的内在动因。显然，在管理中可以产生强大的精神力量的只能是道德，唯有强调精神力量，强调公正和高标准的道德和行为，才能不断提升企业的境界。例如世人熟知的松下企业七精神、IBM服务精神，以及我国企业的孟泰精神、铁人精神等，都在各自的企业发展中发挥了不可替代的作用。企业可持续发展的最终动力在于人。当伦理因素被作为管理的核心要素时，企业管理才能真正做到以人为中心，管理伦理的独特功能才得以显现，人的主体性力量才能得到发挥。企业对员工的伦理道德规范应注重以下方面：

（1）企业价值观的重新定位

要使企业价值观建设真正成为企业管理中的重要、有效的方式，以激发员工自觉工作的积极性，降低企业的管理成本，使企业成为一个既统一又具有创新力并对市场快速响应的组织，对企业价值观建设的目标和方向必须重新进行定位。

首先，企业要突破简单功利主义的"团队精神"的束缚，引入强调人格独立、尊重和平等的"个体精神"。承认员工个人追求自身利益的合理性和现实性，强调员工通过自己的努力和奋斗达到目标的可能性，在企业内形成尊重个人的良好氛围。

其次，在企业内明确员工作为独立的人的基本权力和利益，将私人关系与工作关系区分开来，明确工作的职权和责任，减少因个体的独立性而形成的性格、爱好等因素对工作的影响，不将员工个体非工作的生活内容纳入工作的考察范围。尊重员工在工作职能之外的个人空间。

再次，承认员工个性的多样性，不要期望通过企业的培训和价值观的灌输来改变员工的个性和基本的人生观、价值观。实际上，在这方面费力是徒劳无益的。企业文化建设和培训的重点应该是在承认并尊重个性多样化的基础上，着眼建立一个有序的秩序来维持企业工作的有序性，发挥员工因个性不同而形成的创造力，让员工理解并支持企业在某些方面对员工作统一要求的必要性。

最后，正因为承认并尊重员工人格的独立和平等，所以要求企业建立现代管理制度，实现管理的规范化和科学化，以制度来保证员工在追求自身利益的同时，不损害其他员工和企业的利益，强调员工对自己行为的责任感。

（2）企业为员工提供明确的目标

目标管理是伦理渗透于企业内部管理的一种形式。制定合理的目标是调动员工积极性并引导企业良性运转的道德力量。一方面，它能通过具体的奋斗目标激励员工自觉努力和进取，从而实现自身控制机制；另一方面，完整的目标体系可以把大家的力量聚集起来，共同朝着企业的最高目标努力，使企业从整体到个体都处于有序、积极的状态。

企业的最高目标总是和企业价值观、企业作风、人事制度紧密联系的。可以说，它同时是企业的伦理目标，体现出企业的社会责任和道德追求。美国学者帕斯卡尔和阿索斯概括了以人为本的企业终极目标的基本特征：这种企业要使员工作为企业整体的一员受到社会的颂扬和称赞，强调本企业的产品对于人类的价值；关心员工的需要并视每个员工为有价值的人，尊重社会的要求，视社会造福的管理伦理为实现企业的终极目标，并为其提供了有效的途径和中介，将企业伦理理念转化为员工和企业的经常性行为。国外众多企业正是认识到管理伦理的导向功能，因此纷纷建设并完善企业的管理伦理机制，主要措施有：制定《企业伦理宪章》《道德纲要》；建立企业伦理监督委员会；奖赏并支持伦理行为，反复解释伦理政策等。

（3）企业与员工进行有效的沟通

企业与员工的伦理道德规范的核心是"以人为本"，而能否做到"以人为本"的关键在于能否在企业管理者与员工之间产生"互动"。在传统的人事管理体系中，企业管理者和员工之间的关系是命令式的单向流动，员工是执行企业管理者命令的机器，而在企业与员工的伦理道德规范中，企业管理者和员工的关系则应该是建立在平等基础上的互动关系。要形成平等的互动关系，就需要企业管理者和员工双方改变传统的理念，积极与对方沟通。

企业管理者在与员工进行积极沟通时，双方的价值观都应建立在"相互信任"的基础上。在传统的人事管理体系中，一切管理理念都是建立在对员工不信任的基础上，即首先假设员工是不诚信的，然后通过一系列规章制度进行管理；而在企业与员工的伦理道德规范中，维持团队稳定的纪律依然存在，不同的是企业管理者和员工都首先假设对方是完全理性的个体，即企业管理者相信员工是具有自觉性的，员工也相信企业管理者是公平理性、可以信赖的。纪律的目的是从防范员工违规转变为对破坏诚信机制的个体进行惩罚。企业管理者与员工要进行有效的沟通，双方都应具备一些沟通的素质。如果让企业管理者应具备的素质集合与员工应具备的素质集合相交，这两个集合的交集就是企业管理者和员工应当具备的共同素质——沟通（如图5-2所示）。

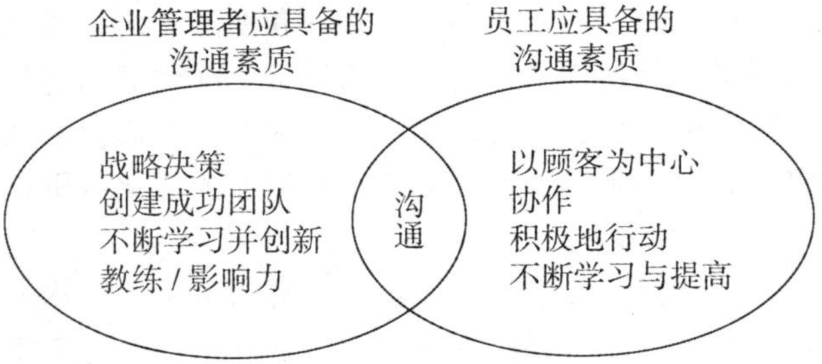

图5-2　企业管理者与员工应具备的沟通素质图

（4）企业应重视对员工的培训

"人"是企业最重要的资产，在职培训是人力资源最重要的投资。在竞争日益激烈的情况下，企业唯有提高管理品质才是应对之道。在追求管理品质的过程中，企业应重视通过培训来增强个人的素质。有效的培训，对个人与企业都会产生很大的益处：发展了新的来源，可协助该体系进步；强化了企业主体的完整性；加强隶属于该企业文化的骄傲；改进了企业文化与决策。

企业员工对于第一次学习的东西记忆最深刻。事前就教导员工如何正确地做，比事后再来纠正更容易。这就是有些成功的企业再三强调职前培训的原因。

企业员工通过各种不同的活动、方式进行学习，其学习效果较好。在培训过程中，企业员工使用感官（视觉、听觉、嗅觉及触觉）的次数越多，则获得新的技巧的速度越快。因此，在培训中若能同时使用视频、资料、示范及实习的方式，其培训效果更佳。

企业员工在学习新事物时，如果内容和他们已经知道的事有关，学习效果较好。因此，若使用阶梯式培训的方法，逐渐增加其知识与技巧，效果更好。企业员工需要对他们所做的事进行回顾。良好的工作表现需要正面认可，不好的工作表现则必须尽快更正。在成功的培训系统中，追踪是非常重要的步骤。

企业员工在有趣及刺激多的环境中学习效果最好。所以，企业可以经常组织一些有意义的团队活动，培训员工团队合作精神，让每个员工都能感受到自己的能量。

2）员工对企业的伦理道德要求

（1）员工的敬业精神

敬业是成功的前提。敬业是一种人生态度，是一种珍重就业机会，对自己的行为负责，肯定自己的劳动成果的态度。这种态度不仅保证了人们的职业（就业）秩序，而且使社会分工得以实现专业化。正是专业化分工促进了社会效率的提升和技术的进步。在企业就职的人，如果不敬业，不成为所从事的业务方面的行家里手，就不会有好的绩效，也就得不到升迁和加薪。不可否认，员工有时会由于种种原因对自己岗位的工作产生厌倦或反感，但这种情况必须在短时间内加以改变，如果长期持续下去，就会演变为没有进取心、混日子，浪费自己的时间和生命。有敬业人生态度的人则不会允许这种混日子的状态持续下去。我们经常会遇到这样的情况，一个企业管理问题严重，改变的希望不大，管理者漠然视之，听之任之，这时有些在企业中享受很好薪资和福利待遇的员工却离开了。问他们离去的缘故，他们会无奈地说，耗不起。即便目前拿着高薪，如果不能为明天的职业生涯耕耘和积累，那么也是得不偿失的。一个企业如果不能形成一种敬业的文化氛围，就留不住敬业的员工。

在企业中，敬业往往会被简单而不正确地理解为员工对工作安排的服从。这是非常片面的也是有害的认识。敬业在深层次上包含着一份对专业精神的执着，这份执着也包括对作业标准和秩序的肯定。从专业分工的角度来说，任何一项作业都要求一定的操作技能，操作技能的差异会产生不同的作业绩效。提高作业绩效的途径有两个，一个是培训，另一个是专业化分工。敬业是指在一定时间段内对某种特定的作业专注。这种专注所体现出的专一和恒久，与创新、优化不是相互矛盾而是互相支撑的。如果做每件事情都不专注，每件事情都不能做到最好，浅尝辄止，见异思迁，那么将百事不成。敬业才能成就大事业，才能创建恒久的基业，这是一个人取得成功的大智慧。

企业中的敬业氛围与敬业精神是企业与员工伦理道德规范的一个重要组成部分。企业与员工伦理道德规范的核心是企业和员工的思维及行为习惯，有的企业会把这种不成文的东西规范化、格式化、文字化，变成各种守则和规章，以便对员工起到督促和引导作用。由于员工敬业与否对于企业的绩效乃至竞争力都至关重要，因此每个企业都希望通过各种激励手段和培训教育方法使自己的员工敬业。在讨论与敬业相关的问题时，有人提出一种看法，企业员工的敬业程度同企业的产权结构有关，要想让员工忠诚敬业，就要让员工持股，也就是说，企业的产权员工也要有份，这样员工才有积极性，才能恪尽职守、忠诚敬业，即有恒产者才有恒业。实际上，这种看法并不正确。古今中外的许多企业实践都证明了这一点。只要有公正合理的分配和激励机制，并且这种机制是可兑现的且相对稳定的，企业员工就会表现出积极的从业心态，也就是说能够忠诚敬业。

（2）员工的忠诚度

一位外国学者早在1908年出版的《忠诚的哲学》一书中指出："忠诚自有一个等级体系，也分档次级别：处于底层的是对个体的忠诚，而后是对团体，而位于顶端的是对一系列价值和原则的全身心奉献。"泰勒继承并发展了这一观点。他认为，忠诚并不仅仅是指经营思想和战略规划，忠诚管理并不仅仅是指面向对个人或团体的忠诚，更重要的是忠于某个企业据以长期服务于所有成员的各项原则。因为忠诚管理提出了一整套实用的测量指标，所以它也是战略决策，而且能指导日常工作。

根据对忠诚管理的理论划分，可以将员工的忠诚分为主动忠诚和被动忠诚。前者是指员工在主观上有强烈的忠诚于企业的愿望，这种愿望往往是由于组织与员工的目标高度一致、组织帮助员工发展自我和实现自我等因素造成的。后者是指员工本身并不愿意长期留在该企业，只是由于客观上的约束因素（如与同行业相比有较高的工资、良好的福利、便利的交通条件、融洽的人际关系等）而不得不继续留在该企业，一旦约束因素消失，员工就可能不再对该企业保持忠诚。相比较而言，主动忠诚比较稳定。从另一角度看，员工的忠诚有两种：一是员工在职期间勤勤恳恳，兢兢业业，能够为企业的发展尽职尽责；二是员工在企业不适合自己或自己不适合企业而离职后，在一定时期内能保守原企业的商业秘密，不从事有损于原企业利益的行为。员工忠诚度包括三个方面：

第一，积极主动。经济的竞争实际上就是人才的竞争。企业的竞争，不单是企业管理者决策正确与否的竞争，还有员工素质的竞争。在一项人力资源的调查中，对两家电子设备企业进行了采访，一家是国有企业，另一家是摩托罗拉公司。这家国有企业的员工在生产线上或聊天，或说笑，全无紧张的气氛，并给人一种松松垮垮的感觉。摩托罗拉公司的员工则让人感到青春与活力，每个人都十分年轻，朝气蓬勃。员工代表着企业的形象，积极主动的员工总会让人联想到一个开拓进取的企业。

从员工的角度来说，每个员工都要积极地为企业出谋划策，对于工作任务应采取主动的态度。尤其是当工作遇到问题（例如，机器出现故障、原材料不合格等）时，现场的员工如果态度积极，就会主动排除故障，或主动同上级联系，解决问题。在所有的控制活动中，现场控制是非常重要的，它的时效性最强，而在企业中，现场控制一般是由员工来执行。因此，控制的效果如何将很大程度上取决于员工的素质。员工应该知道：企业最终提供的产品或服务的质量同自己的工作态度是密切相关的。在这方面，积极主动的工作态度应该是员工对企业所负的责任。

第二，危机感。不管企业属于何种类型，其规模如何，由于环境的改变和竞争的加剧，企业总是处于危机之中。面对外部的危机，员工该怎么做呢？通常有两种态度：一是置之不理，企业让做什么就做什么；二是与企业共命运，有强烈的危机感。态度产生于员工对自身角色的认识，具体而言就是员工有没有主人翁精神。例如，日本的企业与员工结成命运共同体，就好比企业是一艘船，员工是水手，只有水手努力划船，船才能战胜惊涛骇浪。

员工有了危机感，就会有压力，有进取心。很多企业都设有意见箱，其目的就是获得员工的好建议。据统计，日本丰田汽车的汽车设计每年要采纳一万多条员工的建议，企业把员工的建议当作资源，并且是相当重要的资源。只有员工具备了危机意识，企业才能最大限度地利用这种资源。可以说，没有员工的充分合作，日本汽车企业是无论如何也难以与美国汽车厂商相抗衡的。

第三，忠诚感。现在经常可以听到培养"顾客忠诚"的说法，其目的在于通过稳定的联系来获得收益。同理，在企业提供员工所需的各项保障后，忠诚的员工是企业获得发展与成功的内在原动力。相反，不稳定的员工会造成企业的巨大损失。例如，企业总要对新进员工进行培训，以使其将理论知识转化为实际的工作能力。培训有时需要经过较长的时间，而且要花费许多培训费用。如果一个新员工在完成培训后掌握了一定的实际经验，却转向其他企业，仅从费用上说，原来的企业损失就不小，更不用说企业的机密流入其他企业的损失，企业甚至可能因此而丧失竞争优势。另外，不忠诚的员工会使员工队伍和组织结构不稳定，而其不稳定性必将影响企业的正常运营，尤其是在流水线作业中，一旦某个岗位的员工突然辞职，可能会影响整个流水线的运行。

既然员工的忠诚如此重要，那么，企业应努力培养员工的忠诚感。这里需要说明的是，员工忠诚的培养需要企业做一定的引导工作。企业管理者首先应该认识到员工忠诚的重要性，然后采取措施来建立员工的忠诚，使其坚信：企业就是我的家，我要忠于我的家，并努力把自己的家建好，这是我的责任。培养员工的忠诚不能只靠金钱，不要用金钱作为联系员工与企业的纽带，更应该注重道义的教育，晓之以理，动之以情。有管理学者曾预言，21世纪是儒学的世纪，这种说法意味着人们将更加注重道义。因此，企业领导者应多从这方面入手加强企业道德理论建设。比如，在企业遇到困难时，让员工参与，使员工有一种共患难的感觉。企业建立起较高的员工忠诚度，也就确立了员工对企业的主要责任，从而建立了成功的基础。

复习思考练习题

一、单项选择题

1. （ ）即作为股东应享有的受法律和道德保护的最基本的权利，是企业对股东承担的最基本义务。

A.对企业资产的拥有权　　　　　　　B.剩余控制权

C.剩余索取权　　　　　　　　　　　D.控制权

2. （ ）是现代企业制度的核心。

A.内部控制制度　　　　　　　　　　B.公司制度

C.公司法人制度　　　　　　　　　　D.公司治理结构

3. 企业股东与利益相关者之间的伦理道德规范，是以（ ）为前提条件的。

A.企业伦理　　　　　　　　　　　　B.社会道德

C.诚信　　　　　　　　　　　　　　D.社会责任

4. （ ）主要表现在企业管理者具备良好的思想、精神和工作作风。

A.企业管理者的道德人格　　　　　　B.企业管理者的知识

C.企业管理者的能力　　　　　　　　D.企业管理者的经验

5. 企业与员工的伦理道德规范的核心是（ ）。

A.机会均等　　　　　　　　　　　　B.公平

C.义利统一　　　　　　　　　　　　D.以人为本

二、多项选择题

1. 下列属于企业股东主要责任的有（ ）。

A.及时、如数供应所应提供的财务资源

B.对企业的经营成果最终负责

C.股东必须促使企业同与之有关的各利益主体保持协调的关系

D.股东还应有较强的民族责任心和自豪感

2.企业伦理维护股东的合理利益的理由包括（　　　）。

A.股东利益与企业利益是一致的

B.企业本质上是利益相关者缔结的一组合约

C.经营环境的巨大变化，客观上要求企业必须建立起体现各利益相关者利益的
合理的企业经营思想

D.企业伦理也是保护股东切身利益的需要

3.董事会与独立董事的道德责任包括（　　　）。

A.保持独立性，形成独立自主的人格

B.勤勉尽责、实事求是，真诚为企业谋取正当利益

C.善管守信，维护企业资产，审慎行使决议权

D.泄露企业的秘密

4.依法为民经营规范的主要内容有（　　　）。

A.把人民的整体利益放在首位，合法开展规范经营

B.企业管理者做人民的"好管家"

C.恰当处理长远利益与眼前利益的关系

D.妥善处理社会利益与企业利益的关系

5.员工对企业的伦理道德要求包括（　　　）。

A.员工的敬业精神

B.提高商品服务质量

C.员工的忠诚度

D.团队精神

三、判断题

1.公司制企业，股东对企业财务、人事等重大问题拥有完全控制权，同时对企业的债务负无限责任。　　　　　　　　　　　　　　　　　　　　　　　（　　　）

2.经济契约，即在股东与企业管理者之间形成责任权利内在统一的相关关系。
　　　　　　　　　　　　　　　　　　　　　　　　　　　　　　　　（　　　）

3.企业文化的核心就是企业伦理，所以企业股东也是企业伦理的倡导者和表率。　　　　　　　　　　　　　　　　　　　　　　　　　　　　　　　（　　　）

4.利润与道德既有对立的一面，又有相辅相成的一面，利润与道德是不可以兼得的。　　　　　　　　　　　　　　　　　　　　　　　　　　　　　　（　　　）

5.熟悉法律是企业管理者最主要的职业行为，是企业管理者应该尽到的职业责任和道德义务，是企业道德规范的重要内容。　　　　　　　　　　　　　（　　　）

四、简答题

1.现代公司的组织形式有哪几种？

2.企业伦理与股东利益是怎样相互影响的？

3.支持企业股东与利益相关者之间的伦理道德规范的主要理由是什么？

4.监事会应该如何履行其道德责任？

5.简述董事会与独立董事的道德义务和道德责任。

案例讨论题

海尔企业文化：真诚到永远

没有哪个企业不明白诚信对于立企、兴企的重要性，但在具体实践中差异却很大。企业能不能在理念、模式和机制上保障并发展自己的诚信呢？

海尔公司1984年创立于青岛。海尔有一个很著名的广告语——"真诚到永远"。海尔总裁张瑞敏解释说：一个企业要永续经营，首先要得到社会的承认、用户的承认。企业对用户真诚到永远，才有用户、社会对企业的回报，才能保证企业向前发展。

顾客永远都是对的

"顾客永远都是对的，"张瑞敏说："不管在任何时间、任何地点、发生任何问题，错的一方永远只能是厂家，永远不是顾客，不管这件事表面上看来是不是顾客的错。"一位农民来信说自己的冰箱坏了。海尔马上派人上门处理，还带着一台新冰箱。赶了200多公里到顾客家，一检查是温控器没打开，打开温控器一切正常。海尔管理者就此进行认真反思：绝不能埋怨顾客，海尔必须满足所有人的需求，要把说明书写得让所有人都读懂才行。

1994年夏天《青岛晚报》发了一则报道，谴责本市一名出租车司机把顾客买的海尔空调器拉跑了。海尔知道了这个消息后，给这位顾客送去了一台空调器。这条消息再次成为新闻，社会舆论一致赞誉海尔助人为乐，但海尔人认为：这件事真正的责任还在企业身上，如果我们把空调器直接送到顾客家里，就不会出现这样的问题了。由此，海尔酝酿推出了无搬动服务。

服务是向用户买产品

售后服务环节不能产生利润，却要求企业投入较多的资金、人力和物力，因此有不少企业把售后服务视为负担，多数是借用别人的网络代理服务。

海尔投资建立了自己的维修服务体系。海尔认为营销的本质不是卖，而是买，是海尔花钱向用户购买信息。这些举动不仅使海尔赢得了用户的信赖，更使他们赢得了更大的市场。

用机制保障真诚持久

从"顾客永远都是对的"到"用户打一个电话，剩下的由海尔来做"，从"真诚到永远"到"国际星级服务一条龙"，海尔的理念在延伸。海尔认为：服务是广义的，是从了解用户潜在需求到产品的设计、制造直到送达用户的全过程。做好一个产品，做好一段时间的工作，做好一部分顾客的工作并不会很难，但要天天如此，真是太难了。怎样才能达到"真诚到永远""顾客满意到永远"呢？海尔在实践中提出并逐步完善管理思路。

海尔的五个战略发展阶段

海尔于1984年创业到现在，经历了五个发展战略阶段：名牌战略阶段、多元化战略阶段、国际化战略阶段、全球化品牌战略阶段、网络化战略阶段。创业30多年来，海尔致力于成为"时代的企业"，每个阶段的战略主题都是随着时代变化而不断变化的，但贯穿海尔发展历程的，都离不开管理创新，重点关注的就是"人"的价值实现，使员工在为用户创造价值的同时实现自身的价值。海尔从2005年提出"人单合一"已经十多年，现在人单合一双赢模式因破解了互联网时代的管理难题而吸引了许多世界著名商学院、管理专家的争相跟踪研究。

海尔的"人单合一"模式及管理理论体系

互联网时代，互联网零距离颠覆了经典管理理论。张瑞敏在互联网时代创建人单合一模式，颠覆传统科层制，企业变为网络化组织，平台上只有三类人——平台主、小微主、创客，小微变成了"自组织、自创业、自驱动"的"三自"组织，员工变成了拥有"三权"的"自主人"、创客。在人单合一模式下，海尔从出产品的企业变成了出创客的平台，搭建了人人都有机会成为创业家的平台，将企业家精神从熊彼特"创造性破坏"精神转向了德鲁克"人人都是CEO"的精神，激发了每个人的创新活力。人单合一模式已在农业、医疗业、传媒业等众多行业实现了跨行业复制，也在日本三洋、新西兰斐雪派克以及美国GEA实现了跨文化复制。2017年，并购后一年，GEA达到过去10年最好的业绩，收入增幅远超行业，利润实现两位数增长。这也充分认证了人单合一模式的普适性和社会性。

随着人单合一模式的不断实践和探索，张瑞敏创新提出了"用户乘数""创客所有制""共赢增值表""生活X.0""生态品牌"等众多管理新概念、新工具，丰富并完善了其管理理论体系。

海尔目前已发展为全球知名白色家电品牌

海尔致力于为全球用户提供美好生活解决方案。海尔通过建立人单合一双赢的自主经营模式，对内，打造节点闭环的动态网状组织，对外，构筑开放的平台，成为全球白电行业的领先者和规则制定者，全流程用户体验驱动的虚实网融合领先者，创造互联网时代的全球化品牌。

迄今，海尔先后在欧洲、美国、亚洲等地区建立了自己的生产基地，截至2016年，海尔已在全球拥有10大研发基地（其中海外8个）、24个工业园、108个制造中心、66个营销中心。目前海尔在全球范围内已实现了设计、制造、营销"三位一体"的网络布局。

创业以来，海尔坚持以用户需求为中心的创新体系驱动企业持续健康发展，从一家资不抵债、濒临倒闭的集体小厂发展成为全球最大的家用电器制造商之一。2018年，海尔集团全球营业额达到2 661亿元，同比增长10%，全球利税331亿元，同比增长10%。2018年海尔集团实现全年生态收入151亿元，同比增长75%。世界权威市场调查机构欧睿国际发布的2018年全球大型家用电器调查数据显示，海尔大型家用电器连续10年超其他品牌。2017年，海尔集团第12次入选《财富》"最受赞赏的中国公司"榜单。

资料来源　根据海尔官网有关资料整理.

讨论问题：

1.海尔公司的发展历程与其公司现实状况如何？

2.海尔公司取得巨大成功的根本原因何在？

| 第6章 |

企业对外经营道德规范

经典名言警句

诚者，天之道也；诚之者，人之道也。诚者，不勉而中，不思而得，从容中道，圣人也。诚之者，择善而固执之者也。博学之，审问之，慎思之，明辨之，笃行之。

诚则明矣，明则诚矣。

——《中庸》

十善业道。何等为十？谓能永离杀生、偷盗、邪行、妄语、两舌、恶口、绮语、贪欲、嗔恚、邪见。

——《十善业道经》

古之学者必有师，师者，所以传道授业解惑也。

——韩愈

人民有信仰，民族有希望，国家有力量。

——党的十九大报告

思想决定行动、思路决定出路、人脉决定命脉、性格决定命运！

——佚名

主要知识点

1. 依法诚信纳税既是企业履行法律责任的要求，又是最好的信用证明。
2. 企业与社区之间相互依存的鱼水关系。
3. 企业公民的内涵与要求。
4. 企业与购销客户的权利和责任。
5. 市场竞争中存在的伦理问题。

关键概念

购销客户（sale and purchase clients）

公司公民（corporate citizenship）

互惠互利（mutual benefit）

【引言】

信守诺言 取信于民

2018年1月11日，中共中央总书记、国家主席、中央军委主席习近平在中国共产党第十九届中央纪律检查委员会第二次全体会议上发表重要讲话。他强调，在中国特色社会主义新时代，完成伟大事业必须靠党的领导，党一定要有新气象、新作为。要全面贯彻党的十九大精神，重整行装再出发，以永远在路上的执着把全面从严治党引向深入，开创全面从严治党新局面。

习近平指出，深入推进全面从严治党，要全面贯彻党的十九大精神，以新时代中国特色社会主义思想为指导，增强"四个意识"，坚定"四个自信"，紧紧围绕坚持和加强党的全面领导，紧紧围绕维护党中央权威和集中统一领导，全面推进党的政治建设、思想建设、组织建设、作风建设、纪律建设，把制度建设贯穿其中，深入推进反腐败斗争，在坚持中深化、在深化中发展，实现党内政治生态根本好转，不断增强党的创造力、凝聚力、战斗力，为决胜全面建成小康社会、全面建设社会主义现代化国家提供坚强保证。

习近平强调，要深化标本兼治，夺取反腐败斗争压倒性胜利。标本兼治，既要夯实治本的基础，又要敢于用治标的利器。要坚持无禁区、全覆盖、零容忍，坚持重遏制、强高压、长震慑，坚持受贿行贿一起查，坚决减存量、重点遏增量。"老虎"要露头就打，"苍蝇"乱飞也要拍。要推动全面从严治党向基层延伸，严厉整治发生在群众身边的腐败问题。要把扫黑除恶同反腐败结合起来，既抓涉黑组织，也抓后面的"保护伞"。要加强反腐败综合执法国际协作，强化对腐败犯罪分子的震慑。要强化不敢腐的震慑，扎牢不能腐的笼子，增强不想腐的自觉。要通过改革和制度创新切断利益输送链条，加强对权力运行的制约和监督，形成有效、管用的体制机制。

习近平指出，党的十八大以来，中央纪委和各级纪检监察机关坚决贯彻党中央决策部署，忠诚履职尽责，做到了无私无畏、敢于担当，向党和人民交上了优异答卷。纪检机关必须坚守职责定位，强化监督、铁面执纪、严肃问责。执纪者必先守纪，律人者必先律己。各级纪检监察机关要以更高的标准、更严的纪律要求自己，提高自身免疫力。广大纪检监察干部要做到忠诚坚定、担当尽责、遵纪守法、清正廉洁，确保党和人民赋予的权力不被滥用、惩恶扬善的利剑永不蒙尘。

资料来源 习近平在十九届中央纪委二次全会上发表重要讲话强调 全面贯彻落实党的十九大精神 以永远在路上的执着把从严治党引向深入 ［EB/OL］. ［2018-01-12］. http：//cpc.people. com.cn/shipin/n1/2018/0115/c243247-29766072.html.

伴随着社会经济的发展和市场的繁荣，生产者与消费者之间的关系发展趋于成熟，但两者之间存在着利益冲突的可能性，要化解企业与消费者之间的利益冲突，调节双方的关系，一要靠法律，二要靠道德。企业能否恰当处理与消费者产生的伦理问题已直接影响到企业的生存与发展。事前认识、事中分析、事后处理这些伦理问题对企业的成败愈来愈重要。

6.1 企业与购销客户：顾客就是上帝

企业一定要树立"顾客就是上帝""顾客是企业生命之源""顾客是企业衣食父母"的思想。因为企业只有提供优质产品和满意服务，才能赢得广大顾客，像"真诚到永远"的海尔企业那样取得巨大的社会效益和经济效益。企业如果失去顾客就会失去活力，丧失生存的机会，终将走向失败。对于企业来说，背离正确的与消费者相处的伦理准则就是自断企业生命之源，自毁企业锦绣前程，无异于"慢性自杀"。

6.1.1 企业与购销客户的权利和责任

1) 购销客户的主要权利

企业向购销客户提供产品和服务的同时，有权要求购销客户按交易合同如期、如数交付货款及有关费用。购销客户在付出了一定的货币或实物代价后，有权要求获得价值相当的产品和服务，与此同时，购销客户有权要求享有以下权利：

第一，安全权。购销客户有权要求企业提供安全的，不会对人身造成伤害的产品。

第二，知情权。购销客户有权要求企业对产品的生产日期、保质期、使用注意事项等情况做出明示。

第三，选择权。法律应当保护购销客户自由选择购买产品种类的权利，并通过《反不正当竞争法》等法律法规切实保障购销客户在购买同一种产品时有选择的可能性。

第四，表达意见权。购销客户买到不满意的产品时有权向企业（制造商和零售商）投诉，要求退赔。

第五，环境保护的要求。人们意识到，企业生产提供有用物品的同时附带产生的污染极有可能是不可挽回的伤害。这种对环境的破坏直接影响并降低了人们的生活质量，例如城市的噪音、废水和废气对日常生活的影响。基于对现在和未来负责的态度，人们已经认识到环境保护要求的重要性，企业在公众压力下开始自觉或被迫做出响应。

2) 企业对购销客户的基本道德责任

相应地，企业有责任努力满足消费者上述五方面的权利和要求。企业应当做到：

第一，生产、提供能达到安全标准的产品。

第二，向购销客户提供产品信息时不使用欺诈手段，对产品可能产生的伤害要明白告知消费者。

第三，在平等互利的基础上交易，不签订显示不公的合同。

第四，倾听购销客户的抱怨和投诉，并积极做出改进。

第五，最大限度地减少污染，在企业内消化因减少污染带来的成本上升。

6.1.2 产品中的伦理问题

人们靠产品和服务来满足自己的各种需要和欲望，企业靠提供可以满足目标市场的某种需要和欲望的产品和服务才得以生存和发展。

1）品种决策中的伦理问题

"顾客是企业的上帝"这一观点是市场营销观念的产物。它的意思是说，顾客永远是对的，企业对顾客的要求应无条件服从。的确，市场营销观念相对于以自我为中心、忽视消费者需求的生产观念、产品观念和推销观念，在观念上是质的飞跃；相对于以假冒伪劣产品欺骗顾客的行径，更有天壤之别。以顾客为上帝的思想对刺激企业不断开发适销对路的新产品、提高质量、降低成本、改进服务有积极意义，但企业真的应该无条件服从顾客的需求吗？

根据合理与否，可以将顾客需求归纳为以下四类：

第一，不合法的需求，如对毒品，私人枪支，黄色书刊、录像等的需求；

第二，对顾客本身是有利的，但对他人和社会是有害的需求，如一些一次性消费品导致资源浪费、环境污染；

第三，对他人和社会无害，但对顾客有潜在的不利影响的需求，如高脂肪食品；

第四，对顾客有利，且不损害他人及社会利益，或者对他人及社会也是有利的需求。

显然，顾客的合理需求，企业应绝对服从；顾客的不合法需求，企业不应该满足；对他人和社会有害的需求，企业也不应满足。因为企业是社会的一分子，社会赋予企业生存的权利，企业就有责任满足社会的需求。同时，企业也要对自己的产品可能对消费者造成的危险或副作用有清醒的认识。

2）产品质量决策中的伦理问题

顾客向企业支付购买价款，企业理应向顾客提供与之相当的产品或服务。企业可以根据自己的实际情况对自己的产品做出合适的定位，企业可以是高品质的追求者，也允许是廉价品的制造商。不论身为哪一类企业，它所提供的产品：第一，不可以是"假冒伪劣"产品；第二，要满足消费者最基本"安全权"的要求。

（1）"假冒伪劣"产品

生产"假冒伪劣"产品是欺诈消费者的行为。消费者轻则蒙受经济损失，重则危害自身的身心健康。"假冒伪劣"产品还严重扰乱经济秩序，手段卑劣地剽窃其他企业的成果，损害守法经营企业的利益，甚至还会损害国家的声誉，在中俄边贸中部分假冒伪劣产品使所有的中国货都蒙受了"劣等品"骂名的教训让人记忆犹新。违背"诚信"这一企业经营基本准则的行为，根本不是一种理智的企业行为，而是少数企业受利益驱动，完全忽视长期效果片面追求短期利润，做出有悖道德法律的事情，其终将会受到法律的制裁和社会舆论的谴责。

（2）产品的安全性

狭义的安全，是指产品不会给消费者带来身体和心理上的伤害；广义的安全还包含了不会给消费者带来经济受损的内容。

企业产品造成伤害的可能性是否不可避免则需要企业不加掩饰地明示消费者，例如某些药物不可避免的副作用。企业通常顾虑"自我揭短"是不是会影响销售，但心存侥幸可能导致更为严重的后果。一旦伤害确实造成，各种赔偿和公众人心向背所影响的将不仅是企业的经济收入，更有企业的声誉和未来发展。国家市场监督管理总局对食品、药物的标签说明就有明文规定，明确保障消费者有权知晓的事项。以《预包装食品标签通则》（GB7718-2019）为例，它规定所有食品包装都必须使用标准标签，标签上必须标明食品名称、配料表、净含量及固体物含量、制造者、经销者的名称、地址、生产日期、保质期、贮藏须知、质量等级等。随着我国法制的完善，对各类产品质量、安全性能的明示性要求也趋于完善。

6.1.3 商品定价中的伦理问题

商品定价的方法有成本加成法、目标利润率法、竞争导向及供求曲线法等多种，但目的都是使企业利益最大化。从消费者的角度来讲，产品或服务的价格应当与它能为消费者提供的利益或好处相当。否则，消费者是不会购买的。

企业利润是总收入减去总成本，可以说利润是社会对企业充分有效利用资源的奖励。对企业家来说，利润是对优质的产品、良好的服务、运作完美的组织、高效的管理、承担的风险以及对变化的需求和环境的适应给予的奖励。这就是说，利润是社会对那些值得获得回报的企业的一种经济上的回报。社会承认并鼓励企业赚取合理的利润。企业是靠资源有效利用、调整定价、控制成本来实现利润，但公众反对企业获得"非法利润"或"暴利"，也不希望企业通过一些定价欺诈行为获取不该得的利润。

1）价格垄断

价格垄断使企业谋取高额利润成为可能。出于国计民生和投资社会效益的考虑，一些由国家控制的垄断行业，价格一般由国家权衡成本与效益来制定，有时，国家还可以通过补贴等方式保证这些垄断行业的适当利润。企业没有谋取暴利或欺诈社会的权利。一些乱收费、乱涨价的现象，是企业违背国家及行业定价政策的个别行为，可以较清晰地发现并制止。

对于部分生存于接近完全竞争条件下的生产型企业来说，单个企业不易向市场索取高价，因为社会关系曲线为产品定出了买卖双方均认可的价格，任何单独索取高价的企业在竞争中都会失利。为了反垄断，世界各主要国家都相继制定了《反托拉斯法》《反不正当竞争法》来限制这种行为。因为联合垄断可以使企业不通过提高经营效率而带来超额利润，但消费者和社会却因此遭受损失。有调查显示，27.8%的被调查者认为价格同盟是联合价格垄断行为，15.2%的被调查者认为这是变相不正当竞争。不过，"前车之覆，后车之鉴"，美国企业的教训也许会给中国企业带来启示，告诉我们怎样才能真正合理地提高利润。

2）价格欺诈

"价格似潮水，有涨有落。"这种说法不是没有道理，尤其对于生产、销售季节性很强的产品的企业来说，在淡季或换季时降价是一种有效的促销措施。这种行为对于消费者来说可以得实惠，对于企业来说可以加速资金流动、减少库存，也是好事。但是，商家标出的折扣是否是真的？如果有假，这就涉及伦理道德问题。即使无假，时起时落的价格是否会让消费者对企业留有"价格骗子"的印象？

打折成了企业吸引消费者的"小花招"。的确，对于需要购买多种商品的消费者来说，无暇也无精力去了解每一种所需产品的价格情况，他们不一定知道折扣的内幕和秘密，也不一定知道企业的竞争对手的产品价格更低且质量更好，更可能的是消费者无法说出企业定价有什么不合理的地方。但是企业是否有信心肯定消费者永远不会知道这一切？从长远来看，这些价格欺诈带来的利润是有限的，而可能带来的信誉损失是无限的，那么期望与消费者长期相处的企业该怎么做呢？

3）暴利行为

通过价格欺诈和牟取暴利定价的企业主要包括商业、饮食业、娱乐业的企业，这是因为生产型企业的高价不易被接受，而服务业的"服务"产品价格难以准确衡量，众多商家可以宣传自己的特色，同时国内一些法律法规不健全，企业就有可乘之机。

暴利行为是企业通过向消费者索取超过所提供的产品和服务合理价格的货币或实物偿付，从而获取超额的、不正常的利润。这种行为严重损害消费者的经济利益。而且，非正常的昂贵价格与"极品"现象一样助长了少部分人比阔斗富的奢侈消费行为。同时也为物价上涨、通货膨胀推波助澜，从而严重销蚀了改革开放与经济发展为人们带来的好处。人们已普遍要求有关部门加强价格管理，让价格成为合理的尺度，既保护消费者的利益，又为企业自身的竞争与发展提供了一个公平的标尺。1994年4月1日上海市率先实施《上海市物价局关于反价格欺诈和牟取暴利的暂行规定》，该《规定》对有关问题作了界定，并明文规定了较为严厉的处罚措施。北京、天津等城市也先后颁布了自己的"反暴利"法规。

6.1.4 促销中的伦理问题

营销不仅要求企业开发优良产品，给购买者以有吸引力的定价，使它易于为目标顾客所接受，而且要求企业必须与其顾客进行沟通。每个企业都不可避免地担负着信息传播者和促销者的角色。企业要和消费者沟通什么信息、怎样沟通，在很大程度上取决于企业，而这种沟通效果对消费者的最终选择会有很大影响。

企业的促销组合由四种主要工具组成：

其一，广告：由一个特定的主办方，以付款方式进行的构思、商品和服务的非人员展示和促销活动。例如电台电视广告、外包装广告、路牌、杂志、宣传小册子等。

其二，促销：鼓励购买或销售商品和劳务的短期刺激。例如彩票、赠券、回扣、折让等。

其三，公共宣传：在出版媒体上安排商业方面的重要新闻，或在电台、电视或舞台节目中获得有利的展示，以促进对一个产品、服务和企业单位的需求，而无须主办方付款的非人员刺激。例如研讨会、捐赠、慈善事业、公共关系等。

其四，人员推销：在与一个或更多个可能的买主的交谈过程中，以口头陈述的方式促成交易。例如推销展示、电话推销等。

1）广告中的伦理问题

我们知道，广告可以帮助企业树立形象，也可以帮助企业建立特定的品牌形象，传播有关销售、服务或活动的信息，公布某项专门性推销并提倡某项事业。

调查显示，大部分人认为"大多数广告是必要的，是选购商品的可靠来源"。这可以说是支持企业在广告上支出的有力证据，但绝大多数人并不同意"大多数产品广告是可信的"这一说法，这不能不说是现有广告行为暴露出来的伦理问题的反映。

《中华人民共和国广告法》（以下简称《广告法》）第三条规定："广告应当真实、合法，以健康的表现形式表达广告内容，符合社会主义精神文明建设和弘扬中华民族优秀传统文化的要求。"第四条规定："广告不得含有虚假或者引人误解的内容，不得欺骗、误导消费者。广告主应当对广告内容的真实性负责。"可以说，真实性是商业伦理对商业广告最基本的要求，不真实的信息会使消费者做出错误决策，从而蒙受损失。在一定意义上，广告的真实性不仅反映企业的伦理道德水平，而且反映广告经营者、广告发布者的伦理道德水平。

广告表达的内容应当是真实的，而且广告的表达形式也受道德约束。《广告法》第九条规定，广告不得"损害国家的尊严或者利益，泄露国家秘密"，不得"妨碍社会公共秩序或者违背社会良好风尚"，不得"含有淫秽、色情、赌博、迷信、恐怖、暴力的内容"，不得"含有民族、种族、宗教、性别歧视的内容"，不得"妨碍环境、自然资源或者文化遗产保护"。

从道义上说，企业应与每一个普通公民一样负有宪法和法律规定的义务，法律要求公民个人不应做损伤社会、他人合法利益的事情，更何况比个人的影响力更大的企业呢？更何况是通过大众传媒等中介传播的、可能引起持续、有力的社会效应的广告呢？企业在做出广告决策时是不是想到了社会和他人？

2）推销人员的伦理问题

推销是世界上最古老的职业之一，而且人员信息沟通一般比大众性信息沟通更为有效。推销人员的影响尤其在下述两种情况下起重大作用：

第一，产品价格昂贵，有风险或购买不频繁。这里，购买者可能是信息的急切寻找者。他们可能并不满足于一般媒体所提供的信息，而去寻找知识性和值得依赖的信息源所提供的意见。

第二，产品具有一定社会意义的特征，此类产品，诸如小汽车、服装，甚至啤酒和香烟，具有重要的品牌差别。它包含着使用者的社会地位和嗜好。消费者常常挑选符合他们的社会身份的品牌。

对顾客来说，企业的销售人员在一定程度上代表着企业的形象，销售人员的信誉反映着企业的信誉。销售人员不仅向现有顾客推销既有产品，还要寻找和培养新客户、新产品；他们不仅向顾客传递产品和服务的信息、推销并达成交易，还要负责为顾客提供服务，通常也是由他们为企业收集情报。他们几乎介入企业营销活动的所有环节，真正代表企业与顾客面对面接触的也是他们。消费者希望推销人员"说实话"，"说实话"也应是推销人员的基本职业道德。当道德可能与利益相悖时，企业与推销人员选择什么，反映了企业的道德水平。

推销人员的行为可能使消费者的态度完全改变，他们若有失职或欺骗也是消费者最不能容忍的行为之一。有关市场营销道德的调查表明，80.3%的消费者希望推销员"讲实话"，61.11%的消费者希望推销员"不强迫购买"，77.78%的消费者希望推销员"能提供售后服务"。如果企业派调查人员向消费者做市场调查，81.32%的消费者希望这些调查人员"讲实情"。

3）销售促进和公共宣传中的伦理问题

消费者欢迎企业销售促进和公共宣传活动，因为这可以给个体消费者或社会公众带来物质或精神上的好处。相关调查显示，83.33%的消费者不希望企业开展有奖销售是为了销售积压和伪劣产品，88.89%的消费者希望企业的销售促进活动不能有欺骗和不公正的行为，59.60%的消费者希望那些捐助慈善事业的企业能够发自内心、不存其他目的，捐助活动是真实的。可见，消费者对公司行为"真实"的要求最为强烈。这也从一个侧面说明，当前有些企业在销售促进和公共宣传过程中存在着动机不纯、浑水摸鱼的现象。企业目的不同完全可以使原本正常的销售促进、公共宣传行为"变味"。以销售折让为例，有的企业提出让消费者出3块香皂的价钱买到4块香皂，以100克牙膏的价格买到140克的使用量，这都是正常的销售促进措施；但若联系到有些药商为医院医生提供数额可观的"回扣"以取得医院的订货，一度在许多医院中，医生只给病人开那些有"回扣"的药品，这些药品可能药效不好，而那些药效好但没有可观"回扣"的药品病人却不能得到。这种"回扣"已不是正常的销售促进措施，它搅乱了正常的市场秩序。

6.1.5　服务中的伦理问题

格式合同，又称定型化合同或者标准化合同，是指经营者为与消费者订立合同而单方拟定的合同条款。这种条款不论其是否独立于合同之外或成为合同的一部分，也不论其范围、字体或合同的形式如何，均属于格式合同的范畴。格式合同还包括通知、声明、店堂告示等明示的手段。格式合同具备以下几个特征：其一，制定格式合同的主体是企业，其决定合同的内容并预先拟定，占有优势地位；其二，格式合同的对方是消费者，其只有接受合同与否的自由，而无参与决定合同内容的机会，处于劣势地位；其三，格式合同是企业出于同消费者达成交易协议的目的而制定的，合同所指向的是不特定的多数消费者，并非单个消费者，在适用对象上具有普遍性；其四，格式合同一经制定，可以在相当长的期限内使用，具有固定性和连续性。格式合同如果公平合理，就有利于交易，也有利于保护双方当事人的利益。从本质上来看，格式合同反映了双方当事人经济地位的不平等，企业利用不公平、不合理的格式合同损害消费者权益的问题屡屡发生。

中国消费者协会在对零售业、洗染业、影像彩扩业中的不公平、不合理的格式合同进行调查的基础上，于 1996 年 7—9 月在 22 个城市针对电话等 7 个行业的格式合同指出：不公平、不合理的格式合同问题普遍存在。90.9% 的企业明确出示了格式合同，消费者对内容表示不满意的占 51.43%（认为明显不公平的占 21.86%，欠公平的占 29.57%），另有 9.1% 的企业没有明确出示规定，消费者无法判断其是否公平、合理。消费者认为存在不公平、不合理的格式合同最严重的行业是供水和餐饮业（63%），其次为住房业（51%），维修业（49%），燃气业（43%），供电业（39%）。

在实践活动中，不公平、不合理的格式合同损害消费者在接受服务和产品时的合法利益的表现形式有很多。从上述分析可以看出，各种不公平、不合理的格式合同，有的是硬性条款，强迫消费者接受；有的以假承诺欺骗消费者；有的增加附加条款或随意规定；还有的减免了经营者所承担的义务，以及不履行应当承担的民事责任。这些不公平、不合理的格式合同都不同程度地损害了消费者的利益，侵犯了消费者的公平交易权，因为这使得消费者在不平等的条件下进行交易；有的企业制定的硬性条款，剥夺了消费者的选择权；有的企业许诺不兑现，违约并剥夺了消费者的索赔权；还有的企业剥夺了消费者的知情权。

不公平、不合理的格式合同问题是企业在服务中最常遇到的伦理问题。《中华人民共和国消费者权益保护法》第二十六条明文规定："经营者在经营活动中使用格式条款的，应当以显著方式提请消费者注意商品或者服务的数量和质量、价款或者费用、履行期限和方式、安全注意事项和风险警示、售后服务、民事责任等与消费者有重大利害关系的内容，并按照消费者的要求予以说明。经营者不得以格式条款、通知、声明、店堂告示等方式，做出排除或者限制消费者权利、减轻或者免除经营者责任、加重消费者责任等对消费者不公平、不合理的规定，不得利用格式条款并借助技术手段强制交易。格式条款、通知、声明、店堂告示等含有前款所列内容的，其内容无效。"一些企业对此规定不了解，坚持沿袭的所谓规定、惯例，违反了本法规定还不自知。其根源还是在于企业"眼光向内"，为保护自己的利益，甚至是不合法的利益，竟然不惜伤害消费者，从而失去消费者，最后受害的必然是企业自身。

|6.2| 企业与竞争者：互惠互利，实现双赢

6.2.1 企业竞争与道德约束

1）企业竞争的含义及其道德要求

"竞争"一词最早出现于《庄子·齐物论》。在古汉语中，"竞"字是并立的二兄弟，"争"字是两只手同时拉扯着一件东西。因此，按字面解释，竞争就是对立的双方为了获得他们共同需要的对象而展开的一种争夺、较量。竞争一般包括竞争主体、竞争对象和竞争场所三个基本要素。

在现代市场经济条件下，企业是自主经营、自负盈亏、相对独立的商品生产者和经营者，是具有相对独立的经济利益的经济主体。在一定的经济技术关系和条件范围内，不同企业之间为了实现自己的目标、维护并扩大自己利益而展开的争夺顾客、市场和人才、资金、信息、原材料等各项资源的活动，即企业竞争。

根据美国哈佛大学教授迈克尔·波特（Michael E.Porter）的理论，企业一般面临五种基本的竞争力量：新竞争者的进入、替代品的威胁、买方的讨价还价能力、供方的讨价还价能力和现有竞争者之间的竞争。

一般来讲，企业与其竞争者共同面对一个给定的市场，它们之间存在广泛的竞争关系。企业与其竞争者要在以下四方面展开竞争（如图6-1所示）：

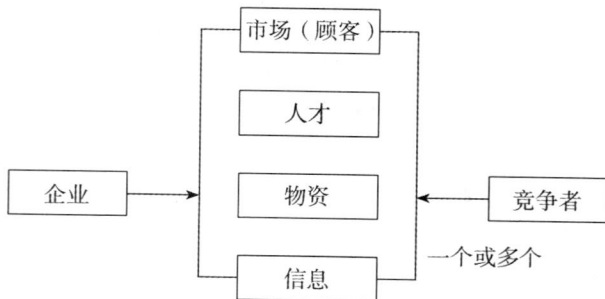

图6-1 企业竞争的基本内容结构图

市场竞争有广义和狭义之分。在现代市场经济条件下，企业想要以适宜的价格获得生产所需的人才、物资和信息，想以适宜的价格把产品销售出去，都必须通过市场，依靠一定的市场机制和规则来实现生产经营和流通。因此，广义的市场竞争是指企业之间的竞争，而狭义的市场竞争是指企业之间争夺顾客的竞争。顾客，对

于企业来说无疑是至关重要的。如果不能赢得顾客、留住顾客，企业就不能生存；只有不断扩大顾客群，企业才能不断发展壮大。为了赢得顾客，企业必须以适当的价格、恰当的分销渠道向顾客提供能够满足其需要的适当的产品或服务，并运用公关、广告等多种手段促销。因此，市场竞争的主要内容包括产品竞争、价格竞争、促销竞争和分销渠道竞争等。

"物竞天择，适者生存"是自然界和人类社会竞争的规律，优胜劣汰是竞争的基本机制。企业竞争毫无例外也要遵循这些法则。企业竞争实际上是企业、竞争者、顾客之间的"三角之争"。这一点决定了企业在竞争中必须注意赢得顾客，而不只是赢得与竞争者之间的对抗。在遵守基本竞争规则之外，还必须讲究一定的伦理道德规范。

2）在企业竞争中讲究伦理道德的必要性和重要意义

（1）在企业竞争中讲究伦理道德和诚实守信是市场经济的必然要求

市场经济既体现在以法律为手段的制度约束性上，又体现在以信誉为基础的道德约束性上。随着我国市场经济体制的不断完善，道德与诚信对企业发展的影响越来越大。企业经营者应把道德与诚信经营理念提高到一个崭新的高度，应当树立道德与诚信就是企业竞争力的观念。明确道德与诚信是内强企业素质、外树企业形象的基石。

市场竞争既是一种激励机制，又是一种淘汰机制：获胜者达到自己的目标，满足自己的需要；失败者被淘汰出局。正是这种巨大的激励和压力的双重作用，才使得参与竞争的各方不断进取，奋力向前，最终推动整个社会、经济、文化的发展与进步。

要让道德与诚信成为竞争力，就要让道德与诚信无处不在。一是企业无论是对社会、各阶层、银行、税务部门，还是对企业员工，都必须讲道德与诚信；二是企业中的每一位个体都要讲道德与诚信，领导与员工之间，上级与下级之间，员工与员工之间，都要讲道德与诚信，这样才能有效提升企业的道德与诚信的形象。

建立商业道德与诚信文化，需要把诚实经营的理念，由表面的感性、知性，变成深层的理性思维，融入员工的潜意识；要从细微之处着手，虽则微隐之物，信皆及之。我们设想，企业是一棵树，道德与诚信则是树之根。我们要把"一切从道德与诚信做起"作为全体员工的准则，作为企业的宣传用语。

另一方面，也要明白，无序竞争和恶性竞争也会断送市场经济。自然界的竞争是残酷的，有时甚至是血淋淋的，企业竞争也绝不是"和风细雨"。如果没有一定的规则，在经济利益的巨大推动力和对失败的恐惧之下，竞争者会铤而走险，不择手段，从而给社会造成极大的危害。首先，不正当竞争使守法之人吃亏，正直之士遭损，阴险狡诈之辈得利，凶狠歹毒之徒获胜。其次，无序和不正当竞争会严重扰乱社会经济秩序，使社会陷入无序和混乱。在社会经济交往中，人们必须依靠基本的规则，才能使社会经济正常运转。

（2）竞争规则以个人自律为基础，道德约束是维护有序竞争的重要工具

市场经济是法制经济，法律无疑是维护正常经济秩序的重要工具和手段。但是，市场经济是以个人自律为基础的，它离不开伦理道德规范的约束。从历史上看，在西方市场经济形成的早期，法制、规则极不健全，人们相互之间的交往完全依靠个人自律，如在经济往来中坚持诚信、公正平等、人道礼让等基本准则。随着经济的发展，仅依靠个人自律就愈发显得苍白无力，出现了大量不正当竞争行为，从而造成社会经济的混乱。

（3）在企业竞争中讲究道德是企业追求长远利益和兴旺发达的根本要求

坚持竞争道德，坚持用道德的高标准来要求自己，企业才能获得长久的发展和雄厚的竞争优势。第一，竞争是参与各方相互依存、相互制约、相互作用的过程，是自利和他利的结合。企业只有在自利和他利的平衡中，讲究竞争道德、实现有序竞争，才能保持生机与活力。没有竞争的企业不可避免地会停滞、没落。第二，讲究竞争道德有利于在企业内部形成良好的风气，使企业更具战斗力。如果不讲究竞争道德，会对良好的商业诚信文化造成重大冲击。甚至会使健康向上的文化氛围荡然无存。剩下的只是一些"乌合之众"，毫无战斗力。第三，讲究竞争道德也有利于企业树立良好的形象，建立良好的商誉。这不仅会给企业带来巨大的、持久的经济效益，而且有助于企业建立起良好的内外环境，而良好的内外环境对于企业的生存和发展至关重要。

早在2 500多年前，老子就提出了"道者，路也；德者，得也"的精妙论断，说明"德"与"得"在本质上是相通的。在竞争中讲究伦理道德，最终会使企业的经济利益目标和发展目标得以实现；而如果不顾竞争道德，即使在短时期内使企业飞黄腾达，也必不长远。因此，从长远利益出发，企业也应讲究竞争道德。

3）不正当竞争的含义与形式

世界各国对不正当竞争行为的界定可分为狭义和广义两类。狭义的不正当竞争是指以欺诈、虚伪表示、诋毁竞争对手、侵犯商业秘密等不正当手段进行竞争，损害其他经营者合法权益的行为。广义的不正当竞争除了包括狭义的内容之外，还包括限制竞争行为，即经营者滥用经济优势或者政府及其所属部门滥用行政权力，排挤或者限制其他经营者的公平竞争，包括垄断和以限制竞争为目的的联合行为。

《中华人民共和国反不正当竞争法》（以下简称《反不正当竞争法》）对不正当竞争行为给出了明确定义："本法所称的不正当竞争行为，是指经营者在生产经营活动中，违反本法规定，扰乱市场竞争秩序，损害其他经营者或者消费者的合法权益的行为。"这就明确规定了不正当竞争是一种市场竞争行为，它具有违法的性质并具有两方面的危害。判断不正当竞争的标准即在于此。《反不正当竞争法》列举了不正当竞争行为，并给出了市场竞争中应当遵循的一般原则，即自愿、平等、公平、诚实信用的原则以及法律和商业道德，有助于我们识别不正当竞争行为。

6.2.2　市场竞争中的伦理问题

市场，是买卖双方交换的场所，是企业取得各项资源（人、财、物等）并把产品或服务推销出去，实现企业利润的场所，也是企业与其竞争对手角逐的竞技场。为了实现企业的目标，企业必须通过产品或服务、价格、促销手段、分销渠道、售后服务等诸方面与其竞争对手周旋，争取赢得消费者。因此，以上的方方面面都是我们在讨论市场竞争中的伦理问题时所要分析的问题。

1）产品竞争

广义的产品是企业向市场提供的、能满足人们某种需要和利益的物质产品和非物质形态的服务。物质产品主要包括产品的实体及其品质、特色、品牌和包装装潢等，它们能满足顾客对使用价值的需要。非物质形态的服务主要包括售后服务和保证、产品形象等，能给顾客带来利益和心理上的满足。产品竞争中的主要伦理道德问题有：

（1）"见贤思齐"与"压低别人，抬高自己"

《论语》中有"吾日三省吾身"和"见贤思齐"之语，说的是一个人要经常审视自己，见到比自己高明的人，要努力充实、提高自身水平，向他看齐，这样才能进步。然而，我们在现实生活中经常会发现，一个人看到比自己高明的人，不是想办法提高自身水平，而是千方百计压低、贬损别人，试图以此来抬高自己，但实际上自己并没有高起来。这样做，也许一时可以"蒙"住不少人，但并不能长时间混淆视听，也不能把所有人都"蒙"住。一旦暴露，自己还会"碰一鼻子灰"。做人如此，企业竞争也如此。

（2）搭顺风车的捷径——仿冒

一个企业、一个产品，要想赢得消费者的信赖和偏爱，在市场上站稳脚跟、建立信誉，必须花费很多的心力，不仅靠过硬的产品质量、合理的价格、齐全的品种、良好的服务，而且靠企业遵守法律法规和商业道德，以公平、正当的竞争方式，通过长期的诚实劳动才能实现。但很多企业却耐不住这份"寂寞"，他们不仅想"一炮打响"，而且也找到了搭顺风车的捷径——仿冒。其主要形式有：仿冒他人的注册商标；仿冒知名商品特有的名称、包装、装潢；仿冒他人的企业名称。

2）价格竞争

价格是企业参与市场竞争的重要手段，它与企业的生存和发展休戚相关。企业在制定价格时，除了考虑产品本身的成本外，还要综合考虑市场特性、供求状况、消费者的需求状况和竞争对手的情况，以及国家或行业的政策法规等因素，不仅要考虑企业的自身利益，而且要遵守基本的价格竞争道德，考虑到消费者和竞争对手的利益。

总体说来，价格竞争道德也要讲究公平、公正、诚实信用的基本原则，一方面要求企业不能任意定价，哄抬物价，牟取暴利，要制定与市场需求和产品质量相符的价格，尽量为顾客提供物美价廉的产品；另一方面要求企业不能故意以低价倾销，排挤竞争对手，大打"价格战"。在价格竞争中存在以下几个问题：

（1）压价排挤竞争对手

压价排挤竞争对手是指经营者为了排挤竞争对手，在一定市场上和一定时期内，以低于成本的价格销售商品的行为。国外也称之为"掠夺性定价"。实施这种行为的企业通常是具有市场竞争优势的企业，他们具有资金雄厚、品种繁多、产量规模大、市场占有率高和经营风险小等优越的竞争实力，而中小企业往往势单力薄，无力承担这种亏损的风险，所以实施这种不正当竞争行为的可能性不大。

在跨国经营中，有的企业为了打入外国市场或者挤占部分市场份额，也往往采用低价倾销的策略。这一现象已受到世界各国的广泛重视，不少国家还制定了"反倾销法"对此加以惩治。在我国进行改革开放和社会主义市场经济建设的今天，这类事件也多有发生。例如韩国的"三星"收购中国苏州的"香雪海"后，为了扩大在华市场的份额，声言准许3年亏损2.5亿元。一家彩电合资企业更是制定了"亏损几亿元，也要挤垮长虹"的战略目标。面对跨国企业咄咄逼人的态势，专家呼吁，除了我国企业要自强之外，国家也要加强对倾销的查处，制止不正当竞争，创造健康的竞争秩序。

（2）限制价格的落后行为

价格竞争作为一种有力的竞争手段，在生活中随处可见。例如，我们常常会看到这样一幅景象：即使只有几步之遥的两家商店，同一规格同一商品的价格却相去较远。这是正常的经营行为，应该受到认可和保护。正是由于这种价格的差异，才使一家商店门庭若市，另一家商店则门可罗雀。也正是这种压力和反差，使企业加强管理，改善服务，树立特色，千方百计改善经营，形成向上的动力。反观限制市场价格的行为，不仅起着保护落后的作用，而且让消费者去承担由于商业伦理水平低而造成的额外开销，也是不公平的。因此，这种联合限制价格的行为也是一种不正当的竞争行为。

3）销售渠道竞争

在销售渠道竞争中也存在着很多问题，主要有：

（1）回扣的危害与禁止

回扣作为商品流通的伴随物，客观存在于经济生活的各个角落。人们对于回扣的利与弊、是与非，以及它是商品经济的"润滑剂"还是破坏公平竞争的"腐蚀剂"，长期以来争论不休。终于，法律给了一个权威的结论。《反不正当竞争法》第七条规定："经营者不得采用财物或者其他手段贿赂下列单位或者个人，以谋取交易机会或者竞争优势：（一）交易相对方的工作人员；（二）受交易相对方委托办理相关事务的单位或者个人；（三）利用职权或者影响力影响交易的单位或者个人。经营者在交易活动中，可以以明示方式向交易相对方支付折扣，或者向中间人支付佣金。经营者向交易相对方支付折扣、向中间人支付佣金的，应当如实入账。接受折扣、佣金的经营者也应当如实入账。经营者的工作人员进行贿赂的，应当认定为经营者的行为；但是，经营者有证据证明该工作人员的行为与为经营者谋取交易机会或者竞争优势无关的除外。"由以上规定我们可以看出，如实入账的折扣是允许的，而回扣是市场交易一方当事人为争取交易机会和交易条件，在账外暗中向交易对方及其雇员等有关人员支付的金钱、有价证券或其他形式的财物。它属于商业贿赂的一种，在世界上大多数国家都受到禁止。

显然，回扣是公平竞争的"腐蚀剂"，它能侵蚀人的心灵，败坏社会风气，所以应对它说"不"。只有这样，才能有助于形成健康正常的竞争秩序和社会环境。

（2）滥用行政权力限制竞争

滥用行政权力限制竞争行为会阻碍全国统一市场的形成，使市场自身的运行规则屈从于行政干预，并使消费者的正当权益受到侵害，从而妨碍了正常竞争，其危害甚大。

6.2.3　信息竞争中的伦理问题

作为一种重要资源，信息已成为现代经济社会竞争的焦点。由于信息关系着企业的盛衰成败，所以对于信息的争夺也日益激烈。这一方面要求企业的信息工作人员有高度的责任心和灵活的头脑，积极主动地开展工作；另一方面又不能使用偷盗或采用欺骗、胁迫以及暴力等不正当手段获取信息，侵犯竞争对手的商业秘密。

事实上，企业获取信息有多种渠道和方法，例如企业年鉴、报纸剪报、杂志、产品介绍、咨询研究、专利档案、供应商报告、顾客报告等。

1）禁止侵犯商业秘密

商业秘密是指不为公众所知悉、能为权利人带来经济效益、具有实用性并经权利人采取保密措施的技术信息和经营信息，如生产配方、工艺流程、技术诀窍、设计图纸、管理方法、营销策略、客户名单、货源情况等。它们都是其权利人投入一定的时间、精力和资金开发出来的，对权利人具有实际的或潜在的经济价值。

侵犯商业秘密是指不正当地获取、披露、使用或允许他人使用权利人的商业秘密的行为。《反不正当竞争法》规定，侵犯商业秘密行为的主要表现形式有以下四种：第一种，以盗窃、贿赂、欺诈、胁迫、电子侵入或者其他不正当手段获取权利人的商业秘密；第二种，披露、使用或者允许他人使用以前项手段获取的权利人的商业秘密；第三种，违反保密义务或者违反权利人有关保守商业秘密的要求，披露、使用或者允许他人使用其所掌握的商业秘密；第四种，教唆、引诱、帮助他人违反保密义务或者违反权利人有关保守商业秘密的要求，获取、披露、使用或者允许他人使用权利人的商业秘密。

在现实中，大到跨国企业，小到我们身边的小厂，甚至小商贩，都存在着侵犯竞争对手商业秘密的行为，并且在判定合法与非法之间也并不是十分清楚的。因此除了加深对法律的理解，明确司法解释，依法办事以外，还要求企业自觉遵循信息竞争道德。

2）散布虚假信息的危害

"兵不厌诈"是兵家的名言，而对于企业竞争来说，用散布虚假信息的方式来诱惑乃至坑害竞争对手，是不道德的。

在"市场学"课堂上，老师一般都会津津有味地讲述一个真实的故事：美国一家小企业生产的一种新型肥皂在费城卖得很好。此时，洗涤业巨头宝洁公司（P&C）也生产出了这种产品，并决定在费城试销。该企业知悉后不动声色。就在宝洁公司将产品投放市场的前一天，该企业将其产品悄悄从货架上撤下，宝洁公司并未发觉，于是宝洁公司试销"大获成功"。试销的成功促使宝洁公司制订了庞大的推广计划，大张旗鼓地展开了促销活动，而该小企业却"回马一枪"，不仅抢回了费城的大部分市场，也使宝洁公司的很多努力无功而返，损失惨重。在这一则以弱胜强的案例中，我们能说它道德或不道德吗？

我国传统的商业道德规范流传了千百年，可以概括为：买卖公平、诚信无欺；信誉第一，守义谋利；礼貌待客，和气生财。其核心是诚信。因此，在市场交易中，人们推崇诚信，反对欺诈。在信息竞争中，散布虚假信息，搞"小动作"，有悖于公认的商业道德，是一种不道德的行为，为真正的商人所不齿。如果此风盛行，商场上必然充满尔虞我诈，会破坏良好的经济秩序。

3）查封盗版现象

软件是一种特殊商品，它以电子数据的方式存在于磁介质或塑基介质上。它的价值绝不仅仅是其生产成本。在现代电子信息业中，生产制造成本仅占其总成本的很小一部分。凝结在软件中的资金、劳动与知识是庞大的，必须靠出售大批量的正版软件才能回收。然而，盗版行为却使企业辛辛苦苦开发出来的知识成果"血本无回"，这不仅大大挫伤了软件开发者的积极性，不利于信息产业的发展，而且使很多人在短期内就能"暴富"，破坏了公平、公正的市场竞争秩序。

因此，每个国家都在加大打击盗版行为的力度，国际上也加强了打击走私盗版活动的合作。我国相继制定、颁布了多项知识产权保护法律法规，并加大执法力度。为促进我国电子信息产业的健康发展，创造良好的投资环境，维护我国的国家形象，保护版权人的合法权益，打击盗版行为势在必行。

|6.3| 企业对国家：遵纪守法，及时足额纳税

6.3.1 企业对国家与政府：遵纪守法涉及的内容与要求

企业社会责任不是独立责任，而是一个体系，是社会在一定时期对企业提出的经济、法律、道德和慈善四种期望，其中经济责任和法律责任是社会要求的（required），道德责任是社会期望的（expected），慈善责任是社会愿望的（desired）。在卡罗尔的四层次金字塔模型对企业社会责任进行的分类中，经济责任是最基本责任，处于金字塔的底部，其次就是法律责任。

社会责任作为一种对公司行为的约束机制，它是一种制度安排。从社会学的角度分析，一个社会的制度大致可以分为两种，即软制度与硬制度。在硬制度中最核

心的部分不外于政治制度、经济制度和法律制度，而软制度主要包括社会文化、社会习俗和道德规范等。从理论角度来说，这些软制度的构成要素均应为企业社会责任的内容，应形成企业社会责任的边界。但是，政治制度往往内化于法律制度，而文化和习俗也往往内化于道德规范，经济、法律和道德构成了一个社会最基本的制度环境体系，排除经济责任、企业的社会责任边界应归于法律责任和道德责任之内。

我国的经济学家魏杰曾经在《光明日报》上发表观点，认为企业的社会责任是法定的必须承担的责任，其特点是具有法定性和强制性，这种责任是否直接履行，直接涉及法律问题，所以它属于法律性质的责任。法律的要求，应该是企业社会责任的重要标尺，但并不是唯一标尺。企业社会责任有必然性的义务，但是社会的期许、涉及社会公众的福祉和利益的道德约束也纳入企业社会责任的范畴，企业在经营中的自身状况和偏好应有所选择和侧重。魏杰先生的观点符合我国目前从法律上强化企业社会责任的初衷，但是将企业社会责任等同于法律责任，反而淡化了企业社会责任的"社会性"，造成了逻辑的混淆。所以说，企业社会责任既不等同于法律责任或者道德责任的唯一，又不是其他属性的责任，其应当是法律责任与道德责任的统一体。

企业的法律责任，是指企业应该在法律允许的范围内经营，企业有遵守和维护法律的责任，包括"合法经营""依法纳税"等两大方面。企业社会责任的实行必须有多方法律机制的配合，企业社会责任与利润最大化可以通过制度安排寻找均衡而实现二者的良性互动状态。

分析企业应当承担的社会法律责任对于我国企业社会责任的落实和文明程度的提高具有重要意义。对于社会法律责任内容的概括从不同角度有不同的分类结果。例如从利益相关者角度可以分为，对消费者的责任、对劳动者的责任、对社区的责任、对环境保护的责任等。也可以从社会需求角度分析，如北京大学经济研究所、原北京大学民营经济研究院、《环球企业家》杂志和零点调查公司联合对中国企业家的社会责任感进行过一项调查，一共有980家企业，以及3 201名公众参与了问卷调查，最后根据社会公众对其重要性的评判所作的分析为：产品安全责任、环境保护责任、公众安全责任、依法纳税责任、公益事业责任等。

6.3.2 我国企业承担法律责任的现状

随着中国社会的发展进步，企业社会责任逐渐受到全社会的关注，企业被认为应该在更广的范围内承担对各利益相关者的责任。

首先，从公众对企业法律责任的感知角度来看，根据原北京大学民营经济研究院的调查（2006）发现，企业与公众对社会责任的理解存在显著偏差。当前中国企业对社会公益责任（包括慈善捐助、热心公益事业等考量指标）的认知度最高。

其次是对经济责任（包括对股东负责、为股东创造价值、依法纳税等）的认知，而对于法律责任、环境责任以及商业诚信文化责任的认知度偏低。普通公众对企业社会责任的理解则集中在环保、员工权益保护、产品质量和售后服务方面（这主要是企业的法律责任、环境责任等）。中国法律环境显示出社会转型时期制度空隙带给企业的法律责任意识较弱。在弱法律制度环境下，企业的法律责任也可能较弱。

再次，因为企业法律责任的内容围绕着与企业日常经营和承担社会责任相关的各项法律法规展开，所以企业社会责任立法的完善直接反映出一个社会对企业社会责任普遍的关注程度。企业社会责任的立法模式主要有三种，一般条款模式、义务列举模式和一般条款加义务列举模式。一般条款模式，即在原则上对企业社会责任作一般性的、宣示性的规定，没有具体义务的描述和列举。义务列举模式，即企业社会责任被具体化为企业对社会负责的一系列行为或任务。一般条款加义务列举模式，即在规定企业社会责任一般行为准则的基础上，进一步提供更加特定和具体的行为规则。

目前，在我国现行的法律规范中尚没有对企业社会责任起一般性宣示作用的条款。虽然《公司法》第五条和《合伙企业法》第七条分别规定了"公司"和"合伙企业"这两种特殊法律形态的企业应当"承担社会责任"。2007年年末，国务院国有资产监督管理委员会发布了《关于中央企业履行社会责任的指导意见》，仅涉及中央企业的社会责任，而且该指导意见属于部门规章，其法律层次较低。纵观我国现行有关企业社会责任的立法，主要分散在企业法、产品质量法、消费者权益保护法、劳动法、环境保护法等诸多法律法规中，很多规范过于原则化、缺乏可操作性和强制执行力。

当然，我国企业社会责任立法的步伐在逐步跟进，尤其在明确公司（企业）责任和义务的方面，不断完善。为适应社会发展的要求，新公司法独立于其他法律之外，颁布后经过实践又进行了修订，与之配套的公司法规文件则更多。这些法律、法规明确规定了与公司相关的单位、部门、个人在公司行为履行中的权利、责任；强调加强各单位内部监督及单位负责人、公司机构、公司员工的公司监督的法定职责；对违反新公司法的法律责任，特别是对单位负责人法律责任的规定是前所未有的。

6.3.3　我国企业社会责任法制化建设的里程碑

在实践中，企业社会责任也多游走于道德责任与法律责任的边缘。我国《公司法》的第五条规定公司承担社会责任，从而开启了企业社会责任的制度化的里程碑。学者、社会公众呼唤强化责任，社会责任的强化必将是一个法律的过程。

随着《公司法》的实施，企业是否要承担社会责任的争议终于宣告结束。《公司法》第五条规定："企业从事经营活动，必须遵守法律、行政法规，遵守社会公德、商业道德，诚实守信，接受政府和社会公众的监督，承担社会责任。"但在实际中，如何运用《公司法》使企业有效地承担起社会责任，尚有许多难点。因为《公司法》第五条毕竟只是一个原则性条款，旨在宣示一种价值取向和行为标准。有关企业社会责任的概念、性质、内容，以及企业不履行其社会责任或义务所要承担的法律后果等并没有明确地予以规定。

如何将《公司法》第五条的立法精神具体化，赋予其确切的、可操作的内容，如何通过一系列具体法律制度的设计来构建并完善企业社会责任的法律体系，从而使企业社会责任在实践中得以贯彻和落实，仍然是企业社会责任法制建设需要解决的重大课题。鉴于此，必须充分理解、领会和贯彻《公司法》第五条的精神，挖掘在现行法律体系中的企业社会责任的法律资源，对在现行法律中体现有关企业社会责任的其他法律规范（与企业社会责任有关的内容分散在诸多法律法规之中，其中包括产品质量法、消费者权益保护法、反不正当竞争法、自然资源法、税法等），进行以社会责任为导向的解释，进而从执法和司法等多个方面建立企业社会责任的落实机制和监督机制；在非常必要的领域继续进行个别法律条款的修改和完善；从企业组织结构、企业经营决策程序、企业经营者资格、法律责任等方面将企业社会责任理念和要求纳入具体规范，并使规范具有制度设计所必需的统一性；同时，结合我国国情和企业的具体情况，大胆吸收并借鉴外国企业社会责任立法的成果和经验。

当然，我国社会责任立法的其他领域还有待完善。例如，企业在并购过程中对并购前后行为的社会监督体系和企业的非法行为的社会反应揭示出我国企业对投资者的社会责任严重缺失，法律制度监管和执行环节的薄弱形成企业间的兼并演化为掏空上市公司的工具。

我国企业社会责任立法的步伐在稳中前进，并且企业法律责任的承担具有一定的强制性，但是我国企业履行法律责任的主观意愿以及承担责任的现状并不乐观。根据一项关于我国12个省1 268家企业高层管理者的实地调研结果显示，我国企业在顾客导向及经济责任上表现相对较好，而在环境保护及员工发展方面还处在较低的水平，在公益慈善和法律责任的履行方面表现出了高低交错的现象。具体在法律责任履行方面，七成左右的企业表示它们严格遵守国家各项法律，合法经营并依法纳税，但还有不少企业存在违规经营（占比24%～28%）及各种漏税行为（占比30%～63%）；特别是有43%～48%的企业表示它们从事过商业贿赂或腐败行为，有48%～65%的企业采取过不正当的竞争方式。

最后，关于在企业社会责任中法律责任分支的研究也成为学术界研究的热点。例如，由于转型时期市场经济制度不完善，以经济建设为中心的企业社会绩效较低，社会期望具有法律权威的管制性工具以较强的威慑力和奖惩机制来约束参与人的行为，增强企业的法律责任意识，以建立公平、诚信和有序的市场经济秩序。如何建构制度管制的支柱作用，发挥其平衡企业与利益相关者的关系，成为学者们研究的一个新问题。

6.3.4 企业必须对国家与政府负责，建立和谐的政企关系

企业遵守国家的法律法规，尤其重要的一点就是要依法诚信纳税。我们之所以把遵守税法单列出来，是因为马克思曾经说过："赋税是喂养政府的奶娘。"税收是财政收入的主要来源，是国家的经济命脉，也是国家宏观调控的重要手段。国家利

用税收的形式参与国民收入分配，筹集资金，有计划地用于发展国民经济，发展科技、教育、文化、卫生等各项社会事业，满足人民的物质文化生活需要，提高人民的生活水平。这也正是税收取之于民、用之于民的本质所在。

依法诚信纳税是现代文明的重要标志。依法诚信纳税既是企业履行法律责任的要求，又是其最好的信用证明，是对公司法律义务与道德要求的有机统一。依法诚信纳税有利于健全市场信用体系，营造并维护正常的税收秩序，促进公平竞争，为经济健康发展提供良好的环境。古语云："商无信不兴"，企业失去了信用就难以在激烈的市场竞争中立足。商业信誉是企业宝贵的无形资产，能帮助企业开拓市场，能为企业创造更多的经济效益和社会效益。依法诚信纳税是衡量企业对国家和对人民贡献的重要标尺，是遵守市场竞争规则、维护商业道德的具体体现，是企业最好的形象宣传。

因此，企业应该把诚信纳税作为生存发展的前提条件，立足于自身的长远发展，明礼诚信，依法纳税，树立良好的商业信誉和企业形象，实现自身的持续、健康发展。

实践证明，遵守政府法律法规的企业常常能被国家或当地政府给予更多的自由甚至一定的认可和奖励，从而保证企业持续稳定的发展。

|6.4| 企业热心慈善与公益活动，做优秀企业公民

随着全球化时代的到来，通信的即时性和旅行速度的加快使得一个地区、一个国家甚至整个世界都变成了相互联系的一个社区。传统的地理界限变得越来越模糊，如今的企业社区包含了整个世界。

6.4.1 对企业所在社区负责，建立和谐的社会关系

企业与社区的关系就好像鱼和水的关系一样，鱼离不开水，只有水才能给鱼提供生存发展的空间和机会。只有社区支持企业的发展，企业才能如鱼得水、畅游自如。

通常，当一家企业积极参与社区活动时，它就能够在社区获得很高的声望并且能被社会更好地接受。社区中的企业活动能为其自身带来很多好处，在帮助别人的过程中，企业也处在帮助自己的位置上。

一项对在美国经营的外资企业调查显示：有81%的企业拥有社区活动政策；有71%的企业认为社区的期望是其企业计划中非常重要或中等重要的一部分。这些被调查企业的高级管理人员认为，如果社区活动做得好，企业就会被社会接受并成为有价值的社会成员，这将有利于它在顾客、员工、政府和更广泛的社区中树立的良好企业形象。

因此，企业不仅应该关注自身的发展，而且应该关注整个社区的发展，只有在社区发展的大环境下才有可能实现企业自身的目标。

但是，企业参与社区活动并不是突发奇想的，需要事先经过认真的考虑和安排，从而制订出社区活动计划。

6.4.2 企业慈善公益责任的由来与功能

慈善与公益活动是企业履行社会责任的一种重要途径和方式。企业的社会责任不仅包括对内部员工的责任，为职工的生存、就业、社会保障等提供良好的环境和条件，而且包括对整个社会的发展贡献应有的力量，特别是对社会的弱势群体应该给予必要的关注和帮助。慈善捐助、参加各种类型的公益活动或创办基金会都可以实现企业的社会责任。从事各种慈善活动是企业社会责任的一个重要组成部分，是企业的一种崇高的社会责任。

1970年9月13日，诺贝尔奖获得者、美国经济学家米尔顿·弗里德曼在《纽约时报》发表题为"企业的社会责任是增加利润"的文章。文章指出："企业的一项、也是唯一的社会责任是在比赛规则范围内增加利润。"与此相反，利益相关者理论在企业社会责任问题上则明确指出，企业的责任除了为股东追求利润外，还应该考虑利益相关者，即影响和受影响于公司行为的各方的利益。著名管理学大师彼德·F.德鲁克在其《管理——任务、责任、实践》一书中，把企业对社会的影响和对社会的责任作为管理的第三项任务，将其视为与"取得经济上的成就""使工作富有活力并使职工有成就"同等重要，应在同一时间和同一管理行为中去执行。美国哈佛大学迈克尔·波特教授将其竞争优势理论运用于企业慈善行为的分析，最终形成独树一帜的战略性企业慈善行为理论，强调企业慈善行为对企业的竞争环境可能产生积极影响，并将这种企业慈善行为定义为战略性慈善行为。

1979年美国著名管理者卡罗尔提出的"企业社会责任金字塔模型"，涵盖了企业社会责任的各方利益相关者，并将其分为四个层次：

第一层次是经济责任，是指企业的盈利是实现其他更高层次的社会责任的基础；

第二层次是法律责任，是指企业的一切活动都必须遵守法律的条款，依法经营；

第三层次是伦理责任，是指企业的各项工作必须符合公平、公正的社会基本伦理道德，不能做违反社会公德的事；

第四层次是慈善责任，是指企业作为社会的组成成员，必须为社会的繁荣、进步和人类生活水平的提高做出自己应有的贡献。

利益相关者理论与主流企业理论在企业社会责任问题上的根本分歧在于：前者认为企业应该对其利益相关者负起包括经济责任、法律责任和慈善责任在内的多项社会责任，而后者则强调企业经营唯一的任务就是在法律许可的范围内追求利润最大化。随着经济和社会的进步，特别是自20世纪70年代以来，消费者维权运动、劳工运动的不断兴起以及能源危机和环境污染带来的灾难不断出现，使人们在管理理论上关注企业社会责任问题，要求"赋予市场经济以人道主义"，确保生产商及供应商所提供的产品符合社会责任的需要，提倡企业要承担相应的社会责任，成为对员工、对社会负责的企业。

近些年来企业社会责任的思想受到了全世界的普遍关注，《财富》和《福布斯》等商业杂志在企业评比时都增加了企业社会责任的标准。国外有一些大学商学院也已经专门开设了企业社会责任的相关课程。企业社会责任是对企业的一种全新认识，是对将追求利润作为企业唯一宗旨的界定的修正和发展。企业作为社会组织也是社会成员，除了要实现自己的经济目标外，还应该关注社会及其他社会成员的利益，为全社会的发展承担起应有的责任，也就是企业的社会责任。卡罗尔提出的社会责任有四个层次的含义：经济、法律、伦理和慈善，从事各种类型的慈善活动是企业参与社会生活、承担社会责任的一种重要的表现形式。

1）慈善与公益活动是企业社会责任的载体

在中国的传统文化中，慈善是仁慈、善良、富有同情心的意思。许慎的《说文解字》中对慈的解释为"慈，爱也"，对善的解释为"善，吉"，引申为友好之意。老子云："上善若水，水利万物而不争。"儒家文化中也包含了对"慈善"思想的理解，"老吾老以及人之老，幼吾幼以及人之幼"。几千年来，中国的传统文化一直提倡"与人为善""天人合一""扶危济贫"，这里面实际上蕴含着深厚的传统美德和人道主义精神。闻名于中国商业史的晋商、徽商等，救百姓于水火之中，捐巨款购买粮食赈济灾民，就折射出朴素的企业慈善情怀。在现代社会中，慈善的表现形式丰富多彩，企业从事慈善活动的途径也是多种多样的，不仅包括捐款、资助，而且包括创办基金会、参加各种公益活动等；不仅在财物上给予劫持，而且在理念、智慧、信息等方面给予支持。

2）慈善与公益活动是和谐社会的内在稳定器

亚当·斯密是西方经济学的鼻祖。他在《道德情操论》中提出的一个观点是，社会的财富如果不被全社会所共享，那么这个社会就不稳定。我们今天在讲建设和谐社会的时候，应当从中有所感悟。构建社会主义和谐社会必须关注社会的弱势群体，弱势群体主要表现在应对社会风险能力的脆弱，因此建立完善的社会保障体系是维护弱势群体利益的有效之法。慈善事业是健全社会保障体系的一个不可缺少的方面，是对以政府为主体的社会保障体系的重要补充，它在促进社会公平、维护社会稳定、实现共同富裕方面均有着重要的作用。社会的第一次分配是按照市场经济体制的规律，以效率优先，兼顾公平；社会的第二次分配则是以政府行为为主，以公平为主，兼顾效率；社会的第三次分配就要体现企业的社会责任，积极发挥慈善在作为和谐社会建设中的减震器作用。发展慈善事业，对于提高构建社会主义和谐社会的能力具有重要意义和作用。

3）企业是现代慈善与公益事业发展的最重要的主体

现代慈善事业应该由现代企业主导，企业是现代慈善事业发展的最重要的主体。企业作为社会主义市场经济的主体，相对于个体公民在慈善活动中所起的作用更大。无论是捐款还是组织公益活动，企业的能量更大，有条件组织人力、物力和财力以保证慈善活动的成功举办，因此企业主导的慈善活动的影响作用也相对较大。企业在进行慈善活动的过程中，不仅推广了一种慈善理念，教育了本企业的员工，而且树立了良好的企业公民形象，对同行也有示范带动作用。更为重要的是，企业作为社会利益和发展的受益者，所获取的利益远远多于个人，因此相对个体公民而言企业更应该有责任"取之于民，用之于民"。现代慈善事业的发展和成熟更主要的还是要依靠以企业为主体的广大社会团体的推动和支持。企业是一个"多面体"：作为经济范畴的企业，它追求最大利润；作为法律范畴的企业，它要做好"企业公民"；作为道德范畴的企业，它要承担社会责任。

4）企业承担慈善公益责任有助于提升企业的竞争力

社会认同也是一种竞争力，企业承担慈善责任能够提高企业的市场认同度，从而有利于提高企业的市场竞争力。在当今国际市场竞争中，企业的经营理念已逐渐发生变化，传统的成本、质量、供货期只是最基本的要求。承担包括慈善责任在内的社会责任不仅能为企业赢得更好的声誉、得到人民大众及全社会的认可，而且可以在市场中更好地体现企业的文化取向和价值观念，从而为企业的长期稳定发展营造更好的社会氛围。在经济全球化时代，企业之间的竞争核心已经从过去的设备、厂房以及制度等"硬件"，发展为商业诚信文化、社会责任等"软件"。长期以来，我国企业普遍存在重"硬"、轻"软"的问题，过分偏重制度建设，轻视道德责任培养，这已经影响了企业的可持续发展。因此，企业要想获得持续发展并基业长青，就不仅要关心产品的质量和价格，而且要关心企业内部的和谐，还要关心商业道德，关心企业与社会的和谐以及对社会应尽的慈善责任，积极发挥慈善作为和谐社会内在稳定器的作用，积极提升自身的"软"竞争力。总之，衡量一个企业是否优秀，除了它的利润、规模这些因素外，企业的慈善责任将占据越来越重要的位置。事实上，越来越多的企业实践充分说明，在慈善责任和企业绩效之间存在正向关联度，企业完全可以将社会慈善责任转化为实实在在的竞争力。当然，一个企业和企业家的慈善责任并不是简单地一次性地为慈善机构和希望工程捐了多少钱，而是与其对于社会、环境、资源、股东、员工等有一种整体的考虑和持续的责任感密切相关的。

6.4.3 我国企业慈善公益责任的特点

企业慈善捐赠是企业为了社会慈善公益事业或公共目的，自愿将人、财、物赠送给与企业没有直接利益关系的受赠者的行为。

1911年，美国钢铁大王安德鲁·卡耐基建立了全球第一个慈善基金会——"纽约卡耐基基金会"，开创了企业慈善事业的先河，奠定了现代企业慈善事业的基础。从20世纪20年代起，很多美国知名企业家，如洛克菲勒、亨利、福特都纷纷效仿卡耐基，在各自的企业内建立了慈善基金会，开始积极投身于社会慈善事业。也正是在这一时期，作为指导美国慈善事业发展的重要理论基石——"企业社会责任"理论应运而生。20世纪80年代，美国的慈善事业加速发展，"利益相关者理论"及"企业公民"理论等一些与慈善相关的理论相继出现，推动企业慈善捐赠事业走上了健康可持续发展的道路。

在20世纪80年代国有企业改革开始之前，我国的企业慈善捐赠还几乎是一片空白，真正意义上的企业慈善捐赠是在1984年国有企业改革开始之后才逐渐发展起来的。在20世纪90年代之前，我国的企业慈善事业一直发展得比较缓慢。但是，从20世纪90年代起，随着我国企业经济的不断发展壮大以及"企业社会责任"理论、"企业公民"理论等在我国的广泛传播，我国企业慈善事业开始进入快速发展的时期，企业参与慈善捐赠的次数越来越多，捐赠规模也越来越大，企业慈善基金会也越来越多，我国企业慈善事业开始进入快速发展的时期。

我国慈善事业起步较晚，长久以来，我都没有建立起完整的慈善事业信息统计制度，导致分析决策缺乏依据。2004年，我国第一张慈善排行榜榜单发布，之后每年都会根据上一年度的中国慈善捐赠情况编制慈善排行榜榜单，完善中国的慈善事业信息的统计制度，为了解中国慈善事业的发展情况提供了依据。每年的慈善排行榜均有两个榜单，一个是针对个人捐赠的中国慈善家排行榜，另一个是针对企业捐赠的企业捐赠排行榜，入榜条件均是年度捐赠100万元以上（含100万元）。根据民政部发布的年度慈善排行榜，并总结各年数据，可以得出以下两个表格：表6-1与表6-2。

表6-1　　　　　　　　**2008—2011年度慈善家与捐赠金额表**　　　　金额单位：亿元

年份	入榜慈善家数量（人）	合计捐赠额（不含物品捐赠）
2008年	149	16.50
2009年	121	18.84
2010年	133	34.38
2011年	173	74.28

表6-2　　　　　　　　**2008—2011年度慈善企业与捐赠金额表**　　　　金额单位：亿元

年份	入榜慈善企业数量	合计捐赠额（不含物品捐赠）
2008年	325	54.90
2009年	899	117.95
2010年	448	52.95
2011年	707	116.07

根据表6-1、表6-2可以看出，我国的慈善家数量2009年至2011年呈逐步上升的趋势，捐赠额也大幅提高；入榜的企业家的数量在2009年和2011年较上年均有大幅度的上升，捐赠额也相应提升了很大的幅度，企业及企业家的慈善之心正在慢

慢被唤起。2008年是中国慈善捐赠史上的一座里程碑。在这年，年初的低温雨雪冰冻灾害，5·12汶川大地震，8月的奥运会，大大激发了我国财富人群的捐赠热情。但是由于企业常规慈善不力，2009年大幅回落，甚至低于此前2007年的水平。2010年是近20年来仅次于2008年的第二个重灾年份，2010年度的慈善家捐赠又有了让人喜悦的丰收年景。根据民政部发布的年度慈善排行榜，可以看出我国企业慈善有以下几个特点：

1）国有企业履行慈善责任整体表现一般

国有企业作为社会主义市场经济的重要组成部分，在整个体系中发挥着举足轻重的作用，而数据显示，少数国有企业每年都有巨额捐赠，但是大多数国有企业表现较差，导致国有企业的整体表现一般。

国有企业有大额捐赠的传统，比如2008年榜单前10强中有4席是国有企业占据，3家过亿，中石油更是拿10亿元用于慈善公益；2009年榜单国有企业更是占据了前10强中的7位，农业银行以3.6亿元占据榜首。但总体表现有待进一步挖掘，在2008—2009年榜单中，过千万的国有企业数目均比民企少得多，而全国100强企业前20名全部为国有企业，除了经常登榜的中石油、中石化、国家电网、建设银行、农业银行、平安保险等企业外，其他国有企业的排名靠后，甚至在榜单上看不到。2009年中国慈善排行榜企业榜单显示，其中有259家企业是国有企业，占总数的28.8%，落后于民营企业。虽然每年国有企业都有大额捐赠，着实让公众感受到了其责任心，但多年来，国有企业整体在慈善公益方面的表现却不尽如人意：这一方面是由于一些国有企业的捐赠方针不清晰，决策过程不透明，随意性强、连续性差，易使公众产生误解；另一方面是由于国有企业的捐赠领域过于传统集中、捐赠形式单一也造成了不为社会所知的现象。2010年，是国有企业捐赠走上制度化尝试的一年，国务院国有资产监督管理委员会规范了央企的捐赠制度，在很大程度上推动了我国大型国有企业开展慈善事业。2011年中国慈善排行榜企业榜显示，在上榜的707家企业中，有231家是国有企业，捐赠总额为39.6亿元，占总数的32.7%。国有企业进行的一次次大额捐赠，彰显了企业大腕们的责任心，希望国有企业真的能在慈善这条道路上越走越好。

2）民营企业仍是我国企业履行慈善责任的主力军

国家统计局的数据显示，中国民营企业已成为我国最大的企业群体，占全国企业总数的比例超过60%，占全国GDP的份额超过50%。

经历40多年的改革开放，民营企业取得了巨大发展，积累了巨额的财富，这就使得民营企业更有能力履行慈善责任。根据数据统计，民营企业捐赠的数额占利润的比例最高，捐赠数量及上榜企业均大幅度增加，而中国慈善排行榜连续7年达到的数据也显示，中国民营企业已成为推动国内慈善事业发展的重要力量。

2011年中国慈善排行榜捐赠数据显示，在上榜的707家企业中，民营企业数量为374家，占总数的52.8%，捐赠总额约为65.3亿元，占全部捐赠总额的56.3%，远远高于国有企业及外资企业，民营企业的发展势头强劲，大有压倒国有企业之势。

3) 外资企业慈善责任发展略好

根据民政部的榜单,单纯从财物捐赠数额计算,在华外企表现稳步上升,2008年赈灾捐赠大幅增加,上榜的企业达到207家,占总数的23%,创历史新高,之后有所回落,2010年在慈善领域表现仍然平平,但是总体来说还是有所进步。在华外企履行慈善责任在整体上形式更加多样化:从捐赠形式来看,大多数外企已经从单纯的资金捐赠,转向产品捐赠、服务捐赠和员工志愿者行为。外企将慈善捐赠看成企业的社会投资,是企业与社会积极互动、互利的一种行为。外企通常选择社会广泛关注的或者与自己产品紧密相关的领域作为公司慈善的核心项目,通过一整套规范化、制度化的持续性运作机制取得成功,被视为企业可持续发展最有效的方式。比如以婴幼儿产品为主的强生把公益慈善的目标集中于儿童安全,生产化工用品的杜邦则注重环保方面的慈善活动。

虽然我国自古以来就有"乐善好施"的文化传统,以民间或者官方形式存在的慈善捐赠活动由来已久,但是与美国相比我国的慈善捐赠事业起步较晚,基础较弱,相关统计数字表明,截至2010年年底,在民政部门依法登记的各类社会组织数量由2005年的31万个增加到44万个,其中基金会数量由975个增加到2 200个。这些慈善基金会在组织企业捐赠、传播慈善理念等方面发挥了巨大的作用。与20世纪末我国企业慈善事业严重落后的局面相比,近年来我国企业慈善事业的确取得了较大发展。但是,相对于拥有1 000多万家企业的国家来说,企业慈善基金会的数量少得可怜,企业的捐赠额更是微不足道。

中华慈善总会第三任会长范宝俊在中国人民大学举行的首届中国社会保障论坛上用"十分落后而不是一般的落后"来描述中国的慈善公益事业。从企业慈善角度来看,虽然近年来国内的一部分企业和大公司在集聚财富之后,越发自觉、频繁地参与社会慈善公益事业,他们以"取之于社会,回报于社会"的积极心态,与社会大众分享财富,无论是赈灾救助、教育、卫生、环保捐赠,还是为家乡建设捐赠、为弱势群体提供帮助,乃至大型慈善公益活动,他们都以实际行动体现出企业较强的社会责任感;但是,有的企业宁可花大把的钱做广告,却对慈善公益事业捐赠不屑一顾,有的企业一次宴请花去数十万元,却对捐赠社会弱势群体无动于衷,还有许多企业曾经鼓吹的善举最后都以拖欠善款而告终。一份来自慈善组织2010年的调查更令人震惊:在国内注册登记的有1 000万家企业,而有过捐赠记录的不超过10万家,这意味着99%的企业从来没有参与过捐赠。另外一项统计数字表明,中国大陆企业家每年用于慈善事业的资金占当年GDP总值的0.05%,而在美国这个数字是2.77%左右,在欧洲和日本,这个数字在0.7%和0.8%左右。这些数字足以说明在我国企业在公益慈善领域做得远远不够,中国的企业缺少"企业公民"的社会责任感,中国企业家缺位慈善事业已经是一个不争的事实,企业在履行慈善责任方面仍存在很多问题。

6.4.4 发展我国慈善事业的建议与出路

1）强化责任意识，树立慈善公益观念

企业作为社会经济的主体，在经济发展中的作用增强，意味着企业和企业家地位的提升，同时也意味着社会责任的加大。企业以社会的存在而存在，企业应该建立在企业家的社会责任观之上，而不是建立在企业家的权利观之上。企业不是"赚钱机器"，企业的成功归根到底不在于赚钱的多少，而在于对社会的回报。这份沉甸甸的责任不仅是企业的永续经营，而且是要企业投身慈善事业、回馈社会。创造社会财富的众多企业是发展慈善事业的重要源头活水，他们的慈善意识强不强、支持慈善事业的力度大不大，是决定慈善事业规模的重要因素。这就要求企业经营者在做出决策的时候，不仅需要考虑企业对员工的法定义务，促进企业内部的和谐，而且必须考虑公司行为是否有利于公众利益、社会进步和社会和谐。企业应树立社会慈善意识，正确认识慈善责任，将慈善责任由一种外在的约束内化为企业的内在需要，主动承担慈善责任，树立起良好的公众形象，成为获得广泛认同的可信赖的企业，从而大大增加企业的社会资本，提高自身的市场竞争力。

2）突出企业主体，弘扬慈善公益文化

我国的慈善事业长期以来都是由政府主导，自己搭台唱戏。在人们的思想里认为慈善是政府的事情。但慈善应该是由整个社会共同参与的一项事业，并不能由政府来唱独角戏，企业作为特殊的公民应该承担更多的慈善责任。商业伦理文化对于实现商业伦理的最佳境界和企业履行慈善责任有导向和支持作用。用辛苦的收益报效国家、社会，不是经济学规律的规定，也不是传统管理学的原则，而是一种商业伦理问题。企业的慈善责任是一种新兴的商业伦理，是一种旨在追求"共同福祉"的企业社会实践。企业在培育和弘扬慈善文化时，应该紧密结合自身实际，寻求与其产品相关的慈善项目进行有规划的、长久的慈善活动，从而形成特色鲜明的慈善文化。这里可以借鉴许多国外跨国企业的经验，通过相关的慈善公益活动在自己的商业诚信文化中深深地打上慈善的烙印，如以生产化妆品为主的企业会通过慈善公益活动把关爱妇女作为其商业诚信文化的一部分，以生产婴幼儿产品为主的强生等企业则把慈善公益活动的目标集中于儿童安全方面，从生产化学用品为主的杜邦等企业更侧重于对公益环保方面的投入。总之，我们每一个企业和每一个公民都要有爱心，关爱弱势群体，关心残疾儿童，培养慈善意识，投身慈善事业。

3）健全慈善公益法制与组织，规范慈善公益行为

制定专门的慈善事业法，在立法中应当突出慈善机构；应当取消慈善机构须有主管单位的陈规；确立完善、统一的慈善财税制度；调整政府与慈善机构的关系；强化处罚机制。

非政府的慈善组织应该在现代慈善事业中承担重要的任务，是现代慈善事业发展必不可少的重要角色。《中国慈善发展报告（2012）》统计，截止到2011年年底在国家民政部门注册的中国公益慈善组织约有46.2万个。这些组织良莠不齐，有不

少组织没有规范的规章制度，没有规范的管理，也没有严格的监督机制，从而影响了慈善事业的公信力。培育一批信誉度高，操作规范的非政府慈善组织是我国目前在慈善事业发展过程中必须要解决的问题。很多企业和个人不愿参与慈善捐赠的一个重要原因就在于我国目前的慈善活动在操作上存在一些不透明的因素。缺少一个捐赠项目信息的共享平台，对于捐赠的去向和效果也缺乏清楚的了解，这就制约了企业积极性的发展。公信力的缺乏带来了中国慈善事业的相对落后。就目前来说，中国的慈善事业距发达国家还有很大距离。以美国为例，原中华慈善总会副会长徐永光于 2005 年 11 月 22 日介绍说，他算了一笔账，中国和美国人均收入相差 38 倍，而人均慈善捐款相差了 7 300 倍[①]，这的确是个惊人的差距。

4）完善激励体制，优化慈善公益环境

政府应进一步为发展慈善事业创造良好的社会环境和条件。

第一，政府要加强对发展慈善事业的舆论宣传，进一步增强企业经营者的慈善意识。电视、广播、报刊、网络等多种媒体都要把推动慈善事业的发展当成自己义不容辞的社会责任，要运用灵活多样的形式吸引更多的企业经营者参与慈善事业、奉献慈善事业。

第二，进一步推进全方位的体制改革，继续培育并完善市场经济环境，去除富裕阶层所拥有财富的"原罪"色彩，同时在全社会培养健康的财富文化和慈善文化，使富人以创造财富为荣并乐善好施。

同时，要加快有关慈善公益事业的法律法规建设步伐，通过制定强化企业社会责任的各项法律制度，进一步引导企业强化社会慈善责任意识。"道德"固然是慈善的决定因素，但制度同样也能引导慈善。在发达国家，与税收相关的捐赠制度，可以归纳为"一疏二堵"。一疏，是企业和个人捐助慈善和公益事业可以获得免税的待遇；二堵，是用高额的遗产税和赠与税，对资产由"私"到"私"的转移进行限制，以促进企业家更好地履行慈善责任。

要切实落实《中华人民共和国企业所得税法》（以下简称《企业所得税法》）关于企业慈善免税的规定。根据《企业所得税法》的相关条款，企业用于慈善目的的捐款免税额已经由原来的 3% 提高到了现在的 12%，这对于企业参与慈善捐赠的积极性来说，无疑是一个极大的激励措施。但令人遗憾的是，在全国很多地方，办理免税的手续还比较复杂，设置的程序太多，加上一些地方政府对企业免税的热情不高，导致税法规定企业可以享受的税收优惠政策并不能完全落实。由此可见，我国企业慈善事业的发展还有很长的一段路要走。

总之，慈善事业作为爱心事业，它在现代社会中的作用越来越大，也受到越来越多的企业家的关注，并在构建和谐社会、促进社会全面发展的过程中发挥积极作用。发展现代慈善事业是一个系统工程，承担起相应的慈善责任，用科学发展观指导企业的经营行为，维护社会的整体利益，已经成为社会主义市场条件下的现代企

---

① 蒋彦鑫. 中国和美国人均慈善捐款相差 7 300 倍 [N]. 新京报，2005-11-22.

业义不容辞的责任。

6.4.5 优秀企业公民的培育

1）企业公民的定义与要求

C.马斯登和 J.安德罗夫指出：企业公民涉及组织与社会关系的管理，使组织对社会的负面影响最小化，正面影响最大化。

D.洛甘等人认为，企业公民是满足企业对包括员工、股东、消费者、供应商以及社区在内的利益相关者的责任的活动。他们列举了四个层次的活动：

第一，遵守所有法律法规，选择能直接增加企业利润并提高市场竞争力以及对利益相关者有益的活动；

第二，从事正常业务以外的、对利益相关者有益的活动，并且以一种可以衡量的、有利于企业取得短期和长期利益的方式开展这些活动；

第三，支持社区的活动，如教育、培训等，这些活动对企业的长期成功有着重要影响；

第四，支持或参与改善社区条件或有利于利益相关者的活动，企业不期望从这些活动中得到直接的好处。

2003年世界经济论坛指出，企业公民包括4个方面要求：

第一，好的公司治理和道德价值，主要包括遵守法律、现存规则以及国际标准，防范腐败贿赂，包括道德行为准则问题以及商业原则问题；

第二，对员工的责任，主要包括员工安全计划，就业机会均等，反对歧视，薪酬公平等；

第三，对环境的责任，主要包括维护环境质量，使用清洁能源，共同应对气候变化和保护生物多样性等；

第四，对社会发展的广义贡献，如传播国际标准，向贫困社区提供要素产品和服务，例如：水、能源、医药、教育和信息技术等。

2）企业公民与企业社会责任、企业社会回应、企业社会表现的关系

企业社会责任回答"应该是什么"的问题，企业社会回应回答"如何做"的问题，企业社会表现回答"做得怎么样"的问题。企业公民是这三者的结合，不知道社会对企业的期望，不可能做一个好公民；知道了社会的期望，但采取的对策不恰当，也不可能做一个好公民；是不是一个好公民，最后还要看公司行为的结果[①]。

2001年"中国最受尊敬企业"评选活动应运而生。此次评选活动不仅受到企业界的广泛支持和欢迎，而且受到政府和公民一致的赞扬，2011年3月作为阶段性总结，"中国最受尊敬企业十年"评选活动揭晓。

国内有25家企业获评"中国最受尊敬企业十年成就奖"，其中深圳企业约占

---

① 周祖城. 企业伦理学［M］. 北京：清华大学出版社，2005：62.

1/3，中国平安、华为、招商银行、万科、腾讯、比亚迪等深圳名企上榜。在过去10年的评比中，中国平安、招商银行8次当选"中国最受尊敬企业"。华为亦荣获"中国最受尊敬企业十年贡献奖"，中国平安亦当选"中国最受尊敬企业十年公益成就奖"。深圳作为改革开放的窗口，多年来涌现出一批优秀的企业和企业家，他们通过优秀的产品服务和理念，为整个中国经济的繁荣、人类社会的进步做出了积极的贡献。

随着"企业社会责任"这一名词逐渐被大家所接受，为了与国际接轨，"中国最佳企业公民"于2004年开始评选，我们发现有些"中国最受尊敬企业"也再次当选为"中国最佳企业公民"。"中国最佳企业公民"评选活动的参选范畴主要有以下9个方面：

（1）公司治理

有健全的现代商业伦理制度及良好的法人治理结构，有严格的内部监控制度及危机预警体系，公司决策透明公开，规范经营并有严格的行业自律意识，遵守各种法律规章制度，信守商业道德，主要领导人无职务违纪或者犯罪记录。

（2）盈利能力

在所处行业内处于领先竞争优势，产品的市场竞争力强，有持续利润支撑，技术储备、产品研发、市场战略能保障企业有持续竞争力；现金流充足，偿债能力、资产运用能力强，无不良财务纪录，银行信用良好，至少连续3年未因财务状况与资金问题而使企业陷入经营困境。

（3）员工关系

企业员工的薪酬高于行业平均水平，有健全的员工福利、社会保障计划及工会组织；有严格的劳动保护、安全生产规范；公司内部就业机会均等无歧视，员工的沟通渠道通畅，充分体现人文关怀；两年内无超大规模裁员，无集体性劳资纠纷及涉诉事件，员工满意度高。

（4）投资者关系

以实现公司整体利益最大化和保护股东权益为大局，尊重股东权益，决策透明公开，信息披露充分，投资者利益保护完善，机会均等，投资者回报稳定，沟通机制畅通，上市公司的中小投资者满意度较高，无大规模团体诉讼事件。

（5）消费者关系

提供安全的产品和诚信的服务，企业内部执行较外部标准更为严格的质量控制与服务标准规范；售后服务体系完备，顾客投诉及帮助请求反馈及时，隐患产品信息公示，缺陷及安全问题产品应主动召回并建立顾客补偿机制；无虚假宣传、欺诈消费，无重大消费投诉及危害公共安全的质量事故。

（6）品牌传播

拥有知名产品或服务品牌并且市场占有率较高，有规范持续的品牌培育、市场推广、消费者沟通的策略与资金支持；品牌定位清晰、富有亲和力，传播方式有创新精神，无战略失误，拥有相对稳定忠诚的消费者群体。

（7）危机管理

有严格的内部管理、监控制度及管理危机、法律风险预警体系，重大危机隐患能自我发现并及时消除；在重大企业危机管理事件发生时，能直面股东、投资者及媒体与公众，并在第一时间做出适当应对；能在较短时间内针对危机事件提出系统的解决方案，并且在最短的时间内彻底消除隐患与负面影响。

（8）企业社会责任

尊重所有与企业发展利益相关者的权益，提供安全的产品和诚信的服务，尊重员工权益，保障生产安全，富有人文关怀。有良好的可持续发展战略，使用清洁能源，减少资源消耗与污染物的排放，最大限度地降低自身生产对自然环境与社会公众造成的负面影响；热心公益事业，在企业良性发展的前提之下，持续回报社会。

（9）商务关系

原料采购与产品销售体制透明可控，无原料安全风险，无商业贿赂与不正当竞争手段，供应链上下游的企业交易公平、品质可控，与重要商务合作伙伴无不当关联交易与违法经营或者暗箱操作。

说明：评选总分100分。其中，"公司治理""盈利能力""投资者关系""品牌传播""危机管理、"商务关系"六项评选指标每一项的最高分为10分；另外，"消费者关系"指标的最高分为14分，"员工关系"指标的最高分为14分，"企业社会责任"指标的最高分为12分。

通过评选及其系列活动，我们可以动员媒体的力量广泛而深入地传播企业社会责任的基本理念，促进企业和公众提升对企业社会责任的重视和思考；通过对参评企业的调研以及对获奖企业的宣传及案例研究，较为全面和深入地剖析并总结履行企业社会责任取得的成就和问题；通过对优秀企业的宣传推广，为其他企业提供范式和榜样；通过评选活动，使企业界以全新的视野认识企业社会责任的内涵，并通过各种方式履行企业社会责任，促进企业健康良性的发展。

通过评选的方式广泛地宣扬承担社会责任的优秀企业，这对于他们来说是一种奖励，也是一种无形资产，能够提高他们的社会知名度和美誉度，从而促使他们更加积极地履行企业社会责任。相反，对于缺失社会责任的企业来说，这是一种强烈的谴责，将导致他们失去社会的认可，从而迫使其不得不积极地履行企业社会责任。

复习思考练习题

一、单项选择题

1.企业对国家的道德规范为（　　）。

A.遵纪守法，及时足额纳税

B.顾客就是上帝

C.互惠互利，实现双赢

D.热心慈善与公益活动，做优秀企业公民

2.下列说法错误的是（　　　）。

A.社会责任作为一种对公司行为的约束机制，它是一种制度安排

B.企业的社会责任是法定的必须承担的责任，其特点是具有法定性和强制性

C.企业社会责任立法的完善直接反映出一个社会对企业社会责任普遍的关注程度

D.企业社会责任应当是法律责任与道德责任的统一体

3.推动企业履行资源环境责任实现可持续发展的主导力量是（　　　）。

A.消费者　　　　　　B.社区　　　　　　C.政府　　　　　　D.企业自身

4.企业对购销客户的基本道德责任不包括（　　　）。

A.生产、提供能达到安全标准的产品

B.向购销客户提供产品信息时不使用欺诈手段

C.最大限度地减少污染，在企业内消化因减少污染带来的成本上升

D.满足购销客户提出的任何要求

5.下列说法不正确的是（　　　）。

A.企业社会责任回答"应该是什么"的问题

B.企业社会回应回答"如何做"的问题

C.企业社会表现回答"做得怎么样"的问题

D.企业公民是指企业社会责任和社会表现两者的结合

二、多项选择题

1.购销客户有权要求享有以下权利（　　　）。

A.安全权　　　　　　　　B.知情权　　　　　　　　C.选择权

D.表达意见权　　　　　　E.环境保护要求权

2.商品定价中的伦理问题包括（　　　）。

A.价格垄断　　　　　　　B.价格欺诈　　　　　　　C.暴利行为

D."假冒伪劣"产品　　　　E.产品的安全性

3.下列说法正确的有（　　　）。

A.在企业竞争中讲究伦理道德和诚实守信是市场经济的必然要求

B.竞争规则以个人自律为基础，道德约束是维护有序竞争的重要工具

C.在企业竞争中讲究道德是企业追求长远利益和兴旺发达的根本要求

D.作为一种重要资源，信息已成为现代经济社会竞争的焦点

E."兵不厌诈"是兵家的名言，因此，对于企业竞争来说，用散布虚假信息的方式来诱惑乃至坑害竞争对手，也是允许的

4.关于企业纳税下列说法正确的有（　　　）。

A.依法诚信纳税是现代文明的重要标志

B.依法诚信纳税是企业履行法律责任的要求

C.依法诚信纳税有利于健全市场信用体系

D.依法诚信纳税是衡量企业对国家和人民贡献的重要标尺

E.依法诚信纳税是企业最好的形象宣传

5.卡罗尔提出的"企业社会责任金字塔模型"包含的层次为（　　　）。

A.经济责任　　　　　　　B.法律责任　　　　　　　C.伦理责任

D.利益相关者责任　　　　E.慈善责任

三、判断题

1.顾客是上帝，因此，消费者提出的任何要求都应该得到满足。　　　　（　　　）

2.市场竞争既是一种激励机制，又是一种淘汰机制。　　　　　　　　（　　　）

3.回扣是商品经济的"润滑剂"，也是破坏公平竞争的"腐蚀剂"。　　（　　　）

4.服务业的"服务"产品价格难以准确衡量，因此可以随意定价。　　（　　　）

5.企业是现代慈善与公益事业发展的最重要的主体。　　　　　　　　（　　　）

四、简答题

1.如何理解企业与社区的关系？

2.企业应当怎样制订社区活动计划？

3.什么是企业公民？它与企业社会责任、企业社会回应、企业社会表现的关系如何？

4.如何理解企业对购销客户的责任？

5.怎样看待企业与竞争者之间的关系？

案例讨论题

李嘉诚：超人、诚商、善人之道

要令别人对你信任。做生意是无信不立。不只是商人，一个国家亦是无信不立。

——李嘉诚

1."超人"李嘉诚

《时代》杂志和美国安永会计师事务所组成的一个专家小组已就谁是千禧年企业家做出评选，中国香港著名企业家李嘉诚夺得"千禧年企业家"荣誉。

全球共有15名著名的企业家入围提名，夺魁的是李嘉诚。李嘉诚并非承继万贯家财而是白手起家。他于1928年出生在中国，11岁到中国香港，不久失学。从事塑胶玩具制造使他名成利就，地产投资又令他财富滚滚而来。他一举买下两家传统上由英国人控制的公司——"港灯"与"和记黄埔"，更是名噪一时，突显实力。当年，李嘉诚控制着约50亿英镑的财富，三个商业王国加在一起便使其获得"千禧年企业家"荣誉。

早被中国香港媒体称为"超人"的李嘉诚名不虚传，在19世纪末的一次并购交易中，7天时间赚了1 000多亿港币，为"千禧年企业家"作了一个充分的注脚。李嘉诚在长和系的实际收益约为1 120亿港币，为此李嘉诚在全球富豪排名由第12位升至第10位。很多人将"超人"的发家史看作是命中注定，似乎李嘉诚在少年时代算过一次命，算命人说他天庭饱满，双目有神，生辰属龙命，保护星乃水星，若勤劳苦干，坚持不懈，将来定会大富大贵。李嘉诚并没有相信什么龙命，而相信了只要勤劳肯干，坚持不懈，定有所成，并一直在一生的实践中躬行不辍。

2. "诚商"李嘉诚

中国几千年的商业文化，不少人认同"无商不奸"的信条，然而对于李嘉诚这位30岁就凭自己的努力成为富豪的人来说，商人最重要的素质却是"信"。"要令别人对你信任。做生意是无信不立。不只是商人，一个国家亦是无信不立。"

其实，李嘉诚在事业上的"信"与他对人的"诚"是分不开的，诚信相合，即为"义"。从对子女的教育上最能看出一个人的为人和心中的想法。李嘉诚坦言："以往百分之九十九是教孩子做人的道理，现在有时会谈论生意，约三分之一谈生意，三分之二教他们做人的道理。因为世情才是大学问。世界上每一个人都精明，要令人家信服并喜欢和你交往，那才最重要。人格魅力与守信是买不来的。对人要守信用，对朋友要有义气，今日而言，也许很多人未必相信，但我觉得'义'字，实在是终身用得着的。"李嘉诚在其日常管理工作中也突出了诚的原则：

（1）坚守诺言，建立良好的信誉，一个人良好的信誉是助其走向成功不可缺少的前提条件。管理企业要有领袖素质，以诚说服他人要注意变换角度。

（2）要了解下属的希望。除了生活，应给予员工好的前途；并且，一切以员工的利益为重，特别是在员工年老的时候，公司应该给予员工绝对的保障，从而使员工对集团有归属感，以增强企业的凝聚力。

（3）要有海纳百川的容才之量。要信赖下属。公司所有行政人员，每个人都有其消息来源及市场资料。决定任何一件大事时，有关人员要一起研究，汇合各人的资讯，从而集思广益，尽量减少出错的概率。以诚感人者，人亦以诚应之。

李嘉诚创业始于长江塑胶管厂，1957年又将其企业更名为长江实业公司，之所以取名为长江，似也反映了李嘉诚似长江般"不择细流，涓滴成海"的胸襟。而这一切都源于他的"诚"字哲学，因为只有诚，才能真正面对自己的不是，才会取长补短，才会在成功之时，不忘旧交，才能团结人，增强企业的凝聚力。商海之战是极为残酷的，因为市场不相信眼泪，但这并不是说每个商人都奸诈投机，以赚钱为唯一目的，李嘉诚就是一位以诚信为原则，胸中自有公道的商人。纵横商海几十年的李嘉诚非常懂得"中庸之道"和"忍字功夫"。

3. "善人"李嘉诚

富豪李嘉诚发达后，不忘桑梓，仅向中国香港和内地的捐款就达3.6亿美元，其中他最钟爱的事业是医疗和教育事业。李嘉诚的父亲曾是小学教师，少年时代的李嘉诚看到父亲工作的清苦，发达后遂贡献于教育事业，李父李云经在李嘉诚14岁时因病去世，这也刺激了李嘉诚致力于医疗事业的决心。这一愿望直到1978年后随着中国改革开放才得以实现。李嘉诚几次瞩目的捐资是：给北京大学图书馆捐1 000万美元；捐资兴办上海外国语大学附属浦东外国语学校。

"发达不忘家国，必以报效桑梓。"李嘉诚自1980年12月开始筹建汕头大学，没有李嘉诚，就不会有今天的汕头大学。在汕头大学的筹建过程中，李嘉诚不断追加捐款，从1980年9月的3 000万港币至1989年10月的3.7亿港币，一个月后又欣然增至5.7亿港币。直到2001年，李嘉诚累计投资达12亿港币。每年汕头大学需要的1.2亿元人民币经费中的七成是由李嘉诚支付的，两成由广东省政府拨款。面对商海中的挑战，李嘉诚有时也感到资金短缺、捉襟见肘，但其对汕头大学的支持从未改变。"达则兼济天下，穷则独善其身。"这是中国传统士大夫的理想人格，李嘉诚发达了，报效社会，但并没忘记内心的"善"，独守一片心灵的宁静。

资料来源　佚名. 华人首富李嘉诚：超人、诚商、善人之道［EB/OL］.［2001-09-25］. http://www.sina.com.cn.

讨论问题：

1.李嘉诚取得巨大成功的根本奥秘是什么？

2.华人首富李嘉诚的"超人""诚商""善人"之道对我们有什么启发？

第7章

企业信用管理道德规范

经典名言警句

子曰："人而无信，不知其可也。大车无輗，小车无軏，其何以行之哉？"

——《论语·为政》

仁义礼智信，信内求财；温良恭俭让，让中取利。

——儒商理念

你们的协会（美国注册会计师协会AICPA）和注册会计师职业在建立和维持资本市场的完整性方面，发挥着至关重要的作用。独立的审计人员为企业经营和政府机关的财务报表提供可信性。没有这种可信性，债权人和投资者就几乎无法做出给我们的经济带来稳定性和活力的决策。没有你们，我们的金融市场就将土崩瓦解。

——1987年美国前总统里根致AICPA成立100周年的贺信

改革审计管理体制，组建中央审计委员会，是加强党对审计工作领导的重大举措。要落实党中央对审计工作的部署要求，加强全国审计工作统筹，优化审计资源配置，做到应审尽审、凡审必严、严肃问责，努力构建集中统一、全面覆盖、权威高效的审计监督体系，更好发挥审计在党和国家监督体系中的重要作用。

——习近平2018年5月23日在中央审计委员会第一次会议上的讲话

主要知识点

1. 企业信用及其特征、信用管理制度的重要作用；
2. 我国企业面临的信用困境；
3. 企业信用管理道德规范要求，掌握国内外企业信用管理制度模式；
4. 企业信用制度及其特征、主体框架和重要内容。

关键概念

道德契约（Morality Contract）
信用机制（Credit Mechanism）
企业信用管理（Enterprise Credit Management）
信用管理制度模式（Model of Credit Management System）

【引言】

国务院办公厅关于加快推进社会信用体系建设
构建以信用为基础的新型监管机制的指导意见

为加强社会信用体系建设，深入推进"放管服"改革，进一步发挥信用在创新监管机制、提高监管能力和水平方面的基础性作用，更好激发市场主体活力，推动高质量发展，经国务院同意，现提出如下意见。

一、总体要求

以习近平新时代中国特色社会主义思想为指导，深入贯彻落实党的十九大和十九届二中、三中全会精神，按照依法依规、改革创新、协同共治的基本原则，以加强信用监管为着力点，创新监管理念、监管制度和监管方式，建立健全贯穿市场主体全生命周期，衔接事前、事中、事后全监管环节的新型监管机制，不断提升监管能力和水平，进一步规范市场秩序，优化营商环境，推动高质量发展。

二、创新事前环节信用监管

（一）建立健全信用承诺制度。在办理适用信用承诺制的行政许可事项时，申请人承诺符合审批条件并提交有关材料的，应予即时办理。申请人信用状况较好、部分申报材料不齐备但书面承诺在规定期限内提供的，应先行受理，加快办理进度。书面承诺履约情况记入信用记录，作为事中、事后监管的重要依据，对不履约的申请人，视情节实施惩戒。要加快梳理可开展信用承诺的行政许可事项，制定格式规范的信用承诺书，并依托各级信用门户网站向社会公开。鼓励市场主体主动向社会作出信用承诺。支持行业协会商会建立健全行业内信用承诺制度，加强行业自律。（各地区各部门按职责分别负责）

（二）探索开展经营者准入前诚信教育。充分利用各级各类政务服务窗口，广泛开展市场主体守法诚信教育。为市场主体办理注册、审批、备案等相关业务时，适时开展标准化、规范化、便捷化的法律知识和信用知识教育，提高经营者依法诚信经营意识。开展诚信教育不得收费，也不得作为市场准入的必要条件。（各地区各部门按职责分别负责）

（三）积极拓展信用报告应用。鼓励各类市场主体在生产经营活动中更广泛、主动地应用信用报告。在政府采购、招标投标、行政审批、市场准入、资质审核等事项中，充分发挥公共信用服务机构和第三方信用服务机构出具的信用报告作用。探索建立全国统一的信用报告标准，推动信用报告结果实现异地互认。（发展改革

委、人民银行牵头，各地区各部门按职责分别负责）

三、加强事中环节信用监管

（四）全面建立市场主体信用记录。根据权责清单建立信用信息采集目录，在办理注册登记、资质审核、日常监管、公共服务等过程中，及时、准确、全面记录市场主体信用行为，特别是将失信记录建档留痕，做到可查可核可溯。（各地区各部门按职责分别负责）完善法人和非法人组织统一社会信用代码制度，以统一社会信用代码为标识，整合形成完整的市场主体信用记录，并通过"信用中国"网站、国家企业信用信息公示系统或中国政府网及相关部门门户网站等渠道依法依规向社会公开。完成12315市场监管投诉举报热线和信息化平台整合工作，大力开展消费投诉公示，促进经营者落实消费维权主体责任。（发展改革委、市场监管总局负责）

（五）建立健全信用信息自愿注册机制。鼓励市场主体在"信用中国"网站或其他渠道上自愿注册资质证照、市场经营、合同履约、社会公益等信用信息，并对信息真实性公开作出信用承诺，授权网站对相关信息进行整合、共享与应用。经验证的自愿注册信息可作为开展信用评价和生成信用报告的重要依据。（发展改革委牵头，各部门按职责分别负责）

（六）深入开展公共信用综合评价。全国信用信息共享平台要加强与相关部门的协同配合，依法依规整合各类信用信息，对市场主体开展全覆盖、标准化、公益性的公共信用综合评价，定期将评价结果推送至相关政府部门、金融机构、行业协会商会参考使用，并依照有关规定向社会公开。推动相关部门利用公共信用综合评价结果，结合部门行业管理数据，建立行业信用评价模型，为信用监管提供更精准的依据。（发展改革委牵头，各部门按职责分别负责）

（七）大力推进信用分级分类监管。在充分掌握信用信息、综合研判信用状况的基础上，以公共信用综合评价结果、行业信用评价结果等为依据，对监管对象进行分级分类，根据信用等级高低采取差异化的监管措施。"双随机、一公开"监管要与信用等级相结合，对信用较好、风险较低的市场主体，可合理降低抽查比例和频次，减少对正常生产经营的影响；对信用风险一般的市场主体，按常规比例和频次抽查；对违法失信、风险较高的市场主体，适当提高抽查比例和频次，依法依规实行严管和惩戒。（各地区各部门按职责分别负责）

四、完善事后环节信用监管

（八）健全失信联合惩戒对象认定机制。有关部门依据在事前、事中监管环节获取并认定的失信记录，依法依规建立健全失信联合惩戒对象名单制度。以相关司法裁判、行政处罚、行政强制等处理结果为依据，按程序将涉及性质恶劣、情节严重、社会危害较大的违法失信行为的市场主体纳入失信联合惩戒对象名单。加快完善相关管理办法，明确认定依据、标准、程序、异议申诉和退出机制。制定管理办法要充分征求社会公众意见，出台的标准及其具体认定程序以适当方式向社会公开。支持有关部门根据监管需要建立重点关注对象名单制度，对存在失信行为但严重程度尚未达到失信联合惩戒对象认定标准的市场主体，可实施与其失信程度相对

应的严格监管措施。(各部门按职责分别负责)

(九)督促失信市场主体限期整改。失信市场主体应当在规定期限内认真整改,整改不到位的,按照"谁认定、谁约谈"的原则,由认定部门依法依规启动提示约谈或警示约谈程序,督促失信市场主体履行相关义务、消除不良影响。约谈记录记入失信市场主体信用记录,统一归集后纳入全国信用信息共享平台。大力推进重点领域失信问题专项治理,采取有力有效措施加快推进整改。(各部门按职责分别负责)

(十)深入开展失信联合惩戒。加快构建跨地区、跨行业、跨领域的失信联合惩戒机制,从根本上解决失信行为反复出现、易地出现的问题。依法依规建立联合惩戒措施清单,动态更新并向社会公开,形成行政性、市场性和行业性等惩戒措施多管齐下,社会力量广泛参与的失信联合惩戒大格局。重点实施惩戒力度大、监管效果好的失信惩戒措施,包括依法依规限制失信联合惩戒对象股票发行、招标投标、申请财政性资金项目、享受税收优惠等行政性惩戒措施,限制获得授信、乘坐飞机、乘坐高等级列车和席次等市场性惩戒措施,以及通报批评、公开谴责等行业性惩戒措施。(发展改革委牵头,各地区各部门按职责分别负责)

(十一)坚决依法依规实施市场和行业禁入措施。以食品药品、生态环境、工程质量、安全生产、养老托幼、城市运行安全等与人民群众生命财产安全直接相关的领域为重点,实施严格监管,加大惩戒力度。对拒不履行司法裁判或行政处罚决定、屡犯不改、造成重大损失的市场主体及其相关责任人,坚决依法依规在一定期限内实施市场和行业禁入措施,直至永远逐出市场。(发展改革委牵头,各地区各部门按职责分别负责)

(十二)依法追究违法失信责任。建立健全责任追究机制,对被列入失信联合惩戒对象名单的市场主体,依法依规对其法定代表人或主要负责人、实际控制人进行失信惩戒,并将相关失信行为记入其个人信用记录。机关事业单位、国有企业出现违法失信行为的,要通报上级主管单位和审计部门;工作人员出现违法失信行为的,要通报所在单位及相关纪检监察、组织人事部门。(各地区各部门按职责分别负责)

(十三)探索建立信用修复机制。失信市场主体在规定期限内纠正失信行为、消除不良影响的,可通过作出信用承诺、完成信用整改、通过信用核查、接受专题培训、提交信用报告、参加公益慈善活动等方式开展信用修复。修复完成后,各地区各部门要按程序及时停止公示其失信记录,终止实施联合惩戒措施。加快建立完善协同联动、一网通办机制,为失信市场主体提供高效便捷的信用修复服务。鼓励符合条件的第三方信用服务机构向失信市场主体提供信用报告、信用管理咨询等服务。(发展改革委牵头,各地区各部门按职责分别负责)

五、强化信用监管的支撑保障

(十四)着力提升信用监管信息化建设水平。充分发挥全国信用信息共享平台和国家"互联网+监管"系统信息归集共享作用,对政府部门信用信息做到"应归尽归"，推进地方信用信息平台、行业信用信息系统互联互通，畅通政企数据流通机制，形成全面覆盖各地区各部门、各类市场主体的信用信息"一张网"。依托全国信用信息共享平台和国家"互联网+监管"系统，将市场主体基础信息、执法监管和处置信息、失信联合惩戒信息等与相关部门业务系统按需共享，在信用监管等过程中加以应用，支撑形成数据同步、措施统一、标准一致的信用监管协同机制。（发展改革委、国务院办公厅牵头，各地区各部门按职责分别负责）

（十五）大力推进信用监管信息公开公示。在行政许可、行政处罚信息集中公示基础上，依托"信用中国"网站、中国政府网或其他渠道，进一步研究推动行政强制、行政确认、行政征收、行政给付、行政裁决、行政补偿、行政奖励和行政监督检查等其他行政行为信息7个工作日内上网公开，推动在司法裁判和执行活动中应当公开的失信被执行人、虚假诉讼失信人相关信息通过适当渠道公开，做到"应公开、尽公开"。（各地区各部门按职责分别负责）

（十六）充分发挥"互联网+"、大数据对信用监管的支撑作用。依托国家"互联网+监管"等系统，有效整合公共信用信息、市场信用信息、投诉举报信息和互联网及第三方相关信息，充分运用大数据、人工智能等新一代信息技术，实现信用监管数据可比对、过程可追溯、问题可监测。鼓励各地区各部门结合实际，依法依规与大数据机构合作开发信用信息，及时动态掌握市场主体经营情况及其规律特征。充分利用国家"互联网+监管"等系统建立风险预判预警机制，及早发现防范苗头性和跨行业跨区域风险。运用大数据主动发现和识别违法违规线索，有效防范危害公共利益和群众生命财产安全的违法违规行为。鼓励通过物联网、视联网等非接触式监管方式提升执法监管效率，实现监管规范化、精准化、智能化，减少人为因素，实现公正监管，杜绝随意检查、多头监管等问题，实现"进一次门、查多项事"，减少对监管对象的扰动。（国务院办公厅、发展改革委、市场监管总局牵头，各部门按职责分别负责）

（十七）切实加大信用信息安全和市场主体权益保护力度。严肃查处违规泄露、篡改信用信息或利用信用信息谋私等行为。加强信用信息安全基础设施和安全防护能力建设。建立健全信用信息异议投诉制度，对市场主体提出异议的信息，信息提供和采集单位要尽快核实并反馈结果，经核实有误的信息要及时予以更正或撤销。因错误认定失信联合惩戒对象名单、错误采取失信联合惩戒措施损害市场主体合法权益的，有关部门和单位要积极采取措施消除不良影响。（各地区各部门按职责分别负责）

（十八）积极引导行业组织和信用服务机构协同监管。支持有关部门授权的行业协会商会协助开展行业信用建设和信用监管，鼓励行业协会商会建立会员信用记录，开展信用承诺、信用培训、诚信宣传、诚信倡议等，将诚信作为行规行约重要内容，引导本行业增强依法诚信经营意识。推动征信、信用评级、信用保险、信用担保、履约担保、信用管理咨询及培训等信用服务发展，切实发挥第三方信用服务机构在信用信息采集、加工、应用等方面的专业作用。鼓励相关部门与第三方信用服务机构在信用记录归集、信用信息共享、信用大数据分析、信用风险预警、失信案例核查、失信行为跟踪监测等方面开展合作。（发展改革委、民政部、人民银行按职责分别负责）

六、加强信用监管的组织实施

（十九）加强组织领导。各地区各部门要把构建以信用为基础的新型监管机制作为深入推进"放管服"改革的重要举措，摆在更加突出的位置，加强组织领导，细化责任分工，有力有序有效推动落实。完善信用监管的配套制度，并加强与其他"放管服"改革事项的衔接。负有市场监管、行业监管职责的部门要切实承担行业信用建设和信用监管的主体责任，充分发挥行业组织、第三方信用服务机构作用，为公众监督创造有利条件，整合形成全社会共同参与信用监管的强大合力。（发展改革委牵头，各地区各部门按职责分别负责）

（二十）开展试点示范。围绕信用承诺、信用修复、失信联合惩戒、信用大数据开发利用等重点工作，组织开展信用建设和信用监管试点示范。在各地区各部门探索创新的基础上，及时总结、提炼、交流开展信用建设和信用监管的好经验、好做法，在更大范围复制推广。（发展改革委牵头，各地区各部门按职责分别负责）

（二十一）加快建章立制。推动制定社会信用体系建设相关法律，加快研究出台公共信用信息管理条例、统一社会信用代码管理办法等法规。建立健全全国统一的信用监管规则和标准，及时出台相关地方性法规、政府规章或规范性文件，将信用监管中行之有效的做法上升为制度规范。抓紧制定开展信用监管急需的国家标准。（发展改革委、司法部牵头，各地区各部门按职责分别负责）

（二十二）做好宣传解读。各地区各部门要通过各种渠道和形式，深入细致向市场主体做好政策宣传解读工作，让经营者充分理解并积极配合以信用为基础的新型监管措施。加强对基层和一线监管人员的指导和培训。组织新闻媒体广泛报道，积极宣传信用监管措施及其成效，营造良好社会氛围。（发展改革委牵头，各地区各部门按职责分别负责）

国务院办公厅
2019年7月9日

当前我国企业信用制度尚未完善，监督制约机制乏力，企业信用问题已成为影响经济发展的社会公害。近年来，从美国安然公司财务造假案，到"银广夏-中天勤"事件，再到最近的"康得新、康美药业财务造假"等，世界范围内失信案例屡屡频发。企业信用的匮乏，是企业发展壮大的致命障碍，极大阻挠了市场经济的健康发展。随着改革开放的深化和我国加入WTO，重塑企业信誉并建立健全信用管理制度已成为全社会的强烈愿望。

|7.1| 契约经济、道德契约与信用机制

7.1.1 市场经济是契约信用经济

1）市场经济活动与企业行为通过契约（合同）来确认和实现

（1）企业伦理特征是企业履行与利益相关者长期隐含契约的客观内在要求

从契约论的角度讲，企业具有的伦理特征是企业履行与利益相关者长期隐含契约的客观内在要求。人类社会、经济体系及企业的进步和发展与企业是否合乎伦理的经营观念及行为息息相关、密不可分。为了使市场经济中的利益驱动合理合法，保证市场运作能够按公平公正公开的原则进行，并能真正发挥义利共生理论的作用，应该用道德契约规范市场各方面主体行为，建立强有力的信用机制，从而优化企业伦理道德环境。

（2）市场经济中的交易活动都是通过契约（合同）来确认和实现的

市场经济从某种意义上说是契约信用经济。契约道德是市场经济重要的道德基础。据市场监督管理部门统计，目前我国经济契约的签约率仅为63%，而履约率仅为50%，在世界上也是很低的。签订契约和履行契约的基础是契约道德，即通常所说的信用。契约失效就是经济失信。所以，企业伦理道德中的一个重大问题就是如何确立守信机制。

2）市场经济秩序混乱的深层次原因是没有道德约束的可怕的人心

（1）市场经济秩序混乱，重要原因之一是企业伦理道德缺失

企业伦理道德缺失尤以契约道德缺乏最为明显，"三角债"就是例证。利用资产重组、债务重组、关联方交易等作假，其渊源盖出于此。在相当长的一段时间内，人们将市场经济视为"逐利经济"，只知道逐利，不讲究规则，甚至无视道德与法律。不受任何约束的利益驱动是造成市场秩序混乱的根本原因，不仅要从道德根源上分析，而且要从制度根源上分析。

（2）道德败坏后可怕的人心才是所有社会问题的毒根

企业伦理道德缺失不是市场经济秩序混乱的深层次原因。深层次原因是经济体制转型期间市场秩序失控后没有道德约束的可怕的人心，这才是一切社会问题的毒根。有人言：人类的自私、贪婪、愚昧、无知和人善良的本性交织在一起，无知地造就着自己将要承受的一切正在吞噬着社会。世界上各种社会问题层出不穷，危机四伏，人类不知从自己的本性上找原因，看不到道德败坏后可怕的人心才是社会问题的毒根，总是愚蠢地从社会的表现上找出路。这样一来，人类怎么也想不到给自己制造的一切所谓出路，正在封闭自己，所以更无出路，随之带来的新问题会更糟。

3）道德契约的规范性要求

在市场经济中，经济活动所依据的契约（合同）从本质上讲是道德契约。图7-1显示了企业道德契约的关键问题。道德契约的规范性要求包括：

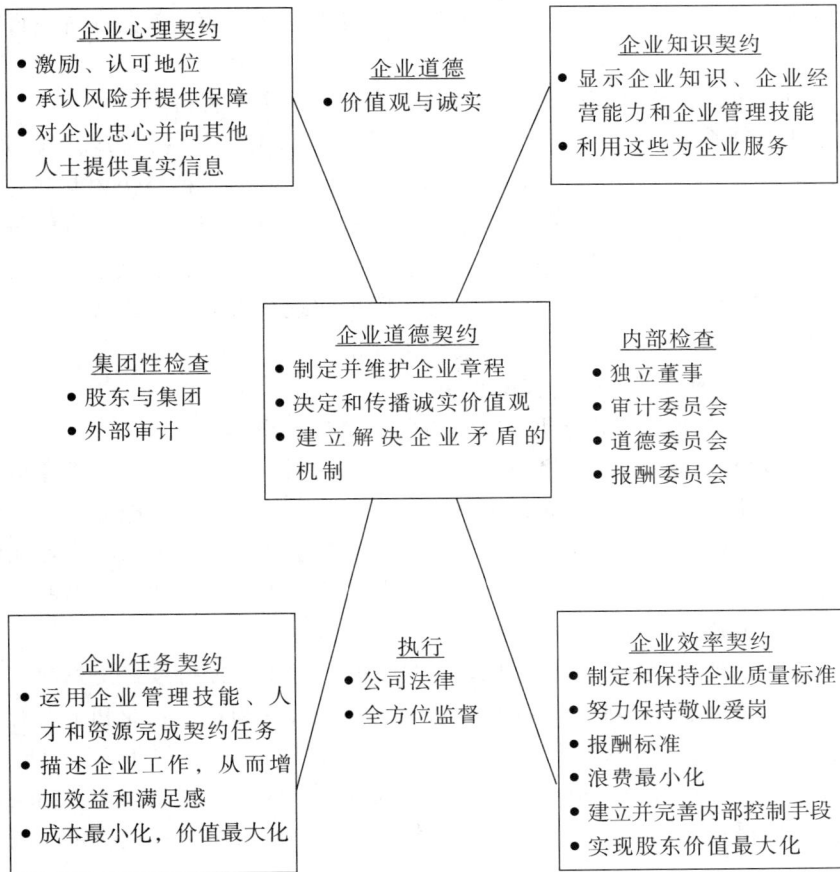

图7-1 企业道德契约的关键问题图

（1）买卖建立在交易各方意见一致的基础上。契约对所有当事人都有约束力，各方必须对自己的行为负责，必须信守承诺。

（2）买卖是交易各方在地位平等的基础上，按各自的意志自由选择的结果。任何第三者包括国家在内，都必须尊重当事人的自由意志。

（3）改善实现道德契约的环境。这既需要公平竞争的客观环境，又需要法律的保护。只有在充分竞争的环境里，契约道德才能被人们普遍接受。只有在这样的条件下，谁遵守契约，谁就能从交易中获得最大效用；反之，谁不遵守契约，谁就会被淘汰。

7.1.2 利益驱动是市场经济的直接表现

1）市场对道德的双重作用是通过利益驱动来实现的

（1）利益驱动激发每个人对功利价值的追求

在缺乏适当社会规范的条件下，独立的个人很容易走向个体本位。个体本位的过度发展，势必造成社会生活的无序性和个人主义泛滥，其结果是对他人和社会利益的漠视、侵犯……我们不能说，利益驱动本身必然带来这些负面影响，但它在缺乏约束的条件下容易诱发不道德和反道德行为发生。会计假账就是这种负面效应的综合表现。

（2）利益驱动，说到底就是金钱驱动，但必须权衡利害得失

当今社会许多人崇尚个人利益至上，追求金钱万能。在现代市场经济条件下，没有金钱很难办成一些事，但金钱绝对不是万能的。任何一种经济体制都是一种伦理道德和文化体制，实际上都蕴涵着某种伦理道德规范和标准。从市场经济的运行来看，利益驱动是市场机制的必然表现。从个人来看，利益驱动是个人成为商品生产者或者商品交换者必须遵循的。为了最大限度实现个人的商品交换价值，必须权衡利害得失，以经济利益作为交换活动的主要准则。

2）企业应该通过诚实守信获得利润

（1）企业应该通过诚实劳动、优质的产品和服务获得利润

在激烈竞争的市场经济环境中，利润维系着每一个企业的命运，企业应该通过诚实劳动、优质的产品和服务获得利润。然而，在现实中，有的企业经营者为了追求利润，不惜采取各种非法途径去达到目的。制假贩假、欺诈行骗、商业贿赂、行业垄断等不正当竞争行为，犹如商海里的一股浊流，加之会计假账泛滥和会计信息大量失真，严重败坏了社会风气，扰乱了市场经济秩序。

（2）违背伦理道德的竞争获利也许躲过一时，但不可能持续稳定发展

那些无视伦理道德准则、违反法律法规、不顾公众利益的企业和个人有时可能会侥幸获得"成功"，骗取短期与局部利益。但当权谋诡计昭然于天下之时，也就是他们失败之际。违背伦理道德的竞争也许能躲过一时，不择手段地获利也许会在商战中偶尔赢得一个回合，却不可能在市场大潮中站稳脚跟，持续稳定发展。

7.1.3 有序竞争与企业信用管理机制构建

1）规范市场行为必须履行契约，必须讲究信用

（1）当务之急是启动全社会的企业与个人信用机制，建立信用档案

有契约而不履行，就是不守信。"信"是一种德行，一种道德规范。为了规范我国经济生活，当务之急是启动全社会的企业与个人信用机制，建立企事业单位及个人信用档案，为有序竞争创造条件。

（2）信任代表着一种社会交往模式，维护着社会公共生活

信任，作为一方对另一方的期待，本身就蕴含着一方对另一方的评价。信任是一种主体评价，代表着一种社会交往模式。在市场经济发达的社会，信用概念又有信任、期待对方的含义。但这种信任要有一定物质基础做保证，它同纯粹道德范畴的"信"的区别在于，是从功能分析的视角去把握的。

在人类社会中，对他人的期待是社会公共生活中不可缺少的，否则公共生活不可能存在。这种期待的实现可以有两种方式：一种方式是通过外在机制来实现，即以法律和社会制裁的方式来强制实施某些规则。在这种情形下，期待总是比较容易获得回报。另一种方式则是靠内在机制通过信任来实现。但后者所起的作用是有限

的。有时，无论是道德范畴意义上的信任还是经济学功能分析形成的信用都会失灵，这时，期待便会落空，即产生信用危机。

2）推进我国企业信用管理制度建设势在必行

（1）改善企业信用状况的关键在于有效的制度安排

在当前我国的市场经济条件下，竞争似乎与信任格格不入，有些人对自己今后的命运缺乏信心，往往采取捞一把就走的心态，市场上充斥着以假充真、以次充好，甚至一锤子买卖，竞争取胜变成欺诈取胜。如果竞争是健全而有序的，它就应当以优质产品取胜，淘汰劣质产品。这样的竞争自然会同信任联系在一起，竞争与信任是可以互为作用的。企业信用的缺失和不足，不仅构成企业自身发展的巨大障碍，而且直接影响社会主义市场经济的健康发展。然而，改善企业信用状况的关键在于有效的制度安排。

（2）加强企业信用管理制度建设应成为社会信用管理体系建设的重中之重

建立企业信用，推进我国企业信用管理制度建设，需要各部门密切配合，通力协作，制定各项政策措施，建立运行机制，完善运行环境。

我国企业信用管理体系的核心制度应主要包括：抓好政府、企业、社会信用中介服务机构这三大主体的信用建设；以建立明晰化的产权制度和个人信用制度为突破口，坚持法德并举；加强信用人才培育工程。这些是重要的制度安排，对建立企业信用管理体系发挥着关键性的作用。

|7.2| 企业信用管理道德要求：履行契约，信守诺言

7.2.1 企业信用及其特征

信用是现代市场经济的灵魂，是市场经济的本质要求。信用主要体现在商品生产和交换活动中发生的借贷行为，是以偿还为条件的价值运动的特殊形式。企业信用是社会对企业履行符合当事人利益的承诺的可能性的稳定预期。此处的承诺包括基于法律的承诺、基于社会道德的承诺和基于契约的承诺。企业信用取决于企业对契约中承诺的履行，即取决于企业履约的能力，同时取决于履约的意愿。企业通过履约表现，使得社会对其信用达成共识，建立起对企业的信任。

企业信用管理道德规范的核心要求就是履行契约，信守诺言。

企业信用与个人信用相比，具有非人格化、积累性和稳定性等特征。企业信用主要涉及企业与企业之间的商业信用关系、企业与银行之间的资金信用关系、企业与居民之间的商品信用关系、企业与内部员工之间的合约信用关系以及企业与政府之间的法规信用关系。信用在企业的生产经营过程中，体现着企业的信誉、实力、形象等经济文化特质，事关企业的兴衰存亡和生命周期长短。在市场经济中，信用是促进合作的重要手段。由于市场的不确定性、信息的复杂性和人的有限理性，使得市场交易存在高昂的交易费用，信用是降低交易费用的重要手段。企业信用形成

以后，能够增进企业与契约方之间的信任关系，降低企业的交易费用，使企业获得利益。

7.2.2 信用制度：现代市场经济制度的核心内容

信用制度作为制度的一种，由正式约束、非正式约束和实施机制构成。信用制度正式约束的内容是有关信用行业各种规定、准则等的总称，包括信用形式的确认、信用工具的采购、信用活动的组织、信用法规的建立、信用机构的设置等内容。信用制度非正式约束的内容包括传统道德范畴的"信用"，如诚实守信，现代法律意义上的契约意识等社会信用观念、意识；信用制度实施机制是指对经济主体守信与否的监督机制和约束机制以及奖惩机制等。三者的有机结合，构成统一的信用制度整体。

市场经济是发达的商品经济，如果商品经济是交换经济，那么市场经济还是信用经济。美国当代著名学者弗朗西斯·福山在其所著的《信任：社会美德与创造经济繁荣》一书中，通过严密分析，证实了信任作为一种社会美德对现代化社会产生的巨大影响。市场经济由一系列的制度支撑，而其中的信用制度是市场经济诸项制度中的核心内容，是市场经济各项制度发挥作用的前提。在市场经济中，信用集中、具体地体现在以资金为纽带的市场参与者的相互信任上。信用实现的程度高，市场经济的发展就规范，社会扩大再生产就可以在正常、高效的基础上进行，不然市场经济的发展就会扭曲变形。

在西方国家，90%的贸易是以信用方式进行结算的，而在我国这个比例只有20%。不采用信用交易对企业而言就意味着不能获得短期融资，在市场上也难以扩展份额；对国家而言，企业信用交易总量比例低，使得社会资金供给总量萎缩，制约社会再生产规模的扩大，直接影响着国家的经济规模和资金的效益。

7.2.3 国内外企业信用管理制度发展情况对比探析

1）国外健全的企业信用管理制度

在发达的信用管理模式中，建立企业信用是最重要的环节，企业间的经济行为是社会正常运转的保障。据统计，在欧美国家中，企业间的信用支付方式已占绝大份额。美国的信用风险比较小，与美国企业重视信用管理密切相关。支持企业以信用方式进行交易的制度归纳起来具有如下特点：

第一，完善齐全的信用管理立法制度。无论是大陆法系还是英美法系，近代西方各国的民法典普遍确立了信用原则，并使之成为整个民事活动的基本准则，也是现代民法的最高指导原则，一些征信国家还开展了信用管理方面的专门立法，如美国在20世纪60—80年代出台的《公平信用报告法》《平等信用机会法》等多项信用方面的立法。

第二，信用文化发达，讲究信用蔚然成风。建立全社会的信用意识，是守信行为的基础。在西方国家，信用已经成为市场经济中个人和企业的通行证。讲信用已成为人们的自觉行动，公司、企业以拥有较高的信用等级为荣，以拥有信用为实力和财富的象征，信用已成为参与市场经济的第一要素。

第三，公开准确可靠的信息数据。西方国家对企业信息公开化有较明确规定，从而保证其他企业能以合法的方式获得企业经营的一些数据。美国最主要的信用信息实际上都集中在信用中介机构，其信息来源很广泛。很大一部分来自法院等政府机构，一些则由部门通过公开渠道公布。征信公司通常主动到企业征集信息。如果企业提供虚假数据，将会被处以重惩，甚至被取消营业资格。

第四，优质周到的信用服务商。在企业以信用方式进行交易的过程中，均有规范的企业为其提供相关服务，这就保证了企业以信用方式进行交易的便捷性和可靠性。基本上每个中介机构都有信用资料数据库，会提供具有多年经验的咨询服务和信息资料，使企业能更好地预防风险并完善其信用管理制度。此外，西方国家还设有专门的信用管理公司和收账协会。

第五，严格有效的信用管理惩罚机制。大多西方国家都具有对失信行为的防范和惩罚机制，其足以让不讲信用者难以谋职甚至日常生活都会困难重重。对不遵守信用的企业，社会可通过完善的网络和宣传体系，使之无法同任何其他企业继续进行交易。不论是使用者还是企业，都非常重视信用报告。

2）我国企业信用管理现状不容乐观

我国市场经济虽然只有40多年的历史，但信用交易方式已经广泛存在于各个领域。在立法方面，我国现行的《中华人民共和国民法通则》（以下简称《民法通则》）、《中华人民共和国合同法》等法律已确立信用原则，对扰乱社会信用秩序者做了处罚规定，《中华人民共和国刑法》则对破坏社会信用秩序的犯罪行为做出相应的刑罚规定。目前，我国企业信用管理的现状不容乐观。由于没有完善的信用立法，使得少数不法企业以信用方式非法骗取其他企业的经营资源，又利用法律的空隙，逃避法律制裁。这些行为的泛滥，使得我国的市场经济遭遇空前的信用危机。

我国现在市场环境中存在的假冒伪劣问题，从表面上看属于信用不良的问题，但深入探讨后发现，我国企业内部缺乏一些最基本的信用管理制度，这是我国和发达国家信用管理方面最基本的区别。造成我国企业信用状况差的原因是多方面的，既有遗留的体制问题，又有企业自身管理机制的问题，但后果是导致越来越多的企业加入不守信用的行列，从而使支付困难转化为赖账有理，经营失误发展为恶意经营，最终使得企业道德意识和经营准则发生扭曲，造成严重后果。

加入WTO以后，我国经济开放程度进一步加大，与外界的交往越来越多，对信用管理的要求会进一步提高。在中共十五届三中全会上信用问题已经提上议程，人们越来越关注企业信用制度建设问题，呼吁信用立法。我国将推行并不断完善企业信用警示、公示等制度，建设企业信用评价体系，大力推进诚信体系建设。

|7.3| 企业信用管理模式的比较与选择

7.3.1 国外企业信用管理模式的比较

1）国外企业信用管理的三种制度模式

在企业经营管理体系中，信用风险属于交叉性和综合性的管理领域，它涉及企业的计划、采购、生产、营销、财务等各个环节。强化企业信用管理，可以使企业中各个相关领域的管理水平以及整体管理素质获得全面提高。自20世纪50年代以来，风险管理作为一种无形管理风靡欧美各发达国家。20世纪80年代以后，信用风险管理开始向有形管理转变，并被赋予更加实际具体的内容；企业纷纷设立信用管理部门，使客户信用评估更加专业化，应收账款的管理也趋于专业化。西方发达国家企业征信制度模式概括起来主要有以下三种类型：

（1）以中央信贷登记为主体的德法模式

德国、法国等欧洲国家主要采取以中央银行建立的中央信贷登记为主体的企业征信制度方式。中央银行建立的中央信贷登记系统主要是由政府出资，建立全国数据库的网络系统，征信信息主要供银行内部使用，服务于商业银行防范贷款风险、央行金融监管及货币政策决策。企业征信管理机构是非营利性的，直接隶属央行。征信企业登记的内容包括企业信贷信息登记和个人信贷信息登记等。

（2）以商业征信公司为主体的美国模式

美国采取以市场化的商业运行形式为主体的企业征信制度形式，完全私有的商业性征信企业、追账公司等是其典型表现。它们都以营利为目的，按市场化方式运作。美国目前形成了由美国国家信用管理协会（NACM）等著名公司为主体的企业征信体系。这些公司的分支机构遍布美国甚至全世界，全方位向社会提供各种以信用为主的有偿服务。政府基本不参与信用管理行业，其作用主要是促进信用管理相关立法的出台和强制有关政府部门及社会方面将征信数据以商业化或义务形式向公众开放。美国还存在大量的民间信用管理机构，如信用管理协会、追账协会、信用联盟等。

（3）以会员制征信机构与商业性征信机构共同组成的日本模式

日本是采取会员制征信机构与商业性征信机构共同组成的企业征信制度的典型代表，如日本银行协会建立的非营利银行会员制机构——日本个人信用信息中心，负责对消费者个人或企业进行征信，有关单位和个人在收集、使用信息时要付费，会员银行可共享其中的信息。与之并存发展的还有帝国数据银行等社会化商业征信企业。

发达国家的征信服务通常把国家法律和政府监督的作用有机结合，并在全国范围内形成合理的失信约束惩罚机制，能对有信用不良记录的企业和个人进行处罚，而且这种处罚不会简单地随着个人和公司破产、停业而消失，从而达到净化市场环境和减少经济犯罪的目的。

2) 国外企业征信模式基本特征的对比分析

从征信国家已经建立的企业征信制度的不同模式来看,它们的区别主要在于企业征信数据库的经营和管理方式不同,而从事信用管理的行为主体——征信企业在管理咨询、教育、行业监管等方面并无明显差别。按行为主体从事征信数据库的经营方式,可将企业信用管理体系分为政府经营模式、企业自由经营模式和特许经营模式。

(1) 政府经营模式及特点

政府经营模式是指由政府出资组建征信企业,并对其实行直接经营管理的方式。由政府出资组建征信企业,这种模式只有在个别小国或者某些处于转型期的国家才有。其优点在于:在公共数据比较分散或缺乏的条件下,可以由政府协调社会各方面因素,强制性地让局部主体将各种数据贡献出来,从而在较短的时间内集中各种力量迅速建立起覆盖全国范围的征信数据库。缺点在于:一是政府建设的将是耗资巨大、维护费用巨大但商业利益甚微的工程,因为政府出于其他非营利目的;二是政府经营模式很难具有中立和高效的特征,即征信企业往往无法做到迅速、准确、客观地报道信用信息。

(2) 企业自由经营模式及特点

企业自由经营模式是指所有征信企业可依法自由经营信用调查和信用管理业务,政府不直接参与经营,但政府通过立法对其进行管理。这是世界各国征信市场上的主流方式。其最大优点是:从业者可根据市场需要建设数据库并提供服务,竞争机制可促进这种服务范围的扩大和质量不断提高,非常有利于征信产品和服务的本地化。这种模式的缺点是:起步阶段总体投资规模较小,信用管理行业发展缓慢;政府在本国征信制度发展不成熟时,不能有效保护本国企业,外国大型征信企业将很容易占领很大比例的征信市场份额。

(3) 特许经营模式及特点

特许经营模式是指由政府建立征信数据库,然后由指定的征信企业进行商业化经营。这种方式仍具有政府经营模式下的许多特点,主要表现在:征信数据由政府指定的具有相应资格的征信企业进行收集,在此基础上,征信企业独立地进行商业化经营。在特许经营模式下,从事信用保险、信用保理等业务的金融类企业,从事信用管理咨询、市场信用调查等业务的企业,以及从事信用管理教育或培训的企业,都可以放开经营。

7.3.2 建立中国特色的企业信用管理模式

1) 我国的征信企业制度应采取特许经营模式

通过对以上几种模式的对比分析,作者认为,对我国征信企业采取特许经营模式比较适合我国的国情,且符合我国社会主义市场经济的特点。结合国外做法和我国实际情况,我国企业征信制度的特许经营模式是由政府认定具有从业资格的征信企业对征信数据库进行商业化经营。作为发展中国家，我国企业征信制度的建设过程不能纯粹靠市场自发形成，由于市场力量的作用相对较慢，并且在国外机构的压力下，国内相关行业很难发展起来，因此，在企业征信制度建设过程中，政府应积极推动，在较短时间内，以较低成本，使企业征信系统能自行运营和发展。

我国实行特许经营模式，可吸收国外的政府经营模式和企业自由经营模式的优点，既能避免征信企业投资过于分散和行业无序经营等问题，又能充分发挥政府在宏观管理方面的主导优势，以保障征信数据能在较短时间内覆盖国内主要大中型企业和大多数个人，使数据质量准确可靠。在特许经营模式下，经营征信数据公司的主要形式是股份公司，负责数据收集、加工和出具信用报告。各类企业是这些征信企业的会员，向征信企业提供数据，并接受征信企业的各种服务。

2）中国特色企业信用管理制度模式的战略构思和主要措施

在我国目前缺乏完善的法律保障的情况下，单靠企业通过市场化手段来推动信用评估制度的建立是存在困难的。因为企业的信用数据未公开，政府对企业信用数据的部门独占，没有形成国家统一的数据库，以信用产品生产和信用服务为主的信用中介组织缺乏生存和发展的必要条件，所以征信和评估需要政府通过制定政策，协调各有关部门开放相关数据，组织建立统一的数据检索平台，制定评估标准和评估方法等来加大扶持力度，推动企业信用管理制度的建立和完善。在借鉴美国经验的同时，我们不能照走美国式的渐进市场化的老路，而应充分发挥政府的作用，实施政府主导型战略，有步骤、分阶层地逐步推进企业信用管理制度的建设。我国建设特许经营模式下的征信企业，目前尚处于起步阶段，因此，当务之急是政府应大力支持这些征信企业开展业务，以使其能顺利发展。要建立征信企业的特许经营模式，我国政府需要做大量的工作，主要体现在以下几方面：

（1）政府应选择一些条件比较成熟的地区和城市如上海、北京、广州、深圳等作为重点，由政府出台优惠政策鼓励和扶持建立商业化的信用评估机构；在沿海经济发达地区积极培育地区性企业信用市场，由大城市到小城市、由沿海到内地逐步发展，最终建立全国性的企业信用市场。

（2）确立征信数据分类、代码、数据范围、报告形式以及其他有关技术的国家标准。信用数据的加工、存储、管理、使用、报告等应该有基本统一的标准，这既有利于数据的合理利用，又便于同国际惯例接轨。我国政府还可建立或授权建立征信数据统一检索平台，要求征信企业提供企业代码、名称、数据更新日期以及其他简要信息。

（3）重视对征信企业的规范和管理。信用作为一种商品，肯定要通过市场竞争提高其质量，因此应禁止任何形式的对信用资源和信用经营的独占垄断。只有将信用视为商品，运用市场和法律的手段去管理，使信用成为强烈的市场需求，在交易中产生质和量的要求，才能使企业征信制度真正发挥作用，可见，当前尤其需要加强我国企业征信制度的立法工作。

（4）政府部门应协调、理顺与学校等公共服务机构的关系，合力支持征信企业的数据库技术，将其掌握的非机密数据向具有经营资格的征信企业开放；应协调各方利益，动员全社会参与企业信用市场的培育；要通过立法为信用企业在市场上进行信用信息的收集、评级、服务等提供法律支持；还应建立跨部门、跨地区、跨行业网络化信用数据库和系统，在全国范围内形成统一的信用信息共享网络系统。

（5）我国政府应整合目前的征信企业，组织各征信企业进行信用管理服务的专业知识培训，并给予资格认定和特许经营授权。在没有成立征信企业的地方，则按此原则进行筹建、认定和授权，以尽快建立征信企业，开展工作。

（6）要成立信用管理行业协会，所有征信企业应加入行业协会，并承担相关义务。信用管理行业协会还可承担信用教育、从业人员资格认定等工作。信用管理行业协会在业务上隶属于政府职能部门，主要负责法律、法规、监管等有关方面的调查和研究，发行信用研究、企业资信状况、信用教育等方面的出版物。

7.3.3 重建我国企业信用管理制度的对策

国内外的成功经验证明，信用管理是现代企业管理的核心内容之一，也是当前我国企业走出信用困境的根本出路。从前述分析，可见目前我国企业信用管理制度尚未健全，还存在许多不足，为了拯救企业信用危机，不断深化现代企业改革，提高经济效益和防范信用风险，切实增强企业的市场竞争力，积极探索能够加强企业信用建设的有效手段，设法优化我国企业信用管理制度的发育环境已成为当务之急。

企业信用管理制度是指企业为增强信用能力、控制交易中的信用风险而实施的一套方案、政策以及为此建立的一系列组织制度。中国政府已提出加快社会信用制度的建设，粤浙沪等省市为建立企业信用管理制度已在做有益的尝试。企业信用管理制度的建立，是一个艰巨而复杂的系统工程，应参照国外经验，立足实际国情，更要考虑市场经济不断发展的形势要求，应从如下方面着手建立健全我国企业信用管理制度。

1）营造优良的道德环境

道德诚信文化作为基础性的必要制度安排，对社会良好经济秩序的建立发挥着十分重要的作用。"任何人都不会去做他认为是羞耻的事情，却有可能去做法律禁止的事情。道德是人的自我约束，法律是人的外在约束。从这个意义上讲，道德强于法律。"企业信用很大程度是构建在企业间信任和诚信的理念基石上，并借助市场经济条件下的信用道德规范加以维护。讲究信用、伦理已经成为社会经济生活中的基本公德。我国应注重对企业信用观念与信用道德的宣传、教育，建立并完善"以讲信用为荣、不讲信用为耻"的信用道德评价和约束机制，为企业信用管理制度建设创造健康的道德环境。

2）改革产权制度

如想建立名副其实的企业信用管理制度，最根本的是要改革产权制度，实现财产所有权的分散化。产权改革是将我国的市场交易活动由原来国家作为所有者进行参与或控制，变成现在由千百万个拥有独立财产所有权的市场主体独立进行控制。把国有产权制度改造成真正的公有产权制度，使企业成为拥有独立财产的真正的产权主体，能根据自己的意愿运用并处置所拥有的财产，独立地进行真正的产权交易。交易双方拥有独立的财产权是信用产生的重要条件，对自己的财产拥有真正的所有权，就表示市场主体必须对自己的债务或破产的后果独立地承担全部财产责任。这样市场主体就会清醒地认识到及时清偿债务是自己必须独立承担的财产责任，不然就会使企业迅速破产，因而企业就会形成真正的自我信用约束机制，及时偿债或履行合同将会自然变成企业必须共同遵守的信用准则，于是那种随意违约或毁约、赖账等严重破坏信用秩序的现象是绝对不能长期存在的。

3）完善公司治理结构

公司治理结构规定了公司的各个参与者，包括股东大会、董事会、经理层、股东和其他利害关系者的责任与权利分布，明确公司行为的决策、执行和监督应遵循的规则和程序。公司治理结构作为公司管理和控制的体系，既是企业树立市场形象、吸引投资的根本保证，又是企业信用管理制度建立的体制条件。伴随着公司各种有约不守、违法违规案件的增多，公司治理结构现已引起社会各界的热切关注。如果公司治理结构存在缺陷，股东的权利便难以得到保护。我国公司治理结构目前存在的不足包括：董事会与执行层之间关系模糊；股权结构不合理；缺乏有效的外部监督机制；董事会、监事会、执行机构存在弊端等。因为我国许多公司是由国企改制形成的，公司大股东普遍为分散在各个行政机关的国有资产代表人，可动用行政权来控制企业，从而导致市场交易容易被干扰或扭曲，企业信用的缺失是难以避免的。为此，企业要设法明晰产权，分清职责，加强外部监督，维护股东利益，提高管理透明度，建立激励和约束相结合的内部管理机制。

4）制定企业信用法律法规

信用制度和社会信用体系，必须以健全的信用法律法规为有力保障，才能得以巩固和实施。一些企业信用市场发达的欧美国家，围绕规范授信、平等授信机会等问题建立了完善的法律体系，而我国当前立法尚未对企业信用进行具体、系统的规定。所以，我国迫切需要制定遵守企业信用、维护公平竞争、保护商业秘密等有关方面的法律法规，强化法制建设，特别是信用立法，并应当从以下方面做出努力：修补我国《民法通则》等法律中有关权益保护的规定，切实维护信用关系中各主体的合法权益；对违约失信行为制定更加严厉的赔偿和惩罚规则，使失信成本大大超过其获利收益；参照美国的《公平信用报告法》制定有关法规，严格规范涉及信用信息记录、使用及评估活动机构和组织的行为；尽快规范有关市场监管、税务、银行等与企业信用联系紧密的政府部门行为，制定操作性强的信用服务规则，要求这些部门依法向社会公众提供企业信用信息，监督企业守约诚信，形成较好的法治氛围。

5）建立和完善信用管理制度

企业是市场经济中最活跃的"细胞"，但我国目前普遍缺少企业内部信用管理制度，企业极少设立专门的信用管理部门、机构或人员。企业信用管理制度是理顺企业间信用关系的重要途径，建立企业信用管理制度主要有建立外部社会保障体系和建立企业内部信用管理制度两种方式。前者虽有不足，但基本框架业已建立和运作，后者则相对滞后，因而，应加快现代企业信用管理制度建设，将企业内部信用管理制度作为重点，建立统一的信用评估指标体系，确立完善的社会化企业信用信息网络体系，优化市场化的信用信息服务，加强信用中介行业自律。健全的企业信用管理制度体系包括信用管理政策、客户资信管理制度、内部授信制度、信用风险控制制度、应收账款监控管理制度，拖欠账款、追账处理办法与程序，企业信用公示制度，专设信用管理部门等，以构建信用风险防范和约束机制。

|7.4| 我国企业信用管理体系

在当前我国加快建立健全社会信用管理体系的背景下，建立企业信用，加强企业信用管理已成为社会信用管理体系建设的重中之重。

7.4.1　信用管理是现代企业管理的关键

信用管理是现代企业管理的核心内容，它是市场营销、财务管理和信息管理相互交叉的一个管理领域。信用管理的目标是：强化客户资信管理，防范销售中的信用风险；控制逾期应收账款，加快资金周转，提高企业财务质量；加强欠款追收，减少呆账、坏账损失，提高企业经营利润；规范赊销业务，增强企业市场竞争力；建立企业内部信用风险管理制度，提高企业管理质量。

信用管理也是规范市场环境的必要条件，是市场经济走向成熟的标志，是市场经济发展到一定程度自然形成的要求。信用管理区别于企业日常销售及财务等管理工作，体现在以新增设的信用管理部门掌握和评估客户资信状况，对每笔交易的价值和风险进行独立的、科学的、定量的审核，并对应收账款发生和运行的各个环节进行严格的监控，将企业的销售、财务和信息管理工作有机地结合起来，从而实现企业的经营管理战略目标。但是目前我国企业在信用管理工作上普遍存在严重的缺陷和不足，这不仅意味着企业在经营中时刻面临着巨大的信用风险，而且无法或不能正常地发挥信用的作用以获得足够的市场竞争力，尤其是在当前"国内市场竞争国际化"和"国际市场竞争国内化"的形势下，我国企业如果不迅速提高自身信用管理水平，将面临被市场淘汰出局的风险。

7.4.2　建立企业信用管理制度的基本原则和总体思路

中国现阶段信用制度的设计前提与依据是我国实行的有中国特色社会主义市场

经济体制，最大特色在于将市场经济和社会主义初级阶段有机融合在一起，既具有市场经济的共性，又兼顾中国具体国情，有别于西方国家的市场经济制度。依据信用的双重属性，信用及信用体系的构建必须同时从制度建设与道德建设两方面着手。社会信用体系不仅仅单纯地建立在诚实守信的道德规范上，更重要的是要建立管理市场主体之间信用关系的整套法律、准则制度，以制度信用建设引导道德信用的形成，将法律规范作为制度信用建设的先决条件。

建立企业信用管理制度大致有两条思路：一是建立外部企业信用等级评价机构以及相应的指标体系，即建立企业信用的外部社会保障体系，也就是由国家建立的，用于监督、管理和保障企业信用活动健康、规范发展的一系列具有法律效力的规章制度和行为规则，其目的主要是建立良好的市场经济运行秩序。二是从企业本身来说，要改善和健全信用管理制度，着力解决企业管理的缺陷和部门之间信息不畅通的问题，加强对客户信用的了解。建立企业信用管理制度，既要优化企业信用管理制度的前提，即道德、法制、社会等环境；又要建立和健全相关的配套制度，如改善公司法人治理结构，建立企业信用信息披露、奖惩、评级等制度。

从企业信用管理制度内在联系出发，可将我国企业信用管理制度体系分为三大部分，即核心制度建设、制度环境建设和配套制度建设。

7.4.3 我国政府、企业与社会信用中介服务机构三大信用主体建设

建设有中国特色的企业信用管理制度体系，涉及的重要主体有政府、企业和社会信用中介机构等。这些部门实际运作和协调配合的效果，决定着我国企业信用管理制度建设的进程。只有当企业、政府和市场化的社会资信服务机构共同协作，彼此扶持，三管齐下，我国的企业信用管理体系才有可能在意识形态、专业人才、信用法律环境等各方面健康发展和运行，为此必须在如下3个方面着手努力：

1) 塑造信用政府，发挥政府在社会信用制度建设中的主导作用

我国当前之所以缺乏信用机制，与政府功能失调有密切关系。目前，我国仍属于非征信国家，政府在企业信用管理制度建设中的组织保证作用举足轻重，因此，政府要在重塑社会信用关系中发挥主导和协助作用，必须廉洁自律，以身作则，依法规范行政行为，避免盲目干预，真正提升政府公信力，体现政府在立法、执法、服务、监督、维护市场秩序等方面的职能作用，建立政府信用制度。具体说来，政府应从以下几个方面着手：

（1）要转变职能，加大执法力度，加强政府监管职能。要实现对政府制定和执行政策的监督，提高政府决策特别是政策制定和执行过程中的透明度，做到执法公正廉洁，取信于民。对从事企业信息服务的会计、审计、法律服务等中介机构和负责企业有关方面认证、评定等的政府部门进行严格监控。但政府要注意有所为、有所不为，防止介入太深而产生寻租行为。

（2）要充分利用政策的导向和感召力，建立良好的信用管理体系运行的外部环境。在全社会倡导诚实守信的品德，侧重抓好信用立法，制定并执行相关的法律法

规，扶持和推动市场化信用企业健康快速成长，推动商业银行等与信用体系建设相关的行业和部门加快改革进程。

（3）广泛应用信息技术加强信息资源开发，强化公共信息资源共享，建立动态的企业信息数据库。政府有关职能部门应当尽快实现信息共享。目前，企业和个人的信用信息主要集中在中国人民银行、市场监管、税务、法院等部门，这些部门应率先行动，完善资信档案登记机制，规范资信评估机制，建立严密和灵敏的信用风险预警、管理及转嫁系统。

（4）要加强公务员的思想道德品质和业务素质的教育、培训，提高公务员的道德水平和业务水平，避免因为公务员素质低下而导致的政府信用失常行为。还要建立政府信用失常赔偿制度，切实落实好《中华人民共和国行政诉讼法》《中华人民共和国国家赔偿法》，从制度建设和法制完善角度杜绝政府的不良行为，提高政府的信用失常成本，从而真正维护政府信誉。

2）建立企业信用，加强企业内部信用风险管理制度建设

企业首先要练好"内功"，遵纪守法，提高企业核心竞争力，增强企业自身信誉度。按照现代企业管理要求，应建立"三机制一部门"的全程信用管理模式，迅速弥补企业在信用管理上的缺陷。全程信用管理模式中的"三机制"是指在企业内部建立系统、完善的信用管理机制，即包括前期管理的企业资信调查和评估机制、中期管理的债权保障机制、后期管理的应收账款管理和回收机制。同时要在企业内部建立独立的信用管理部门，负责企业信用管理工作。

第一，要从控制交易全过程中的各个业务环节的信用风险角度出发，强调严格的事前、事中、事后管理，规范化、制度化地处理各项程序。从供销合同签订前的资信调查到合同（协议）条文的拟订，从合同（协议）的商谈到合同执行的全过程进行不间断的跟踪、监控，如果发现问题，要及早采取措施。

第二，应使相关的信用风险管理工作专业化。企业的信用风险管理工作做不好，是因为未将信用管理当作一种专业化管理加以对待，为此企业急需建立内部信用风险管理制度。这些制度应包括：

①前期信用管理——企业资信调查和评估机制，即客户动态资信管理制度。以客户风险控制为核心，制定整套具体的管理制度，是企业信用管理工作的基础。建立以客户的信息资源和资信调查为核心的规范化管理方法，对客户的资信状况进行全面掌握和控制，避免企业在经营过程中因客户信用不良所带来的损失，有效避免经营过程中的大量赖账、欠账等现象和交易人员主观盲目决策等问题。还应根据客户信用信息对客户做出信用等级的评定，并按信用等级及发展潜力进行归类管理。

②中期信用管理——债权保障机制，即客户授信制度。这项制度以控制客户的信用额度为核心，建立科学的交易审批程序，使企业内部交易决策科学化、定量化，减少由人为主观因素造成的决策失误和信用失控。建立严格的担保审批制度，避免被担保方信用恶化后连带到本企业，造成财产损失。中期债权保障机制的手段有担保、保理和出口信用保险等。其中保理是中期信用管理中重要的债权保障

形式。

③后期信用管理——应收账款管理和回收机制，即应收账款监控制度。应收账款监控制度包括建立完整的应收账款信息记录制度、账龄监控制度、赊销客户的跟踪管理制度以及拖欠账款的催收制度等。这是企业信用管理的关键和难点。我国大多数企业的应收账款存在账龄长、数量大等严重问题。实行应收账款管理，企业须建立应收账款第一责任人制度。

第三，独立设置企业信用管理部门与人员。建立信用部门既可遏制业务部门只追求数量、不考虑风险的轻率和盲目行为，防止坏账的产生，又可推动企业使用更灵活的贸易方式寻找商机，扩大业务。只有将信用部门与财务部门和销售部门并行设立，才能保证信用管理人员的客观性、公正性和独立性，充分发挥其应有的作用。在工作实践中，因专业岗位众多，对信用管理从业人员的教育背景要求不尽相同，但从业人员至少要受过财务管理和市场营销方面的基本教育。

3）培育社会信用中介服务机构，实现企业信用评价的市场化

随着现代企业信用风险意识的日益加强，必会扩大对信用信息的需求，相应带动征信、评级等资信机构的发展，而社会也迫切需要独立的、公正的、有权威的资信机构。随着中国加入WTO，国外的资信机构也开始进驻中国，并在中国寻求商机，我国政府应该发挥推动作用，大力培育信用中介服务组织，为企业信用评价的市场化提供主体基础。

（1）信用中介服务行业的发展必须是在政府的有效监督和管理之下，实行严格的准入、限量和管理制度，对其资质条件加以规范，使其真正成为体现公平、公开、公正原则和品格的社会信用管理服务机构。

（2）政府部门应积极扶持建立信用中介服务业。鼓励中外合资、合作兴办信用管理服务机构，鼓励多元投资主体设立资信调查、信用征信、信用评价、资产征信等服务企业；以法律和经济手段促使从业行为规范化，在市场竞争中树立公正、中立形象，坚决杜绝政府垄断行为。

（3）政府部门应对信用管理公司实行联合年检，加强对信用中介行业的监管力度，确保年检结果客观、公正。可借鉴美国资信评估业的做法：对同一受评对象，投资者可自行选择2家以上独立的专业评级分析公司的评估，投资者不只依赖一家评级机构的判断意见。

（4）重视信用服务中介机构的规范发展。在当前我国信用环境恶化的状况下，在通过向客户提供所需的信用报告帮助客户防范信用风险的同时，还要通过信用中介机构特有的信用信息传递机制，加快有效的社会惩罚机制的形成，使败德企业的失信成本要大于因失信所获得的"收益"，促使社会信用秩序得以根本改善。

7.4.4　重点突破：我国企业信用管理制度建设切入点的选择

1）产权制度是企业信用管理制度建设的突破口

没有完善的产权制度的经济必定是不讲信用的经济。简单地说，如果干了坏

事，就一定会受到惩罚；如果能做了贡献，就一定能够得到回报。如果没有产权制度，你所做的一切可能由你承担，也可能不由你承担，这时候你就有积极性去追求短期利益，而不顾后果如何，因此，必须改革产权制度，使企业成为独立财产的真正拥有者。

抑制失信行为重要的经济基础在于，失信行为的后果要直接由失信者承担，否则必然产生失信的败德行为。要使经济责任直接且有力地约束失信行为，最根本的在于企业产权制度改革。信用的基础就是产权，产权制度的基本功能是能给人们提供追求长期利益的稳定预期。如果企业没有真正的个人投资者，就不会有人积极地维护企业的信誉，企业就不可能讲信用。如果投资者没有办法以普通的激励机制和监督机制来规范雇员的行为，投资者就应采取产权激励的办法。这就是当前股票期权如此受欢迎的重要原因。同时投资者必须完善企业的进入和退出机制。

2）建立个人信用制度，为企业信用管理体系打下坚实基础

建立和完善个人信用制度是健全中国企业信用管理体系的核心工作，完善高效的个人信用制度是建立中国企业信用管理体系的突破口。个人信用制度是指能证明、解释与查验自然人资信，由国家建立用于监督、管理与保障个人信用活动规范发展的具有法律效力的规章制度与行为规范。结合中国国情和国外先进经验，我国个人信用制度体系的建设应着力于以下工作：

（1）在全国范围内建立个人基本账户体系，加强以实现个人信用信息共享为目的的互联网络建设，形成统一协调、联系紧密的信用卡支付、结算网络，实现信用卡的"一卡通"。将个人的一切资金往来置于基本账户下，统一管理个人的资产、负债等业务，为个人提供所需的一切金融服务。

（2）建立统一的个人信用实码制，逐步建立起区域性、行业性、全国性的个人信用计算机联网查询系统，以保证个人信用信息的真实性。个人信用实码制是将可证明、解释和查验的个人信用所有必要的资料锁定在一个固定的编码上。在个人需要向相关者提供自己的信用情况时，只要出示个人信用实码，对方就可以查询到所需的资料，以衡量和评估其信用状况，减少信用风险。

（3）建立设置科学、机制灵活、管理方便的个人信用管理机构。在遵守有关保护个人隐私的法律前提下，利用商业性的中介资信机构，实现个人信用信息的开放化和商业化。

（4）建立和完善个人信用担保制度。由政府部门出面筹集资金组建消费信贷担保基金公司，专门为消费信贷尤其是长期消费信贷提供担保，以转嫁借款人违约风险，同时完善《中华人民共和国担保法》并制定相应实施细则，增设专门的消费信贷担保条款。

（5）培育专业性的个人信用调查与评价的中介机构。针对这类专业性机构在我国的注册资格、法律形式和责任与业务规范，应制定相应的制度，以促进其健康发展。创建必备的外部环境，建立健全个人有形资产的评估体系、个人财务会计体系、个人破产制度、对违背个人信用制度者的制裁措施等。

（6）建立科学、严谨的评价指标体系。个人信用评估就是通过建立针对不同客户类别的信用评级模型，运用科学合理的评估方法，在建立个人信用档案系统的基础上对每一位客户的授信内容进行科学、准确的信用风险评级。

（7）健全信用的法律、法规建设。例如，制定和颁布公平信用报告法、平等信用机会法、个人破产法等，用法律的形式对个人账户体系，个人信用的记录和移交，个人信用档案的管理，个人信用级别的评定、披露和使用，个人信用主客体的权利义务及行为规范做出明确规定。

7.4.5　法德并举建设：重德守法是培育信用管理制度的根本之路

市场经济实际上就是以契约为基础的信用经济，要求经济主体遵守法律规则，诚实守信。市场法规是保证市场有效运作的基本原则，但法律并不是万能的，在犯罪与不犯罪之间存在着大量的法律空白地带，即使在法律管辖的范围内，一个缺少道德支撑的法律，往往效用非常有限，乃至沦为一纸空文。市场经济越发达，商品交换越频繁，就越要求企业诚实守信。

道德与法制是信用建设的两大基石，道德是核心，法制是保障，信用是现代社会道德的重心。市场经济演进的历史表明，人的经济行为和道德行为总是相互联系与相互渗透的。信用要求人们对经济利益"取之有道"，要求经济活动参与者在为社会、为他人创造价值的过程中获取正当的物质利益。此外，信用建设要依靠法制来维护，市场经济行为中的信用问题蕴藏着丰富的道德内容和严肃的法制内涵。信用缺失，在现象上说明我国市场经济基础薄弱和发育不健全，实质上是法律、法规的不齐备和不落实。只有在法律保障下的信用制度，才能提醒与规劝人们，教育和塑造大家；才能使信用受到尊重，得到回报，使不守信者失去谋生的"饭碗"和参与社会的"通行证"。目前，许多反欺诈和反不正当竞争的法规已推出并予以实施，依法严查、严惩假冒伪劣、惩治侵犯知识产权行为已成法治化工程的重要内容。在重构信誉、塑造信用以及由道德经济向信用经济过渡的过程中，人们强烈呼吁建立社会信用评估和失信惩戒体系，用法制建设保障信用建设的健康发展。

1）制度伦理化

人们在社会中的道德状况，通常决定于社会为此相应设计的制度安排。这就要求营造一种合理的制度环境，把合理性与合正义性融入社会制度系统，使社会制度符合伦理精神和道德原则，实现制度伦理化。制度伦理化在一定意义上是指制度的合伦理性、合道德性以及制度本身蕴涵的伦理追求和价值判断。它由制度内在的社会基本权利和义务的原则、规范构成，并通过社会基本政治制度、经济制度、文化制度等，以及体现这些基本制度的各种体制、法规、典章、条例、公约、守则等具体社会生活规范来表现。哲学家富勒指出，真正的制度应包含着自己的道德性，即内在道德或程序自然法，同时还应对社会和人民提倡的德行给予保护和支持，对利益失衡进行监督和制约，对危害社会发展的失德行为严加惩处。

2) 道德法律化

信用道德建设作为复杂的社会系统工程，既要靠教育宣传，又要靠法律制度建设。由于公众对道德规范的认同除依靠社会舆论和人们自觉外，最有效的方法就是将部分必须遵守的基本道德规范上升为法律。法律能明确地告诉人们能做什么，不能做什么，法律对社会成员具有普遍的约束力，可使道德规范发挥应有的社会作用。

当前我国道德法律化的实践主要有两种途径：一是为基本道德，即维持社会生活所必须要求的最低限度道德——诚信立法，有利于社会守法和减少违法的程度。基本道德立法还必须深入到社会的各个领域，包括社会公德、职业道德、家庭美德等。二是实行践履道德法律化的制度管理和制度约束。道德法律化的效力并不在于法律本身，而在于社会成员对道德的认同和遵守。道德法律化、政策化，还必须要有强大的实施机构来具体执行，以及相应的检查、监督机构，其必要也要有舆论、行政和组织上的保障措施。还需要专门为道德法律化的践履实行配置硬约束手段，围绕这些道德法律规范来安排制度管理和约束机制，确使道德规范真正成为社会公众的普遍化行为选择。

7.4.6 培养信用管理专业人才队伍是企业信用管理的迫切需求

推进我国企业信用制度建设，要求决策者及执行者必须具备个人信用管理的素质结构。是否拥有高水平的管理人员队伍和造就专业人才的教育环境，关系到企业或个人信用制度建设的成败。随着经济的不断发展，特别是在加入WTO后，我国的信用市场亟待开发，对信用管理人才的需求也在增加。然而，我国的信用管理教育无论是在长期教育方面还是在短期培训方面都极为缺乏，培养信用管理的专业人才，加快我国的信用管理教育发展刻不容缓。

要把尽快培养高质量的信用管理人才队伍作为企业信用管理体系建设的重要工作。在企业未来发展中，要有专门部门负责信用管理工作，并配备相应的信用管理人员。要通过各种方式，培养、培训一批企业信用管理人才。要发展信用管理正规大学教育，指导高等院校的经管学院开设信用管理专业教育，同时和发达国家的信用管理教育单位进行合作办学和交流培养。开展多种形式的理论研究和在职行业培训。参考其他行业的资格考试，设立信用管理从业人员的资格考试和认证制度。利用新闻媒体加大舆论宣传力度，引导企业或个人诚实守信，从而营造良好的企业生存环境。

复习思考练习题

一、单项选择题

1.企业信用管理道德规范的核心要求是（　　　）和信守诺言。

A.履行契约　　　　B.遵守法律　　　　C.遵循规范　　　　D.遵守道德

2.信用制度作为制度的一种，由正式约束、非正式约束和（　　　）所构成。

A.实施机制   B.行业规定   C.企业准则   D.奖惩机制

3.西方发达国家企业征信制度模式主要有以中央信贷登记为主体的德法模式、以商业征信公司为主体的美国模式和以会员制征信机构与商业性征信机构共同组成的（   ）模式等类型。

A.日本   B.澳新   C.英法   D.俄罗斯

4.按行为主体从事征信数据库的经营方式，可将企业信用管理体系分为政府经营、企业自由经营和（   ）几种模式。

A.特许经营   B.个人经营   C.连锁经营   D.集团经营

5.美国还存在大量民间信用管理机构，如信用管理协会、追账协会、（   ）等。

A.信用保理   B.企业征信管理机构

C.银行协会   D.信用联盟

二、多项选择题

1.道德契约的规范性要求包括（   ）。

A.买卖是建立在交易各方意见一致的基础上的

B.契约对所有当事人都有约束力

C.买卖是交易各方在地位平等的基础上，按各自的意志自由选择的结果

D.改善实现道德契约的环境既需要公平竞争的客观环境，同时也需要法律的保护

2.企业道德契约的关键问题有（   ）。

A.企业心理契约   B.企业知识契约

C.企业任务契约   D.企业效率契约

E.企业管理契约

3.我国企业信用管理的核心制度建立，应该主要包括（   ）主体信用建设。

A.政府   B.企业

C.社会信用中介服务机构   D.个人

E.家庭

4.企业信用与个人信用相比，具有（   ）的特征。

A.非人格化   B.积累性

C.稳定性   D.持久性

E.个性化

5.建立健全我国企业信用管理制度，应从如下（   ）方面入手。

A.营造优良的道德环境   B.改革产权制度

C.完善公司治理结构   D.制定企业信用法律法规

E.建立和完善信用管理制度

三、判断题

1.企业信用管理制度是指企业为增强信用能力、控制交易中的信用风险而实施的一套方案、政策以及为此建立的系列组织制度。   （   ）

2.建设有中国特色的企业信用管理制度体系，涉及的重要主体有政府、企业和社会信用中介机构等。 （   ）

3.产权制度是企业信用制度建设的突破口。 （   ）

4.道德与法制，是信用建设的两大基石，道德是保障，法律是核心。 （   ）

5.重德守法是培育信用管理制度的根本之路。 （   ）

四、简答题

1.什么是道德契约？有哪些规范性要求？

2.怎样加强信用管理与企业信用管理体系建设？

3.企业信用管理的制度体系主体框架和重要内容如何表达？

4.如何进行我国企业信用管理体系的制度创新？

5.比较国内外企业信用管理制度模式的异同，我国应选择何种模式。

案例讨论题

安然-安达信：不守信用，自毁前程

2001年，美国华尔街明星企业纷纷倒闭，道琼斯股票指数、纳斯达克股票指数和标准普尔500种股票指数屡创新低，股市投资者损失惨重，公众信心接连遭受打击。2001年1月，曾在《财富》杂志全球500强名列第七的美国能源超级大企业安然公司对外公布：公司1997—2000年年度虚报盈利5.91亿美元，增列6.28亿美元负债，直接导致投资者信心崩溃。在不长的时间内，安然公司股价从最高超过90美元，股票市价超过630亿美元，一路狂跌至不足1美元，连续30个交易日其股价徘徊在摘牌底线的1美元之下，安然公司股票被摘牌。同年12月2日，安然公司正式向纽约一联邦地方法院申请破产保护，破产清单所列资产达631亿美元。安然公司破产后，其受害者遍及全球。安然公司股票投资者损失惨重，血本无归；贷款给安然公司的华尔街金融公司、欧亚各银行承受至少50亿美元损失；美国著名的信用评级公司——标准普尔估计，与安然公司债务相关的证券商遭受63亿美元损失。2006年10月23日，前安然首席执行官CEO杰弗里·斯基林被美国休斯敦联邦地区法院判刑24年零4个月，法院还判处他名下的4 500万美元财产用以还债，这位曾经的商业巨子付出了倾家荡产的代价。

而当初伴随着安然公司破产倒闭，全球"五大"会计师事务所之一、创立于1913年的安达信国际会计公司碰到巨大麻烦，遭遇严重诚信危机，进而引发全球会计行业强烈地震。在安然公司成立之始后的16年里，安达信一直担任安然公司的独立审计师。在2001年会计年度安达信的业务收入为93.4亿美元，其间有5 200万美元的收入来自安然公司，而这其中2 700万美元是管理咨询业务收入，只有2 500万元才是审计鉴证收入。很显然，安达信担任安然公司的独立审计师可谓扮演了双重角色：外部审计师和内部审计师。因此，安达信的审计失去独立性，无法做到公正。正如美国《商业周刊》评论员所说："一只手做假，另一只手证明这只手做的账。"这样，怎能不出假账？

2001 年 12 月，安达信 CEO 约瑟夫·贝拉迪诺在国会作证确认，安达信在对安然公司的财务会计问题处理上判断失误。在收到美国证券交易委员调查安然公司财务与会计违规问题传票后，2002 年 1 月 10 日，安达信发表简短声明，承认其负责安然公司审计工作的前主审计师大卫·邓肯曾召开一个紧急会议，组织力量迅速销毁上万份与安然破产有关的文件，而邓肯则说他是接到安达信的律师的指令后做的。销毁文件的做法违反会计业内的最基础审计原则。美国司法部以"妨碍司法调查罪"将安达信告上法庭。美国休斯敦联邦大陪审团裁定安达信销毁安然文件、妨碍司法调查罪名成立。令人吃惊的是，两大申请破产的美国环球电讯公司和世界通信公司的独立审计师也是安达信。2001 年，安达信因为其他客户做假账，而被罚款 1.17 亿美元。2000 年，安达信在对废品管理公司（Waste Management Inc.）审计中因违反美国一般公认会计原则（US GAAP）和不正当行为，美国证券交易委员会处以废品管理公司与安达信共同承担 4.57 亿美元的罚款。

总之，安达信的诚信缺失导致其近百年美名毁于一旦，最终自取灭亡，自毁前程：美国东部时间 2002 年 8 月 31 日安达信国际会计公司正式宣布退出审计行业，这家拥有 89 年辉煌历史的世界著名会计公司因为"安然事件"付出了丢掉诚信的昂贵代价——被迫黯然关门。

资料来源 叶陈刚. 公司治理层面的伦理结构与机制研究［M］. 北京：高等教育出版社，2006：51.

讨论问题：

1. 安达信对安然公司审计失败案件给我们何种启示？

2. 注册会计师应如何遵守职业道德？

第 8 章

会计假账与财务舞弊道德对策

经典名言警句

尊德乐义，则可以嚣嚣矣。故士穷不失义，达不离道。

穷不失义，故士得己焉。达不离道，故民不失望焉。

古之人，得志，泽加于民，不得志，修身见于世。

——《孟子·尽心上》

老吾老，以及人之老；幼吾幼，以及人之幼。

——《孟子·梁惠王上》

中华民族生生不息绵延发展、饱受挫折又不断浴火重生，都离不开中华文化的有力支撑。中华文化独一无二的理念、智慧、气度、神韵，增添了中国人民和中华民族内心深处的自信和自豪。

——习近平在中国文联十大、中国作协九大开幕式上的讲话

德为本，孝当先，诚修身，信立人，勤兴业，俭持家。

——佚名

主要知识点

1.权钱交易、不公正经济与会计假账的关系。

2.腐败及寻租是会计假账滋生的内在动因、会计市场假账行为的供给需求曲线。

3.上市公司会计假账与财务舞弊的含义、类型及常用手段。

4.上市公司会计假账与财务舞弊动因及道德治理对策。

关键概念

会计败德行为（Accounting Bad Ethics Action）

利益驱动（Driving Profit）

道德滑坡（Ethics Downhill）

会计假账（False Account）

财务舞弊（Finance Embezzlement）

道德对策（Ethics Game）

【引言】

国务院关于建立完善守信联合激励和失信联合惩戒制度
加快推进社会诚信建设的指导意见

一、总体要求

（一）指导思想。

全面贯彻党的十八大和十八届三中、四中、五中全会精神，深入贯彻习近平总书记系列重要讲话精神，按照党中央、国务院决策部署，紧紧围绕"四个全面"战略布局，牢固树立创新、协调、绿色、开放、共享发展理念，落实加强和创新社会治理要求，加快推进社会信用体系建设，加强信用信息公开和共享，依法依规运用信用激励和约束手段，构建政府、社会共同参与的跨地区、跨部门、跨领域的守信联合激励和失信联合惩戒机制，促进市场主体依法诚信经营，维护市场正常秩序，营造诚信社会环境。

（二）基本原则。

——褒扬诚信，惩戒失信。充分运用信用激励和约束手段，加大对诚信主体激励和对严重失信主体惩戒力度，让守信者受益、失信者受限，形成褒扬诚信、惩戒失信的制度机制。

——部门联动，社会协同。通过信用信息公开和共享，建立跨地区、跨部门、跨领域的联合激励与惩戒机制，形成政府部门协同联动、行业组织自律管理、信用服务机构积极参与、社会舆论广泛监督的共同治理格局。

——依法依规，保护权益。严格依照法律法规和政策规定，科学界定守信和失信行为，开展守信联合激励和失信联合惩戒。建立健全信用修复、异议申诉等机制，保护当事人合法权益。

——突出重点，统筹推进。坚持问题导向，着力解决当前危害公共利益和公共安全、人民群众反映强烈、对经济社会发展造成重大负面影响的重点领域失信问题。鼓励支持地方人民政府和有关部门创新示范，逐步将守信激励和失信惩戒机制推广到经济社会各领域。

二、健全褒扬和激励诚信行为机制

（三）多渠道选树诚信典型。将有关部门和社会组织实施信用分类监管确定的信用状况良好的行政相对人、诚信道德模范、优秀青年志愿者，行业协会商会推荐的诚信会员，新闻媒体挖掘的诚信主体等树立为诚信典型。鼓励有关部门和社会组织在监管和服务中建立各类主体信用记录，向社会推介无不良信用记录者和有关诚信典型，联合其他部门和社会组织实施守信激励。鼓励行业协会商会完善会员企业信用评价机制。引导企业主动发布综合信用承诺或产品服务质量等专项承诺，开展产品服务标准等自我声明公开，接受社会监督，形成企业争做诚信模范的良好氛围。

（四）探索建立行政审批"绿色通道"。在办理行政许可过程中，对诚信典型和连续三年无不良信用记录的行政相对人，可根据实际情况实施"绿色通道"和"容缺受理"等便利服务措施。对符合条件的行政相对人，除法律法规要求提供的材料外，部分申报材料不齐备的，如其书面承诺在规定期限内提供，应先行受理，加快办理进度。

（五）优先提供公共服务便利。在实施财政性资金项目安排、招商引资配套优惠政策等各类政府优惠政策中，优先考虑诚信市场主体，加大扶持力度。在教育、就业、创业、社会保障等领域对诚信个人给予重点支持和优先便利。在有关公共资源交易活动中，提倡依法依约对诚信市场主体采取信用加分等措施。

（六）优化诚信企业行政监管安排。各级市场监管部门应根据监管对象的信用记录和信用评价分类，注重运用大数据手段，完善事中事后监管措施，为市场主体提供便利化服务。对符合一定条件的诚信企业，在日常检查、专项检查中优化检查频次。

（七）降低市场交易成本。鼓励有关部门和单位开发"税易贷""信易贷""信易债"等守信激励产品，引导金融机构和商业销售机构等市场服务机构参考使用市场主体信用信息、信用积分和信用评价结果，对诚信市场主体给予优惠和便利，使守信者在市场中获得更多机会和实惠。

（八）大力推介诚信市场主体。各级人民政府有关部门应将诚信市场主体优良信用信息及时在政府网站和"信用中国"网站进行公示，在会展、银企对接等活动中重点推介诚信企业，让信用成为市场配置资源的重要考量因素。引导征信机构加强对市场主体正面信息的采集，在诚信问题反映较为集中的行业领域，对守信者加大激励性评分比重。推动行业协会商会加强诚信建设和行业自律，表彰诚信会员，讲好行业"诚信故事"。

三、健全约束和惩戒失信行为机制

（九）对重点领域和严重失信行为实施联合惩戒。在有关部门和社会组织依法依规对本领域失信行为做出处理和评价基础上，通过信息共享，推动其他部门和社会组织依法依规对严重失信行为采取联合惩戒措施。重点包括：一是严重危害人民群众身体健康和生命安全的行为，包括食品药品、生态环境、工程质量、安全生产、消防安全、强制性产品认证等领域的严重失信行为。二是严重破坏市场公平竞争秩序和社会正常秩序的行为，包括贿赂、逃税骗税、恶意逃废债务、恶意拖欠货款或服务费、恶意欠薪、非法集资、合同欺诈、传销、无证照经营、制售假冒伪劣产品和故意侵犯知识产权、出借和借用资质投标、围标串标、虚假广告、侵害消费者或证券期货投资者合法权益、严重破坏网络空间传播秩序、聚众扰乱社会秩序等严重失信行为。三是拒不履行法定义务，严重影响司法机关、行政机关公信力的行为，包括当事人在司法机关、行政机关做出判决或决定后，有履行能力但拒不履行、逃避执行等严重失信行为。四是拒不履行国防义务，拒绝、逃避兵役，拒绝、拖延民用资源征用或者阻碍对被征用的民用资源进行改造，危害国防利益，破坏国防设施等行为。

（十）依法依规加强对失信行为的行政性约束和惩戒。对严重失信主体，各地区、各有关部门应将其列为重点监管对象，依法依规采取行政性约束和惩戒措施。从严审核行政许可审批项目，从严控制生产许可证发放，限制新增项目审批、核准，限制股票发行上市融资或发行债券，限制在全国股份转让系统挂牌、融资，限制发起设立或参股金融机构以及小额贷款公司、融资担保公司、创业投资公司、互联网融资平台等机构，限制从事互联网信息服务等。严格限制申请财政性资金项目，限制参与有关公共资源交易活动，限制参与基础设施和公用事业特许经营。对严重失信企业及其法定代表人、主要负责人和对失信行为负有直接责任的注册执业人员等实施市场和行业禁入措施。及时撤销严重失信企业及其法定代表人、负责人、高级管理人员和对失信行为负有直接责任的董事、股东等人员的荣誉称号，取消参加评先评优资格。

（十一）加强对失信行为的市场性约束和惩戒。对严重失信主体，有关部门和机构应以统一社会信用代码为索引，及时公开披露相关信息，便于市场识别失信行为，防范信用风险。督促有关企业和个人履行法定义务，对有履行能力但拒不履行的严重失信主体实施限制出境和限制购买不动产、乘坐飞机、乘坐高等级列车和席次、旅游度假、入住星级以上宾馆及其他高消费行为等措施。支持征信机构采集严重失信行为信息，纳入信用记录和信用报告。引导商业银行、证券期货经营机构、保险公司等金融机构按照风险定价原则，对严重失信主体提高贷款利率和财产保险费率，或者限制向其提供贷款、保荐、承销、保险等服务。

（十二）加强对失信行为的行业性约束和惩戒。建立健全行业自律公约和职业道德准则，推动行业信用建设。引导行业协会商会完善行业内部信用信息采集、共享机制，将严重失信行为记入会员信用档案。鼓励行业协会商会与有资质的第三方信用服务机构合作，开展会员企业信用等级评价。支持行业协会商会按照行业标准、行规、行约等，视情节轻重对失信会员实行警告、行业内通报批评、公开谴责、不予接纳、劝退等惩戒措施。

（十三）加强对失信行为的社会性约束和惩戒。充分发挥各类社会组织作用，引导社会力量广泛参与失信联合惩戒。建立完善失信举报制度，鼓励公众举报企业严重失信行为，对举报人信息严格保密。支持有关社会组织依法对污染环境、侵害消费者或公众投资者合法权益等群体性侵权行为提起公益诉讼。鼓励公正、独立、有条件的社会机构开展失信行为大数据舆情监测，编制发布地区、行业信用分析报告。

（十四）完善个人信用记录，推动联合惩戒措施落实到人。对企事业单位严重失信行为，在记入企事业单位信用记录的同时，记入其法定代表人、主要负责人和其他负有直接责任人员的个人信用记录。在对失信企事业单位进行联合惩戒的同时，依照法律法规和政策规定对相关责任人员采取相应的联合惩戒措施。通过建立完整的个人信用记录数据库及联合惩戒机制，使失信惩戒措施落实到人。

四、构建守信联合激励和失信联合惩戒协同机制

（十五）建立触发反馈机制。在社会信用体系建设部际联席会议制度下，建立守信联合激励和失信联合惩戒的发起与响应机制。各领域守信联合激励和失信联合惩戒的发起部门负责确定激励和惩戒对象，实施部门负责对有关主体采取相应的联合激励和联合惩戒措施。

（十六）实施部省协同和跨区域联动。鼓励各地区对本行政区域内确定的诚信典型和严重失信主体，发起部省协同和跨区域联合激励与惩戒。充分发挥社会信用体系建设部际联席会议制度的指导作用，建立健全跨地区、跨部门、跨领域的信用体系建设合作机制，加强信用信息共享和信用评价结果互认。

（十七）建立健全信用信息公示机制。推动政务信用信息公开，全面落实行政许可和行政处罚信息上网公开制度。除法律法规另有规定外，县级以上人民政府及其部门要将各类自然人、法人和其他组织的行政许可、行政处罚等信息在7个工作日内通过政府网站公开，并及时归集至"信用中国"网站，为社会提供"一站式"查询服务。涉及企业的相关信息按照企业信息公示暂行条例规定在企业信用信息公示系统公示。推动司法机关在"信用中国"网站公示司法判决、失信被执行人名单等信用信息。

（十八）建立健全信用信息归集共享和使用机制。依托国家电子政务外网，建立全国信用信息共享平台，发挥信用信息归集共享枢纽作用。加快建立健全各省（区、市）信用信息共享平台和各行业信用信息系统，推动青年志愿者信用信息系统等项目建设，归集整合本地区、本行业信用信息，与全国信用信息共享平台实现互联互通和信息共享。依托全国信用信息共享平台，根据有关部门签署的合作备忘录，建立守信联合激励和失信联合惩戒的信用信息管理系统，实现发起响应、信息推送、执行反馈、信用修复、异议处理等动态协同功能。各级人民政府及其部门应将全国信用信息共享平台信用信息查询使用嵌入审批、监管工作流程中，确保"应查必查""奖惩到位"。健全政府与征信机构、金融机构、行业协会商会等组织的信息共享机制，促进政务信用信息与社会信用信息互动融合，最大限度发挥守信联合激励和失信联合惩戒作用。

（十九）规范信用红黑名单制度。不断完善诚信典型"红名单"制度和严重失信主体"黑名单"制度，依法依规规范各领域红黑名单产生和发布行为，建立健全退出机制。在保证独立、公正、客观前提下，鼓励有关群众团体、金融机构、征信机构、评级机构、行业协会商会等将产生的"红名单"和"黑名单"信息提供给政府部门参考使用。

（二十）建立激励和惩戒措施清单制度。联合惩戒措施的发起部门和实施部门

应按照法律法规和政策规定明确各类失信行为的联合惩戒期限。在规定期限内纠正失信行为、消除不良影响的，不再作为联合惩戒对象。建立有利于自我纠错、主动自新的社会鼓励与关爱机制，支持有失信行为的个人通过社会公益服务等方式修复个人信用。

（二十一）建立健全信用修复机制。联合惩戒措施的发起部门和实施部门应按照法律法规和政策规定明确各类失信行为的联合惩戒期限。在规定期限内纠正失信行为、消除不良影响的，不再作为联合惩戒对象。建立有利于自我纠错、主动自新的社会鼓励与关爱机制，支持有失信行为的个人通过社会公益服务等方式修复个人信用。

（二十二）建立健全信用主体权益保护机制。建立健全信用信息异议、投诉制度。有关部门和单位在执行失信联合惩戒措施时主动发现、经市场主体提出异议申请或投诉发现信息不实的，应及时告知信息提供单位核实，信息提供单位应尽快核实并反馈。联合惩戒措施在信息核实期间暂不执行。经核实有误的信息应及时更正或撤销。因错误采取联合惩戒措施损害有关主体合法权益的，有关部门和单位应积极采取措施恢复其信誉、消除不良影响。支持有关主体通过行政复议、行政诉讼等方式维护自身合法权益。

（二十三）建立跟踪问效机制。各地区、各有关部门要建立完善信用联合激励惩戒工作的各项制度，充分利用全国信用信息共享平台的相关信用信息管理系统，建立健全信用联合激励惩戒的跟踪、监测、统计、评估机制并建立相应的督查、考核制度。对信用信息归集、共享和激励惩戒措施落实不力的部门和单位，进行通报和督促整改，切实把各项联合激励和联合惩戒措施落到实处。

五、加强法规制度和诚信文化建设

（二十四）完善相关法律法规。继续研究论证社会信用领域立法。加快研究推进信用信息归集、共享、公开和使用，以及失信行为联合惩戒等方面的立法工作。按照强化信用约束和协同监管要求，各地区、各部门应对现行法律、法规、规章和规范性文件有关规定提出修订建议或进行有针对性的修改。

（二十五）建立健全标准规范。制定信用信息采集、存储、共享、公开、使用和信用评价、信用分类管理等标准。确定各级信用信息共享平台建设规范，统一数据格式、数据接口等技术要求。各地区、各部门要结合实际，制定信用信息归集、共享、公开、使用和守信联合激励、失信联合惩戒的工作流程和操作规范。

（二十六）加强诚信教育和诚信文化建设。组织社会各方面力量，引导广大市场主体依法诚信经营，树立"诚信兴商"理念，组织新闻媒体多渠道宣传诚信企业和个人，营造浓厚社会氛围。加强对失信行为的道德约束，完善社会舆论监督机制，通过报刊、广播、电视、网络等媒体加大对失信主体的监督力度，依法曝光社会影响恶劣、情节严重的失信案件，开展群众评议、讨论、批评等活动，形成对严重失信行为的舆论压力和道德约束。通过学校、单位、社区、家庭等，加强对失信个人的教育和帮助，引导其及时纠正失信行为。加强对企业负责人、学生和青年群体的诚信宣传教育，加强会计审计人员、导游、保险经纪人、公职人员等重点人群以诚信为重要内容的职业道德建设。加大对守信联合激励和失信联合惩戒的宣传报道和案例剖析力度，弘扬社会主义核心价值观。

（二十七）加强组织实施和督促检查。各地区、各有关部门要把实施守信联合激励和失信联合惩戒作为推进社会信用体系建设的重要举措，认真贯彻落实本意见并制定具体实施方案，切实加强组织领导，落实工作机构、人员编制、项目经费等必要保障，确保各项联合激励和联合惩戒措施落实到位。鼓励有关地区和部门先行先试，通过签署合作备忘录或出台规范性文件等多种方式，建立长效机制，不断丰富信用激励内容，强化信用约束措施。国家发展改革委要加强统筹协调，及时跟踪掌握工作进展，督促检查任务落实情况并报告国务院。

国务院

2016 年 5 月 30 日

中外资本证券市场少数公司诚信缺失严重，将上市作为圈钱的手段，为此不择手段炮制假账，虚构盈利，蒙骗公众，谋取私利，从而引起不少知名上市公司因巨额造假纷纷破产倒闭，对社会、国家和公众以及企业自身造成巨大伤害。因此，很有必要对会计败德行为与会计假账成因展开分析。

8.1 利益驱动、信息不对称及会计败德行为

8.1.1 利益驱动与金钱驱动、"道德滑坡"与"道德爬坡"

1）利益驱动与金钱驱动

任何一种经济体制都是一种伦理道德和文化体制。任何一种经济体制实际上都蕴含着某种伦理道德规范和标准。利益驱动，从市场经济的运行来看，是市场机制的必然表现。市场对道德的双重作用正是通过利益驱动来实现的。利益驱动激发每个人对功利价值的追求。利益驱动，说到底就是金钱驱动，崇尚个人利益至上，追求金钱万能。事实上，虽然没有金钱，在现代市场经济社会里不能办事，但金钱绝对不是万能的。

2）"道德滑坡"与"道德爬坡"

在经济体制改革过程中，有道德"滑坡"与"爬坡"两种说法。"滑坡"是用旧观念来看新情况。道德观需要统一于历史观。新时期需要新的经济，从而决定要有新的道德观与市场经济相联系的道德。事实上，道德的概念也是与时俱进的。经济上讲的利，包括"利己"和"利人"，市场经济讲究利益导向、公平竞争、优胜劣汰、等价交换、互惠互利等本身，不管我们对它们的看法如何，不也是一种道德"爬坡"吗？"滑坡"论只注意到了市场经济条件下出现的道德消极现象，没有看到体现道德"爬坡"的利益驱动力对推动社会发展前进的巨大作用。

经过脱钩改制以后的社会中介机构，正是把会计主体从"官办"改造为"民办"的"经济人"，一切会计人员、会计师事务所以及注册会计师，都演变成"经济人"。

我们需要用新的道德观去评价他们的一切行为，而不能因为他们要追求利益就谴责他们"道德滑坡"。

8.1.2　会计败德行为的十种表现

当前，我们国家正处于改革开放年代。各种各样的道德观念对人们的思想产生不同的影响，从而导致各种行为的出现。会计败德的行为时有发生。俞安畅在《缺乏会计职业道德的几种表现》（见《财务与会计》，1987年第9期）一文中对此归纳出十种表现。

会计败德行为的直接结果是导致企业伦理道德环境的恶化。发生上述会计败德行为，有多方面的原因。从主观原因上看，受个人经历、水平、思想和认识上的限制；从客观原因上看，受历史条件、社会风气和周围环境等诸多因素的影响。本书的主要目的，就是通过对会计职业道德理论的研究，开展会计职业道德评价、会计职业道德教育和会计职业道德修养，宣扬和倡导会计职业道德行为，抵制、批评和谴责会计败德行为。

8.1.3　信息不对称："委托代理"失灵对会计败德行为的分析

1）委托代理的运行机制

（1）民众与国家公共权力的第一层委托代理关系。

无论是政府还是具体官员，其所掌握与运作的公共权力都不是他们自己所拥有的，而全体民众所拥有的，并在隐含有契约条件下，以委托代理的运行方式将公共权力委托给政府或政府官员负责实施与执行。

（2）民众与官员多层委托代理。

官员成为公众权利的终极执行者，使广大民众与政府之间的公共权力初始委托代理链增大。因此，才更容易导致民众与官员之间的公共权力委托代理关系失灵，就可能出现腐败，出现做假，导致会计败德行为的发生。

2）委托代理运行失灵

（1）完全信息条件下委托代理的特征。

委托代理前提假设如图8-1所示。

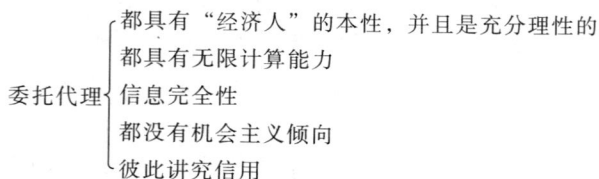

委托代理
- 都具有"经济人"的本性，并且是充分理性的
- 都具有无限计算能力
- 信息完全性
- 都没有机会主义倾向
- 彼此讲究信用

图8-1　委托代理前提假设

（2）信息不对称代理失灵。

将上述前提假设放宽，则会出现完全相反的情况（如图8-2所示）。

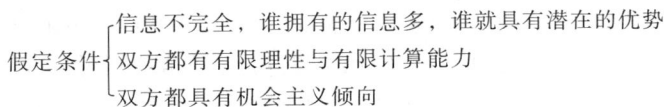

$$假定条件\begin{cases}信息不完全，谁拥有的信息多，谁就具有潜在的优势\\双方都有有限理性与有限计算能力\\双方都具有机会主义倾向\end{cases}$$

图8-2　假定条件放宽

委托代理失灵产生的条件是对公共权力代理者被惩罚程度轻和概率较小，以及代理者在失灵条件下获得的收益和成功的概率较大。

委托人对公共权力代理人的监督不力，是因为：

①监督成本过大。由于代理的链条增长，增加了公共权力的执行监督成本。

②监督者机会主义行为。监督者的机会主义倾向重，不求有功，但求无过。

在上述两条中，关键是第二条。委托代理链条长，监督成本增大，监督者本身也没有积极性，即便监督成本为零，监督者也不会进行监督。

3）制度上的漏洞所致

（1）高度集权制下的委托代理关系。

在高度集权制的计划经济中，代理人被组织在一个金字塔型的中央集权制度下。在任何一个经济权力实行中央集权管理的国家，集权统治下的活动都不是完全协作的，代理人面对的激励和全局的利益也不完全兼容（如图8-3所示）。

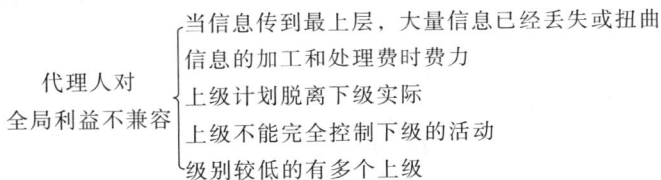

$$代理人对\\全局利益不兼容\begin{cases}当信息传到最上层，大量信息已经丢失或扭曲\\信息的加工和处理费时费力\\上级计划脱离下级实际\\上级不能完全控制下级的活动\\级别较低的有多个上级\end{cases}$$

图8-3　代理人对全局利益不兼容

（2）计划经济体制下的腐败、做假。

①个人腐败做假与组织做假。以企业为例：第一，企业的成功取决于做假者能给它的好处；第二，企业成员的奖金取决于上级对企业是否成功的判断；第三，违规代理人的奖金份额很大，组织做假的诱因就会很大。如果某厂的上级主管的升迁和任职期限长短，取决于该厂的业绩，那他更有可能这样做。这种非法交易对双方都有利。当双方的交易对象是各自的剩余产品时，这种交易能提高整个经济的生产效率，这时上下级往往会共同直接做假。

②低级个人和高级个人做假。在中央集权制体制下，越靠近金字塔的顶部、级别越高的代理人权力越大，并且由于人力资本的稀缺，级别越高，职位越稳固，加上职位越高越不容易监督，因此，级别越高做假的机会越多，且级别越高做假的危害越大，而级别越高做假越容易，因为权力顶端缺乏权力制衡。所以，制止做假必须辅以权力制衡作为保障。

③会计做假的隐蔽性。在高度集权的计划体制下，企业和政府机关内部是如何

动作的，局外人无从知晓，也根本不可能去查个清楚。没有哪个组织拥有能使它不计后果地揭露、惩处做假者的司法或行政独立性。这使得做假活动似乎除了参与者以外，几乎就没有见证人了，这就大大降低了做假被发现的可能性。

④做假惩罚与风险。做假活动的风险取决于做假者的职位，和他被指控有做假行为时所面临的选择的多少。实际上，做假者的职位越高，他的预期成本就越小，做假被发现遭指控惩处的风险及概率就越小，造假者也就乐于做假。

8.1.4　会计做假的败德行为供求曲线分析

会计做假诱因取决于查处率高低和做假收益大小。查处率与诱因呈负相关关系，做假收益与诱因成正相关关系。设定查处概率是一个常量，做假诱因直接依赖做假收益的变动，及市场上做假行为的供求关系。

1)　会计假账的计量模型

对做假者来说，花费的时间和精力进行做假活动、躲避被查处惩罚也是进行做假所付出的成本。做假以后，心理负担也是一种成本。因为做假，吃不好、睡不好，整日提心吊胆，这当然是一种代价。不做假账所带来的心安理得，或是上级信任、群众拥护，也是无形收益。而包括会计人在内的相关当事人决定是否做假，可按下列公式计算：

$$C = C_1 + C_2 + C_3 = C_1 + C_2 + M' \cdot P_r$$

$$C_3 = M' \cdot P_r$$

$$R = r \cdot (1 - P_r)$$

式中：C 表示做假总成本；

C_1 表示支付给会计做假者受贿的钱财物；

C_2 表示会计做假者需要耗费的脑力、体力、精力与时间以及由此引发的联系费用和机会成本；

C_3 表示假账曝光后必须付出的代价与成本；

P_r 表示假账被查处的概率；

M' 表示假账被查出受民事追究的经济处罚与受刑事处罚而关押造成的人力、财力和物力损失；

R 表示做假者的私人收益；

r 表示会计做假受贿谋取的私利。

我们可以发现：

R 与 r 成正比关系，而与 P_r 成反比关系。

R≥C 即为做假者选择会计造假的前提条件。反之，R<C，不必做假。从理论上看，理性做假者一般会把做假程度决定在做假带来的边际收入大于边际成本之上。

会计做假已经成为一个市场，现在分析这个市场供求双方的结构。供方是竞争型的，需方是完全垄断型的。在一个集团组织中，权力结构呈金字塔型，上级制约下级，下级服从上级。虚假信息的供方，需要付出的成本包括：支付必要的费用，消耗时间及精力，做假后可能受到的处罚。

2）会计假账的供求关系分析

我们把造假者对做会计假账行为的需求视为单位需求，要么购买一个单位，或者不购买。图8-4表示会计市场的假账需求曲线图。

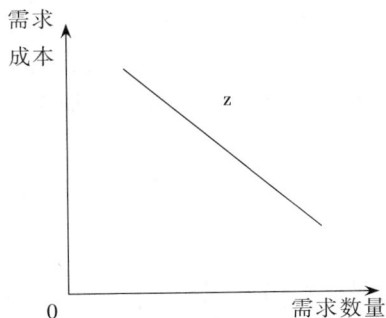

图8-4 会计市场的假账需求曲线图

在图8-4中，横轴表示会计假账的需求数量，纵轴表示会计假账的需求成本。当会计假账的需求成本低，查处风险小，会计假账的需求数量就会增加，也就是说，会计假账的需求数量与会计假账的需求成本成反比，从形状看表现为一条向右下倾斜的直线。在当今会计制度日趋严格的情况下，美国大公司会计假账数量日渐增多，从而表明中外资本证券市场存在着对会计虚假信息数量的巨大需求。

对于会计假账的供给来说，假账的目标是追求会计假账的净收益最大化。我们把每个单位的供给加总起来，就可以得到会计市场的假账供给曲线图（如图8-5所示）。

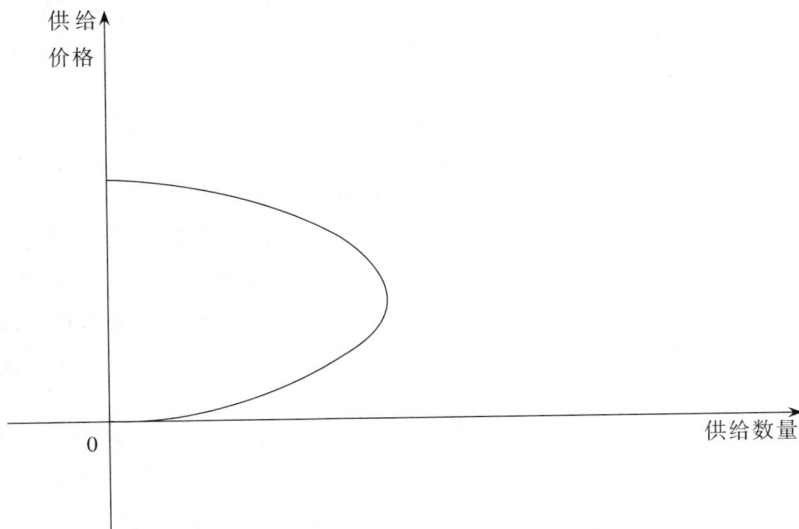

图8-5 会计市场的假账供给曲线图

在图8-5中，横轴表示会计假账的供给数量，纵轴表示会计假账的供给价格，传统的供给曲线在这里不完全成立。对于造假的处罚而言，当会计假账数量达到一定水平后，查处惩罚的程度会大为提高，被发现的概率也在增加，从而使预期受罚的代价急剧上涨。在此情况下，像劳动力供给曲线一样，会计市场的假账供给曲线会在某个值点突然向后弯曲。

　　惩处力度、查处的概率及做假收益的相互关系，是最终决定是否做假的三大因素。惩罚力度和查处概率大，会使人理性意识到做假成本太高而做出不做假的行为抉择。做假的充分条件是做假收益大于做假成本。加大打假力度，会使得做假成本升高，从而制止做假行为的产生和发展。最根本的办法，还是加快体制改革步伐，尽快建立市场经济新秩序，把更多的事情交由市场自身去完成。同时，要降低决策层的"含金量"。

8.2　权钱交易、腐败寻租与会计假账

8.2.1　对权钱交易的制度分析与博弈论分析

1）对权钱交易的制度分析

　　社会游戏规则称为制度，可以从制度角度考查经济运行。本小节将分析制度产生和变迁对资源配置的影响。制度是约束、激励、保护个人行为的规则，人在不同的制度环境中，将表现出不同的行为方式，人的行为方式是制度的函数。经济制度对人们的经济行为起决定性作用，并需要很长时间反复实践，在多次博弈中才能逐步形成和完善。

2）对权钱交易的博弈论分析

　　通俗地看，博弈论分析是研究决策者在某种竞争过程中，当最终结果无法由自己控制，而需要取决于其他参与竞争者来选择策略，个人为了取得最佳结果而应采取何种策略的数理和方法（如图8-6所示）。

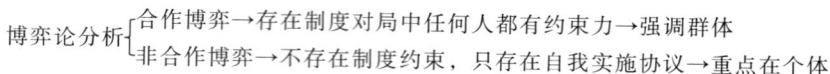

博弈论分析 { 合作博弈→存在制度对局中任何人都有约束力→强调群体
非合作博弈→不存在制度约束，只存在自我实施协议→重点在个体

图8-6　博弈论分析

　　（1）两种博弈的特点：合作博弈，在于探讨合作的形成过程以及合作中的成员如何分配他们的支付，因此，强调集体理性、强调效率、公正、公平；非合作博弈，在于揭示个体在其他局中人的策略给定的条件下，所应选择的策略，因此，强调个人理性、个人最优决策，其结果可能是有效率的，也可能是无效率的。

　　（2）价格制度的重要性："经济人"在自身效用最大化时需要相互合作，而在合作中又存在冲突。为了实现合作的潜在利益和有效地解决合作中的冲突，人们制定了各种制度，以规范相互行为。其中，价格制度是最重要的制度之一。

　　（3）博弈与契约：在现实中，市场参与者之间的信息一般是不对称的，这就使

得价格制度常常不是实现合作和解决冲突的最有效的制度安排。企业、家庭、政府等非价格制度便应运而生，其显著特征是参与人的相互作用。

（4）信息的重要性及其影响：由于在他人信息不完全的情况下，自利的"经济人"往往会利用一切在现行体制下可能的机会，以损害他人或公众利益的办法，为自己谋取利益，即具有私人信息的一方，可以利用自己在信息上的优势，采取机会主义的行为。所以，信息在人群间的不对称分布，对于个人选择及制度的安排有着重要影响。

（5）委托代理理论，即非对称信息的博弈论，它包括两类：道德风险和逆向选择。道德风险是指双方签约后，具有私人信息的一方会产生机会主义行为的风险；逆向选择是指在双方签约前，具有私人信息的一方所进行的机会主义行为产生的后果。通常，我们把具有私人信息的一方视为代理人，不具有私人信息的一方视为委托人，因此，产生了委托代理关系。黑色经济的"假账丛生"就是产生在这种委托代理关系之中的。

8.2.2　权钱交易：会计假账丛生的社会根源

"官员腐败"是现代社会各个国家面临的通病。笔者认为"官员腐败"是会计假账丛生的重要社会根源。一位知名经济学家提供的研究成果表明，假如贪官本人贪污金额为 1 元，那么给国家造成的损失则为 1 000 元，"权钱交易"的"代价"一般比例为 1：1 000。

通过各种媒体和渠道，我们收集了百名"贪官录"，这百名贪官个人贪污、受贿、犯罪金额合计高达 2 亿元，给国家直接造成的经济损失高达 2 000 亿元。而"黑色经济"的会计账目，不是"假账真算"，就是"真账假算"，"官出数字，数字出官"，其渊源盖出于此。腐败的"黑色经济"是当今假账泛滥的重要社会根源之一。

产生腐败的微观原因，是公共权利委托代理合同的不完善。腐败是发生在某个特定个人身上，与其时间观念、消费观念、法制观念等个人偏好密切相关，但腐败的普遍存在必然有其制度原因。转型经济中制度的诸多特点，特别是其过渡性和不完善性，尤其为腐败的发生和泛滥提供了"肥沃的土壤"。腐败不仅与宏观的社会背景有关，作为一种行为选择，实际上是建立在个人得失、个人效用基础上的一种个人行为选择。一般的腐败作为社会的常态，其产生主要是既定偏好下个人理性处理的结果。而在特定的社会背景下，作为社会问题出现的特定的腐败，源于体制改革未完全到位。

我们需要从微观到宏观、从个体到整体，再到改革时期特殊的制度条件，这样层层深入分析，才能完整、全面、深刻、透彻地认识到腐败及假账的根源。

8.2.3　腐败及寻租是会计假账滋生的内在动因

1）腐败的概念及层次

腐败行为一般是指个人在公共领域和私人领域违背社会道德、法律和传统规范的行为，是指运用公共权力来达到个人不正当的谋取私利目的，主要发生地集中在公共领域，即党务部门、各级政府机构与行政事业单位。

腐败现象当前正在蔓延，其存在范围有三个层次，如图8-7所示。

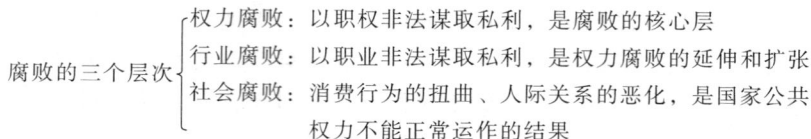

腐败的三个层次
- 权力腐败：以职权非法谋取私利，是腐败的核心层
- 行业腐败：以职业非法谋取私利，是权力腐败的延伸和扩张
- 社会腐败：消费行为的扭曲、人际关系的恶化，是国家公共权力不能正常运作的结果

图8-7 腐败的三个层次

在一切社会中，腐败总是与公共权力结合在一起的，人们通过运用、影响操纵公共权力来达到私人目的，获取私利。只要存在公共权力，就难免产生腐败行为。公共权力的非规范、非公共的使用，是腐败行为的核心。英国历史学家艾克顿（Ecton）有句名言："权力倾向于腐败，绝对的权力倾向于绝对的腐败。"因此，对于权力的监督和制约，是遏制腐败的核心，也是制止做假账的核心（如图8-8所示。

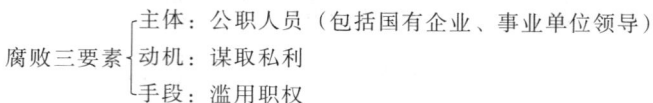

腐败三要素
- 主体：公职人员（包括国有企业、事业单位领导）
- 动机：谋取私利
- 手段：滥用职权

图8-8 腐败三要素

官员滥用权力，是长期以来人们对公理性的信仰的逆反结果。在早期的人类心理中，公共政府是天生的道德，在其中任职的官员也必须是有道德、有公益心的。而当官员出现滥用职权、营私舞弊时，丧失道德、丧失公益心，故称腐败。

2）寻租的含义、层次及活动

（1）人类追求自身经济利益的分类

生产性的、增进社会福利的活动；非生产性的，有损社会福利活动，即腐败。

（2）寻租与避租

权钱交易是一种非生产性活动，是一种个人或利益集团为了自身经济利益而对政府决策或政府官员行为施加影响的活动。在我国经济生活中，各级政府官员对国有企业的经营施加着各种干预和影响，其目的有的可能是增进公益，有的则是谋取私利。企业讨好顾客不如讨好"婆婆"，这就使企业经理、厂长不得不费心尽力地走后门拉关系，耗费了大量资源。这就产生了"寻租"。

"寻租"在经济学上也称为"经济租"，是指在一种生产要素投资者所获得的收入中，超过这种要素的机会成本的剩余。"机会成本"是一种生产要素用于某种生产时，所放弃的用于其他生产活动所带来的最高收益。从理论上说，只要市场是完全竞争的，各要素在各产业之间的流动不受阻碍，任何要素在任何产业中的超额收入都不可能长久存在。但在实践中，大量存在利用行政法律手段阻碍生产要素在不同产业之间自由流动、自由竞争以维护既得利益的行为。

例如，一个企业开拓一个市场后，可能寻求政府干预，维护其垄断地位。或有的企业施展各种手段，使政府以特殊政策"优惠照顾"，让这一部分企业享受其他企业对其输血，从而获得"经济租"。政府官员在这些活动中，享受特殊利益，政府官员的行为就会遭到扭曲。由此引发追求行政权力的非生产竞争。跑官、要官、买卖官，就是这类寻租竞争。而利益受到威胁的企业，就会采取"避租"行动。"寻租""避租"最后是"两败俱伤"，浪费社会资源。

（3）寻租的三个层次

第一层次：向政府官员使用游说、行贿等手段，促使政府对经济实施干预，从而产生租金，并获取租金。

第二层次：由于第一层次的活动给政府官员带来好处，使人们看到了权力的含金量，从而吸引更多人去争夺官职。

第三层次：各社会利益集团为争取这些超额利益而展开竞争。

（4）政府与寻租活动

由于政府创租与抽租的存在，增添了寻租活动的普遍性和经常性。因为寻租存在，市场竞争的公平性被破坏了，人们对市场的合理性和效率产生了根本怀疑，于是，人们更多地要求政府干预来弥补收入分配不均的现象。由此反而提供了更多的寻租机会，产生了更多的不公平的竞争，这是当今假账丛生的沃土。

寻租成为对既有产权的一种重新分配方式。政府的作用在于定义或维护产权。人们可以通过正常的市场交换来处理产权，也可以通过政府来重新界定或分配产权。与法律手段不同，用行政手段来保护产权，会诱使有关的个人和利益集团争相影响政府决策，从而造成社会资源浪费。

政府一项政策造成的市场扭曲越严重，有关人员和利益集团享有的"租金"或剩余就越多，于是这项政策就越难以得到矫正，任何矫正都会遇到来自既得利益集团强有力的抵抗。这就是假账为什么屡禁不绝的社会根源。

为什么在一些地区和部门，反腐败越反却越腐败？这需要从管理伦理学角度去研究。腐败现象存在于历史上的各种阶级社会和各种不同社会制度的国家之中，既非资本主义的产物，又非社会主义的必然。在转型经济中，腐败表现为具有经济人特征的代理人凭借委托人授予的权力，用非法手段满足自己的私欲，利用公共权力非法谋求私利。

在发达国家以钱谋权，是被动腐败；在发展中国家以权谋钱，是主动腐败。"有富人的腐败，也有穷人的腐败。"社会的公共权力是通过成千上万个职位来控制和分配社会资源的。谋私者，只要处在其中一个职位上，就有腐败的客观条件，即外因。腐败最终是否发生，要取决于主观条件——经济人的"成本-收益"考量。

寻租实际上是政府官员与政府以外的利益主体之间的双向寻租，政府官员利用特权进行创租，目的在于寻租，而其他想获取特权或想购买特定生产要素产权的利益主体，便以与政府官员分享租金为条件，从政府官员处获取租金。没有受贿官员与行贿者的合谋，租金是无法寻觅的。

8.2.4 不公正经济与会计假账成因探析

1）不公正经济是会计假账产生的直接条件

当前，在全世界范围内有五种比较突出的不公正经济，这五种不公正经济都是会计假账产生的直接条件：

（1）权力经济

权力者用手中之权同企业做交易，借助"关系""批文""差价"获得不义之财。企业靠权力之助等"寻租"行为而破坏了市场经济活动中的起点公平，从而不用通过公平竞争就轻易获得非法利润。这种经济不公正的社会存在，反映到人的意识中，就是掌权者中流行的"有权不用，过期作废"。此种腐败属于结构性的"政经勾结"和"权钱交易"，需要从体制上解决。

（2）人情经济

人情经济或称经济人情化。借助人伦、人情为中介，在权力者协助下，干预经济过程以中饱私囊。于是就出现了金融领域的大量人情贷款，企业与企业之间的人情供给、人情销售，企业内部用人方面的裙带、故旧关系充斥其中。人情经济本质上又是长期计划经济一统天下局面的延续。

（3）地方保护主义经济

地方保护主义经济只关注地方利益、部门利益，而不顾国家和全局利益，搞地区封锁和部门垄断。

（4）短期经济

如果社会上流行的是个人拼命巧取豪夺，谁也不去关心、注意这种短期经济将以牺牲长远的、全局的利益为其成本，那么长久下去，这个社会在精神上就会沉沦。短期经济行为既有道德上的短缺，又有体制上的原因。做假就是短期经济的突出表现。

（5）贿赂经济

行贿、受贿均属腐败，是经济上的黑洞，也是产生会计假账的温床。

2）会计假账丛生的具体行业成因分析

下面我们从管理伦理学的角度，试图对会计假账丛生的成因进行具体分析。

包括会计人员在内的公职人员也是独立的"经济人"，如果要求公职人员将"个人利益最大化"的目标函数修正为"公众利益最大化"，显然有悖于经济人的基本假定。公共决策与其决策人私人利益矛盾的存在，是做假行为产生的客观基础。我们采用"成本-效益"法对会计做假的预期效用加以分析。

（1）现行体制上的原因

在私有制经济中，公共决策的范围相对狭小，做假行为的客观基础也相对较小。在公有制经济中，不仅政府直接参与经济活动的有关决策是公共决策，而且除个人消费之外的一切经济决策，包括生产、投资、资源配置、收入分配和产品销售等，都普遍地具有公共决策的性质，因此，都可以成为滋生腐败、做假的土壤和温床。所以，公有制经济比私有制经济有着更广泛的产生腐败和做假的客观基础，存在着更广泛的做假市场供求。因此，专家建议走"小政府、大社会"之路，把更多的事情交给市场这只"看不见的手"，这是解决腐败和做假的根本出路之一。

（2）会计人员自身的原因

从"经济人"角度来研究，如果做假不能给会计人员带来任何利益，为什么要去做呢？做假在于谋求自己的私人收益以及局部和地区及单位利益。这些利益，不仅包括会计人员目前获得的各种有形的经济利益和无形的满足，而且包括履行职责可望得到的各种预期收益，如利润、市场份额、权势、工资、晋级等。

（3）代理人的"成本–收益"比较

企业是市场的主体，如果市场是完备的，没有外部性，那么它将获得履行职责的所有收益，并承担相应的成本。在这种情况下，充分履行职责将完全符合当事人的利益，因此，他没有必要做假。投资者的代理人——总经理，他并不能获得履行职责的全部收益，也不承担渎职的全部损失，履行职责也只能获得契约收入。如果是这样，他也就没有做假的必要。

如果做假腐败不受查处，不仅会得到契约收入，并且会带来额外的做假收益。代理人（总经理）履行职责和做假的私人收益和私人成本既可能小于，又可能大于其行为所带来的社会收益和社会成本。代理人只能根据其私人收益和私人成本来选择自己的行为。当作假带来的私人收益大于私人成本时，就诱发做假。除非通过某种手段使做假者承担的私人成本超过私人收益，否则会计假账就不可避免。

8.3 上市公司会计假账与财务舞弊的内涵手段

21世纪以来，财务舞弊已成为世界范围的重大问题，它给世界经济和会计行业发展带来了重大的负面影响。2002年年初，损失惨重的股东们向安然公司和安达信会计师事务所提出集体诉讼，指控安然公司的高管人员、董事会成员以及为安然公司提供审计、法律和金融服务的会计师事务所、律师事务所和商业银行等从事财务舞弊和证券欺诈活动。这件财务舞弊大案的曝光严重损害了会计行业的信誉，深深动摇了投资者的信心。尔后出现的世界通信、施乐等公司的会计造假案，又使纽约股市大跌，造成了国际"五大"会计师事务所之一的安达信会计公司破产，使美国股民以致全球的投资人都缺乏投资安全感。近年来，对华尔街巨头——高盛的诉讼纠纷令美国证券交易委员会（SEC）如坐针毡。而又有人指责，监管当局未能成功发现雷曼兄弟公司对其财务报表进行粉饰，最终酿成金融危机。

我国会计行业的发展尽管历史不长，但同样饱受财务舞弊的困扰。早在20世纪90年代初我国就发生了"深圳原野""琼民源""红光实业""东方锅炉"等恶性财务舞弊事件。紧随而来的"郑百文""银广夏""麦科特"等案更是将财务舞弊行为推向了风口浪尖。近年来，我国又出现了"山东巨力""吉林敖东""科龙电器""华源制药"等知名企业由于财务舞弊而被惩处的事件。上市公司财务舞弊行为的泛滥，给各国社会经济发展带来了巨大危害。它不仅给证券市场投资者带来了重大损失，动摇并挫伤了投资者的信心，而且更为严重的是，它破坏了会计行业赖以存在和发展的公平、公开、公正原则，严重危害了会计行业在资源优化配置中的重要作用，阻碍了国民经济健康持续发展，并且进一步导致了社会信任危机。因此，上市公司财务舞弊问题应当引起社会各方的广泛关注。

8.3.1 上市公司财务舞弊的内涵

1) 财务舞弊的含义

《韦伯斯特新大学词典》将舞弊解释为："一种故意掩盖事实真相的行为，它以诱使他人丧失有价值的财务或其法定权利为目的。"美国注册会计师协会（AICPA）第16号审计准则（SAS16）指出，"舞弊指故意编造虚假的财务报告，可能是漏列或错误地反映事项与经济业务的结果，篡改、伪造记录或文件，从记录或文件中删除重要的信息，记录没有实现的交易，蓄意乱用会计原则以及为管理人员、雇员或第三方的利益随意侵吞资产"。在我国，2006年发布的《中国注册会计师审计准则第1141号——财务报表审计中对舞弊的考虑》中，将舞弊定义为"被审计单位的管理者、治理层、员工或者第三方使用欺骗手段获取不当或非法利益的故意行为"。袁晓勇在《企业舞弊防范与对策》一书中对财务舞弊做了较为全面的解释。他认为，"企业中的舞弊，就是指企业职员或企业管理当局利用账目上、凭证上的处理技巧或利用交易过程中的非法活动等欺诈手法，达到以窃取资财或粉饰（掩盖）其贪污盗窃行为为目的的一种违法乱纪行为，如贪污、盗窃、行贿受贿、挪用资金、隐匿资金、偷税漏税、偷工减料、制假售假、缺斤短两、坑蒙拐骗等都属于企业舞弊行为"。

借鉴上述定义，本书认为财务舞弊是指企业集团或个人有预谋、故意采取欺骗性手段和违法、违规行为以获取一定非法或不当利益的行为。财务舞弊应具有以下4个性质：违法性，即违反会计制度、会计准则、刑法等国家法律制度；有意性，即出于某种目的的故意行为，舞弊与错误的主要区别就在于舞弊是有意识地进行欺诈；危害性，即舞弊行为会导致他人利益遭受损失，对经济和社会造成危害；隐蔽性，即舞弊发生后不易被察觉。

2) 财务舞弊的类型

从会计信息反映的角度来看，舞弊通常被定义为两种主要类型：

（1）侵占资产，通常是指企业雇员为了自身利益将公司的资产转变为个人所有或使用。其具体行为包括偷窃、盗用如现金或存货这样的资产，操纵现金流量等。注册舞弊审查师协会把侵占资产类型的舞弊进一步分为由于贪污引起的舞弊和由于挪用资产引起的舞弊。

（2）财务报告舞弊是企业管理当局蓄谋的舞弊行为，主要是指舞弊人通过虚增资产、收入和利润，虚减负债、费用等手段粉饰企业经营成果，欺骗投资者和债权人，采用财务欺诈等违法、违规手段以谋取经济利益，最终导致他人遭受损失的故意行为。其主要表现形式为：伪造、编造会计记录或凭证，隐瞒或删除交易事项，记录虚假交易，蓄意使用不当的会计政策，故意违反会计准则的规定编制财务报告，不恰当地确认收入和费用成本以及利用关联交易虚增利润等。

根据舞弊者所处层次来看，企业财务舞弊又可分为管理舞弊和雇员舞弊。管理舞弊是指管理阶层蓄意编制和披露虚假财务报告，以达到获取不法利益的目的，具有集团性、对外性和较大的隐蔽性、危害性。雇员舞弊是指为了获取个人私利以欺骗性手段不正当地获取公司钱财或其他财产而损害企业利益的违法行为，其主要手段是编造虚假单据、越权行为和盗窃资产，该类舞弊行为具有个体性、对内性和易侦破性。这两类舞弊的根本区别在于，雇员舞弊是为了获取个人私利而损害企业的利益，而管理舞弊是为了企业利益而损害企业外部利益相关者的利益。

3) 相关概念辨析

财务舞弊与会计信息、盈余管理失真之间存在联系，但有一定区别。

(1) 财务舞弊与会计信息失真。会计信息失真包括制度性会计信息失真和执行性会计信息失真。制度性会计信息失真是由于我国现行会计制度的缺陷导致的信息失真，此类失真并不违反法律法规。执行性会计信息失真是由于会计处理过程不当产生的信息失真，此类失真属于违法违规行为，并可进一步分为错误性会计信息失真和舞弊性会计信息失真，二者的差异在于前者是无意造成的，而后者为主观故意。舞弊性会计信息失真又包括业务舞弊性会计信息失真和会计舞弊性会计信息失真。业务舞弊性会计信息失真是指虚构或隐瞒业务导致会计信息失真，如银广夏、东方电子、蓝田股份等上市公司虚构交易导致收入和利润的虚增。会计舞弊性会计信息失真是指故意使用不当的会计政策，如提前或推迟确认收入或费用、蓄意改变会计要素确认标准或计量方法导致的会计信息失真。本书中的财务舞弊主要是指舞弊性会计信息失真。总体来看，财务舞弊与会计信息失真之间的关系，如图8-9所示。

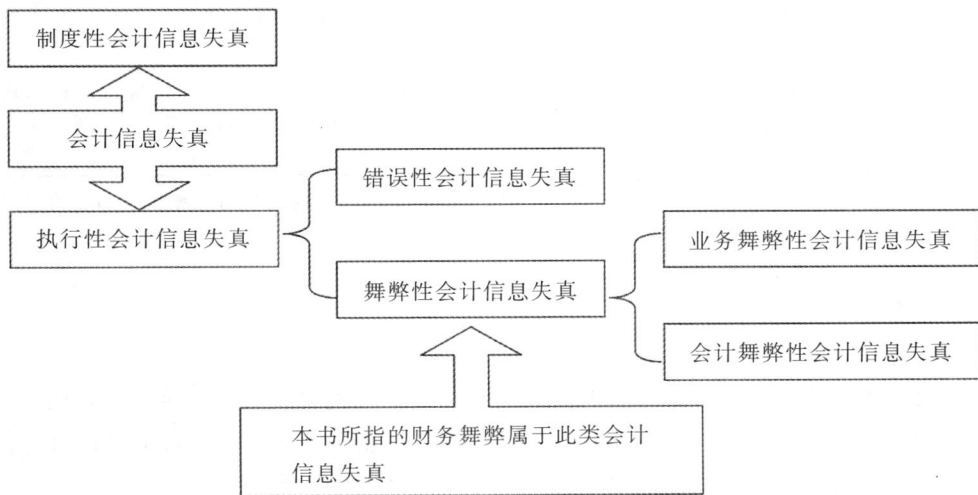

图8-9　财务舞弊与会计信息失真的关系

（2）财务舞弊与盈余管理。盈余管理一直以来就是国内外文献研究中争议最多的一个概念。对盈余管理的定义有许多不同的表述。斯考特（William K.Scott）（2000）认为，盈余管理是在公认会计准则（GAAP）允许的范围内，通过对会计政策的选择使经营者自身利益或企业市场价值达到最大化的行为。凯瑟琳·雪珀（Katherine Schipper）（1989）认为，盈余管理实际上是企业管理人员通过有目的地控制对外财务报告过程，以获得某些私人利益的"披露管理"。区分盈余管理和财务舞弊的标准是主体所采用的会计处理方法是否被公认会计准则（GAAP）认可。舞弊是违反公认会计准则的，而盈余管理是指蓄意选择形式被公认会计准则认可的会计处理方法，以使财务报表达到管理当局所希望呈现的会计数据。故其实质上并不能反映公司的真实经营业绩。

可见，盈余管理实质上是会计人员合理运用专业判断，在会计准则留有较大判断空间时，选择能使自身效用或公司价值最大化的会计政策，其行为虽不违反法律、法规以及会计准则的规定，但因其呈现的财务数据并非公司真实状况，使其有粉饰报表之嫌，同时也会导致会计信息失真。财务舞弊与盈余管理的部分区别见表8-1。

表 8-1　　　　　　　　　　**财务舞弊与盈余管理区别总结表**

项目	财务舞弊	盈余管理
目的	欺骗投资者，获取不正当的利益	使自身效用或企业市场价值最大化
是否违背会计准则	是	否
手段	欺骗性手段，蓄意谎报或隐瞒财务事实	对公认会计原则范围内有关原则、方法、程序的选择，会计估计的变更，会计方法、程序运用时点的控制
表现形式	伪造或编造会计资料，隐瞒或删除交易或事项的结果，编造虚假交易或事项，虚假披露等	激进会计，稳健会计等
影响	误导投资者、破坏会计行业的健康发展、造成经济秩序混乱等消极影响	有助于企业经营目标的实现、降低契约成本等积极影响和导致会计信息失真、误导投资者等消极影响

资料来源　朱玲. 上市公司财务舞弊行为研究——基于公司治理视角［M］. 武汉：华中科技大学出版社，2007.

8.3.2　财务舞弊的常用手段

财务舞弊的手段一般有如下几类：

（1）以提前确认收入、递延确认收入、非营业收入营业化为手法的收入舞弊。

（2）以提前确认费用、递延确认费用、费用过度资本化等为手法的费用舞弊。

（3）滥用会计政策，运用会计估计和会计差错进行舞弊。

（4）通过虚构销售、资产等方式虚构交易事实进行舞弊。

（5）以关联购销与交易、资产置换和股权置换等为手法利用关联交易舞弊。

（6）利用地方政府补贴收入舞弊。

（7）掩盖交易或事实进行舞弊，包括对未决诉讼、未决仲裁、担保事项、重大投资行为和重大购置资产等行为的隐瞒、不及时或不完整地进行披露等。

（8）操纵现金流量以粉饰经营业绩进行舞弊。国内外上市公司具体舞弊手法见表8-2。

表8-2　　　　　　　　　　国内外上市公司财务舞弊手法总结

公司	舞弊手法
安然	通过以下方法隐瞒财务问题： 将负债转移到表外特殊目的实体； 将减少的资产销售给其控制的特殊目的实体来确认收入； 进行循环交易，如在确认销售收入和利润后将资产还给安然的交易； 大量的其他关联方交易
世通	通过以下方法减少费用和增加收入： 将非货币性交易确认为销售，如将在世界一边的通信线路使用权与世界另一边的相似权利进行交换的交易； 调整收购形成的递延科目来减少费用，如在收购一家公司时高估应计入的递延项目，然后"释放"这些递延资产来减少未来期间的费用； 资本化线路成本（支付给其他电话公司的租金）
帕拉玛特	公司通过以下手段从附属机构吸取现金： 高估现金，包括虚假记录在主要银行拥有的现金； 通过与在避税天堂（如加勒比海地区的群岛）设立离岸子公司进行复杂的交易来低估费用
南方保健	通过自有的250个门诊部和医院来确认虚假收入。一些账单实际上是传递到政府部门要求医疗保险退款的。它所使用的各种手段包括： 将开给集体的账单拆分为个人账单，如公司用10个人的个人账单代替1个10人小组的账单； 利用调整日记账来减少收入和增加费用
纳斯达克	纳斯达克股票市场公司前董事会主席伯纳德·麦道夫的证券欺诈。此人利用庞氏骗局通过操纵一支对冲基金，给投资者造成了至少500亿美元的损失，制造了华尔街历史上最大的欺诈案
科龙电器	公司通过以下几种方式达到粉饰财务报表的目的： 集团公司借用隐蔽的关联方交易抽空上市公司资金； 延迟计提减值准备以操控利润； 选择不当的计提费用的方法，调控三项费用，以免被迫退市； 虚构销售事项，虚构销售收入

续表

公司	舞弊手法
银广夏	公司从原料购进到生产、销售、出口等环节,伪造了全部单据,包括销售合同和发票、银行票据、海关出口报关单和所得税免税文件,1998—2001年期间累计虚增利润77 156.70万元
银河科技	舞弊的主要手段有: 连续3年利用关联购销舞弊,虚增收入和利润,以满足3年利润为正的目标,继续快速融资; 大股东占用资金且隐瞒大额银行贷款; 虚假披露与隐瞒子公司的净利润,虚增利润总额
五粮液	隐瞒较大投资行为和损失:未如实披露重大证券投资损失; 虚构利润:其控股子公司四川省宜宾五粮液供销有限公司2007年年报中的主营业务收入不实,虚报金额达10亿元

资料来源　根据国内外证券监管机构有关材料整理而成.

8.3.3　上市公司财务舞弊动因研究

1) 国外舞弊动因理论

国外对财务舞弊动因理论的研究比较早,所以也较成熟,主要有:冰山理论,即二因素论;舞弊三角理论,即三因素论;舞弊GONE理论,即四因素论;舞弊风险因子理论,即多因素论。

冰山理论把舞弊看作一座海面上的冰山,露在海平面上的只是冰山一角,更庞大、更为危险的部分则藏在海平面以下。该理论从结构和行为方面考察舞弊,海平面上的是结构部分,海平面下的是行为部分。舞弊结构的内容实际上是组织内部管理方面的,这是客观存在且容易鉴别的。而舞弊行为的内容则是更主观化、更个性化、更容易被刻意掩饰起来的。冰山理论说明,一个公司是否可能发生财务舞弊,不仅取决于其内部控制制度的健全与否和严密性,也取决于该公司是否存在财务压力,是否有潜在的败德可能性等因素。

舞弊三角理论是由美国舞弊会计学家史蒂文·阿伯雷齐特提出,他认为财务舞弊的产生必须有三个要素:压力、机会和自我合理化借口。因而,防范和治理财务舞弊既要通过加强内部控制消除舞弊机会,还应通过消除"压力"和"自我合理化借口"来抑制舞弊。舞弊三角如图8-10所示。

GONE理论是杰克·波洛格、罗伯特·林德奎斯特和约瑟夫·韦尔斯在1933年提出的,该理论认为,舞弊由贪婪(Greed:G)、机会(Opportunity:O)、需要(Need:N)、暴露(Exposure:E)四因子组成,它们相互作用,密不可分,并共同决定舞弊的风险程度。此后的舞弊风险因子理论是博洛加(Bologua)等人(1993)在GONE理论基础上发展形成的,是迄今为止最完善的关于舞弊动因分析的理论。

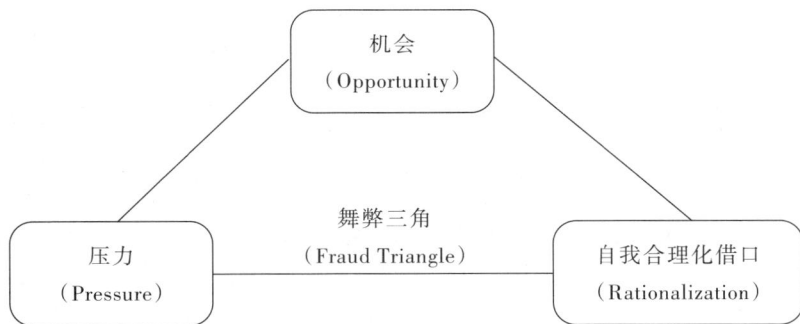

图8-10　舞弊三角图

该理论认为，企业舞弊由个别风险因子和一般风险因子共同构成。个别风险因子包括特定个人的道德品质和动机，而一般风险因子包括舞弊的机会、被发现的可能性、发现后受惩罚的性质和程度。当一般风险因子和个别风险因子结合在一起，并且舞弊者认为有利时，舞弊往往就会发生。

2）国内上市公司财务舞弊动因分析

研究我国上市公司财务舞弊行为，不能脱离我国证券市场的特殊制度和会计行业的独特背景。我国上市公司财务舞弊的动因表现出一些独特性。

（1）上市公司财务舞弊的内部动因。

①信息不对称——财务舞弊的根本条件。信息不对称是指在市场中交易的一方比另一方拥有更多的信息。在一个信息不完备的经济环境中，委托人和代理人各自拥有的信息是不对称的，代理人往往比委托人拥有更多的信息。作为理性的个体，他们更倾向于利用自身优势为自己谋利。在我国的上市公司中，同样也存在着股东和经营者之间的委托代理关系。由于所有权和经营权相分离，经营者以企业法人的身份独立自主地利用企业资本进行经营活动，他们成为企业的"内部人"，股东则成为"外部人"。因此，资本所有者（股东）与资本运作者（经营者）始终处于信息不对称的状态之中。

即便股东有可能对经营者提出尽可能确切的经营目标，但因信息的非对称分布，经营者凭借自己在公司的管理权威和信息掌握，从而在信息的不对称公布上处于有利地位。公司管理者在披露信息时，会有选择地向股东提供对自己有利的信息，隐藏不利信息；在管理过程中，选择最有利于自己利益的行为而不是最有利于投资者利益的行为。在这种情况下，如果管理者具有借助舞弊实现自己机会主义的动机和欲望，财务舞弊行为就会发生。

②公司治理结构失效——财务舞弊的温床。公司治理结构从狭义上讲是有关所有者、董事会和高级执行人员三者之间权利分配和制衡关系的一种制度安排，具体表现为明确界定股东大会、董事会、监事会和经理人员职责及功能的一种企业组织结构。我国上市公司的内部治理主要是一种双层监控模式，即股东大会之下的董事会与监事会并行，董事会提供经营决策，监事会则负责监督董事会、经理层行为，如图8-11所示。

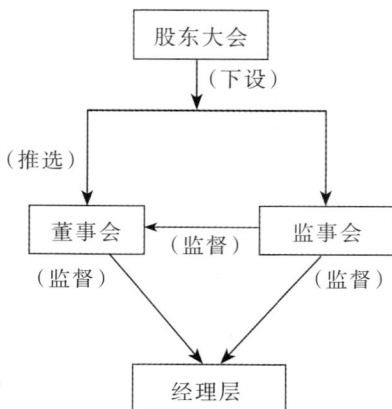

图8-11 我国上市公司内部治理模式

我国经济经由计划经济向市场经济转型,许多上市公司都是由原国有企业重组而来,因此,必然受到客观环境和传统计划模式的双重影响和制约,使上述公司治理模式无法完全发挥其作用。具体体现在以下几点:

我国股权结构往往是国有股权处于控股地位,大股东在公司中拥有绝对控股权或相对控股权,董事会完全由大股东决定,并为大股东服务,股东大会形同虚设,中小股东作为弱势群体其利益无法得到保护。此外,许多中小股东因持股数量限制而无法参加股东大会,也影响了其行使股东权利。这些都导致经理层迫于压力通过舞弊为大股东谋利的行为屡禁不止,从而严重损害了中小股东的利益。另外,上市公司管理者权力过大,内部人员控制现象严重,董事会、监事会与经理层之间的相互制衡机制失效,也成为财务舞弊滋生的土壤。再有,董事会和监事会独立性缺失、制约作用弱、独立董事制度不完善、内部控制漏洞等也是财务舞弊得以产生的机会和原因。

③上市公司舞弊动机——财务舞弊的压力。压力是舞弊者的行为动机,也是直接的利益驱动。事实上,任何类型的企业舞弊行为都源于压力,只是具体形式不同而已。公司压力动机主要有以下几点:

第一,融资压力。根据有关法规制度,在我国发行股票的上市公司必须连续3年盈利,这便构成了公司为达到上市资格实施舞弊的压力。许多企业为了确保上市发行股票,就会通过各种舞弊手段进行会计处理和报表粉饰,以保证公司连续3年盈利。另外,我国上市公司为了得到再融资的资格,会采取各种舞弊手段提高净资产收益率,以达到筹集更多资金的目的。

第二,迎合市场预期压力。由于股票价格的涨跌受到企业财务状况的影响,为维持股价正常增长以迎合投资预期,许多上市公司会实施财务舞弊,进而利用虚假的财务报表信息操纵股价。

第三,经营业绩压力。企业管理者的薪酬与公司经营业绩挂钩,股票期权促使管理者希望通过盈余管理抬高股票价格以从中获利。同时,为避免公司上市后业绩大量下滑或亏损被给予ST（摘牌）、PT（退市）处理，我国上市公司也会实施会计舞弊。

（2）上市公司财务舞弊的外部动因。

①我国会计制度存在缺陷。我国会计准则所遵循的权责发生制将企业经营分割成相同的期间，每一个会计报告期都产生应收、应付、待摊、预提等项目，管理人员可以通过调整某些递延项目的确认时间来影响当期会计信息。而现金收付制虽然避开了会计分期假设，但是通过对经济业务结算方式的不同安排，仍然可以操纵年度现金流量以粉饰经营业绩。因此，无论采用何种方式，财务舞弊行为都难以避免。同时，会计估计、会计差错调整、会计政策变更等行为也都为财务舞弊提供了很大空间。管理当局完全可以出于自身利益的考虑，通过调整会计政策或使用会计估计等方式来实施财务舞弊，并且这种财务舞弊行为具有更强的隐蔽性。

②审计独立性缺失。独立性是外部审计的灵魂，也是审计的一个重要特征，离开了独立性，外部审计将没有任何意义，并可能使上市公司的舞弊行为更具欺骗性。但从我国目前的情况来看，审计人员的独立性却远未达到市场经济发展的要求。究其原因，主要体现在以下几点：

第一，审计委托代理关系失衡。由于委托代理关系的出现，所有权与经营权的脱离，委托人（即股东们）需要第三方对其代理人（即管理者）进行评价考核，以解决代理人的信息优势和道德风险问题。而目前我国上市公司不合理的股权结构和严重的内部人控制，导致公司治理结构失效，使得上市公司审计中本应存在的三者之间的委托代理关系，实际上演化成两者之间的关系，即"代理人"委托"代理人"。也就是管理者聘请审计师来监督自己的行为。显然，这是一种影响独立性的制度陷阱，无疑使审计人员的独立性受到明显削弱。

第二，我国审计市场尚不完善。审计资源有限，市场竞争者众多，会计师事务所执业质量、审计人员专业素养差距不大，导致会计师事务所之间的过度竞争在所难免。有资料显示，美国"四大"会计师事务所的市场占有率高达95%以上，而我国前十大会计师事务所的市场占有率仅在30%左右。而且，许多会计师事务所的规模偏小，导致其在业务和经济上对客户产生依赖，审计收费受到限制。在恶性竞争的市场环境中，会计师事务所甚至会对资产庞大的上市公司收取极低的审计费用。在此情况下，为了平衡自身的成本与收益，审计人员往往存在不合理缩短审计时间的倾向，通过减少必要的审计程序，以牺牲执业质量为代价换取自身经济利益的增加。这种不健全的审计市场助长了财务舞弊的嚣张气焰，甚至导致某些会计师事务所与被审计公司串通舞弊，造成审计独立性的严重缺失，从而对社会产造成巨大危害。

（3）外部监管与处罚力度不够。

舞弊得以发生的另一重要原因是监管不力，即监管效率和效果欠佳。

首先，是由于法律制度本身的不完善，为财务舞弊提供了条件和空间。为保证企业会计信息的真实性和治理编造虚假财务信息行为的有效性，国家颁布了大量的法律法规，如《会计法》《企业会计准则》《企业财务会计报告条例》《企业会计制度》《公司法》《证券法》等。从表面上看，这些法律法规构成了一个比较完备的体系，规范了企业的财务行为。但由于它们通常只作一般原则性的规定，强调普遍适用性和原则性，没有明确的量化标准，缺乏对应的实施细则，故可操作性较差。这种情况制约了会计法律的约束力，使得不少财务人员无所顾忌地实施财务舞弊。

其次，法规之间存在不协调性。在我国，为了有效进行会计监管，我国政府设置了许多监管职能部门，其会计监管组织架构如图8-12所示。

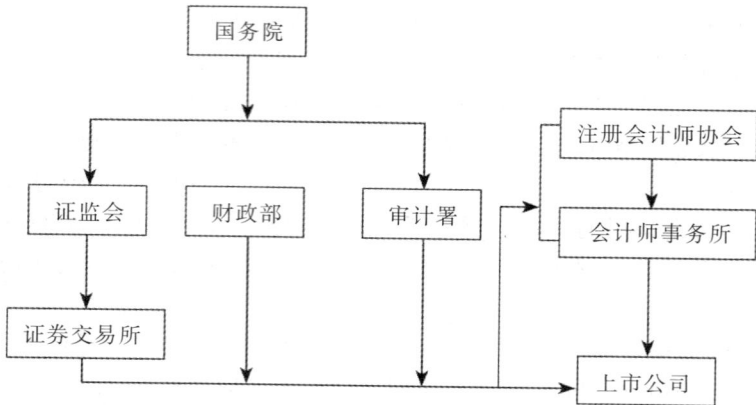

图8-12　我国会计监管组织架构图

其中，证监会、财政部、审计署、证券交易所等多个部门都在不同程度上参与会计行业的政策制定工作，在制度、法规、政策的制定上难免会出现交叉或者疏漏的情况，造成法规制度不统一、不协调的现象。这必然会增大上市公司与监督部门的博弈空间，增加财务舞弊产生的可能性。

最后，政府对实施舞弊的惩处力度较小。深交所综合研究所（2002）认为，第一，对财务报告舞弊的处罚，尤其是以内部批评为主的处罚方式，未能足够地增加上市公司的财务报告舞弊成本，没有起到防止再犯的效果。这是我国上市公司财务报告舞弊行为屡禁不止的原因之一。第二，在2001年前受处罚公司的再融资（包括增发和配股）机会与未受处罚的公司相比，无显著差异。以内部批评为主的处罚手段，对公司的再融资能力和机会没有影响。实际上在会计行业中，若按照现行法规，如果上市公司实施财务舞弊被查处，其处罚方案往往是对上市公司及其管理者负责人进行谴责、处以行政处分或罚款，只有极少数人需承担刑事责任。而上市公司被中国证监会查处后，被处罚公司缴纳的罚款一般为股东投入的资金。另外，公司舞弊行为一旦被依法披露，股价的巨幅下跌将使股东们在二级市场的利益严重受损，投资者（特别是中小投资者）由此将遭受双重损失。而对于真正实施舞弊的企业管理者或大股东而言，政府处以的微弱惩罚措施与舞弊者获得的巨大非法利益相比，根本起不到警示作用，相反还会由于收益远远大于成本而加剧他们的舞弊行为。

（4）职业道德缺失——产生舞弊的根源。

近年来，我国会计界正面临着严重的诚信危机。会计信息失真、财务舞弊行为大量出现、会计师事务所和注册会计师审计业务公信力降至低谷。在中国财政部会计信息质量抽查中，有资料证实中国80%以上的企业会计信息存在不同程度的失真。表面原因是社会经济环境不佳，法律制度不全，执法不严，惩处不力，以致给舞弊者提供了机会。但究其根源，实质上是由于社会及职业道德缺失导致企业社会责任感下降，由此产生了许多企业会计人员及审计师为获取个人或集团巨额经济利益，违背会计职业道德，置会计法规于不顾，配合企业负责人或审计客户实施财务舞弊行为，并提供舞弊性财务报告。

|8.4| 上市公司会计假账与财务舞弊的道德对策

财务舞弊产生的原因是多方面的，为了获取上市资格、避免被摘牌退市等是上市公司出现财务舞弊的动机，而信息不对称、公司治理结构不完善、外部监管与处罚不力等则为财务舞弊提供了机会，同时职业道德缺失使舞弊者找到了自我合理化的借口。因此，财务舞弊行为的伦理道德对策也要多种手段并用，才能达到标本兼治的目的。

8.4.1 完善公司治理机制

为了有效防范上市公司财务舞弊行为发生，上市公司应该建立健全有效内部治理机制。

1）完善上市公司股权结构

我国上市公司国有股占绝对优势，董事会及经理人员通常受到行政干预的影响，形成内部人控制的局面，中小投资者股权分散，难以形成对大股东的制约。为了扭转这种股权结构，进而改善公司治理机制，应具体考虑以下几点：第一，积极推进国有股减持政策，设计国有资本逐步退出的方案，在考虑二级市场承受能力，不影响其稳定运行的前提下降低国有股比例，并相应加强中小股东在公司决策与管理中的参与度。第二，鼓励机构投资者作为股东进入企业，使股权结构多元化。机构投资者多为专业化人员，可以对所投资的公司实行有效监督，而且机构投资者的决策方式和投资理念有助于提高被投资公司治理决策的科学性。在减持国有股的同时，我国可以逐步鼓励非银行金融机构长期持股并参与公司治理，进而提高会计信息披露的质量。

2）明确各职能机构的权利和责任

完善上市公司治理机制，应明确上市公司股东大会、董事会、监事会和经理层的权利及责任，使其各负其责、相互独立、相互制衡，以形成有效并相互制约的管理机制，消除"内部人控制"的现象，主要应从以下几个方面着手：

第一，规范独立董事的选聘机制。首先，应减少内部董事的比例，防止董事会被内部董事控制。同时，应改变独立董事的提名制，为确保董事真正成为公司股东特别是中小股东利益的代表，在独立董事的提名任命上应该实行大股东回避制度，并严格明确大股东和中小股东各自对独立董事的推荐比例。其次，对独立董事人员的选用应改变之前的名人效应原则，而是对独立董事的任用条件制定更严格的标准，以确保独立董事具有胜任本职工作的能力、时间和精力。

第二，规范独立董事的权利与责任，并完善相关的法律制度。企业应根据《公司法》及中国证监会等部门制定的有关法规使独立董事的权利和责任更加明确。

第三，完善独立董事的激励机制。通过完善独立董事的激励机制，比如设立针对独立董事的股权激励制度，提高其工作积极性以使独立董事能更加专心于本职工作。

第四，强化监事会的监督职能。目前，我国上市公司监事会的成员基本由职工代表、党团组织人员组成或由控股股东、管理者提名选举产生，专业化程度较低且内部人现象严重。而且上市公司对独立董事和监事会的职责划分不明确，经常造成相互推诿的局面，这严重削弱了监事会的作用。因此，有必要加强上市公司监事会的职能，可从以下两方面进行完善：一方面，应建立更为健全的监事选任制度，对监事的任命程序、任职资格、人员构成等做出明确细致的规定，防止董事会或经理层直接任命监事的行为，从而避免监事会被董事会牵制。而且应在上市公司监事会中引入适当比例的独立监事，以增强监事会的独立性。另一方面，应强化监事会职权。监事会的职权范围是它的生命，我国监事会作用发挥不好的原因之一就是其职权范围的模糊和狭窄。监事会的职权具体包括财务检查权、职务监察权、损害行为纠正请求权、罢免建议权等，通过对这些权利的加强，使得监事会能更好发挥监督作用。

3) 完善审计委员会制度

上市公司应成立审计委员会，使其作为独立的第三方在注册会计师与公司管理者之间形成隔离带，以提高上市公司会计信息的质量，减少财务舞弊行为。大量的经验证据显示，独立的审计委员会确实有助于提高外部审计的独立性和财务报告质量。根据COSO舞弊财务报告研究得出，25%的出现舞弊的公司没有设立审计委员会，在设立有审计委员会的舞弊公司中，大部分审计委员会成员没有会计任职资格或没有在会计或财务岗位的工作经验。

由于审计委员会具有独立性，因此，不存在舞弊动机，故由审计委员会负责外部审计师的选聘工作，可有效防止经理人的"意见采购"，而且由于审计委员会的人员具有专业性，可由审计委员会负责内部审计工作，同时也保证了内部审计的独立性。另外，独立权威的审计委员会制度可以通过对内部治理结构的健全和完善，从而营造一个适合注册会计师进行审计的良好公司环境，进而解决"独立审计不独立"的问题。这不仅增强了注册会计师审计的独立性并保证了审计信息的真实性，而且可以解决公司治理中的"所有者缺位""内部人控制"等问题。另外，在现行公司治理结构下，审计委员会和监事会并行可作为我国上市公司会计监督模式的一种选择。审计委员会和监事会的结合可以在一定程度上弥补治理结构和内部控制的缺陷，它们是一种互补关系，审计委员会应以对董事会所有重大决策的公正性与科学性监督为主。

具体而言，上市公司设立审计委员会，应将其作为一个与董事会相独立的平行机构。该委员会成员代表股东利益，直接对股东负责，并由股东选聘和激励，委员会成员全部由独立董事构成且至少有一位财务专家。审计委员负责聘用并监督注册会计师，决定注册会计师的审计报酬及支付形式，被聘用的注册会计师定期向审计委员会报告重大会计事项。此外，审计委员会的权利还包括行使内部审计权、解聘注册会计师、设计内部控制制度、质疑董事会决策等。

8.4.2 加强外部审计独立性

1) 全面规范会计师事务所的轮换制度

除了设立独立的审计委员会外，还可以通过实行注册会计师定期轮换制度，达到增强注册会计师审计独立性的目的，防止上市公司与会计师事务所互相勾结、共同舞弊问题的出现。由于会计师事务所与被审计单位管理者长期合作难免会有经济业务等方面的相关牵连，所以审计准则应明确实行严格的会计师事务所强制轮换制度。美国《萨班斯–奥克斯利法案》（2002）规定，会计师事务所的主审合伙人，或者复核审计项目的合伙人，为同一审计客户连续提供审计服务不得超过5年，否则将被视为非法。这一规定的实际意义是，会计师事务所负责对某一审计客户进行审计的合伙人在对该客户的审计工作达到一定时间以后必须轮换，以避免审计合伙人与审计客户合作时间过长而影响其独立性。中国注册会计师协会在2002年发布的《中国注册会计师职业道德规范指导意见》中也有类似的规定，"会计师事务所应定期轮换审计项目负责人和签字注册会计师"。同时，会计师事务所的轮换范围应扩大到关联方，即一个会计师事务所轮换后不得在规定的时间内负责原客户关联方的审计工作，否则会大大降低轮换制度的效果，这个期限也是规范的轮换制度中所必须明确的。

2) 引进同业互查制度，以提高审计质量

同业互查制度是美国注册会计师的一种行业自律模式，目标是确定被复核的会计师事务所是否按照质量控制准则的要求来设计审计质量控制制度及遵循的程度，复核人要对被检查的会计师事务所出具书面报告，并针对存在的问题提出改进意见。我国也可以引进同业互查制度，由证监会要求执行上市公司审计业务的会计师事务所每隔3年接受强制性的同业互查。这样不仅能够促进不同会计师事务所之间的业务交流，而且可以帮助被审核的会计师事务所认识到自身的缺陷，提高其财务报告的审计质量，还可以激励和督促审计人员加强自身的专业胜任能力。

3) 引入会计监察委员会保证审计独立性

我国对上市公司会计信息的监管存在重叠现象。财政主管部门、税收主管部门、金融主管部门、证券监管部门、国家审计部门等都对上市公司会计信息有法定监管权，由此导致了各监管部门之间职责不清，并且出现监管部门为上市公司谋求私利的倾向。美国《萨班斯–奥克斯利法案》（2002）指出，会计监察委员会的设

立目的在于"监督证券法律制度下上市公司的审计及相关事项，以保证其向公众投资者提供准确、独立的审计报告，保护投资者利益，促进公共利益"，并规定，所有从事上市公司审计业务的会计师事务所都必须按照会计监察委员会的要求向会计监察委员会注册，否则不得从事上市公司审计的业务。同时，各会计师事务所应向会计监察委员会提交年度报告，包括工作总结等内容。为了保持会计监察委员会运转的经费需要，该法案还授权会计监察委员会对每一个注册会计师事务所进行评估并收取注册费和年费。该法案可以更好地保证外部审计的独立性，所以我国也应引进类似的会计监察委员会制度，以监督上市公司审计业务是否公正，进而规范审计市场秩序，解决监管重叠问题。

8.4.3　推行法务会计，加大财务舞弊处罚力度

现行的预防财务舞弊的机制主要有内部控制和外部审计。完善的内部控制制度能在一定程度上发现在审计过程中被忽视的侵占资产舞弊，以保证会计信息准确可靠、资产安全完整。但由于内部控制本身的局限性，经常出现企业管理者凌驾于内部控制之上实施舞弊的行为。而外部审计更多关注的是导致被审计单位的会计报表及相关资料不能公允表达的重大舞弊，却忽视了不影响会计报表公允表达的其他舞弊行为。另外，我国关于舞弊处罚的法律规定相对模糊，对其司法审判的过程也缺乏相应依据，并且忽视了相应的民事处罚。治理财务舞弊的机制还存在着重大缺陷，因此，应引入法务会计制度，从而使内部控制、独立审计和法务会计共同构成一个有效的财务舞弊控制系统。

法务会计是指把法律知识和会计知识相互融合，通过对舞弊事件的调查，在法庭上提供专家证词，从而使财务舞弊案件的处理更加及时有效。法务会计不同于审计，二者的区别见表8-3。

表8-3　　　　　　　　　　　　**法务会计与审计的区别**

范畴	法务会计	审计
关注点	已知舞弊或怀疑存在舞弊的领域； 使舞弊者承认	财务报表的公允性； 内部控制质量
方法	审问、重建损失、百分百地检查目标文件	抽样，分析性复核； 确定基于重要性水平的测试范围
范围	从公司财务报告舞弊到离婚案件中在法庭上隐瞒资产的行为	经常性财务报表审计
最终产品	收集法律证据并总结； 出庭提供专家证词	财务报表和内部控制的审计意见
基础技术要求	面谈——倾听； 会计余额重建； 计算机重建（计算机案件）； 出庭——提供专家证词工作	客观性； 收集和分析证据； 会计、审计、面谈、计算机审计等

提供这一法务会计服务的主体是注册法务会计师,他们在反舞弊工作中取得了显著的成绩。因此,我国应建立法务会计师制度,规范法务会计师的执业行为,保证法务会计师的执业质量,明确法务会计师的执业责任,实现法务会计准则与其他相关准则、惯例及法规的协调,维护法务会计师的职业信誉,促进法务会计师素质的提高。

在加强法务会计建设的同时,还应加大财务舞弊处罚的力度。首先,应加强对上市公司管理者的惩罚力度,在法律责任处罚的基础上加重对参与舞弊的高层管理者的民事赔偿责任和刑事责任,将财务舞弊所造成的责任和损失由投资者转移到操控舞弊行为的高层管理者身上,提高其财务舞弊的成本,也对其他上市公司潜在的财务舞弊起到震慑作用。其次,应加强对审计人员的惩罚力度。通过审计市场改革和创新行业监管,并完善处罚制度,使审计人员意识到若参与舞弊必会受到法律严惩,通过施加惩处压力和提高舞弊风险达到减少审计舞弊发生的目的。

8.4.4 加大诚信教育,树立职业道德

产生财务舞弊的原因不仅在于各种制度的不完善,而且在于个人道德标准的缺失。法律只会对表象上的违法行为进行管束和惩处,而道德的缺失唯有依靠道德标准的提升方能从根本上使人自律和服从他律。所以,为减少财务舞弊的发生,我国需要通过加强诚信教育使职业道德要求内化为从业人员的自觉行动,使其成为会计从业人员一种内在的精神力量。

职业道德教育应该是全方位的,重点应包括企业管理者,以监督上市公司为职责的政府监管机构官员以及市场监管机构工作人员,如会计师事务所、证券公司、律师事务所、资产评估事务所的员工等,他们本应作为上市公司财务舞弊的披露者和鉴证者,但是其中许多人却成为了财务舞弊者的同伙。通过职业道德教育,使他们意识到在利益面前道德更加重要,应树立职业道德,严守岗位操守。

会计人员要赢得并保持公众对他们的信任,最好的、最正确的方法,就是遵循高质量的职业道德标准,做到"诚信为本,操守为重,坚持准则,不做假账"。只有市场各参与者都弘扬"诚信为本、操守为重"的道德风范,才能使制度、规范得以落到实处,才能防范财务舞弊行为的发生。具体来看,可以通过加强对管理机构和社会舆论的监督、深化教育改革,加强高校的德育教育、建立健全选拔和激励约束机制、加强会计人员继续教育、提高会计人员的整体素质等办法来强化职业道德教育。

8.4.5 完善舞弊审计机制

我国现行的制度基础审计是以研究和评价被审计单位内部控制制度的健全、有效性为基础,依据被审计单位内部控制制度的可靠程度,决定实质性测试性质、时间和范围的一种审计方法。这种审计模式在一定程度上可以减少审计程序错误的发

生，但它有其局限性，因为该审计方法是以健全、有效的内部控制制度能减少舞弊发生这一假设为前提的，但如果上市公司管理者凌驾于内部控制之上，使内部控制失效，那么这个前提假设就是不成立的。

考虑到现行审计模式的缺陷，我国应发展并完善舞弊审计机制，其审计流程应在原有模式的基础上进行若干延伸。具体来说，在审计开始之前，审计小组采用头脑风暴法讨论舞弊的可能性和舞弊可能采取的方式，适当设计延伸性审计程序，实施一些补充和特殊的审计程序，收集关于舞弊风险的信息并修改审计计划等。

复习思考练习题

一、单项选择题

1.委托人对公共权力代理人的监督不力，主要是因为监督成本过大和（　　　）。

A.监督人机会主义行为　　　　　　　B.代理人和监督人合谋

C.监督人数量少　　　　　　　　　　D.代理人自觉

2.合作博弈在于探讨合作的形成过程以及合作中的成员如何分配他们的支付，因此强调（　　　）和效率、公正、公平。

A.个人理性　　　　B.集体理性　　　　C.个人最优　　　　D.集体智慧

3.国外研究财务舞弊动因理论，主要有：冰山理论、舞弊三角理论、舞弊GONE理论和（　　　）。

A.舞弊风险因子理论　　　　　　　　B.二因素理论

C.三因素理论　　　　　　　　　　　D.四因素理论

4.腐败的三要素是（　　　）、动机和手段。

A.个体　　　　　　B.主体　　　　　　C.群体　　　　　　D.客体

5.财务舞弊应具有违法性、（　　　）、危害性、隐蔽性的性质。

A.随意性　　　　　B.有意性　　　　　C.正当性　　　　　D.客观性

二、多项选择题

1.委托代理前提假设条件有（　　　）。

A.都具有"经济人"的本性，并且是充分理性的

B.都具有无限计算能力

C.信息完全性　　　　　　　　　　　D.都没有机会主义倾向

E.彼此讲究信用

2.最终决定是否做假账的因素有（　　　）。

A.惩处力度　　　　　　　　　　　　B.查处的概率

C.做假账的收益　　　　　　　　　　D.道德水平

E.文化素质

3.下列行为属于会计败德行为的有（　　　）。

A.当老好人　　　　　　　　　　　　B.唯领导意图

C.弄虚作假　　　　　　　　　　　　　D.逃税截利

E.损公肥私

4.以下哪些是全世界范围内比较突出的不公正经济（　　　）。

A.权力经济　　　　　　　　　　　　　B.人情经济

C.地方保护主义经济　　　　　　　　　D.短期经济

E.贿赂经济

5.上市公司会计假账与财务舞弊的道德对策有（　　　）。

A.完善公司治理机制　　　　　　　　　B.加强外部审计独立性

C.推行法务会计　　　　　　　　　　　D.加大诚信教育

E.完善舞弊审计机制

三、判断题

1.委托代理失灵产生的条件是对公共权力代理者被惩罚程度轻和概率较小，以及代理者在失灵条件下获得的收益和成功的概率较大。（　　　）

2.会计做假的诱因决定于查处率高低和做假收益大小。查处率与诱因呈正相关关系，做假收益与诱因呈负相关关系。（　　　）

3.腐败及寻租是会计假账滋生的内在动因。（　　　）

4.私有制经济比公有制经济有着更为广泛的产生腐败和做假的客观基础。（　　　）

5.冰山理论说明，一个公司是否可能发生财务舞弊取决于其内部控制制度的健全与否和严密性。（　　　）

四、简答题

1.会计败德行为有哪些表现？

2.权钱交易、腐败及寻租与会计假账有什么关系？

3.不公正经济与会计假账成因如何探讨？

4.怎样理解上市公司财务舞弊的内涵、类型与常用手段？

5.上市公司财务舞弊动因及常用的治理对策有哪些？

案例讨论题

证监会2019年最新调查牵出瑞华"连环雷"
——已连累40多家公司，成中国版"安然事件"

康得新涉嫌虚增利润119亿元，审计机构瑞华会计师事务所（以下简称"瑞华"）日前（2019-07-26）被证监会立案调查，此事引发了资本市场"连环雷"。最新数据显示，已有多家企业的IPO、再融资因此中止，此事也越来越像当年的安然、安达信事件。

一、连续两个大案

瑞华的"出名"，来自于其审计的两家公司爆雷，先是千亿白马康得新年报虚增利润119亿元，而后不久辅仁药业又爆出坐拥货币资金18亿元却拿不出6 000多万元分红。2019年7月5日，康得新造假被实锤，中国证监会发布消息称，康得新

"涉嫌在2015年至2018年期间虚增利润总额达119亿元"。中国证监会还特别指出，康得新所涉及的信息披露违法行为持续时间长、涉案金额巨大、手段极其恶劣、违法情节特别严重。

此后，权威媒体报道称，瑞华已被中国证监会立案调查。没想到的是，康得新的事还没了结，这边又爆出大雷。2019年7月16日，同样由瑞华审计的辅仁药业发布2018年年度权益分派实施公告，拟派发现金红利6271.58万元。然而，7月19日，辅仁药业向上交所提交公告称，因公司资金安排原因，无法按照原定计划发放红利。

公司2019年一季报显示，辅仁药业货币资金期末余额多达18.16亿元，为何只过了一个季度连6000多万元的分红款都拿不出来？对此，上交所向辅仁药业发布问询函，要求其说明原因。

7月24日晚间，辅仁药业公布"真相"，却引出更多质疑：辅仁药业财务资料显示，截至7月19日，公司及子公司拥有现金总额1.27亿元，其中受限金额1.23亿元，未受限金额377.87万元。据报道，在上交所对辅仁药业问询函中，质疑瑞华年审会计的表述颇多，目前瑞华尚未回复这些质疑。

二、影响10多家公司中止再融资项目

号称中国"五大"会计师事务所之一的瑞华被调查，在资本市场引发连锁反应。7月28日，百利科技公告称，由于原审计机构瑞华因其他项目涉嫌信息披露违法被证监会调查，公司中止非公开发行项目。嘉澳环保则表示，因瑞华被调查，证监会中止审查公司公开增发申请材料的申请文件。

7月26日晚，凯撒文化、深南电路、泰禾集团、新北洋、庄园牧场、天汽模、蓝英装备等多家公司公告其项目中止审查，原因都是同一个，即聘请的审计机构瑞华被立案调查，涉及的融资品种有定向增发和可转债。

更早时间，继峰股份、ST新梅分别于7月4日、7月16日发布过类似公告，均为瑞华被立案调查，触发相关规则，上市公司主动申请中止。

三、影响30多家公司IPO中止

除了再融资，30多家企业的IPO也受到连累。7月26日，证监会官网发布了最新IPO排队情况，瑞华正在排队的29家IPO项目均被暂停。其中包括上交所主板排队企业10家，深交所排队企业19家。

不过，文件显示由瑞华担任审计机构的一家创业板企业安福县海能实业已经通过发审会，目前正在等待证监会的发行批文。

此外，瑞华手上的科创板在审项目也全部中止或终止。7月28日，上交所网站显示，北京龙软科技股份有限公司、北京国科环宇科技股份有限公司、洛阳建龙微纳新材料股份有限公司、深圳市杰普特光电股份有限公司的科创板审核状态已变更为"中止"。此前，由瑞华审计的北京海天瑞声科技股份有限公司的科创板申请已"终止"。

至此，瑞华在审的科创板项目"全军覆没"，由瑞华审计的澜起科技、天准科技已在科创板上市。

四、瑞华是一家怎样的公司？

由于审计的企业频频陷入业绩丑闻，瑞华的上市公司客户纷纷排队与其解约。7月24日晚间，天铁股份公告称经综合考虑公司发展及合作需要，将更换会计师事务所，拟聘请中兴财光华会计师事务所为2019年度外部审计机构。另外，太阳纸业、通裕重工、尚纬股份等多家公司已陆续与瑞华解约。

深陷舆论漩涡的瑞华究竟是一家怎样的机构？瑞华号称中国五大会计师事务所之一，数据显示，由瑞华审计的A股上市公司323家，排名第三。

由中注协公示的2018年度业务收入前100家会计师事务所信息显示，瑞华2018年营业收入28.79亿元，会计师事务所注册会计师人数2 266名，冠绝全国。同时，公司分所数量40家，也位列榜单之首。这样一家规模的会计师事务所出事，和当年为安然提供审计的安达信十分相似。安然造假，创出当年历史，而康得新虚增业绩119亿元，同样是A股之最；而为其提供审计服务的安达信、瑞华同样拥有"五大头衔"。

五、证监会：要大幅提高处罚力度

面对调查，瑞华于7月28日却发布情况说明称，在康得新审计项目中，其对康得新审计项目全面履行了应尽的职责义务。这再次引发了市场不满。事实上，对于康得新和瑞华目前受到的处罚之轻，市场已多有不满。

前不久，康得新发布公告，收到证监会行政处罚事先告知书，拟决定对康得新责令改正，给予警告，并处以60万元顶格罚款。对钟玉、王瑜、张丽雄、徐曙、肖鹏等给予警告并处罚款。拟决定对钟玉、王瑜、张丽雄采取终身证券市场禁入措施。公司股票可能被实施重大违法强制退市，公司股票于7月8日起停牌。

根据证监会的最新表态，市场和投资者反映的法律规定处罚太轻，中介机构未勤勉尽责追究不到位等问题客观存在，证监会正在会同有关方面，推动尽快修改和完善《证券法》《刑法》等有关规定，拟对发行人、上市公司及其控股股东、实际控制人披露虚假信息，以及会计师事务所、保荐人等中介机构未勤勉尽责等违法行为，大幅提高刑期上限和罚款、罚金数额标准，强化民事损害赔偿责任，实施失信联合惩戒，切实提高资本市场违法违规成本。

资料来源　根据中国证监会网站等有关资料整理.

讨论问题：

1.瑞华会计师事务所为什么屡爆丑闻？原因何在？

2.怎样从道德视角治理会计假账与财务舞弊？

第 9 章

企业会计与审计职业道德规范

经典名言警句

孔子尝为委吏矣，曰："会计，当而已矣"。

故天将降大任于斯人也，必先苦其心志，劳其筋骨，饿其体肤，空乏其身，行拂乱其所为，所以动心忍性，曾益其所不能。

生，亦我所欲也，义，亦我所欲也，二者不可得兼，舍生而取义者也。

穷则独善其身，达则兼善天下。

富贵不能淫，贫贱不能移，威武不能屈。

——《孟子》

巴基斯坦认为"诚信比财富更有用"，中国认为"人而无信，不知其可也"，两国传统文化理念契合相通。

孔子把个人信用看作为人立世的重要关键点，没有信誉的支撑，就没有人格的树立。所以，《论语》里又说："民无信不立。"没有信用，就没有立足之地；没有信义，就没有立世之本。

——习近平在巴基斯坦议会的演讲

真待人，善处世，忍礼让，仁义爱，廉恭敬，和为贵。

——佚名

主要知识点

1.优化企业会计与审计职业道德的社会环境。

2.培育企业会计职业道德规范。

3.建设注册会计师审计职业道德规范。

4.完善企业内部审计职业道德规范。

关键概念

会计责任（Accounting Responsibility）

审计责任（Audit Responsibility）

会计职业道德规范（Code of Accounting Professional Ethic）

审计职业道德规范（Code of Audit Professional Ethic）

【引言】

把诚信教育放在首位

中共中央政治局常委、国务院总理朱镕基今天（2001年10月29日）在考察北京国家会计学院时指出，建立国家会计学院是落实江泽民总书记关于培养30万注册会计师重要指示的举措。一定要高起点、高水平地把国家会计学院办好，培养成千上万个职业道德好、业务素质高的会计人才，这是为发展社会主义市场经济奠基，也是现代化建设的根本大计。

多年来，朱镕基十分关心国家会计学院的建设。1995年，他曾亲自察看北京国家会计学院选址，并多次听取工作汇报。今天上午，朱镕基和随行的国务委员兼国务院秘书长王忠禹等，兴致勃勃地来到新近建成的北京国家会计学院进行考察。朱镕基一行先后察看了学院现代化的教学和生活设施，观看了多媒体教学演示。

在听取了有关部门和学院的工作汇报后，朱镕基作了讲话。他说，现在经济生活中的一个突出问题，就是不少会计师事务所和会计人员造假账，出具虚假财务报告。许多贪污受贿、偷税漏税、挪用公款等经济违法犯罪活动，以及大量腐败现象，几乎都与财会人员做假账分不开。这已经成为严重危害市场经济秩序的一个"毒瘤"。从根本上解决这个问题，必须在强化法制、严格管理的同时，加强会计从业人员特别是注册会计师队伍的建设。国家会计学院是以注册会计师相关知识为培训内容、面向全国的，培养宏观经济管理部门、国有大中型企业、事业单位和中介机构的高级管理人才及高级财会人才的会计后续教育培训基地，肩负着光荣而艰巨的历史任务，一定要下大力气办好。真实、可靠的会计信息是企业科学管理和政府宏观经济决策的依据。虚假的会计信息必然会造成决策失误，经济秩序混乱。国有企业改革要获得成功，必须加强经营管理特别是财务管理。他明确要求，所有国有大中型企业、金融机构的财务主管，都必须到国家会计学院接受培训，达到合格要求才能上岗。

朱镕基强调，"不做假账"是会计从业人员的基本职业道德和行为准则，所有会计人员必须以诚信为本，操守为重，坚持准则，不做假账，保证会计信息的真实、可靠。他要求，国家会计学院要把诚信教育放在首位，培养出来的人才不仅要有一流的专业知识水平，更要有一流的职业道德水平，绝对不做假账。

朱镕基指出，办好国家会计学院，最重要的是要建设一支自己的高水平的教师队伍。只有拥有一流的教师，才能办成一流的学校。要舍得花本钱引进国内外最优秀的专家来授课。教学要把理论学习和案例分析结合起来，注重实务水平的提高，使学习与实践、研究和教学相辅相成，不断提高培训水平。他希望，国家会计学院的全体教职员工要立志把国家会计学院办成全国最好的学校。国务院有关部门和有关地方都要给予大力支持。

资料来源 摘自中央电视台2001年10月29日新闻联播有关内容.

市场经济越发达，会计越重要，审计更重要。同样，会计、审计行业发展的状况，对市场经济具有基础性作用，这是因为从经济管理伦理学来分析，市场经济是以诚信和法律为基础的发达的商品经济，会计、审计行业就是为了建立和保持市场经济的诚信原则而存在并发展的。市场经济孕育、催生、哺育了会计、审计行业，会计、审计行业又影响、支撑了市场经济的运行，两者相互支持、相互补充、相互影响、相互制约。其中，经济管理伦理道德因素无论是对整个市场经济还是对会计、审计行业，都起决定性作用。

|9.1| 市场经济对企业会计道德的影响

经济体制改革前，我国采用行政命令方式管理经济。由于我国封建社会长达几千年，封建道德中的消极、保守、落后的东西还有一定的市场。虽然其赖以存在的经济基础早已不存在，但仍旧影响着人们的社会生活和心理习惯，从而使我国的传统会计职业道德不免带有封建落后的东西。随着社会主义市场经济的运行和发展，对我国的会计职业道德产生了很大的影响。其影响主要表现在以下方面：

9.1.1 提高会计人员的主人翁意识，激发奋发向上的工作作风

在封建社会，做人的标准是循规蹈矩、安分守己。"非礼勿视，非礼勿听，非礼勿言，非礼勿动""知足者常乐，忍事者安然"，反映的就是封建社会的做人标准。这种做人标准要求人们安于现状，不要有非分之想，不要谋图进取。虽然我国已建立了社会主义市场经济制度，但这种思想仍然影响着会计人员，在会计人员中主要表现为：

第一，有些会计人员在会计活动中发现了某些制度有漏洞，既不向上反映，又不采取行动，而是继续按老规矩办事。例如，我国近十几年来大力进行会计改革，会计法做了三次修正，会计准则及审计准则不断推陈出新，有些会计人员不积极主动学习新规定、新办法及新知识，因循守旧，技术性假账在所难免。

第二，一切唯上。上级叫怎么做就怎么做，即使违反财经会计纪律，也照样执行；上级没有明确规定的，即使是正确的，也绝不做。例如，国务院和财政部三令五申严禁私设小金库。有些领导为了自己能随意开支及其他目的，要求会计人员私设小金库，会计人员明知私设小金库是严重违反国家会计制度和现金管理条例的行为，也仍然按领导的意图办事。这导致政策性假账层出不穷。

市场经济的发展，必然会在各个领域、各个部门、各个行业形成广泛而激烈的

竞争，包括在会计领域的竞争。市场经济的基本规律——价值规律要求商品生产者尽可能以低于社会必要劳动时间的价值出售商品，获得利益，迫使商品生产者发掘所有潜力在市场竞争中取得优势。市场经济不仅要求经营单位的财权工作人员（包括金融系统的工作人员）和财务主管部门的会计工作人员完成本职工作，而且要求他们行为的结果要取得好的社会效益，对企业单位的会计人员要求更是如此。如果达不到社会的要求，在求职人员众多的压力下，在职会计人员随时可能被解雇。这在我国沿海开放特区表现得尤为明显。社会的激烈竞争，必然要求会计人员增强竞争意识、拼搏精神和创造能力。

9.1.2　促进会计人员自由平等发展，消除行业不正之风

在中国奴隶社会，就已经存在不平等的等级制度。《左传·昭公七年》记载："天有十日，人有十等，下所以事上，上所以共神也。故王臣公，公臣大夫，大夫臣士，士臣皂，皂臣舆，舆臣隶，隶臣僚，僚臣仆，仆臣台。"魏晋时期，封建等级制度已非常完善，达到了等级制度的顶峰。其官僚制度——九品中正制度把贵族和官僚阶层分为九个等级：上上、上中、上下、中上、中中、中下、下上、下中、下下。各品级之间等级森严，互相之间不得任意通婚和来往。我国一些会计人员，特别是一些主管部门的会计人员以权谋私，有家长作风，明显是受到了封建等级特权制度的影响。有些会计人员不把人民赋予的职务和权力看作是岗位分工的不同，而是把职务、权力与身份等同起来，进而把个人身份的高低和享受的多寡联系在一起。会计行业的不正之风，在社会上产生的负面影响很大。

在市场经济中，商品的使用价值对商品的生产者而言只是价值的载体，没有什么用途，他要求实现的是商品货币价值形态。在交换市场中，交换双方都需要遵守一个原则——等价交换原则。等价交换是指商品生产者根据其劳动产品所耗费的社会必要劳动时间量来进行交换。交换的前提条件是买卖双方是平等的且具有独立的人格，否则，就不可能实现真正的等价交换。对卖方来说，不管买方的身份、地位有什么不同，只要手中持有相等的货币，那么他们在交换过程中所承担的责任就是相同的。对买方来说，不管卖方的身份、地位有什么差别，只要手中持有他所需要的货物，那么他们在交换过程中所承担的责任也是相同的。因此，在交换市场，一切特权、高贵的等级等足以显示社会身份的东西都不被交换所承认，失去了其社会作用。商品是天生的平等派。商品交换的等级原则反映了商品生产者之间的社会关系是平等的。它上升到人的价值观念就形成了自由、平等的观念。所以，市场经济的发展有助于消除会计行业的以权谋私、家长作风和行业不正之风，有助于建立会计人员之间，以及会计部门与其他行业之间平等互助的关系。

9.1.3　打破会计行业任人唯亲的观念，形成举贤尚能新风尚

在封建社会，农民一般是以自然村落为单位聚居。在这个自给自足的村落中，人们缺乏与外界进行交往的愿望，形成内部交往的自我循环机制。每一个聚族而居

的村落，实际上就是一个封闭的"小社会"。《苏州志》记载："兄弟析烟，亦不远徙，祖宗庐墓，永以为依。故一村之中，同姓者至数十家或数百家。"村落内部的交往，是以家庭为中心的，然后波及旁氏血亲和婚亲。来往最密切的是直系血亲之间。经过长期的共处，强化了家族成员之间的关系，形成了共同的心理习惯和风俗，产生了浓厚的乡土观念。这种观念如今仍渗透到社会生活的各个方面，包括会计领域。它主要表现在以下两个方面：

第一，有些会计人员主要是由部门推荐、上级领导批准的。本单位职工对此没有发言权，即使群众极力推荐也没有任何作用，这就容易使领导干部任人唯亲。有的人把国家给予的权力看成是自己的特权，在提拔、使用、配备、考核、奖励等工作中，重用自己认为"靠得住的人"，或自己的亲戚和老乡，而那些所谓"靠得住、听话"的人多半是一些喜欢阿谀奉承或溜须拍马的人。在因血缘、姻亲关系而提拔的干部中，有一部分人相当无能。事实上，会计是一个非常依赖个人专业技能和职业素质的行业，无德无才无能之辈担任会计人员是对会计行业的损害，使人们对会计行业的信任大打折扣。

第二，有些行业的会计部门，特别是在财税和银行系统中，裙带关系很明显。在相当长的一段时期内，财税和银行系统的职工工资待遇比社会其他行业要好。因此，想进这两个系统是比较困难的，很多人依靠血缘、姻亲关系成为其中一员。随着市场经济的发展，企业的经营效益直接影响它的生存。会计人员的素质高低直接影响企业的管理水平，从而影响企业的效益。为了国家和企业的利益，许多单位职工要求把昏庸、守旧或不称职的干部和工作人员从岗位上换下来，让那些有能力的人担任领导。这样就出现了干部由职工选举产生的情况。任人唯亲的做法最终必然会导致企业失去市场。

9.1.4　市场经济发展引起会计工作生活发生变化

1）会计工作由单一格局向多样化格局发展

在高度集中的计划经济体制下，国家对员工的要求是完成本职工作，也就是要求完成国家计划任务。社会舆论称赞那些安分守己的会计人员，谴责为个人谋取私利的行为。因此，人们的职业生活是比较单一的，无法存在兼职行为。国家对社会劳动力资源实行统一安排，一旦分配到某单位、部门，也就同时指定了工作岗位，如果情况不发生变化，这种分工将是终身的。其职业生活范围比较狭窄，只限定在本单位，甚至本车间。随着市场经济的发展，人与人之间的依赖性越来越大，人的需求大部分甚至全部要靠他人供给，人们的职业生活得到扩展，并趋于多样化。人们不以终身从事某项职业为满足，对社会生活的多方面产生兴趣。市场经济发展程度越高，人们的职业生活越多样化。

2）选择会计职业的标准由重名向重实转化

前面我们曾经提到，在高度集中管理的体制下，社会否认个人利益，单位利益与个人没有多大的关系。人们在选择职业时，往往只注重能带来心理满足的名誉。

大学毕业生或社会待业青年在求职时，首先考虑求职单位是否在大城市，其次考虑单位的性质和规模，最后考虑的是工种。三个条件若都能得到满足，则是最好的职业。如果工作岗位达不到上述要求，则会感到脸上无光，在众人面前抬不起头来。随着市场经济的发展，人们的思想意识发生了根本性的转变，人们开始注重实际利益以及能否发挥自己的才能。

9.2　为会计行业营造良好的社会道德环境

对于一般社会公民（尤其是与会计工作发生联系的人们）来说，建立会计的社会道德规范的核心问题，关键在于宣传并树立正确的会计观念，端正并形成科学的会计认识，自觉践行合理合法的会计行为。为了给会计行业营造良好的社会道德环境，社会公众应明确会计的社会道德规范要求。其具体包括以下几个方面的内容：

9.2.1　重视会计职业，提高会计地位

以前，社会上对会计的认识仍然比较粗浅，在大多数人的心目中，会计人员整天与"一二三四五六七，一把算盘一支笔"打交道，会计工作只不过是"打打算盘数数钞，写写数字填填表"，既无学问，又无所作为。这种传统的观念束缚了会计事业的发展，阻碍了企业经营管理水平的提高。

应该看到，会计是一种古老的职业，会计学是一门既古老而又年轻的学科。会计的发展历史表明，"当近代会计以它较为完善的科学形象，在社会经济领域的管理工作中发挥重要作用的时候，人们开始为树立它的尊严做了种种努力。此后，那种普遍存在的陈腐的轻视会计的思想，已作为一种没落的思想抛进了历史的垃圾堆。自此，对这一学科的公正评价替代了无理的责难。德国伟大的诗人歌德的诗中写道："复式簿记（现代会计的前身——作者注）是人类智慧的结晶，是伟大的发明。"英国伟大的诗人司各特也欣然命笔，赞颂会计业务之尊严。著名的科学家亚瑟·赛克勒赞美复式簿记为两大完美科学之一。自15世纪以来，包括数学家、哲学家、法学家在内的专家教授、学者为创建会计学说做出了贡献。从复式簿记着手，对会计学科进行深入细致的研究，成为整个世界的行动。①

马克思在《资本论》第二卷论述流通费用的性质时深入分析了簿记，精辟概括了会计的地位和作用，即"过程的控制和观念的总结"，并断言"簿记对资本主义生产，比对手工业和农业的分散生产更为必要；对公有生产，比对资本主义生产更为必要"。②历史的进程也正是如此。无论是封建社会的宫廷会计，还是资本主义社会的企业会计与政府会计，其重要地位如受到重视，则生产发展，国泰民安；反之，其重要地位如被忽视，则生产萧条，天下大乱。

现代会计较之传统会计又有了质的飞跃，尤其是20世纪40年代管理会计的产

①　郭道扬. 会计发展史纲［M］. 北京：中央广播电视大学出版社，1984：379.
②　马克思. 资本论（第二卷）［M］. 北京：人民出版社，1975：152.

生，并成为一门独立的学科之后，会计逐渐显示出其控制与参与决策的功能。当今，会计更加重要，会计信息是企业最完整、系统、综合、准确从而也是最重要的信息资源。在西方国家，许多世界著名企业的总经理大多是从会计人员中提拔的。会计人员常被人们称为"控制师""领航员"。有人曾把资本主义的世界性经济危机避免与否归结为会计提供信息的成败，虽然这种观点本身未必正确，但足见他们对会计的重视程度。

中华人民共和国成立后，会计曾有所发展，但因受"工具论"和"反映论"等传统会计观念的束缚，会计理论与实践的发展速度远不能令人满意。要改变这种状况，不仅需要会计人员努力提高自身的政治素质、业务素质和知识水平，做好会计工作，提高会计职业的知名度，而且，也是最重要的，是让整个社会以及每个公民都重视会计工作，尊重会计人员。财政、税务、审计、银行等宏观经济管理部门，要充分利用会计信息，健全会计监督，形成宽松的、和谐的践行会计职业道德的社会环境。要重视会计职业，提高会计地位。对社会公民来说，要形成"尊重会计人员，配合会计工作"两个方面的重要认识。

9.2.2 尊重会计人员，配合会计工作

我国会计行业发展停滞不前，与社会和公民轻视会计，不尊重会计人员有关。整个社会怎样才能形成尊重会计人员的氛围？

1）明确会计人员身份的多重性

会计人员身份的多重性是由会计职业的特殊性所决定的。会计人员在处理收支发生、钱物进出时都会涉及国家、集体、职工三者的利益关系。会计人员在处理三者的关系时，应从不同的位置和角度来考虑问题。在上缴税利以及维护财经纪律等方面，会计人员代表着国家，取得了国家理财人的身份；在企业提高经营管理水平和经济效益等方面，会计人员要站在企业利益上，取得了企业职工的身份；在职工生活、福利、奖励等方面，会计人员要在国家政策、制度允许范围内办事，他们又取得了职工代表的身份。会计人员身份的三重性，增加了会计工作的难度。但这有利于加强管理，提高企业的经济效益。

2）理解会计人员的职责

《中华人民共和国会计法》规定："会计机构、会计人员依照本法规定进行会计核算，实行会计监督……会计人员应当遵守职业道德，提高业务素质。对会计人员的教育和培训工作应当加强。"显然，会计人员的职责十分重大。对于任何问题，他要从多个角度去考虑、分析和解决，往往要比其他人考虑得更全面、更深入。社会成员要理解会计人员的职责，充分认同他们的工作，并为会计人员履行职责创造条件。

3）切实提高会计人员的政治地位和经济待遇

会计人员是生产经营管理者的重要组成部分，是社会主义建设事业中的一支必不可少的主力军。因此全社会应尊重他们的知识以及他们的工作习惯，使会计专业

人才学以致用，用其所长，充分发挥他们在会计工作中的管理才能。特别是各级领导干部，要带头尊重他们的劳动，倾听他们的意见，鼓励他们解放思想，大胆工作；在各种场合下注意提高会计人员的威信，全面发挥他们参与管理、参与控制、参与决策的重要作用。同时，还要切实提高他们的经济待遇，解决他们在工作和生活中的问题，以便会计人员全力以赴地投入实践，做好会计工作。为此，企业要做到：首先，应积极提供与会计工作有关的各种资料，配合会计人员作好会计核算工作，真实反映企业的生产经营活动和财务状况，完善管理的基础工作；其次，要理解并配合会计人员做好会计监督工作，保证企业的生产经营和业务工作合法、合规、有效地进行。

9.2.3 利用会计信息，做好经营决策

现代管理理论可以用两句最简练的话来表达，即：管理的重点是经营，经营的中心是决策。因此决策的研究和制定便成为管理的重要课题。

何谓决策？通俗地讲，决策就是做出决定，是指为达到某一目标，而从众多方案中选择一个最优方案（或相对最优方案）加以实施，并将实施的结果进行反馈，以作用于下一个循环的过程。

首先，根据需要明确决策目标。目标明确后，按方案的整体详尽性和互相排斥性提出达到目标的多种备选方案，然后以技术上的先进性、经济上的合理性和实现上的可能性为标准，运用经验判断、数学分析和模拟试验等进行方案的论证、评价和比较，从中选出最优方案。其次，付诸行动。在执行过程中将每一局部过程的执行结果与决策目标进行比较并找出差距，采取调整措施，以实现决策目标，同时为下一个经营循环提供资料。所以，决策绝不是瞬间决定，而是一个提出问题、确定目标、选优方案、采取行动、反馈信息的系统分析的动态过程，也是一个反馈控制过程。

显然，企业决策是一项非常复杂的系统工程，而决策的准确性在很大程度上取决于决策者对信息的了解和掌握程度，取决于信息的数量和质量，取决于获取信息的及时性和准确性，这是因为信息具有目的性、有用性、记载性、传递性、共享性和实效性等特征，更主要的原因在于决策过程本身就直接表现为信息的收集、加工、处理、存储、反馈的过程。企业只有对每日每时所发生的信息形成的信息流进行及时、迅速、科学的处理，才能做出正确的决策。可以说，信息是企业经营决策的重要依据，是企业经营活动的重要资源。

会计信息的重要性还体现在使用目的的多样性上。首先，会计信息能满足企业内部的管理需要。企业领导者主要应根据会计信息开展决策和管理活动，作为企业主人的劳动者也要经常了解会计信息，关心企业的发展。其次，会计信息能满足与企业有利害关系的外部集团的需要。从国家与企业的关系看，企业定期向财政、税务部门报告会计信息，接受国家的监督，同时为国民经济宏观决策积累资料；企业应向银行报告会计信息以取得资金支持；企业要考虑与本单位有往来关系的单位了

解会计信息的需要，并与这些单位加强协作。

9.2.4 遵守会计法规，强化会计责任

会计法规是指《会计法》、会计人员工作规则、会计人员岗位责任制、各行各业的会计制度、费用开支标准、成本开支范围、会计档案管理办法的总称。它是组织经济活动、开展会计工作的指南。每个社会公民，特别是领导干部，首先要带头学习会计法规，领会会计法规的精神实质，树立会计法规意识，在实际工作中身体力行，以身示范，养成自觉遵守会计法规的好习惯，主动约束自己的活动，规范会计行为，在全社会形成讲究会计法规的风尚，这是会计社会道德的最终表现与目标。

要彻底治理会计信息失真，从源头根除会计信息失真产生的可能性，就要在遵守会计法规的同时强化会计责任。这里所指的会计责任是广义的，它包括单位负责人的会计责任、会计人员的会计责任、注册会计师的审计责任三个方面。

|9.3| 会计职业道德规范要求

会计既然是一种专门的职业，是社会分工的必然产物，就应该有与之相适应的道德标准或要求。这种道德标准既是一般社会道德规范即社会公德的一部分，又应体现会计职业的特殊性，即"职业道德规范必须行业化"。会计职业道德规范不能离开会计这个主题，要充分体现会计职业的特殊性。

会计职业道德规范反映会计职业的内在义务和社会责任，其表达形式比较具体、灵活、多样、独特。会计职业道德规范主要用来约束从事会计职业人员的行为，以调整会计人员的内部关系以及和他们所接触对象之间的关系。

会计职业道德规范是根据会计这一职业的特点，对会计人员（主要是指会计实务工作者）在社会生活中的会计行为提出的道德要求，既是会计人员在履行其职责活动中所应具备的道德品质，又是调整会计人员与国家、不同利益群体或会计人员相互之间的社会关系及社会道德规范的总和。这种道德要求，是会计人员在长期的会计实践活动中形成，并通过一定的习惯方式固定下来的，为大家所共同遵循的行为准则。具体而言，会计职业道德规范规定了会计人员在履行职责中应该怎样做以及不应该怎样做，即从道义上规定会计人员应以什么样的思想、什么样的态度和什么样的作风去待人接物、处事，去完成其本职工作。

会计职业道德规范是财经法律、法规和制度所不能代替的。一般来说，非法行为是不道德的，但是合法行为可能是道德的也可能是不道德的。

随着社会主义市场经济体制的逐步建立，客观上要求建立与之相适应的会计人员职业道德规范，使其成为广大会计人员自觉遵守的行为准则和自律标准。这既是贯彻执行《会计法》、整顿经济秩序的客观要求，又是我国加入WTO进一步发展社会主义市场经济的必然要求，还是从源头上治理腐败的有效措施之一。

对于从事会计职业的会计人员（包括会计理论研究与教学人员、会计实务操作与分析人员和会计事务管理人员）来说，会计职业道德规范主要有以下要求：

9.3.1 恪尽职守，爱岗敬业

恪尽职守，即要求会计人员通过自己的工作把会计管理的职能作用充分发挥出来，也就是要求会计人员在充分认识自己应负会计责任的前提下，最大限度地将会计责任担当起来。爱岗敬业，则要求会计人员以极大的热忱投身会计工作，做好工作，干出成绩。

同时，这一规范也是进行社会主义现代化建设的历史使命对会计人员提出的客观要求。因为经济越发展，会计越重要；会计越发达，经济越繁荣。只有健全和完善会计工作，才能提高会计管理水平，才能实现企业和社会的经济效益优化。要完成历史赋予会计人员的重大使命，关键是会计人员要有热爱本职工作的道德感情，勤奋工作的劳动态度。只有这样，才能充分发挥自己的管理才能，自觉运用现代会计管理知识，为社会主义现代化建设做出贡献。要做到恪尽职守，爱岗敬业，会计人员应该严格要求自己。

9.3.2 当好参谋，参与管理

"当好参谋，参与管理"这一规范要求会计人员不能只是消极、被动地记账、算账、报账，而是要积极、主动地经常向上级领导者反映经营活动的情况以及存在的问题，提出合理化建议，协助领导决策，参与经营管理活动。这一会计道德规范，是会计人员对自己的本职工作的基本道德认识，同时也是他对社会应尽的道德责任。现代企业领导决策层是由"一厂三师"（厂长、总会计师、总工程师、总经济师）构成的，总会计师和会计人员对决策的制定和实施起着十分重要的作用（直接或间接的）。这就决定他们必须做好决策层的参谋，与决策者配合共同搞好管理工作。而且，在现代商品经济社会中，会计管理工作的范围逐渐扩大，遍及整个社会经济领域，这种会计工作的广泛性决定了会计人员应当好参谋，参与管理。

9.3.3 如实反映，正确核算

反映经济活动，是会计的基本职能。进行会计核算，是会计机构、会计人员的主要职责。如实反映，正确核算，提供真实可靠的数据和信息，就能协助企业搞好经营决策，有效加强企业的管理与经营，提高企业的经济效益；反之，失真的数据和信息将会导致企业的决策失误，给国家、人民财产带来极大损失。

9.3.4 遵纪守法，严格监督

当前，会计工作面临全面实施法治的任务。由于遵纪守法是每个公民应尽的义务和责任，因此作为会计人员必须以身作则，严格遵守国家的财经纪律（财政纪律、信贷纪律等）和财务制度（如费用开支标准、成本开支范围），贯彻执行国家的法律规定（如合同法、公司法），牢牢树立会计法治的思想，使会计工作早日走上法治化的轨道。

要做到严格监督，要求会计人员不屈服于任何人的意志，严格按照国家有关法律、法规及财经政策、制度，通过审核凭证、账簿及控制预算或计划的执行，对本单位的每项经济活动的合理性、有效性进行监督，制止损失、浪费，维护财经法纪，提高企业的经济效益。

9.3.5　坚持准则，不做假账

"没有规矩，不成方圆"，从事会计工作也是如此。"规矩"是什么？"规矩"就是会计人员从事会计工作所必须遵守的行为规范或具体要求，包括一系列的会计法律、法规和政府规章。遵纪守法是会计道德规范中的重中之重。会计工作涉及社会经济生活的方方面面，会计人员必须以会计法律、法规和规章为准绳，正确处理国家、集体和个人三者的利益关系，把好财务收支合法性、合规性的关口，依法理财；必须具备高度的政治责任感，时刻保持清醒的头脑，既不助纣为虐，又不监守自盗，做到立于潮头而不倒。

9.3.6　公私分明，勤俭理财

公私分明，是指会计人员要做到公私有别、泾渭分明、守正尚廉、洁身自好、严于律己，不以权谋私，不贪赃枉法，不见利忘义。会计是因管理公共物品的需要而产生的集体性经济行为，不应成为满足私欲的行为。

公私分明的原意为：公即公，非私也；私即私，非公也。公私分流，黑白分明，清白不污，纯正不苟，特别要求不能公私混淆，假公济私，以权谋私，损公肥私，为此要做到廉洁自律，洁身自好。《周礼·小宰注》中对它的解释为："廉者，清不滥浊也。"自律，即自我约束、自我控制，不放纵自己的欲望和行为，是一种非强制性的自觉行为。前者是一种操守和品德，后者是一种修养和能力，二者互为条件，互为因果，相辅相成，共同促进人的道德完善。

这一道德规范要求会计人员将公私分明作为最基本的职业品质，将勤俭理财看作自己义不容辞的职责，毛泽东强调：为了革命事业，节省每一个铜板，是我们会计制度的原则。会计人员要以主人翁的态度在自己的岗位上科学、合理地计算、控制人力、财力、物力的消耗，厉行节约，尽可能为国家创造并积累更多的物质财富。

9.3.7　保守秘密，内外协调

会计人员应保守本单位的秘密，不能私自向外界提供或泄露本单位的会计信息。会计工作是一项综合性很强的经济工作，它涵盖了一个单位生产经营的各个环节，所掌握的会计信息也涉及企业的方方面面，其中有些属于商业秘密，除非获得授权，这些秘密是不可以外泄的，否则会给企业造成重大损失。

9.3.8 大胆改革，讲究效益

"大胆改革，讲究效益"是我国会计道德的重要规范。这一规范要求大胆改革会计制度和传统的会计模式，努力提高会计工作效率，促使企业与社会经济效益的提高。社会主义的根本任务是发展生产力，这一任务本身就有其道德价值。在当今社会，时间就是金钱，效率就是生命。高效率的工作才能保证高效益，才能促进生产力的发展，而会计道德最终也只能在高效益的工作中得以体现。

改革是社会主义发展的客观要求。恩格斯曾经说过："我认为，所谓'社会主义社会'不是一种一成不变的东西，而应当和任何其他社会制度一样，把它看成是经常变化和改革的社会。"今天社会主义国家的实践证实了恩格斯的科学预见。近三十多年来我国坚持改革开放，社会生产力得到较快发展。

中国的出路在于改革。同样，会计也面临着全面改革的任务。这是因为，我国现行的会计模式是以统一会计制度为核心的集权型、单一型会计模式。随着经济体制改革的推进，现行会计工作赖以生存和发展的基础发生了很大变化，对现行会计模式提出了严峻的挑战。新旧经济体制的转换对会计模式产生了极大的冲击，传统会计模式的弊病越来越明显地暴露出来。中国会计改革势在必行，中国会计的出路在于改革。会计人员要培养勇于和善于改革的品质。

讲究效益，这里是指讲究经济效益。它反映人们对社会利益、企业利益的关心。会计工作与经济效益有着密切的联系。这主要表现在：会计的产生是基于对经济效益的追求，会计的发展是基于提高经济效益的需要，会计的根本任务是提高经济效益，会计方法的变革、发展总是以提高企业经济效益的客观要求为动力。简言之，会计与经济效益之间客观上存在着内在的、必然的、不可分割的联系，有的会计学家将这种联系称为"血缘"关系。会计之所以随着经济发展显得越来越重要，原因就在于此。随着经济体制改革的深入，会计工作不讲效益的观念将被人们所抛弃，不讲效益的会计人员将被视为不称职的员工。讲求效益已成为国家和人民衡量会计工作价值的尺度。

|9.4| 注册会计师审计职业道德规范要求

注册会计师的主要职能是对企业的对外财务报表发表审计意见，帮助会计信息使用者确立对会计信息的可信度，从而保护投资者、债权人及人民的合法权益，为社会经济监督体系建起一道有效的屏障。因此，守信用、讲信誉、重信义、恪守职业道德是注册会计师行业生存和发展的生命线。如今在注册会计师发展历程中最沉痛的一段经历——从美国的安然事件到我国的银广夏事件——揭示出注册会计师正面临着信用危机。我们对注册会计师行业的诚信问题不得不做出更为深刻和清晰的反思。

注册会计师审计职业道德规范，是指注册会计师在执业时所应遵循的行为规范，包括在职业品德、职业纪律、专业胜任能力及职业责任等方面所应达到的行为标准。我国于1997年1月1日颁布实施了《中国注册会计师职业道德基本准则》，该准则全面论述了注册会计师的道德要求。一般来说，注册会计师的道德行为涉及以下方面：具有独立性、正直性、客观性；遵守一般的职业准则和技术准则，包括职业能力、职业谨慎、计划与监督、充分适当的证据、业务预测；对客户的责任；对同行业的责任；其他责任和义务。以上内容是注册会计师职业道德行为的最基本要求。"道德行为观念是一个综合性观念，审计师能否高标准行事，事关整个职业的信誉和声望。所以，它要求审计师即使损失个人利益，也应公正办事。"（王光远，1992）

道德与注册会计师职业的融合，是一般社会公德在注册会计师职业中的具体体现。注册会计师作为一种职业，既要遵循一般社会公德，又要遵循与职业相关的特殊要求。这种特殊要求来自两个方面：一是随着注册会计师职业的演进逐渐形成的、为职业公认的并为多数注册会计师自觉遵守的习惯、规则、纪律；二是由国家有关部门制定的关于注册会计师行为和活动要求的法律法规等。这也是注册会计师职业道德形成的两种机制：自律与他律。注册会计师职业是社会职能专业化和人的角色社会化的统一。在此过程中，注册会计师将与他人、社会结成一些特殊的社会关系，包括职业主体与职业服务对象间、职业团体间、职业团体内部个体间以及职业主体与国家间的关系。为了维持并协调这些复杂的、特殊的社会关系，除了依靠法律、政治、经济的规范外，还需借助适应职业生活特点并用以调节职业社会关系的道德规范。注册会计师职业道德就是以协调注册会计师个人、职业团体与社会关系为核心的职业行为准则和规范系统，是注册会计师责、权、利的有机统一。社会赋予一种职业以特权化的社会地位（权力）和经济地位（利益）作为回报，该职业道德应自动地运用知识来满足社会的需求。

道德规范与法律规范一样，都是上层建筑的重要组成部分，都是规范人们行为的重要准则。注册会计师职业道德规范与注册会计师必须遵循的法律规范之间的关系也不例外。注册会计师职业道德规范与以《中华人民共和国注册会计师法》（以下简称《注册会计师法》）为核心的规范注册会计师执业行为的有关法律法规一起，共同构成了规范注册会计师执业行为的重要准则，这是二者的共同之处。但二者又有各自不同的特点和作用。一般来说，主要有以下几个方面的区别：是引导还是强制推行；是重事前预防还是重事后处罚；是重自律还是重他律。

以《注册会计师法》为核心的规范注册会计师执业行为的有关法律规范，作为我国市场经济法律体系中的重要内容之一，对于保障注册会计师依法执业、维护注册会计师行业的正常管理秩序、保护人民群众财产安全，具有不可或缺的重要作用。但事实证明，仅仅依靠市场机制和法律规范是不行的。市场机制虽然"神奇"，但是不可能产生高尚的人格，有人甚至认为市场经济是"不讲道德的经济"。在这种无论是市场机制还是法律规范都无法扭转和改变中国注册会计师行业信用危机的情况下，唯有道德规范的指导，才可以使市场主体有所感悟，才能重塑中国注册会计师的信誉。

9.4.1 超然独立，客观求是

1) 超然独立，取信于各方利益相关者

超然独立，是指注册会计师在执行审计业务、出具审计报告时应当在实质上和形式上超出一切界限，独立于委托单位和其他机构，其目的是取信于各种利益相关者。这种独立性的需要有两层含义，即实质上的独立与形式上的独立。

实质上的独立，是要求注册会计师与委托单位之间必须切实毫无利害关系。注册会计师只有与委托单位保持实质上的独立，才能够以客观、平等的心态表达意见。

形式上的独立，是对第三者而言的，注册会计师必须在第三者面前呈现一种独立于委托单位的身份，即在他人看来注册会计师是独立的、无倾向性的。由于注册会计师的审计意见是外界人士决策的依据，因此注册会计师除了保持实质上的独立外，还必须在外界人士面前呈现出形式上的独立，只有这样才会得到第三者的信任和尊重。

超然独立不仅强调注册会计师对于委托单位保持独立性，也要求他独立于外部的其他机构和组织。注册会计师对他所出具的审计报告负法律责任，因此，无论是业务的承接与执行，还是报告的拟定与提交，注册会计师均应依法办事、独立自主，不依附于其他机构和组织，也不受其干扰和影响，审计报告无须经过任何部门的审定和批准。

注册会计师尽管接受委托单位的委托执行业务，且要向委托单位收取费用，但注册会计师所承担的却是对于人民的责任，这就决定了注册会计师必须与委托单位及外部组织之间保持一种超然独立的关系。因此，独立性是注册会计师的灵魂，其重要性是不言而喻的。

如果会计师事务所与委托单位存在除业务收费之外的其他经济利益关系，也应实行回避原则。总之，注册会计师应按照独立原则的基本思想严格要求自己，在执业过程中时时注意避免违反独立原则的要求。

2) 从实际出发，客观求是地执业

客观求是是指注册会计师对有关事项的调查、判断和意见的表述，应当基于客观中立的立场，以客观存在的事实为依据，实事求是，不掺杂个人的主观意愿，也不为委托单位或第三者的意见所左右，在分析问题、处理问题时，绝不能以个人的好恶或成见、偏见行事。

注册会计师要做到客观求是，在执业中必须一切从实际出发，注重调查、研究、分析，只有深入了解实际情况，才能取得主观与客观的一致，做到审计结论有理有据。

9.4.2 公正审计，廉洁守法

1）公正审计，正确处理各种不同类型的经济利益关系

公正审计是指注册会计师应当具备正直、诚实的品质，公平正直、不偏不倚地对待有关的利益各方，不以牺牲一方利益为条件而使另一方受益。

注册会计师在处理审计业务的过程中，要正确对待与被审计单位有利害影响的各方面关系人，诸如：债权人、所有者、政府、企业职工、企业管理者等。这些人的利益与被审计单位有着密不可分的利害冲突。注册会计师在处理审计业务时，保护了债权人的利益，可能会损害所有者的利益；保证了所有者的利益，可能会损害政府的利益；维护了企业职工的利益，可能会影响企业管理者的利益。这些关系人的利益纵横交错，关系非常复杂。所以，注册会计师在执业过程中（包括准备阶段、实施阶段和终结阶段），应始终保持正直、诚实的心态，不偏不倚地对待利益各方，不掺杂个人的私心、主观立场，做到使各方面利益关系人都能接受并认可审计报告。只有这样，注册会计师才能立足于社会，与经济发展同步前进。

2）廉洁守法，依法执业，避免法律诉讼

廉洁守法是指注册会计师在执业中必须保持清廉洁净的情操，在独立、客观、公正的基础上，恪守国家法律、法规及制度的规定，依法进行合理、合法的审计业务，不得利用自己的身份、地位和在执业过程中所掌握的委托单位资料和情况，为自己或所在的会计师事务所谋取私利，不得向委托单位索贿受贿，不得以任何方式接受委托单位馈赠的礼品和其他好处，也不得向委托单位提出超越工作正常需要之外的个人要求。

市场经济越发展，注册会计师在经济生活中的地位越重要，发挥的作用也越大。注册会计师如果出现工作失误，或有欺诈行为，将会给委托人或依赖审定会计报表的第三人造成重大损失，甚至导致经济秩序的紊乱。因此，强化注册会计师的法律责任意识，严格规定注册会计师的法律责任，对于保证其职业道德和执业质量意义重大。近年来，我国已陆续颁布许多重要的法律法规，其中包括专门规定会计师事务所、注册会计师法律责任的条款。比较重要的法律法规有：《注册会计师法》、《公司法》，以及《证券法》等法律法规。

9.4.3 诚信为本，操守为重

1）诚信是注册会计师职业的灵魂

作为经济公道和国家公道的维护者和捍卫者，注册会计师不仅要受到一般伦理道德的约束，而且要受到职业道德规范的约束。在注册会计师所应遵循的道德体系中，"诚信"无疑是其核心内容。因为只有"诚信"才能使客户乃至整个社会相信注册会计师具有专业胜任能力，提供的服务质量可靠，得出的结论客观、公正、独立。这种信任构成了注册会计师行业存在的基础。如果没有这种以"诚信"为核心的职业道德体系作为支撑，那么注册会计师行业是无法保持信誉并立足于市场的。

所以，经过了风雨洗礼的中国注册会计师，在面对中国加入WTO这一更加严峻的市场挑战时，只有高举"诚信"的大旗，"诚信为本，操守为重"，才能站稳脚跟，励精图治，重塑注册会计师行业的公信力。

诚信不仅是外界对行业的需求和期望，而且是行业的一种氛围、一种习惯、一种行规，是行业从业人员发自内心的愿望和追求，应深深植根于每个人的心中，让每个人都树立以讲诚信为荣、不讲诚信为耻的观念。对于注册会计师行业，其诚信文化的核心是以操守为重，恪守职业道德。为此，注册会计师在执业过程中，应注重培育民族传统文化与时代精神相结合的行业诚信文化，使社会诚信与行业诚信有机结合起来。

注册会计师讲诚信，就要自重、自律，从努力提高自身职业道德素质和专业胜任能力做起。每一位从业人员要深刻认识到，诚信不仅是保证执业质量的重要前提，而且是注册会计师的立身之本。人无信而不立，离开了诚信，注册会计师必将失去生存空间。因此，注册会计师要端正认识，树立正确的人生观、价值观和道德观，不断提高道德修养，把诚信意识根植于心，以诚实守信的形象立身于世。只有每一个人都讲诚信，才能筑起中国注册会计师的诚信大厦。

2）注册会计师应有属于自己的个人诚信档案

在市场经济条件下，注册会计师必然是理性的、追求自身利益或效用最大化的人，同样遵循着自利原则；但我们应该看到，理性原则和公共原则同样也制约着注册会计师的行为。只要有健全的约束机制，注册会计师追求个人利益的行为不但不会损害社会利益，反而会带动整个社会公共利益的不断实现。其原因在于，大多数注册会计师都能清醒地认识到，只有遵循独立审计准则，执行审计业务，公允表达审计意见，才最符合其追求自身利益的目标，尤其是长远利益的目标；出于理性的思考，注册会计师不可能无视法律制裁、道德谴责的严肃性。

会计服务市场的信用体系是建立在制度的基础上的，这就从制度上保证"诚信"的注册会计师能够得到应有的回报，"失信"的注册会计师必须承担其行为造成的成本，不仅要受到舆论的谴责，更要付出经济上的代价。这就为会计服务市场信用水平的提高提供了制度上的保障。为此，当务之急是尽快建立注册会计师"个人信用制度"，即注册会计师应有属于自己的诚信档案。只有建立起完备的个人信用制度，才能在此基础上完善会计师事务所的市场信用体系，以制度约束注册会计师的失信行为。

3）打造"诚信为本"的注册会计师事务所企业文化

会计师事务所是法律意义上的企业，其企业文化应是注册会计师和全体员工在长期执业活动中形成的，与其自身特点及发展规律相适应的一整套理念、信念、价值观和行为规则（或准则），以及由此形成的群体行为模式。会计师事务所企业文化作为在自身持续发展过程中形成的社会文化的一种亚文化，要着重解决事务所的经营理念、管理机制和运行机制的问题，努力营造以"诚信为本、勤勉尽责、服务社会"为主要内容的企业文化，在激烈的竞争中创立自己的品牌，以品牌求生存、以信誉求发展、以质量求进步。

同时,会计师事务所文化通过树立正确的经营理念、良好的精神风貌、高尚的伦理道德和明确的发展目标,来统一并规范事务所员工的价值观念,形成事务所巨大的凝聚力;通过建立和完善事务所的各种规章、制度、操作规程及工作标准,来统一并规范企业员工的行为,确保事务所的经营目标和发展计划的实现。会计师事务所的企业文化建设是在现代企业制度下生生不息的物质和精神支柱。

9.4.4 严谨执业,踏实进取

1)严谨执业,提供优质高效的专业审计服务

严谨执业,是指注册会计师必须具有较强的业务能力,以达到一定的技术标准。在执业过程中,注册会计师必须树立并加强风险意识,保持较高的职业道德水平,并在此基础上建立严谨踏实的工作作风,认真负责地对待每项审计业务,严格依照独立审计准则开展审计,提高审计业务的质量。这就要求注册会计师严格、诚实、认真、务实,争取不出或少出偏差。

注册会计师要提供高质量的专业服务,除了必须具备良好的职业品质外,还必须具有较高较强的业务素质。不仅要熟悉会计、审计、法律、税务、企业管理等领域的标准与实务,而且应具备高水平的职业判断能力。因此,业务能力要求是注册会计师职业道德的一项重要内容。

注册会计师的执业范畴从传统的会计审计业务现已扩展到内部控制体系设计、管理、保险、税务咨询、管理业绩评价、预算管理体系设计与评价、业务流程分析、经营战略调整等方面,注册会计师的业务几乎扩展到社会经济的各个角落。从客观方面看,资本市场的规模化,审计对象的复杂化表现为:企业的规模不断扩大,进行的交易日趋复杂,企业的会计信息系统更加复杂,审计风险也随之加大;从主观方面来看,现代审计理念和审计技术、方法处于不断发展变化之中,风险审计模式也呼之欲出。注册会计师的专业水平能否适应新形势下新知识、新技术、新经济的挑战,已成为提高注册会计师修养的热门话题。

2)学以致用保持专业胜任能力

(1)在专业知识水平方面的要求

注册会计师所从事的工作是一项知识性、技术性较强的专业工作。作为一位合格的注册会计师,不但要在会计、审计、财务管理、经济法、税法及其他相关学科方面具有比较深厚的功底,还须具备一定的发现问题、分析问题、判断问题、解决问题的实际工作能力,而这一切并不是在工作中仅向师傅学习就能达到的,必须接受较好的基础教育,并且再经过一定时间的正规系统的学习,受到良好的教育才能达到。正因为如此,《注册会计师法》规定,报名参加中国注册会计师资格考试的条件之一是至少具有大专的学历。这一条件将根据经济发展形势的需要和提高我国注册会计师基本水平的需要而提高。

（2）在审计实践经验方面的要求

注册会计师所从事的是一项很具体、很细致的工作，如果没有丰富的实践经验，即便具有较高的理论水平，在面对实际问题时仍有可能束手无策。因此，通过实践来丰富并提高专业知识，保持和发展专业技能，是注册会计师获得较强业务能力的另一个重要途径。按照我国现行注册会计师管理办法的规定，参加注册会计师考试的合格者，批准成为注册会计师的条件之一是必须在会计师事务所从事过两年以上的审计业务工作。

（3）在助理人员业务能力方面的要求

注册会计师所从事的大部分业务比较复杂，需要业务助理人员的参加或帮助，某些特殊业务也往往需要聘请其他专业人员（如金融专家、资产评估师、律师等）从旁帮助，但审计报告由注册会计师签章，注册会计师对助理人员和其他专业人员的工作结果负责。《国际审计准则》规定："当审计人员委派工作给助理人员或利用其他审计人员或专家执行审计业务时，他仍然应负责对财务资料的形成表示意见。"注册会计师对助理人员和其他专业人员的工作结果负责，就要求注册会计师对助理人员和其他专业人员的业务能力进行评价，看其能否胜任所分派的工作；在执行业务之前，需就项目的性质、时间、范围、方法等对助理人员和其他专业人员进行必要的培训；在执行业务的过程中，应对助理人员和其他专业人员予以切实的指导、监督、检查，包括复核其审计工作底稿。

3）注册会计师在执业过程中应沉思谨慎

除了必须具备上述业务能力外，注册会计师还必须掌握必要的技术规范或者技术标准。这种技术标准是对注册会计师在工作程序和工作方法等方面应当遵守的技术标准所做的基本规定。注册会计师执行各类业务或在业务的各个环节所应实施的程序和方法，都已在有关的专业标准中予以明确，其中《中国注册会计师职业道德守则》在强调注册会计师应当严格遵循这些专业标准要求的同时，也对一些需要注册会计师重视的执业问题做了专门规定，需要注册会计师在执业过程中"三思而后行"。

（1）不得对未来事项的可实现程度做出保证

企业根据有关规定或为了业务上的需要，经常需要编制一些前景财务资料，比如下一年度的盈利预测、资本预算、现金流量预测等。前景财务资料的重要特征是它所涉及的业务是未来的事项，是以企业关于未来和可能的行动的假设为基础而编制的，而且假设从性质上讲有很大的主观性，需要在很大程度上运用判断、分析方法。

企业在编制前景财务资料时，根据政府的有关规定，或者为了增强前景财务资料的说服力以增强外界人士的信心，往往需要委托注册会计师进行审核。例如，某家公司为了顺利地得到银行贷款，会对本公司未来的盈利前景做出乐观的预测，为使这种预测更具说服力，可能会请注册会计师对其预测出具审核报告。

注册会计师可以接受委托审核前景财务资料并出具审核报告，也可以发挥专业优势，提供咨询业务，参与或代理企业管理者编制前景财务资料。但是，企业管理者应当对前景财务资料负责，注册会计师的审核工作有其特定的内涵。根据《国际审计准则》的要求，注册会计师审核前景财务资料的目的是确定：前景财务资料所依据的假设没有不合理之处；前景财务资料是根据这种假设而适当地编制完成的；前景财务资料同历史会计报表的基础是一致的等。

（2）不得代行委托单位管理决策的职能

这里需要分清会计责任和审计责任的区别，注册会计师执行审计业务所应承担的是审计责任，编制会计报表和管理决策则是企业管理者的职能，是管理者的责任。注册会计师从事会计咨询和会计服务业务，是以独立于被审计单位之外的人士的身份进行的，他不是被审计单位聘请的员工或管理人员。注册会计师接受委托从事会计咨询和会计、审计服务业务，是运用自己专业和经验的优势，指导被审计单位进行会计核算或代为编制会计报表，或向被审计单位提供更合理、更科学的建议或方案。但会计报表的责任仍应由被审计单位承担，注册会计师提出的建议或方案是否予以采纳、是否予以实施，也须由被审计单位的管理者进行决策。注册会计师在提供专业服务时，不论是审计业务还是会计咨询和会计服务业务，均应牢记自己的身份，明白自己所提供的只是一种专业服务。注册会计师不得以被审计单位管理者的身份发号施令，更不得代行管理决策的职能。

4）踏实进取，认真承担审计责任和义务

踏实进取是指注册会计师在承接业务时必须讲究职业道德，诚实勤勉、积极进取，尽力履行应尽的职责和义务。

注册会计师能否争取到业务、拥有较多的客户，关系到他所在的会计师事务所的生存和发展。由此可知，在业务承接环节中最容易发生败坏职业声誉的行为。

9.4.5 保密守时，收费合理

1）保守商业秘密，如期保质保量完成审计任务

保密守时是指注册会计师在执行审计业务过程中要严格保守被审计单位的商业秘密或财务信息，并按被审计单位要求的时间期限保质保量地完成审计任务。一般执业常识的独立性概念表明，应由审计人员而不是审计客户决定有效的审计所必需的资料。这种决定不应该因审计客户认为某些资料是机密而受影响。讲求效率效果的审计要求被审计单位（客户）相信审计人员对客户提供的公司财务、规章制度和内部控制等资料是绝对诚实的。这就要求审计人员必须向委托人保证严守机密，如果没有征得明确许可，不得将审计客户提供的资料泄露出去。

注册会计师的职业性质决定了他能够掌握并了解委托单位大量的资料及核心信息，有些属于委托单位的机密信息，如即将进行的合并，拟议中的资金筹措，预期的股票分割和股利变更、即将签订的合同等。这些机密信息一旦外泄，可能会给委托单位造成经济损失。因此，《中国注册会计师职业道德守则》要求：注册会计师对所掌握的委托单位的资料和情况，应当严格保守秘密，除非得到委托单位的书面允许和法律法规要求公布外，不得提供或泄露给第三者，也不得将其用于私人目的。

当然，保密责任不能成为注册会计师拒绝按专业标准要求揭示有关信息的借口，也不能成为注册会计师拒绝出庭作证，或者拒绝注册会计师协会和主管财政机关对其进行调查的借口。《注册会计师法》第十九条也规定，注册会计师对在执行业务中知悉的商业机密，负有保密的义务。

2）提供优质审计服务，按规定的标准合理收费

收费合理是指注册会计师在承接业务时按国家有关规定的标准合理收费，不能按服务成果的大小决定收费标准的高低。

注册会计师的服务是一种有偿服务，但收费的多少应当以服务性质、工作量、参加人员的层次等为主要依据，按规定的标准收费。会计师事务所在从事审计业务时不得根据服务成果的大小来决定收费标准的高低，否则将会削弱注册会计师应有的独立性、客观性。例如，如果以审计后的净收益的一定比例作为审计收费，就有可能导致注册会计师认同委托单位虚增收入的行为。

一般来说，在确定收费标准时，注册会计师应考虑办理业务所承担责任的程度以及按照职业标准（行业标准）办理这项业务所需要的时间、人力和技术，还可以考虑这项工作对客户的重要性，同时考虑约定俗成的收费标准和其他因素。客户有权事先知道收费标准和一项业务大约将支付多少费用。但是，由于涉及职业判断的因素，一般来说，到工作完成时才有可能确定恰当的费用额。因此，注册会计师应该说明拟议的业务审计费用是一个估计数，它随着执业工作的进展将会发生变化。

9.4.6 公平竞争，协同发展

"公平竞争，协同发展"这一职业道德规范要求会计师事务所在争取客户及执业过程中平等竞争，对同行负责，讲究信用，信守对客户的承诺，做好各自的审计执业工作，促进注册会计师审计事业的协同发展与进步。

对同行负责是指会计师事务所、注册会计师在处理与其他会计师事务所、注册会计师的相互关系中所应遵循的道德标准。

注册会计师行业在市场经济中是一个竞争激烈的行业，会计师事务所独立核算、自收自支，能否竞争到较多的客户关系到一家会计师事务所的生存。但是注册会计师行业又是一个非常需要同行之间相互尊重、平等相待、团结合作的行业，同行之间能否保持一种良好的关系，将关系到整个职业界在公众面前的形象和信誉。因此，《中国注册会计师职业道德守则》在提倡会计师事务所以质量求信誉、以信誉求发展、公平竞争、共同维护和增进全行业职业信誉的同时，对处理同业之间的关系提出了规定与要求，具体内容如下：

1）会计师事务所受理业务可跨地区、跨行业

《注册会计师法》规定，会计师事务所受理业务不受行政区域、行业的限制，也就是说可以跨地区、跨行业执业。因此，《中国注册会计师职业道德守则》禁止会计师事务所搞地区封锁、行业垄断，通过任何方式或以任何理由对到本地区、本行业执业的会计师事务所进行阻挠和排斥。任何搞地区封锁、行业垄断的行为，不仅严重破坏了同业之间的相互关系，而且使注册会计师的独立性受到了严重损害，对注册会计师事业、对人民的利益有百害而无一利。这个问题是目前我国注册会计师行业存在的较为突出和亟待解决的问题，必须在加强职业道德教育的同时，积极、稳妥地推动会计师事务所的体制创新和改革，改革目前会计师事务所部门所有、行业所有的局面，从根本上解决这一问题。

2）前任与后任注册会计师相互支持和合作

委托单位出于种种原因，可能会辞去一家过去为其提供过审计服务的会计师事务所转而委托另一家会计师事务所，或在某项业务尚未完成之前对会计师事务所进行变更。《中国注册会计师职业道德守则》要求：在委托单位变更委托的情况下，后任注册会计师应与前任注册会计师取得联系，相互了解和介绍变更委托的情况和原因；委托单位变更委托后，前任注册会计师应该对后任注册会计师的工作予以支持和合作，包括必要时提供以前年度的工作底稿等资料。

委托单位变更委托，经常出于某种不正常的原因，比如后任注册会计师的收费低廉或前任注册会计师就某些重要的会计原则问题与委托单位发生争执。在这种情况下，后任注册会计师对是否承接业务应慎重行事。在西方国家的法律及中国证监会的有关规定中，为了防止企业管理者购买会计原则的行为，大多要求上市公司如更换注册会计师，必须翔实地公开更换的理由，被辞退的注册会计师如果不同意被审计单位管理者的意见也可以在股东大会上申辩。购买会计原则，是指在前任注册会计师与被审计单位就会计原则的选用发生争执时，被审计单位辞退前任注册会计师并委托在上述争执中与公司观点一致的注册会计师进行审计的行为。

3）与同行保持良好的工作关系，加强相互协调与配合

《中国注册会计师职业道德守则》规定了注册会计师对其同行的其他责任，包括：应当与同行保持良好的工作关系，相互协调，配合同行工作；不攻击、不诋毁同行，不损害同行的利益；不得雇用正在其他会计师事务所执业的注册会计师及其助理人员；不得以个人名义同时在两家或两家以上的会计师事务所执业。此外，还规定了会计师事务所不得以不正当手段与同行争揽业务等。

我们很高兴地看到，面对来自各方面的压力，会计师事务所正试图用行动来向社会证明：我们不做假账。2002年1月8日，上海立信长江会计师事务所有限公司向全国同行发出"我们不做假账"的倡议书，并保证："我们将为以下上市公司（上海立信长江会计师事务所有限公司的客户）2001年度报告出具公正的审计报告。"

9.4.7　服务社会，追求卓越

1）注册会计师应关注公众利益，服务社会

从事注册会计师事业，必须坚定不移地贯彻"客户第一、服务至上"的经营理念。会计师事务所作为社会的中介机构，是为公众服务的，要在服务公众的过程中发展自己，因此必须增强服务意识。纵观所有的注册会计师的业务类型，都是在其服务于客户的经营理念上拓展的，审计是如此，会计咨询更是如此。尤其是在市场经济中，所有的会计师事务所的发展都要建立在赢得客户的基础上。失去客户，就会失去市场；失去市场，就会失去发展后劲；失去发展后劲，就是失去生机和活力。要赢得客户的信任和信赖，开拓会计市场，就必须落实客户第一、服务至上的经营理念。可从4个方面着手：一是改善服务态度；二是提高服务水平；三是拓宽服务领域；四是完善服务手段。

注册会计师的职业性质决定了他所担负的是对社会公众的责任。注册会计师行业之所以在现代社会中产生和发展，是因为它能够站在独立的立场上对企业管理者编制的会计报表进行审计，并提出客观、公正的审计意见，作为企业会计信息外部使用者进行决策的依据。企业会计信息外部使用者，既包括企业现有的，又包括潜在的投资人、债权人以及政府有关部门等所有与企业财务信息相关的人士，可泛指社会公众。公众在很大程度上依赖企业管理者编制的会计报表和注册会计师对会计报表出具的审计意见，并以此作为自身决策的基础。注册会计师尽管接受了被审计单位的委托并向被审计单位收取费用，但他服务的对象从本质上讲却是社会公众，这就决定了注册会计师行业从诞生的那一天起，所担负的就是面对公众的责任。

2）注册会计师在执业过程中应不断追求卓越

注册会计师行业作为一个中介行业，服务于社会公众，其生存与发展依赖公众对其评价和信任，因此，注册会计师作为专业人士，保持良好的职业风范是相当重要的。注册会计师的服务质量是其生存的根基，也是其赢得公众信任的竞争优势之所在。因此追求审计服务精益求精成为注册会计师和会计师事务所的必然要求。

复习思考练习题

一、单项选择题

1. 广义的会计责任包括单位负责人的会计责任、会计人员的会计责任和（　　　）三个方面。

    A.注册会计师的审计责任　　　　　　B.单位内部的会计配合责任

    C.单位的社会责任　　　　　　　　　　D.审计师责任

2. 会计职业道德规范是根据会计这一职业的特点，既是会计人员在履行其职责活动中所应具备的道德品质，又是调整会计人员与国家、不同利益群体、（　　　）的社会关系及社会道德规范的总和。

    A.审计人员相互之间　　　　　　　　B.会计人员相互之间

    C.注册会计师相互之间　　　　　　　D.会计和审计之间

3. 下列有关注册会计师职业道德的论述不正确的是（　　　）。

    A.注册会计师职业道德就是以协调注册会计师个人、职业团体与社会关系为核心的职业行为准则和规范系统，是注册会计师责、权、利的有机统一

B.注册会计师的道德行为具有独立性、正直性、客观性

C.注册会计师遵守一般的职业准则和技术准则

D.注册会计师作为一种职业，只需要遵循注册会计师职业道德

4.注册会计师审计职业道德规范，是指注册会计师在执业时所应遵循的行为规范，包括在职业品德、职业纪律、（　　　）及职业责任等方面所应达到的行为标准。

A.专业胜任能力　　B.知识水平　　　　C.实践能力　　　　D.工作经验

5.会计职业道德的基本功能不包括（　　　）。

A.指导功能　　　　B.修复功能　　　　C.评价功能　　　　D.教化功能

二、多项选择题

1.为给会计行业营造良好的社会道德环境，以下做法正确的有（　　　）。

A.重视会计职业，提高会计地位　　　　B.尊重会计人员，配合会计工作

C.利用会计信息，做好经营决策　　　　D.遵守会计法规，强化会计责任

E.注重成本信息，提高企业利润

2.本书所称会计法规是指（　　　）、各行各业的会计制度以及会计档案管理办法的总称。

A.《会计法》　　　　　　　　　　　B.会计人员工作规则

C.会计人员岗位责任制　　　　　　　D.费用开支标准

E.成本开支范围

3.以下是会计职业道德规范的主要内容的有（　　　）。

A.恪尽职守，爱岗敬业　　　　　　　B.当好参谋，参与管理

C.如实反映，正确核算　　　　　　　D.遵纪守法，严格监督

E.坚持准则，不做假账

4.以下是注册会计师审计职业道德规范要求的有（　　　）。

A.超然独立，客观求是　　　　　　　B.公正审计，廉洁守法

C.诚信为本，操守为重　　　　　　　D.严谨执业，踏实进取

E.保密守时，较高收费

5.以下关于注册会计师保持专业胜任能力的说法，正确的有（　　　）。

A.注册会计师应掌握会计、审计、财务管理、经济法、税法等专业知识

B.注册会计师应受过正规系统的专业教育，具备一定的发现问题、分析问题、判断问题、解决问题的实际工作能力

C.注册会计师应通过实践来丰富并提高专业知识，保持和发展专业技能，提升审计实践的经验

D.注册会计师在执业过程中，可以聘请金融专家、资产评估师、律师等其他专业人员从旁帮助

E.注册会计师在执业过程中，对参与项目的助理人员要进行专门的培训

三、判断题

1.市场经济越发达，会计越重要，审计更重要。　　　　　　　　　　（　　　）

2.会计职业道德规范可以通过财经法律法规和制度来代替。　　（　　）

3.会计信息是企业经营决策的重要依据，是企业经营活动的重要信息资源。（　　）

4.注册会计师的主要职能是对企业的对外财务报表发表审计意见，帮助会计信息使用者确立对会计信息的可信度。　　　　　　　　　　　　　　（　　）

5.注册会计师职业道德规范与以《注册会计师法》为核心的规范注册会计师执业行为的有关法律法规一起，共同构成了规范注册会计师执业行为的重要行为准则。　　　　　　　　　　　　　　　　　　　　　　　　　（　　）

四、简答题

1.会计的社会道德规范主要包括哪些内容？

2.如何利用会计信息做好经营决策？

3.单位负责人的会计责任范围包括哪些？

4.会计职业道德规范的要求体现在哪些方面？

5.会计人员应如何正确核算经济业务，提高会计信息质量水平？

6.注册会计师的道德行为应包括哪些内容？

7.注册会计师应如何保持专业胜任能力？

8.试论注册会计师如何在执业过程中追求卓越。

案例讨论题

康美药业财务造假与正中珠江会计师事务所
——虚构财务报告与未勤勉尽责

2018年12月，中国证监会日常监管发现，康美药业股份有限公司（以下简称"康美药业"）财务报告真实性存疑，涉嫌虚假陈述等违法违规行为，证监会当即立案调查。2018年12月29日，康美药业披露有关信息。

2019年4月29日，康美药业发布了一份《关于前期会计差错更正的公告》，修正财务数据多达14条。同时，康美药业2018年年度报告被出具保留意见的审计报告。

在2019年4月29日康美药业发布的《关于前期会计差错更正的公告》中阐述了公司2017年年报中出现的14项会计错误，其中最主要的有以下几点：

一是由于公司采购付款、工程款支付以及确认业务款项时的会计处理存在错误，造成应收账款少计6.41亿元、存货少计195.46亿元、在建工程少计6.32亿元；由于公司核算账户资金时存在错误，造成货币资金多计299.44亿元。

二是公司在确认营业收入和营业成本时存在错误，造成营业收入多计88.98亿元、营业成本多计76.62亿元；同时，销售费用少计4.97亿元，财务费用少计2.28亿元。

三是由于第一项会计处理错误，使得公司合并现金流量表销售商品、提供劳务收到的现金、支付其他与经营活动有关的现金等多个现金项目计额错误。也因此，康美药业经营性现金流量净额由18.43亿元转为-48.4亿元。

简言之，由于财务数据出现会计差错，造成2017年营业收入多计入88.98亿元，营业成本多计76.62亿元，销售费用少计4.97亿元，财务费用少计2.28亿元，销售商品多计102亿元，货币资金多计299.44亿元，筹资活动有关的现金项目多计3亿元。

公告出来之后，市场哗然。其中，多计货币资金高达299.44亿元，金额之大刷新A股纪录。资深投行人士王骥跃点评道，这可能是中国证券史上最大的一笔"会计差错了"！面对市场的质疑，康美药业董事长马兴发表了致歉信，信中并未直接回应会计差错出现的具体原因。

2019年5月5日晚，康美药业收到上交所问询函，大致有10点：

1. 前期差错更正涉及采购付款、工程款支付、确认业务款项等环节的会计处理，请说明具体会计处理、依据及其合规性，还要请会计师发表意见。

2. 近300亿元货币资金说没就没，怎么没的，要说清楚：多计货币资金的存放方式、主要账户、限制性情况、是否存在违规资金使用及资金的主要去向；货币资金核算出现重大差错的具体原因、涉及的主要交易事项、交易安排、交易对手方及是否为关联方等具体情况；结合公司近年的融资情况，说明是否存在募集资金违规使用的情形；公司资金管理制度及执行存在重大缺陷的具体情况；结合公司现存债务规模、现有货币资金的受限情况等，说明各项债务的后续资金偿付安排，并充分提示风险。请会计师及相关保荐机构发表意见。

3. 其他应收款少计57.14亿元。请说明具体原因及责任人，是否为非经营性资金占用。

4. 存货少计195.46亿元。请披露少计存货的具体项目、品种及金额，是否存在虚构交易事项及具体情况和责任人。

5. 营业收入多计88.98亿元，营业成本多计76.62亿元。请披露说明收入确认及成本结转出现差错的具体原因，是否存在虚构交易事项及具体情况和责任人。

6. 公司对2016年的主要会计数据进行了调整，营业收入、扣除非经常性损益前后的净利润分别调减69.48亿元和14.99亿元，总资产、净资产分别调减15.72亿元和14.01亿元。请披露具体调整事项、相关会计处理、调整原因及依据。

7. 请年审会计师披露审计程序跟之前的差异，并说明未及时发现前期差错的具体原因及责任人。

8. 针对财务报表审计保留意见，请年审会计师补充披露已实施审计程序但未能获取充分、适当的审计证据的具体原因，存在哪些需要获取但无法获取的主要审计证据，在获取过程中存在的主要障碍，以前年度获取情况及与本年获取情况存在的差异。

9. 2018年财务报告内部控制被出具否定意见的审计报告，请公司披露内部控制缺陷的具体情况、产生原因、相关责任主体的认定和追责安排等。

10. 发生这么大的会计差错，请康美药业全体董事、监事、高级管理人员进行详细说明，是否勤勉尽责、是否存在主观故意、是否存在管理者舞弊行为。

2019年5月17日，中国证监会公布对康美药业的调查进展：康美药业披露的2016—2018年财务报告存在重大虚假，涉嫌违反《中华人民共和国证券法》第六十三条等相关规定。一是使用虚假银行单据虚增存款；二是通过伪造业务凭证进行收入造假；三是部分资金转入关联方账户买卖本公司股票。中国证监会已对公司审计机构正中珠江会计师事务所涉嫌未勤勉尽责立案调查。

调查结果发布后的5月17日晚11时许，康美药业发布停牌一天并将被实施风险警示的公告。公告显示，因公司治理、内部控制存在缺陷，资金管理、关联交易管理等方面存在重大缺陷，根据公司前期披露的年报及其附属文件，并经公司核查，公司与相关关联公司存在88.79亿元的资金往来，这些资金被相关关联公司用于购买公司股票，上述行为触及《上海证券交易所股票上市规则》13.1.1条规定"投资者难以判断公司前景，投资者权益可能受到损害"的情形，公司向上海证券交易所申请对公司股票实施"其他风险警示"。

而市场质疑康美药业涉嫌财务造假的同时，也把矛头直指审计机构正中珠江会计师事务所，其应该为康美药业所谓的"财务差错"承当一定的责任。事实上，从2001年起，正中珠江会计师事务所已连续为康美药业审计了18年的财报。公开信息显示，广东正中珠江会计师事务所（特殊普通合伙）由广东正中珠江会计师事务所有限公司、广州健明会计师事务所有限公司、中山中信会计师事务所有限公司、韶关中一会计师事务所有限公司、广州市德信会计师事务所有限公司的注册会计师共同发起设立，股东为29个自然人。而康美药业出事，也给这家会计师事务所带来不少的麻烦。2019年5月13日晚间，中顺洁柔（002511）披露的年度股东大会决议公告显示，其中《关于继续聘任广东正中珠江会计师事务所（特殊普通合伙）为2019年度会计审计机构的议案》审议未获通过。这是自康美药业事件爆发后，A股首度出现上市公司股东大会未通过续聘正中珠江会计师事务所作为审计机构的情况。5月15日，另一家广东上市公司中山公用发布的2018年度股东大会决议公告称，对于续聘正中珠江会计师事务所为公司2019年度财务审计机构及内控审计机构的议案，同意股数未超过出席会议股东所持有效表决权股份总数的二分之一，审议未获通过。而市场人士认为，按照这样的局势，不排除未来会有更多的上市公司选择解聘正中珠江会计师事务所。

资料来源　根据中国证监会与新浪财经等网站和报刊整理.

讨论问题：

1.什么原因致使康美药业和正中珠江会计师事务所被中国证监会立案调查？

2.结合本案例探讨企业会计人员与注册会计师应如何加强商业伦理与会计职业道德建设？

第 10 章

商业伦理道德范畴

经典名言警句

执道者德全，德全者形全，形全者神全。神全者，圣人之道也。

托生与民并行而不知其所之，汇乎淳备哉！功利机巧必忘夫人之心。

若夫人者，非其志不之，非其心不为。

虽以天下誉之，得其所谓，謷然不顾；以天下非之，失其所谓，傥然不受。

天下之非誉，无益损焉，是谓全德之人哉！

——《庄子·天地》

二十国集团承载着世界各国期待，我们要努力把它建设好，为世界经济繁荣把握好大方向。

第一，与时俱进，发挥引领作用。

第二，知行合一，采取务实行动。

第三，共建共享，打造合作平台。

第四，同舟共济，发扬伙伴精神！

——2016 年习近平在杭州 G20 峰会讲话摘要

主要知识点

1.商业道德范畴的含义、作用及组成。

2.商业道德义务与商业道德良心的内容。

3.商业道德荣誉的激励及评价方式。

4.商业道德节操与商业道德品质的培育和发展。

关键概念

商业道德范畴（scope of commercial ethics）

商业道德义务（obligation of commercial ethics）

商业道德良心（conscience of commercial ethics）

商业道德荣誉（honor of commercial ethics）

商业道德节操（virgin of commercial ethics）

【引言】

社会信用体系建设规划纲要（2014—2020 年）

社会信用体系是社会主义市场经济体制和社会治理体制的重要组成部分。它以法律、法规、标准和契约为依据，以健全覆盖社会成员的信用记录和信用基础设施网络为基础，以信用信息合规应用和信用服务体系为支撑，以树立诚信文化理念、弘扬诚信传统美德为内在要求，以守信激励和失信约束为奖惩机制，目的是提高全社会的诚信意识和信用水平。

加快社会信用体系建设是全面落实科学发展观、构建社会主义和谐社会的重要基础，是完善社会主义市场经济体制、加强和创新社会治理的重要手段，对增强社会成员诚信意识，营造优良信用环境，提升国家整体竞争力，促进社会发展与文明进步具有重要意义。

根据党的十八大提出的"加强政务诚信、商务诚信、社会诚信和司法公信建设"，党的十八届三中全会提出的"建立健全社会征信体系，褒扬诚信，惩戒失信"，《中共中央 国务院关于加强和创新社会管理的意见》提出的"建立健全社会诚信制度"，以及《中华人民共和国国民经济和社会发展第十二个五年规划纲要》（以下简称"十二五"规划纲要）提出的"加快社会信用体系建设"的总体要求，制定本规划纲要。规划期为 2014—2020 年。

一、社会信用体系建设总体思路

（一）发展现状。

党中央、国务院高度重视社会信用体系建设。有关地区、部门和单位探索推进，社会信用体系建设取得积极进展。国务院建立社会信用体系建设部际联席会议制度统筹推进信用体系建设，公布实施《征信业管理条例》，一批信用体系建设的规章和标准相继出台。全国集中统一的金融信用信息基础数据库建成，小微企业和农村信用体系建设积极推进；各部门推动信用信息公开，开展行业信用评价，实施信用分类监管；各行业积极开展诚信宣传教育和诚信自律活动；各地区探索建立综合性信用信息共享平台，促进本地区各部门、各单位的信用信息整合应用；社会对信用服务产品的需求日益上升，信用服务市场规模不断扩大。

我国社会信用体系建设虽然取得一定进展，但与经济发展水平和社会发展阶段不匹配、不协调、不适应的矛盾仍然突出。存在的主要问题包括：覆盖全社会的征信系统尚未形成，社会成员信用记录严重缺失，守信激励和失信惩戒机制尚不健全，守信激励不足，失信成本偏低；信用服务市场不发达，服务体系不成熟，服务行为不规范，服务机构公信力不足，信用信息主体权益保护机制缺失；社会诚信意识和信用水平偏低，履约践诺、诚实守信的社会氛围尚未形成，重特大生产安全事故、食品药品安全事件时有发生，商业欺诈、制假售假、偷逃骗税、虚报冒领、学术不端等现象屡禁不止，政务诚信度、司法公信度离人民群众的期待还有一定差距等。

（二）形势和要求。

我国正处于深化经济体制改革和完善社会主义市场经济体制的攻坚期。现代市场经济是信用经济，建立健全社会信用体系，是整顿和规范市场经济秩序、改善市场信用环境、降低交易成本、防范经济风险的重要举措，是减少政府对经济的行政干预、完善社会主义市场经济体制的迫切要求。

我国正处于加快转变发展方式、实现科学发展的战略机遇期。加快推进社会信用体系建设，是促进资源优化配置、扩大内需、促进产业结构优化升级的重要前提，是完善科学发展机制的迫切要求。

我国正处于经济社会转型的关键期。利益主体更加多元化，各种社会矛盾凸显，社会组织形式及管理方式也在发生深刻变化。全面推进社会信用体系建设，是增强社会诚信、促进社会互信、减少社会矛盾的有效手段，是加强和创新社会治理、构建社会主义和谐社会的迫切要求。

我国正处于在更大范围、更宽领域、更深层次上提高开放型经济水平的拓展期。经济全球化使我国对外开放程度不断提高，与其他国家和地区的经济社会交流更加密切。完善社会信用体系，是深化国际合作与交往，树立国际品牌和声誉，降低对外交易成本，提升国家软实力和国际影响力的必要条件，是推动建立客观、公正、合理、平衡的国际信用评级体系，适应全球化新形势，驾驭全球化新格局的迫切要求。

（三）指导思想和目标原则。

全面推动社会信用体系建设，必须坚持以邓小平理论、"三个代表"重要思想、科学发展观为指导，按照党的十八大、十八届三中全会和"十二五"规划纲要精神，以健全信用法律法规和标准体系、形成覆盖全社会的征信系统为基础，以推进政务诚信、商务诚信、社会诚信和司法公信建设为主要内容，以推进诚信文化建设、建立守信激励和失信惩戒机制为重点，以推进行业信用建设、地方信用建设和信用服务市场发展为支撑，以提高全社会诚信意识和信用水平、改善经济社会运行环境为目的，以人为本，在全社会广泛形成守信光荣、失信可耻的浓厚氛围，使诚实守信成为全民的自觉行为规范。

社会信用体系建设的主要目标是：到2020年，社会信用基础性法律法规和标准体系基本建立，以信用信息资源共享为基础的覆盖全社会的征信系统基本建成，信用监管体制基本健全，信用服务市场体系比较完善，守信激励和失信惩戒机制全面发挥作用。政务诚信、商务诚信、社会诚信和司法公信建设取得明显进展，市场和社会满意度大幅提高。全社会诚信意识普遍增强，经济社会发展信用环境明显改善，经济社会秩序显著好转。

社会信用体系建设的主要原则是：

政府推动，社会共建。充分发挥政府的组织、引导、推动和示范作用。政府负责制定实施发展规划，健全法规和标准，培育和监管信用服务市场。注重发挥市场机制作用，协调并优化资源配置，鼓励和调动社会力量，广泛参与，共同推进，形成社会信用体系建设合力。

健全法制，规范发展。逐步建立健全信用法律法规体系和信用标准体系，加强信用信息管理，规范信用服务体系发展，维护信用信息安全和信息主体权益。

统筹规划，分步实施。针对社会信用体系建设的长期性、系统性和复杂性，强化顶层设计，立足当前，着眼长远，统筹全局，系统规划，有计划、分步骤地组织实施。

重点突破，强化应用。选择重点领域和典型地区开展信用建设示范。积极推广信用产品的社会化应用，促进信用信息互联互通、协同共享，健全社会信用奖惩联动机制，营造诚实、自律、守信、互信的社会信用环境。

二、推进重点领域诚信建设

（一）加快推进政务诚信建设。

（二）深入推进商务诚信建设。

（三）全面推进社会诚信建设。

（四）大力推进司法公信建设。

三、加强诚信教育与诚信文化建设

（一）普及诚信教育。

（二）加强诚信文化建设。

（三）加快信用专业人才培养。

四、加快推进信用信息系统建设和应用

（一）行业信用信息系统建设。

（二）地方信用信息系统建设。

（三）征信系统建设。

（四）金融业统一征信平台建设。

（五）推进信用信息的交换与共享。

五、完善以奖惩制度为重点的社会信用体系运行机制

（一）构建守信激励和失信惩戒机制。

（二）建立健全信用法律法规和标准体系。

（三）培育和规范信用服务市场。

（四）保护信用信息主体权益。

（五）强化信用信息安全管理。

六、建立实施支撑体系

（一）强化责任落实。

（二）加大政策支持。

（三）实施专项工程。

（四）推动创新示范。

（五）健全组织保障。

资料来源　中华人民共和国中央人民政府网站发布《国务院关于印发社会信用体系建设规划纲要（2014—2020年）通知》，2014年6月14日，本文节选第一部分.

商业道德范畴是反映在企业领域职业活动中最普通、最本质的道德关系和道德行为调节方面的一些基本概念。商业道德原则和商业道德规范对商业道德范畴起着约束作用，制约着商业道德范畴的重要内容和主体要求。

商业道德范畴主要有商业道德义务、商业道德良心、商业道德荣誉、商业道德节操和商业道德品质等五个基本范畴。商业道德义务是从道德角度体现企业受托责任的要求。商业道德良心则是商业道德原则和商业道德规范体现为企业员工内心的道德观念、道德情感、道德意志和道德信念的一种自我审度的能力。商业道德荣誉是人们与社会对商业道德行为的价值所做出的公认的客观评价和主观意向。商业道德节操要求企业员工廉洁奉公、洁身自爱，培养高尚的商业道德品质，始终不为私利所动，坚持为人民、为国家服务。商业道德品质是商业道德原则和商业道德规范在企业员工的个人思想以及企业行为中的体现，是商业道德义务、商业道德良心、商业道德荣誉、商业道德节操的最佳组合体，是一系列商业道德行为中所表现出来的比较稳定的特征和倾向。

|10.1| 履行商业道德义务

10.1.1 道德义务概念与其他义务的关系

义务是指人们在道义上应当履行的对社会、集体与他人的责任。当今社会是一个相互联系的整体，个人离开与社会、他人的联系就不可能生存。因此，从社会角度讲，每个人都有对社会、集体、他人应承担的责任。凡是有人群存在的地方，就有必要，也应该存在着义务。由于人类社会存在的关系错综复杂，人们在社会生活中就承担多种多样的义务，如政治义务、法律义务、经济义务、道德义务等。本书介绍的是企业员工在企业行为中的道德义务。

什么是商业道德义务？商业道德义务是指企业员工在一定的内心信念和商业道德责任感的支配下，在企业行为中自觉履行的对社会、他人的责任，是社会主义商业道德原则和规范对企业员工的要求。在道德关系中，道德义务是不可缺少的因素，通常与使命、职责、责任有同等的含义。道德义务是由社会物质生活条件和人们在社会关系中所处的地位决定的。在阶级社会里，道德义务总是和一定的阶级利益相关联；在同一社会的不同历史发展阶段，道德义务所包含的内容也不尽相同。

道德义务与政治义务、法律义务既有联系，又有区别。从联系角度看，它们都反映了对他人、国家、社会的责任。

从区别角度看，首先表现在政治、法律等义务总是与一定的权利相关联，尽一份义务就可以享受一份权利，也就是平常我们所说的：没有无义务的权利，也没有无权利的义务。道德义务则有其特点，它不以享受某种权利为前提，而以或多或少地牺牲个人利益为前提，道德义务是一种有利于他人或社会的行为。其次，政治义务与法律义务是靠一定的强制力发生作用的，拒绝尽义务就受到组织纪律和相应法律的追究。道德义务则是自觉自愿尽义务，不需要外力的强制作用。在现实生活中，一部分道德义务同政治、法律义务是重合的，从而使这一部分道德义务和一定的权利相关联。对于有道德的人来说，尽管社会在他履行一定的道德义务之后，可能会给他一定的权利，但他决不会为追求一定的权利才去履行某种道德义务。如果一个企业员工为了追求某种私利而去履行某种道德义务，那么他的行为本身就不道德。

10.1.2　商业道德义务的重要作用

企业员工自觉履行道德义务，在调节与他人、集体和社会的关系上发挥重要作用，主要表现在：

第一，商业道德义务的加强，就会把实行科学管理、讲究经济效益视为义不容辞的责任。这样，就能够使自己的管理工作从过去的守业型变为创业型，进而在自己的工作岗位上更加努力学习和更新自己的专业管理知识，熟练地掌握现代化的管理工作。加强商业道德义务感，有助于企业员工把当前的企业改革视为己任，欢迎改革，拥护改革，参与改革，积极开动脑筋，研究新问题，解决新矛盾，探索新路子。尽管改革本身会给企业员工的习惯性工作方法和工作秩序带来冲击，对企业员工来说也会有一个不适应的过程，但有商业道德义务感的企业员工始终不会因此而成为改革的阻力。这种道德义务感能促进企业员工自觉地抵制那股趁企业改革之机，为个人或小集团谋利益，慷国家之慨，占国家便宜的不正之风。企业员工的性质决定了他们对不正之风抵制的作用和影响是非常重大的。

第二，商业道德义务感能够促使企业员工正确处理个人专业兴趣、愿望和商业道德之间的矛盾。在目前以及今后一段相当长的时期内，我们的社会需要、个人志愿和兴趣爱好，还不能做到完全一致，这使得某些企业员工的实际工作和个人的专业爱好、愿望之间产生一些矛盾。即使社会组织的安排使一些企业员工的专业基本对口，也会出现安排的工作与本人的兴趣特长不一致，存在矛盾的地方。尽管这些情况通过人事制度的改革会逐步改善，但应看到，因为社会不可能很快就具备消除上述所有矛盾现象的物质条件和手段，即使经过了企业改革，这种矛盾现象也不可能完全消除。因此，无论现在，还是将来，我们企业员工对待具体工作的安排上都要把服从社会需要、工作需要作为自己的道德义务放在首位，并在实践中努力培养自己的兴趣和爱好，使个人愿望与应尽的义务统一起来。可见，道德义务在处理一些矛盾时的作用是显而易见的。

当然，改变自己的兴趣或工作方向，把工作需要作为义务，就需要做出一定的牺牲。从这一角度讲，它又具有重大的道德价值。当自己的工作安排得不合理，在同一单位又有合适的去向时，也可大胆说明自己的想法，提出合理的建议，亦可毛遂自荐。这样做，非但与尽义务不相矛盾，反而是在间接地为建设和改革尽义务。具体地说，企业的管理部门和经理应尽量了解员工的兴趣、爱好和专业特长，了解他们的意向，尽最大努力安排得当，因才适用，使他们能以更大的积极性贡献自己的聪明才智。用人之长，安排得当，也是这些部门和同志的道德义务，设身处地为他人着想，本身就是一种美德。那些不尊重企业科学，不爱惜企业人才，自己不懂专业，又不去了解具体情况，胡乱安排，在别人提出合理安排时，还要固执己见，以不安心工作的帽子压制人才的做法，则是缺乏对企业和本职工作承担道德义务的行为。

第三，在商业道德行为选择中，商业道德义务起着指令作用。商业道德义务观念，同企业员工的道德感情、信念和意志等联系在一起，特别是要同企业员工的职业良心、内心需要结合在一起。企业员工在企业行为中尽义务是发自内心的要求，如果不尽义务，那么就会受到良心的谴责；如果尽了义务，那么就会感到内心的满足。从这个意义上讲，义务又是发自内心的"道德指令"。对于企业员工来说，为了保持自己企业行为的道德性，在内心发生某种义务指令之前，首先应对实际情况作一番理智的思考，而不能不假思索地绝对信奉上级和他人的旨意，且将其当作义务盲目执行。否则，就会使自己成为精神上的奴隶和不道德行为的工具。例如，某些企业员工在办理本单位奖金发放时，就把明显违反有关政策规定的只属于个别领导的决定，当作义务去执行，结果肥了个人，却损害了国家、集体的利益。这样做，不仅不能获取道德上的自由，反而要为自己的不抵制行为承担道德上的责任。

10.1.3 履行商业道德义务的内容要求

企业员工到底应该具有哪些道德义务呢？我们应该看到，商业道德义务的内容是客观的，它所表现的是社会不断发展的客观上已经成熟的需要。即使这种客观需要在初期不能被人们广泛、自觉地意识到，但它仍然是客观存在的，并且必将为后人所认识、理解。社会主义商业道德义务，本质上是社会主义社会对企业员工的企业行为提出的客观要求。这种客观要求只有被企业员工自觉、正确地认识以后，才能变成真正意义上的商业道德义务。作为社会主义道德义务的内容，应包括以下几个方面的要求：

第一，努力学习马列主义、毛泽东思想、邓小平理论，学习党的路线、方针、政策和各项决议，并结合经济理论的学习，着重研究在社会主义经济建设和企业改革中出现的新情况、新问题，积极投身改革。

要建设有中国特色的企业理论和方法体系，需要学习的知识很多，这要求我们努力针对新情况，掌握马列主义基本原理，以提高解决新问题的本领，加强工作中的原则性、系统性、预见性和创造性。我们必须牢记马克思主义理论从来不是教条，而是行动的指南，它要求人们根据它的基本原则和基本方法，不断结合变化着的实际，探索解决新问题的答案，从而也发展了马克思主义理论的本身。党在社会主义建设中，根据实际情况提出的一系列方针、政策，是对马克思主义的丰富和发展，是指导企业当事人职业行动的政策依据，应结合商业伦理的实际情况学习、领会；同时，应在理论的贯彻中不断有所创新，有所发展。

第二，刻苦学习现代商业伦理知识，掌握并应用现代化商业伦理手段。以便在企业工作实践中广泛应用。

第三，尽职尽责，全心全意为人民服务，坚持人民的利益高于一切，个人利益服从集体利益，局部利益服从全局利益，克己奉公，勤俭理财。对于企业员工来说，尽职尽责地对待企业工作是最起码的道德义务，如果做不到这一点的要求，就不可能履行其他义务。

第四，遵守党纪国法，严守国家机密。特别是自觉遵守并维护财经纪律及企业制度，不泄露企业信息和经济机密。

总之，商业道德的义务范畴，反映了社会发展的必然性。企业员工只有认识了这种必然性，并且自觉地适应社会发展要求去履行自己的职责，才可能获得自由，成为道德高尚的人。

10.2 培育商业道德良心

良心是指人们在履行对社会、对他人的义务的过程中形成的道德责任感和自我评价能力，是一定的道德观念、道德情感、道德意志和道德信念在个人意识中的统一。商业道德良心是指企业员工在企业行为中，履行对社会、对单位、对他人的义务过程中形成的商业道德责任感和自我评价能力，它是商业道德观念、商业道德情感、商业道德情绪在企业员工意识中的内在统一，是商业道德原则、商业道德规范体现为企业员工内心的动机、信念和情感的一种自我审度的能力。

10.2.1 培育商业道德良心的内容要求

商业道德良心的基本内容包括以下几个方面：

1）商业道德良心和商业道德义务紧密相连

商业道德义务是企业员工对他人、对社会应尽的责任；商业道德良心则是企业员工对自己行为应负的道德责任，形成并表现在其尽义务的过程中。商业道德良心有自觉性，是内心的道德活动，不是外部强加的影响。企业员工的良心表现在发自内心为社会、为企业尽心尽力创造财富。当舆论评价自身行为符合义务和责任时，员工就感到道德良心上的满足；一旦企业工作出现差错和失误，员工就会对自己的行为进行谴责而忏悔不安，并自觉地改正错误的行为。

商业道德良心是企业员工对自己的道德要求的集中表现，人们意识的存在形式相对于客观世界而言，商业道德良心是主观的东西；而其内容是客观的，是一定的社会关系和生活实践在企业员工意识上的反映，是社会对企业员工的义务要求转化为企业员工内心的道德要求，并体现在自己的职业生活中成为个人品德的结果。

2）在阶级社会中，商业道德良心是有阶级性的

这是因为人们在一定的社会关系中所处的地位不同。马克思说过："共和党人的良心不同于保皇党人的良心，有产者的良心不同于无产者的良心，有思想人的良心不同于没有思想的人的良心。"人类历史告诉我们：一切剥削阶级的良心，都以维护自己的财产和特权为界限，是"财产化""特权化"了的良心。社会主义社会的商业道德良心以维护人民财产利益为界限，是无产阶级的良心，以社会主义商业道德的基本原则为自我评价的出发点。凡是自己的职业行为符合商业道德原则，就会感到良心上的满足和欣慰；反之，就要受到良心上的谴责，会感到内疚和不安。还应看到，商业道德良心客观存在于企业员工的意识之中。正如马克思所说："良心是由人的知识和全部生活方式来决定的。"企业员工的职业道德良心，是在商业伦理的实践活动及所处的社会地位中，在学习科学文化、接受教育的过程中逐渐形成的。

在社会主义社会中，企业员工的商业道德良心属于无产阶级良心范畴，是无产阶级的良心。正因为这样，企业员工的商业道德良心不仅包括无产阶级的是非观，以及自珍、自爱、自重等，而且包括对党、对共产主义事业的态度和感情，还包括对社会主义社会管理事业的热爱感以及努力搞好商业伦理工作的使命感。列宁曾明确指出："我们相信党，我们把党看作我们时代的智慧、荣誉和良心。"作为一个企业员工，没有对党、对社会主义、对自己所从事的商业伦理工作的真挚热爱，也就没有树立起码的商业道德良心观念。

10.2.2　商业道德良心的功能作用

商业道德良心在商业道德活动中具有十分重要的功能作用。它主要表现在：

1）商业道德良心是商业道德行为选择的尺度

在企业工作中，在企业员工做出某种行为之前，商业道德良心将依据商业道德义务的要求对员工的行为动机进行自我检查，严肃反复地思考："我的企业行为将引起什么后果？假如我处在他人的位置上，对此会有什么看法？"等问题，经过慎重权衡，对符合商业道德要求的动机予以肯定，对不符合商业道德要求的动机加以否定。因为企业员工的职业道德良心是不允许自己的行为违背自己的商业道德观念的。具有高尚商业道德的企业员工，在商业道德良心的支配下，必然会促使他对本职工作产生强烈的责任感，以及为国家、为人民理财的使命感，并自觉承担对社会、对他人应尽的商业道德义务。

2）商业道德良心对所进行的商业伦理行为发挥监督作用

商业道德良心对符合商业道德要求的情感、意志、信念予以坚持和激励，对不符合商业道德要求的情感、意志和冲动予以克服。特别是对企业在行为进行过程中产生的异常情感、私欲邪念，良心能及时制止，并做出行为方向的改变，避免产生不良后果，造成不良影响。这种监督作用就是我们所说的"良心的发现"。对企业员工来说，这种"良心的发现"，可以使自己的商业道德品质达到较高的商业道德境界。

3）商业道德良心对企业员工的行为后果和影响起评价作用

由于道德观念不同，员工对行为的内心体验和评价就不同。作为一名社会主义的企业员工，当他意识到自己的企业行为履行了商业道德义务，符合了商业道德要求，其结果提高了社会经济效益，给人民带来幸福和利益的时候，就会感到良心上的满足；反之，就会感到羞愧和不安，受到良心上的谴责，因而产生一种强烈的、持久的要求改变自己的行为表现方向的内在欲望。满足商业道德良心，能够给企业员工带来安宁；谴责商业道德良心，会给他们带来痛苦。

总之，商业道德良心的功能作用是客观存在着的，且是巨大的。因此，培养企业员工的商业道德良心就成为加强商业伦理、健全商业道德建设的重要环节。从根本上讲，培养企业员工的商业道德良心，就是培养他们的无产阶级良心感。关于无产阶级良心的基本内容，刘少奇同志在《论共产党员的修养》一书中作了简短的论述：这就是，要有能爱人、能恶人的严格立场。能爱人，就是对同志、对人民忠诚热爱，平等对待他们，无条件地帮助他们，决不为个人的利益去危害大众，做到"忠诚""将心比心""己所不欲，勿施于人"。能恶人，就是对敌人以及各种危害人民利益的行为进行坚决斗争。在患难之时，挺身而出，分忧解愁；在困难之际，能表示出自己的责任心和克服困难的勇气。无产阶级的这种良心相对于剥削阶级来说，是真正的良心。这是因为：

其一，这种良心是真正的大公无私，没有私人打算和目的，所以是高尚的；

其二，这种良心支配着无产阶级革命者的一切思想行为，所以是完美的。

培养企业员工的商业道德良心感，就是要把社会主义商业道德原则、商业道德规范变成内心的商业道德信念，并且用这种内心的商业道德信念自觉指导自己在企业行为中的言行。把外在要求变成内在信念，变成个人内在商业道德品质的结果。社会主义企业员工之所以把献身商业伦理工作视为理所当然的义务，变成自己道德良心的需要，正是因为他们深信自己所从事的工作是社会主义建设事业的一部分，具有正确性和正义感。

目前，企业员工应把建设社会主义现代化强国的历史使命变成自己内心的商业道德信念，并以此指导自己的商业道德行为，审查、评价企业领域中的是非善恶，是培养企业员工无产阶级良心的现实的可行途径。

|10.3| 珍惜商业道德荣誉

10.3.1 商业道德荣誉的含义、内容与形式

荣誉大体包括两方面的内容：

第一，荣誉是指一定社会或阶级用以评价人们行为的社会价值的尺度，即对履行社会义务道德行为的公认和褒奖。

第二，荣誉是指个人对行为的社会价值的自我意识，即在良心中所包含的知耻和自尊的意向。上述荣誉范畴所包括的两方面内容是相互联系、相互影响的。前者，即从荣誉范畴的客观角度讲，荣誉是道德行为的价值体现或价值尺度；后者，即从荣誉范畴的主观角度讲，荣誉是人们良心中的知耻心、自尊心、自爱心、进取心的表现。可见，关于荣誉的社会舆论是荣誉的客观基础，个人的知耻和自尊的主观意向是人们在内心对社会舆论、评价的感受和反应。一个人当受到社会或他人的赞扬、褒奖时，他会感到光荣、自豪；当受到他人的谴责、唾弃时，他会感到羞耻、自卑。一般来说，人们会自觉地按照社会的要求去履行义务，甚至做出牺牲以维护自己的尊严，争取和保持社会给予的荣誉，追求人格的完善。因此，荣誉就是人们对道德行为的社会价值所做出的公认的客观评价和主观意向。

社会主义商业道德范畴中的荣誉，是共产主义道德的一般荣誉范畴在商业道德方面的体现和补充，它与一般荣誉范畴的关系是共性和个性的关系。作为商业道德范畴的荣誉同样具有两个方面的内容：一方面是党和人民对企业员工的职业行为的社会舆论，也就是对企业员工在企业行为中履行了社会义务的公认和奖赏；另一方面是企业员工在工作中的自我意向，也就是由于员工履行了企业工作中的社会义务所产生的道德感情上的满足和自我意识。商业道德荣誉对衡量和调节企业员工在商业伦理实践中的行为以及培养和发扬共产主义思想品德，都产生着十分重要的作用。只有树立正确的荣誉观，才能更好地在商业伦理过程中判别出什么言论和行为是正确、光荣的，什么言论和行为是错误、可耻的，并坚持和发扬正确、光荣的方面，反对和改正错误、可耻的方面。

与其他荣誉的表现形式一样，商业道德荣誉有物质奖励和精神奖励两种表现形式。商业道德荣誉的这种表现形式是由荣誉的客观基础决定的。社会舆论是社会对企业员工的道德行为的公认和褒奖。商业道德行为的社会价值尺度，是荣誉的客观基础。社会对商业道德行为的公认、褒奖与价值尺度的表现形式是可以区分的。因此，从这一角度讲，商业道德荣誉有物质的和精神的两种表现形式——物质奖励和精神奖励。以前，我们有时自觉和不自觉地不承认或不敢承认荣誉有这两种表现形式。长期以来只认为荣誉仅有精神奖励一种形式，不承认或不敢承认物质奖励也是荣誉的重要表现形式之一，因而把物质奖励视为物质刺激，并错误地加以批判、放弃。历史的经验表明：不承认或忽视荣誉的两种表现形式中的任何一种都是片面

的、有害的。两种表现形式相互联系，相互依赖，相互促进，共同提高。

荣誉的标准在不同的时代，不同的社会，不同的阶级或阶层，由于各自的社会性质和阶级利益的不同而有着不同的质的规定性。在奴隶社会，奴隶主阶级以拥有奴隶的多少、特权的大小为衡量荣誉的标准；在封建社会，封建贵族的荣誉标准是他们的门第权势；在资本主义社会，资产阶级则以财产、金钱的多寡决定荣誉的等级。总之，一切剥削阶级的荣誉观是把个人特权和利益放在首位，看作是荣誉的主要内容。

无产阶级荣誉观，是同社会主义、共产主义事业相联系的，反映了共产主义道德水平。无产阶级衡量的标准不是财产、门第和权势，而是对人民、国家、党的事业的无私奉献。作为社会主义的企业员工，应把全心全意为人民理财，促进经济繁荣，为发展企业科学做出贡献看作是最大的荣誉。因为，这些无私的奉献必然会受到党和人民的赞扬、尊重，自己也应得到良心上的满足和欣慰。"全国每个地区、每个部门、每个单位以至个人，他们工作的评价和应得的荣誉，都要以对现代化建设直接间接所做的贡献如何，作为衡量的标准。"企业改革的成败关系到现代化能否顺利实现。因此，企业员工衡量荣誉的标准是对企业改革所做贡献的大小。

10.3.2 商业道德荣誉发挥着鼓励和社会评价作用

一方面，商业道德荣誉通过社会舆论力量表现社会对企业员工职业行为的愿望与要求，明确表示支持什么，反对什么，使他们对自己的企业行为所造成的社会后果加以关注。它迫使企业员工通过调整自己的职业行为，从社会评价中得到肯定和赞扬，避免受到否定或责备。它要求企业员工树立正确的荣誉观，争取荣誉、珍惜荣誉，努力按照社会主义商业道德的基本原则和规范支配自己的行为，决不弄虚作假，不择手段地骗取个人荣誉。在实际工作中，剥削阶级以财富和特权为主要标准的荣誉观在一部分人中还有影响，正毒害着他们的思想。所以，发挥商业道德荣誉的社会评价作用就成为企业员工树立正确的荣誉观，自觉地与剥削阶级荣誉观作斗争的有力措施。

另一方面，商业道德荣誉是一种巨大的精神力量，它对社会物质生产的发展具有积极的或消极的影响。社会主义商业道德所表现的荣誉感是以集体主义思想为基础的，体现着企业员工对人民工作的高度责任感，是一种发自内心深处的强烈自爱心。作为一名具有共产主义道德荣誉感的企业员工，能够忠实地全心全意地在商业伦理工作中履行自己对社会、集体、人民的义务，注重集体和个人的荣誉，勤奋工作，做出成绩，必将会受到社会的赞扬和肯定。社会对他们的赞扬和肯定又会促进他们对自己工作的光荣感和自尊感，进一步激励他们奋发努力地工作，为社会主义经济建设贡献力量。因而，商业道德荣誉就成为商业伦理工作中的一种巨大的精神力量，成为企业员工履行商业道德义务的强大动力。

对于商业道德荣誉，每一个企业员工都存在一个怎样正确对待的问题：毫无疑问，每个企业员工可以而且应该努力争取获得荣誉，争取广大群众的更高信赖，领导和组织的更多褒奖。因为，这有利于企业工作，有利于促进社会生产和方便人民生活。过去，在"左"的思想的影响下，人们把争取荣誉和讲道德对立起来，认为这两者是矛盾的。实践证明，这种观点是错误的，它不利于提高企业员工对社会的责任感和自尊心，理论上更说不通，因为荣誉是企业伦理道德的范畴之一。在我们的社会里，企业员工崇高的荣誉感和高尚的道德品质从来都是紧密联系的。

10.3.3 集体商业道德荣誉和个人商业道德荣誉的关系

企业员工要正确认识集体商业道德荣誉和个人商业道德荣誉的关系问题。商业伦理工作是国民经济管理工作的重要组成部分，企业各岗位的管理工作则组成整个商业伦理系统，而其中的个人工作又融合于集体工作之中。不过他们个人和团队所取得的工作成绩，不仅是人民和集体对其商业道德行为的赞赏和奖励，而且也为整个商业伦理事业增添了新的荣誉。

一般来说，企业员工的个人荣誉和集体荣誉是一致的、统一的。在商业道德中个人荣誉和集体荣誉的关系反映着个人利益和集体利益的关系。在社会主义条件下，个人荣誉和集体荣誉从主要方面看是一致的，但也有不一致的情况。当个人荣誉与集体荣誉发生矛盾时，企业员工必须按照社会主义商业道德原则的要求牺牲个人荣誉，服从集体荣誉。对集体荣誉和个人荣誉的认识，使企业员工不仅应关心集体利益和荣誉，而且也应该敢于关心个人利益和荣誉。从荣誉的精神形式上讲，企业员工要视其他同志的荣誉为自己的荣誉、集体的荣誉，要自觉地帮助维护他人的荣誉，而不应该嫉妒、挖苦、讽刺、打击、损害他人的荣誉。在荣誉面前，要讲究"礼让"的风气，要有"豁达"的态度。从商业道德荣誉的物质形式上讲，结合商业伦理工作的实际，企业员工应通过自身的努力，坚决实行按劳分配的原则，打破平均主义的分配、奖励制度，关心别人的劳动绩效、贡献大小和劳动所得，促使整个社会劳动生产的发展，荣誉程度的提高。

企业员工还应明确商业道德荣誉感和虚荣心的界限。荣誉感和自尊心是一种积极的心理品质，是推动企业员工在本职工作中履行商业道德义务的巨大精神力量。它们使企业员工把履行一定的道德义务变成内心信念和自觉要求，并促使其转化为相应的商业道德行为，从而在商业伦理工作中发挥巨大的作用。虚荣心则是一种不良的心理品质，是个人主义的表现。虚荣心作为内在的心理品质，企图不通过自己的艰苦努力和出色工作也能获取荣誉，驱使人去干一些沽名钓誉、欺世盗名、损人利己的勾当，诱使个别人走上违法乱纪的道路。虚荣心在企业实践中的突出表现是工作上的浮夸自吹和信息上的弄虚作假。在这方面，我们国家有过惨痛的历史教训，国家和人民的财产也因此遭受了相当大的损失，而荣誉感和虚荣心界限的正确辨别，使企业员工在荣誉面前能树立正确的态度，并能表现出极大的积极性、主动性和创造性。企业员工要主动发挥创造性，发挥拼搏精神，积极地争取商业道德荣誉，并努力地保持商业道德荣誉。无论是集体荣誉还是个人荣誉，企业员工对它们的争取都意味着对社会、对国家做出更大的创造性的贡献，从而服务于社会主义初级阶段市场经济的建设。

10.4 坚守商业道德节操

"节操"一词可先分字加以解释。节就是气节、品质，是人们在道德行为中表现出来的较稳定的特征和倾向；操就是操守、操行，是人们在道德行为中一贯坚持的原则规范。节操指的就是人们在政治行为上、道德行为上的坚定性和勇敢性。

节操是一个历史范畴。不同的社会，不同的阶级，有不同的节操思想。我国奴隶社会、封建社会的剥削阶级把忠、孝、仁、义作为节操的主要内容。每个剥削阶级在上升时期，他们的代表人也曾提出过具有进步意义的节操观，例如孟子所说的"富贵不能淫，贫贱不能移，威武不能屈"的节操思想。

无产阶级的节操，是共产主义商业道德觉悟和品质的集中表现。它为社会主义商业道德规范体系中的节操范畴确定了方向，规定了范围。商业道德节操，就是企业员工在企业工作中表现出来的政治上的坚定性和高尚的道德品质。从一般意义上讲，能够扎根企业岗位，立足企业实践，热爱企业工作，投身企业改革，努力建设有中国特色的企业体系，就是企业员工在本职工作中体现的最高节操。社会主义商业道德规范体系中的节操充分体现了无产阶级节操的特征。

10.4.1 商业道德节操的表现形式

具体来说，企业员工高尚的商业道德节操应表现在以下几个方面：

1）社会主义商业道德节操包括有坚定、正确的政治信仰

坚定、正确的政治信仰就是要坚持四项基本原则，坚信社会主义制度的优越性，坚信共产主义最终一定能够实现。它要求企业员工明确认识到商业伦理工作是社会主义事业的重要组成部分。对于企业员工来说，有了坚定、正确的政治信仰，就有了行动的方向和准则，也就是在企业行为中自觉履行对社会的义务，坚持并实现为人民理财这一原则。

2）社会主义商业道德节操体现着强烈的爱国主义精神

在改革开放的今天，商业道德节操的爱国主义精神有了新的内容。从对内工作看，具有高尚商业道德节操的企业员工能充分发挥主人翁精神，以国家利益为重，以社会主义现代化建设大局为重，注重管理的经济效益，为祖国的繁荣富强、文明昌盛贡献自己的商业伦理才能。在涉外工作中，具有高尚商业道德节操的企业员工，一定要保持民族气节，维护民族尊严。特别要注意在涉外谈判、贸易、账务结算等活动中，与行贿、受贿、索贿、大收回扣、慷国家之慨、利用工作之便谋取私利等丧国格、丢人格、失节操的行为进行坚决斗争。同时，要切实提高涉外工作的水平和质量，维护国家和人民的利益。

3）社会主义商业道德节操包含高尚的商业道德品质

这里是指要有商业道德的坚定性，要坚持廉洁奉公的原则和刚正不阿的精神。企业工作岗位与钱物相联系，但具有高尚节操的企业员工不会为钱物所引诱而动私心，他们始终以毫不利己的动机，坚持为人民的利益和社会主义建设服务，做到"吃苦在前，享乐在后"。在企业工作中，那种"近水楼台先得月"的行为是不道德的，那种"常在河边走，哪有不湿鞋"的思想是不健康的，是有失社会主义商业道德节操的表现。

还要看到，商业道德节操具有时代特征。在不同的时代，商业道德节操的表现和要求也会有所不同。譬如，20世纪50年代至60年代，我国企业员工在工作中不贪污就是具有商业道德节操的表现；而在21世纪的今天，企业员工的商业道德节操不仅要不贪污，而且要有讲究科学管理、参与决策、提高经济效益等要求，还要求他们有勇气，有胆量，不畏权势的压力和打击，不怕落后意识的干扰和阻挠，不怕错误潮流的冲击，为民理财，廉洁奉公，自始至终，讲求实效。

10.4.2 商业道德节操在商业道德行为选择中的重要作用

商业道德节操在商业道德行为的选择中发挥重要作用：

第一，商业道德节操能够调整企业员工的行为方向，使他们在企业实践活动中保持清醒的头脑；

第二，商业道德节操还能通过内心的信念，使企业员工更加自觉地贯彻商业道德原则、规范，加强商业道德修养，抵制各种错误的思想和行为，提高商业道德的境界，全心全意地做好企业工作。

10.4.3 商业道德节操的培养

商业道德节操的作用十分重大，每个企业员工都应该具备良好的商业道德节操。那么，企业员工是如何培养他们的商业道德节操呢？

1）坚持四项基本原则

四项基本原则是企业员工树立高尚节操的首要前提和根本保证。因为，坚持四项基本原则就反映了企业员工在政治上和道德上的坚定性，是商业道德节操的根本表现和培养商业道德节操最根本的要求。

2）在企业实践活动中逐步锤炼商业道德节操

对于企业员工来说，培养和树立高尚的商业道德节操必须紧密结合企业实践活动。离开了具体的企业实践活动，商业道德节操不仅是空洞的，而且是脆弱的。特别是在当前的企业改革中，将会出现过去从未出现过的新情况和新问题，这正是培养、锻炼高尚的商业道德节操的好时机。企业员工必须联系企业改革实践，不怕闲言蜚语，冲破种种束缚，坚持开拓创新，不断完善并锤炼商业道德节操。

3）坚持商业道德修养

这里要求企业员工必须联系在企业改革实践活动中始终按照商业道德原则、规范的要求，自觉地、经常地进行反省、自我解剖和自我批评，培养和提高商业道德品质，选择商业道德行为。只有这样，企业员工才能树立、培养高尚的商业道德节操，在物质文明和精神文明建设中发挥积极作用，做出较大的贡献。

|10.5| 锤炼商业道德品质

10.5.1 商业道德品质的定义与特点

商业道德作为企业行为原则和规范的总和，不仅体现在商业道德关系中，而且体现在社会成员的个人品质中，形成个人的商业道德品质。商业道德品质同商业道德行为一样，都是商业道德评价的对象。商业道德品质具有稳定性和一贯性，表现为行为习惯或习性，但习惯和习性并不都具有道德意义。因此，考虑企业员工的商业道德品质，不仅要看员工在某一方面的表现，而且要看其在各个方面的表现；不仅要看员工一时一事的个别商业道德行为的倾向，而且要看其一系列的商业道德行为所表现出来的一贯倾向，从而全面把握企业员工的商业道德品质，揭示商业道德品质的基本特征和发展规律。

如何定义商业道德品质呢？商业道德品质是商业道德原则和规范在企业员工的个人思想以及企业行为中的体现，是在一系列商业道德行为中所表现出来的比较稳定的特征和倾向。商业道德品质具有以下几个特点：

（1）商业道德品质是客观存在的商业道德行为的综合表现

商业道德行为是商业道德品质的外在表现，商业道德品质是商业道德行为的内在动因。离开一定的商业道德行为就不能体现商业道德品质。商业道德行为持续不断地进行，形成一定的商业道德习惯，就表现为商业道德品质，商业道德品质只有通过商业道德行为才能表现出来。商业道德品质是商业道德心理、商业道德意识和商业道德行为的统一。

（2）商业道德品质是一种自觉的商业道德习惯或习性

商业道德品质不仅仅是一种商业道德习惯或习性，更重要的它还是一种自觉的意志行动过程，是审慎的凭借意志的选择而得到的习性。在企业行为的每一个场合和每一个时期，都能凭借一定的判断、选择和自觉意志控制，处理感情和企业行为的结果，是企业员工的自觉意志的凝结。这是商业道德品质不同于一般习惯、习性的突出特点。

（3）商业道德品质具有稳定特征和倾向

商业道德品质是在商业道德行为整体中表现出来的稳定特征和倾向。这里“商业道德行为整体”有两方面的含义，一方面它是构成个别商业道德行为的主观和客观两方面的统一，是商业道德意志以及由这种商业道德意志所支配的商业道德行为的统一；另一方面，它是指一系列商业道德行为的统一，是某一时期或某一活动阶段的行为，乃至一生全部商业道德行为的综合。企业员工的商业道德品质不仅体现在其某一个持续进行的企业行为中，而且更充分地体现在其一系列行为所构成的企业行为整体中。黑格尔曾深刻指出："人就是由他的一连串行为所构成的""主体就等于他的一连串的行为"，这两句话阐述了商业道德行为和商业道德品质的深刻的辩证思想，它表现商业道德品质不仅是企业员工的内部意志和外部行为的统一，而且是个别行为和整体行为的统一。因此，可以这样说，商业道德品质就是企业员工的一连串企业行为，是企业员工在商业道德行为整体中表现出来的稳定的特性和一贯的倾向。

10.5.2　商业道德品质的形成和发展

商业道德品质，从其构成内容来讲，包括商业道德认识、商业道德情感、商业道德意志、商业道德信念和商业道德习惯等基本要素。它们相互联系、相互依存、相互促进所构成的整体就是商业道德品质。那么，商业道德品质是如何形成和发展的呢？一方面，商业道德品质是商业道德现象在企业员工身上的表现，是现实社会关系和商业道德关系的反映，因而它的形成和发展必然要受到一定的社会环境和物质、生活条件的制约；另一方面，商业道德品质绝不是对客观物质生活条件的具体企业环境的消极适应的结果。它是在企业实践的基础上，经过个人的主观努力所形成的。对于企业员工来说，它是一个自觉认识和行为选择的过程，是逐步提高商业道德认识、培养商业道德情感、锻炼商业道德意志、树立商业道德信念和养成商业道德习惯的综合过程。其具体内容为：

（1）提高商业道德认识

有目的、有组织、有计划地向企业员工传授社会主义道德知识，提高他们对社会主义商业道德的认识。企业员工的任何道德行为都是对其个人与他人、与社会之间的关系的自觉认识和自由选择的结果。企业员工的道德认识越全面、深刻，就越能指导他们正确处理和解决各种道德矛盾，形成明确的道德判断，增强履行社会主义商业道德义务的自觉性，进行自觉的商业道德行为选择。在现实生活中，少数企业员工做出违反商业道德要求的事情，往往与他们的糊涂认识有关。因此，确立和提高商业道德认识是培养企业员工商业道德品质的第一步，也是最关键的一步。

（2）培养商业道德情感

重视培养企业员工高尚的社会主义商业道德情感。商业道德情感就是企业员工按照一定的商业道德观念，在心理上对商业道德要求和商业道德义务所产生的各种体验，所抱有的善恶态度的情绪。可以说，没有商业道德情感，就没有也不可能有履行商业道德原则和商业道德规范的自觉行为。因为，企业员工从理论上认识了一定的商业道德义务后，并不一定就能按其行动。当商业道德认识转化为商业道德情感时，才会对企业员工的行为和举止产生深刻的影响，推动企业员工主动趋善避恶，追求自己情感所向往的美德，反对情感上所不能接受的恶行。同时，商业道德情感较商业道德认识具有更大的稳定性。有了这种商业道德情感，企业员工就能正确对待职业，热爱工作，正确处理自身与同事的关系、与集体的关系，摆正个人利益与国家利益的位置，认清自己肩负的责任，顺利完成国家和人民交给的企业核算和监督的任务。

（3）锻炼商业道德意志

商业道德意志是指企业员工为了履行商业道德义务而克服各种困难和障碍的能力和毅力。商业道德意志突出体现商业道德行为的意图，表现在商业道德行为中的坚韧不拔的精神，它是在精神上对企业员工行为的指导和支持，比商业道德情感更进一步，是商业道德认识和商业道德情感的结合。如果没有商业道德意志的支撑，就不能巩固和持久。当企业员工具有坚强的商业道德意志，就会忠于职守，秉公理财，不徇私情，不计较个人得失，克服各种困难，搞好本职工作。如果没有商业道德意志，就不能抵制某些领导和群众违反纪律的行为，不可能忠实地履行职责。所以，培养和锻炼商业道德意志，是企业员工践行道德行为的重要条件，是形成商业道德品质的重要环节。

（4）树立商业道德信念

商业道德信念是企业员工发自内心对商业道德义务和商业道德理想的真诚信仰和强烈责任感。相对商业道德认识、商业道德情感和商业道德意志来说，商业道德信念具有综合性、稳定性和持久性的特点。商业道德信念表现为坚定地相信社会主义商业道德原则和商业道德规范的正确性，坚定地相信按照社会主义商业道德原则和商业道德规范行为的正义性。一旦当某个企业员工树立了商业道德信念时，他就能自我调动，自我命令，长期、自觉、全面地根据自己的信念选择企业行为，从事企业工作。可以说，商业道德信念是商业道德品质的核心。

（5）形成商业道德习惯

商业道德习惯，是根植于企业员工心理的一种行为。它已经成为企业员工内心的需要，成为一种定型化的自然行为。养成商业道德习惯的目的是使企业员工对商业道德原则和规范真正深入到血肉里，真正地、完全地成为生活的组成部分，变成企业员工的性格特征。可见，养成良好的商业道德品质是商业道德教育的归宿。只有当企业员工养成了商业道德习惯，才能说他具备了商业道德品质。

在商业道德教育过程中，以上五个环节是相互影响、有机联系的，构成一个整体。其中，商业道德认识是前提，商业道德情感和商业道德意志是两个必要条件，商业道德信念是核心，商业道德习惯是归宿。由商业道德认识转化为商业道德品质，不是简单、自然进行的，而是由商业道德认识、情感、意志、信念和习惯之间在发展水平或发展方向不断地由不平衡到平衡，由不适应到相互适应的矛盾运动过程。同时，由于社会经济和劳动生产率不断向前发展，必然会向企业员工提出新的道德要求，这就客观上要向企业员工进行商业道德教育。必须持之以恒，反复不断地解决构成商业道德品质各要素之间的矛盾，才能促成社会主义商业道德不断向前发展以及商业道德品质的形成。

复习思考练习题

一、单项选择题

1.（　　）主要有商业道德义务、商业道德良心、商业道德荣誉、商业道德节操和商业道德品质等五个基本范畴。

A.商业道德伦理　　　　　　　　　　B.商业道德原则

C.商业道德规范　　　　　　　　　　D.商业道德范畴

2.（　　）是指企业员工在一定的内心信念和商业道德责任感的支配下，在企业行为中自觉履行对社会、他人的责任，是社会主义商业道德原则和规范对企业员工的要求。

A.商业道德良心　　　　　　　　　　B.商业道德荣誉

C.商业道德节操　　　　　　　　　　D.商业道德义务

3.（　　）是指企业员工在企业行为中，履行对社会、对单位、对他人的义务过程中形成的商业道德责任感和自我评价能力。

A.商业道德良心　　　　　　　　　　B.商业道德品质

C.商业道德节操　　　　　　　　　　D.商业道德义务

4.（　　）是商业道德原则和规范在企业员工的个人思想以及企业行为中的体现，是在一系列商业道德行为中所表现出来的比较稳定的特征和倾向。

A.商业道德良心　　　　　　　　　　B.商业道德荣誉

C.商业道德节操　　　　　　　　　　D.商业道德品质

5.商业道德认识是前提，商业道德情感和商业道德意志是两个必要条件，商业道德信念是核心，（　　）是归宿。

A.商业道德习惯　　　　　　　　　　B.商业道德伦理

C.商业道德原则　　　　　　　　　　D.商业道德规范

二、多项选择题

1.商业道德品质是商业道德原则和商业道德规范在企业员工的个人思想以及企业行为中的体现，是（　　）的最佳组合体，是一系列商业道德行为中所表现出来的比较稳定的特征和倾向。

A.商业道德义务　　　　　B.商业道德良心　　　　　　C.商业道德荣誉

D.商业道德节操　　　　　E.商业道德品质

2.商业道德良心的功能作用有（　　）。

A.商业道德良心是商业道德行为选择的尺度

B.商业道德良心对所进行的商业伦理行为发挥监督作用

C.商业道德良心对企业员工的行为后果和影响起评价作用

D.商业道德良心的功能作用是客观存在着的，且是巨大的

E.商业道德良心是真正的大公无私，是高尚的

3.以下对商业道德节操的表达，正确的有（　　）。

A.商业道德节操包括有坚定、正确的政治信仰

B.商业道德节操体现着强烈的爱国主义精神

C.商业道德节操包含有高尚的商业道德品质

D.商业道德节操具有时代特征

E.商业道德节操与个人节操没有关系

4.以下对商业道德品质的表述，正确的有（   　　）。

A.商业道德品质是客观存在的商业道德行为的综合表现

B.商业道德品质是一种自觉的商业道德习惯或习性

C.商业道德品质具有稳定特征和倾向

D.商业道德品质和企业与个人道德品质无关

E.商业道德品质与单位企业文化相关

5.对于企业员工来说，锤炼和发展道德品质的途径有（   　　）。

A.提高商业道德认识　　　　B.培养商业道德情感　　　　C.锻炼商业道德意志

D.树立商业道德信念　　　　E.形成商业道德习惯

三、判断题

1.只有商业道德原则可以对商业道德范畴起着约束作用。　　　　（　　　　）

2.商业道德行为的社会价值尺度，是荣誉的客观基础。　　　　（　　　　）

3.商业道德品质是在商业道德行为整体中表现出来的稳定特征和倾向。

（　　　　）

4.养成良好的商业道德品质是商业道德教育的归宿。　　　　（　　　　）

5.商业道德荣誉指的是物质的表现形式，即物质奖励。　　　　（　　　　）

四、简答题

1.什么是商业道德范畴？有何作用？怎样组成？

2.如何理解商业道德义务的作用与内容要求？

3.怎样珍惜商业道德良心？有何功能？

4.商业道德节操的表现内容、功能是什么及培育方式有何要求？

5.如何开展商业道德荣誉的激励及社会评价与协调？

6.商业道德品质有哪些特点？怎样锤炼与发展商业道德品质？

案例讨论题

宁可辞职　绝不做假：一位上市公司CFO的明智抉择

刘新华曾任某上市公司的财务总监，在别人看来，他是一个极普通的会计人员，在十多年的财会工作中，他恪尽职守，勤奋敬业，甘于清贫，淡泊名利。

多年的职业生涯使他树立了一个职场信念：没有人能打败你，能打败你的只有你自己，无论对个人还是对公司而言都是如此，必须从自身做起，廉洁自律、诚实守信、坚持原则。他最欣赏的一句话就是"会计人员要有一双能够'透视'的眼睛，要知道数字背后是什么，这就需要不断了解企业的运营，了解企业的战略，并

结合企业战略制定财务战略，进而达到提升企业的目的"。

刘新华供职的上市公司是一家历史悠久的大型国有企业，但公司的产品质量与国外的同类产品还有很大的差距。产品80%的重要原材料靠进口，自己生产的原材料质量达不到国内重要大客户的要求。这种原材料依赖进口的生产方式产生了多种弊病，主要在于：一是原材料价格昂贵，导致成本居高不下，产品价格在市场中没有竞争优势；二是进口原材料产量波动也会对其产品造成直接影响。根据目前的情况，股份公司要想生存下去，就必须进行原材料的自行生产，进行技术改造，提高原材料的质量，达到进口原材料的水准，这样不但可以满足自身的需要，也可以销售给同行业的其他依赖进口原材料的企业，抢占市场份额。

很显然，如果进行技术改造，企业就得投入大量的资金，而且相应的生产设备也要靠进口，并且在技术上需要专家指导。股份公司虽然在目前的情况下还不至于亏损，但是企业现金流不充足，技术改造所需的大量资金要从银行贷款，同时每年的贷款利息也是一笔很大的支出。这个重大决策从某种程度上讲，可能是企业唯一的生存之路，但同样也可能使企业陷入困境。一旦技术改造投资失败，对企业来讲就是灭顶之灾，这个重大决策需要经过反复讨论，但这在很大程度上需要真实的财务数据予以支持，财务数据是决定是否进行投资和技术改造的重要依据。然而这个重大的决策却在匆忙之中由企业上市后的第一届领导班子做出了。在第二届领导班子接手时这个决策的失误之处就已经显露了，企业因此而走向亏损的道路。第一届领导班子成员眼看企业已经深陷泥潭，便走的走、溜的溜，于是在危难之际，第二届领导班子匆忙上任。

作为第二届领导班子中的一员，刘新华上任以后开始认真分析公司目前所处的境况：公司所需设备是从国外进口的二手设备，公司高层对这个项目所需资金估计不足，两年内已经陆续投入两亿多元，两年的资金利息让企业不堪重负；同时，随着国际市场的变化，当企业在大张旗鼓地进行技术改造时，国外已经停止生产这种产品了，也就是说这些产品基本属于淘汰品种，受到国外大环境的影响，国内市场对这种产品的需求量也锐减。

当这些问题摆在面前的时候，企业即将面临会计师事务所的年报审计，年报的数字是决定企业价值的核心要素，也决定着投资者对公司的信任程度，如果按真实的数字进行披露，势必影响投资者的信心，最直接的是将会造成公司股票大幅度下跌，而且极有可能跌破发行价。管理者在财务报告上的欺诈行为通常是由于"渡过困难期的需要"。他们把股份公司所处的这个困难期看成是暂时的，相信获得相应的贷款或者通过其他方式获取资金后，就能帮助企业顺利渡过这个困难期，而且本年度的虚假利润也可以由以后的盈利来逐步消化掉。

由于企业的前身是国有独资公司，公司的决策是由一个人或少数几个人做出的，因此内部控制存在严重的缺陷。第二届领导班子从企业的利益出发，同时也为了其自身的利益，开始要求财务部门在数字上作一些文章，也就是掩饰一些东西，从而达到粉饰报表的目的。

于是公司的总经理将刘新华找来，语重心长地对他说："新华，你是公司的老员工了，对公司应该很有感情，公司对你也不错，培养了你，也曾经送你出去学习深造，现在公司遇到了困难，我们是不是都应该为公司出一把力呢？而且你和你爱人都在咱们公司，你也不愿意看着公司就这么垮了吧，公司垮了，对你的家庭也是最为不利的。"

显然公司领导希望刘新华在企业年报上做文章。刘新华当然对公司当前面临的困境十分清楚，他对企业也很有感情，自从大专毕业后他就被分配到公司从事财务工作，一干就是十多年，加上爱人也是公司的员工，可以说这家公司是他的半个家。但在工作中他已经养成了客观、严谨的工作态度，诚实可靠、有责任感的工作作风与职业道德，这些都驱使他去增产节约、开源节流、廉洁自律、奉公守法，但并没有教会他如何去舞弊造假。

在经过反复细致的思考后，他对总经理说："我对公司是很有感情的，公司的现状摆在眼前，我也一直在认真思考，但是很难。你看，我手里的借款合同就有整整89份之多，总计金额近几亿元，几亿元啊，我拿在手里心里都发慌，这些全是欠国家的钱，每天都有银行打电话追着要钱，那种尴尬与狼狈就不必说了，我现在与那过街的老鼠又有什么区别呢？现在我只要一听到电话铃声，心里就发慌。我认为现在我们的首要问题是如何真正为企业摆脱困境，而不是在财务上做文章骗取社会的信任。"

刘新华一边说，心里一边想：巧妇难为无米之炊，要想达到决策层的目的，唯一的方法就只有进行财务造假，编造虚假利润，从而获得一份虚假的业绩。

听了刘新华的话，总经理的脸色特别难看，他站了起来，大声说道："你知道吗？你的态度和决定将会关系到企业的生死存亡，不要被公司暂时的困难所吓倒，如果公司能够挺过今年这一关，就会东山再起，所有这些有点不合理的东西都会得到更正。你们年轻人就是没有经历过大风大浪，一遇到困难就打退堂鼓。这点困难算什么呀？我知道你的能力，只要在报表上面做做文章，一切问题不就迎刃而解了吗？我知道，你为公司做了许多贡献，公司是不会亏待你的，你的付出会有所得的，你不要担心以后的生活，我明说吧，你的付出将会为你换来下半辈子的安逸。我希望你能认真考虑一下，你不用立即回答我，回家去和老婆商量一下，我相信孰轻孰重你应该能够分得清。"

回到家里，刘新华不停地抽烟，他心里特别矛盾，如果公司挺不过今年，那么就会沦为"PT"类公司，甚至有被退市的危险，同时这也将影响到他的前途和家庭的命运，而且不可否认的是，摆在他面前的还有如此巨大的诱惑，如果能在报表上做做文章，那么他就会得到巨额的回报，非但自己的位子依然会稳如泰山，而且家庭的经济环境也会得到很大改善。

但刘新华也深深地认识到，一家上市公司的财务报告是面对公众的，它应该呈现出充分的透明度。如果公司的数据不实，将会对投资人和债权人造成损害，从而使广大的中小投资者蒙受更大的损失。如果他按照公司领导的要求去做，那就不但违反法律，而且违背他做人的原则，同样也违背一个会计人应有的职业道德准则。

显然，公司的总经理也找刘新华的爱人谈了话，她回到家里就说："你应该好好考虑一下，我们两个人都在公司，如果我们两人都丢了工作，那么孩子读书怎么办？而且老总说了，公司目前这些困难都是暂时性的困难，他已经联系好了，马上就有新的投资人加入，只要能顺利渡过这个困难期，所有的亏损就可以消化掉，他说根本就没有什么风险，是你胆子太小。"

听了爱人的话，刘新华叹道："我何尝不想为自己的利益和家庭的利益打算，但是，你知道吗，老总说在年报上做做文章，实际上就是要我做假账，你和我都不是小孩子，应该分得清什么是对，什么是错。任何做假都是违背实事求是精神的，违背了实事求是的精神，也就丧失了作为一名合格的会计人员最起码的职业道德和行为准则。难道你要我一辈子都活在痛苦的煎熬之中，时时刻刻等着被揭穿的那天吗？"

那晚，刘新华彻夜未眠。从夜晚到白天，转眼之间已经是清晨了，这个世界渐渐苏醒并开始忙碌起来。刘新华依然呆坐着，他一夜未眠却毫无倦意，就在此时，他终于下定了决心。早晨一上班，他就向董事长提交了辞职报告，并委婉地劝告说："我认为公司应该想办法真正地走出困境，而不仅仅在报表上作文章，业绩不是做出来的，纸是包不住火的，希望老总能好好考虑考虑，我就言尽于此了。"

刘新华走了，离开了他工作了十多年的公司，离开了让很多人眼红的位置，带着他会计人的信念和执着……在刘新华的身上折射出了会计人正直、诚实的本性。在他的血液里有着公正、独立、诚信的会计精神，有着刚直不阿、廉洁自律的情操。诚信社会的建设正是由无数个"刘新华"牺牲了个人的利益逐步建立、完善起来的。

资料来源　项怀诚.会计道德案例［M］.北京：经济科学出版社，2003.

讨论问题：

1.您认为刘新华这样做值得吗？理由何在？

2.CFO道德操守与专业技能哪个更重要？当二者处在矛盾冲突之中时，应如何取舍？

第 11 章

商业伦理道德实践活动

经典名言警句

孟子见梁惠王。王曰:"叟不远千里而来,亦将有以利吾国乎?"孟子对曰:"王何必曰利? 亦有仁义而已矣。王曰'何以利吾国?'大夫曰'何以利吾家?'士庶人曰'何以利吾身?'上下交征利而国危矣。万乘之国弑其君者,必千乘之家;千乘之国弑其君者,必百乘之家。万取千矣,千取百焉,不为不多矣。苟为后义而先利,不夺不餍。未有仁而遗其亲者也,未有义而后其君者也。王亦曰仁义而已矣,何必曰利?"

————《孟子·梁惠王上》

昔时贤文,诲汝谆谆。

集韵增广,多见多闻。

观今宜鉴古,无古不成今。

知己知彼,将心比心。

————《增广贤文》

领导干部要把深入改进作风与加强党性修养结合起来,自觉讲诚信、懂规矩、守纪律,襟怀坦白、言行一致,心存敬畏、手握戒尺,对党忠诚老实、对群众忠诚老实,做到台上台下一种表现,任何时候、任何情况下都不越界、越轨。

————习近平

主要知识点

1.商业道德行为的本质、特性、激励模式与选择思路。

2.商业道德教育的特征与方法。

3.商业道德修养的实践原则与方法。

4.企业快乐指数、商业道德境界的层次与升华。

关键概念

商业道德教育（education of commercial ethics）

商业道德修养（cultivation of commercial ethics）

商业道德境界（realm of commercial ethics）

【引言】

古有陶朱公范蠡：草民成千古商圣

范蠡是春秋战国时的楚国三户人（三户位于今湖北省十堰市丹江口水库一带），人称范伯，就是范大，出身贫贱，活到二十岁没找到一份正经工作，楚国的上层贵族们根本不给他这个贱民机会，于是妄自菲薄，自暴自弃，披散了头发装成疯子，在山野中玩行为艺术，平常来往的有两个人，一个叫冯同，一个叫文种。冯同看事情能抓重点，比较精准。范蠡擅长纵横术；文种擅长搞经济。

范蠡离开楚国到齐国后遇到了生命中的贵人，就是孔子。孔子时年三十八岁，也是郁郁不得志，跟着鲁昭公到齐国当寓公。范蠡拜访孔子，孔子给他指出一条明路，让他跟着赵简子干。齐景公已经老了，不能用外人了。孔子名头这么响都坐了冷板凳，何况范蠡一个毛头小子。孔子强大的气场和渊博的学识彻底征服了范蠡。孔子虽然身高两米，但是温文尔雅，没有一点架子，做事进退有度，完全不像范蠡在楚国看到的贵族们那样飞扬跋扈。

范蠡在齐国呆了没几年，楚国果然大乱，伍子胥因全家被杀所以跑到了吴国。范蠡一看机会来了，赶紧回到楚国跟文种、冯同商量，伍子胥已经带着弓跑到吴国去了，咱们也赶紧去吧。但是冯同阻止了他，就你这两把刷子论文论武有伍子胥厉害？怎么能在一棵树上吊死呢，换棵树能费多大工夫。范蠡、文种一想对啊，吴国隔壁就是越国，待遇也挺高，于是一起投奔了勾践。去了越国之后，冯同、文种马上被重用了，范蠡却坐了冷板凳。因为当时越国的掌权者名叫石买，他特别看不起范蠡的为人。石买对越王勾践说，范蠡就喜欢吹牛，楚国、齐国、越国到处跑，走到哪儿都干不长，这种人一看就不能用。酒香不怕巷子深，是金子总会发光，像范蠡满大街推销自己，肯定没有真本事，您应该擦亮您的慧眼，认清他的真面目。勾践就没起用范蠡。过了两年文种跟勾践建议，敢吹牛的都不是一般人。范蠡虽然换过很多老板，名声有点不好，可是能办事。此时文种的话已经很有分量，勾践听了进去。没两年吴越打了起来，石买战死，勾践困于会稽山，幸亏范蠡献出花钱免灾一招，勾践活了下来。

勾践卧薪尝胆，十年生聚，十年教训。范蠡用了美人计、反间计、连环计，让夫差整日酗酒御美人不理朝政，还把忠臣义士伍子胥杀了，整天让太宰伯嚭胡作非为。此时子贡奉孔子命令前来说服勾践，原因是齐国赵简子准备打鲁国。子贡先去齐国说服赵简子不打鲁国打吴国，接着说服吴国不打越国打赵国，然后说服勾践把全部人马给夫差带上。勾践咨询了范蠡和文种的意见，接受了子贡的建议。

吴王夫差果然带人去打赵国，打赢了又去打晋国，忙着争霸但国内空虚，勾践趁机带着越国的女人把吴国打败了。为何越女这么强悍？因为范蠡命一个名叫阿青的女剑客整日训练越女练剑。吴国被灭，勾践准备把半个江山给范蠡，不要就杀了他。范蠡说，你有你的命令，可是我能不听，连夜带着阿青和西施装了几船金银珠宝一口气跑到齐国，到了齐国给文种写信，兔死狗烹、鸟尽弓藏，你也赶紧跑吧。文种还在犹豫，就被勾践杀了。

范蠡跑到齐国，起了个鸱夷子皮的名字，意思就是皮袋子。当年吴王夫差杀了伍子胥，把伍子胥装在了皮袋子里。范蠡晚年忏悔，伍子胥就是中了自己反间计被害死的，为了赎罪，就起了这个名字。他在齐国做生意，赚了很多钱，还当了齐国宰相。但是范蠡这么多年仇人也多，怕被人报复，也怕被勾践追杀，于是把家产散尽继续跑路，跑到定陶又做起了生意，没几年成亿万富豪，人称陶朱公，后世称为商圣。

商业道德实践活动是总结商业道德理论的基础平台与工作范围。商业道德行为、商业道德检查与评价、商业道德教育、商业道德品质锤炼和商业道德修养是商业道德实践活动的五种形式。商业道德行为，又称企业伦理行为，是在一定的商业道德意识支配下发生的有利或有害于他人和社会的，涉及企业员工个人利益与他人利益、个人利益与社会整体利益之间关系的，并能进行商业道德检查与评价的行为。商业道德检查与评价是企业伦理道德基本原则和商业道德规范得以贯彻，并转化为商业道德行为的保证。商业道德教育是铸造企业员工高尚道德品质的熔炉，是形成良好的商业道德风尚的重要条件，而商业道德行为是商业道德品质的表现，商业道德品质则是商业道德行为发展和积累的结果，两者相互作用、相互联系且相互依存，共同构成商业道德修养的客观基础。商业道德修养是企业员工进行自我道德教育的特殊课堂，它直接关系到企业员工自身道德品质的形成和商业道德行为的履行。

11.1 商业道德行为的选择

11.1.1 行为的本质和一般规律

"行为"，长期以来有多种解释。按中国古代通行的说法，"行"指的是走，"为"指的是做。《墨子》把"行""为"二字连同，认为行即是为，"行，为也"。"志行而悬于欲谓之为"，明确指出人的行为受欲望和意志支配。荀子说："虑积焉、能习焉而后成谓之伪"，认为行为是人经过思考之后，在理智指导下通过做而实现的活动。被称为"行为科学鼻祖"的亚里士多德指出："人的行为是根据理性原则而具有的理性生活"，这里的"理性生活"是指"人的心灵遵循着或包含着一种理性原则的主动作用"，也就是有目的、有意志的"具有主动意义的生活"。这种阐述有其合理因素。一些资产阶级伦理学家用生理学、生物学理论去解释人类行为。他们把人的行为看成生物对外界刺激做出的反射动作，是生物的本能活动。美国哲学家毕尔生说："行为的改变要根据刺激——反应情景来研究，完全不需要涉及意识伴随物和精神学假设。"这种行为观显然是有失偏颇的。

马克思主义伦理学认为：人的行为是在改造周围环境的社会实践中发生的，通过一定的社会关系表现出来的能动活动，是人类特有的生存方式。由于人是社会人，不能脱离社会而存在，人的行为就要受到包括自然需要在内的社会需要的目的和意志的支配。人类在不断改变自己所处的环境的过程中得以生存和发展。人类的行为由此产生，并在这一过程中通过实践活动表现出来。没有改造客观世界的实践活动，也就不会有人的行为。在阶级社会里，人的实践活动受一定阶级关系的制约，表现一定阶级利益和要求的倾向性。

影响人们行为的因素有哪些呢？美国社会心理学家库尔特·卢因（K.Lewin）提出了一个著名的公式：

$$B=f（P \cdot E） \tag{11-1}$$

式中：B（behavior）表示行为；

P（person）表示人；

E（environment）表示环境；

f表示函数符号。

库尔特·卢因认为，人的行为是人与环境交互作用的函数，是人的内在需要以及环境影响的结果。美国著名行为科学家麦格雷戈（D.Megregor）提出另一个公式，指出人的工作绩效是个人特性和环境特性的两个变量影响的结果，是这两个变量的函数。其公式为：

$$P=f（Ia, Ib, Ic, Id, \cdots, Em, En, Eo, Ep） \tag{11-2}$$

式中：P（performance）表示工作绩效；

E（environment）表示环境特性；

I（individual）表示个人特性；

a，b，c，d表示个人特性的具体因素；

m，n，o，p表示环境特性的具体因素。

上述两个公式，概括了人们行为的一般规律，具有普遍的适用性。

具体地说，影响人们个体行为的因素不外乎五个方面：生理因素，心理因素，文化因素，自然因素和社会因素。人的行为是很复杂的，是在理智指导下由很多因素共同作用的结果。

11.1.2　商业道德行为的特性

人的行为有复杂的表现形式和多重的层次结构，其行为的性质特点各不一样。依据人类社会实践活动的主要形式，人的行为可划分为经济行为、政治行为、法律行为、艺术行为、道德行为、日常生活行为等。上述每类行为还可划分为若干层次的行为类型，分别由不同的科学或学科研究。本书研究的是人类社会行为中的商业道德行为以及各种社会行为的商业道德意义。

任何企业行为按照道德标准都可划分为商业道德行为和企业不道德行为两大类。商业道德行为，是一种有利于他人、集体及社会的行为，是善行；企业不道德行为，简称企业败德行为，是一种有害于他人、集体及社会的行为，是恶行。企业假账就是典型的企业败德行为。在今天的企业实践活动中，企业行为绝大多数表现为商业道德行为。企业败德行为也时有发生，前文已专门分析介绍。商业道德行为的基本特征在于，它是企业员工对他人与社会的利益关系的自觉认识和自由选择的表现。揭示企业职业道德行为、商业道德品质形成及发展规律性，是科学培养企业员工的社会主义商业道德品质的理论基础，也是丰富和完善社会主义商业道德规范，正确进行商业道德检查与评价、商业道德教育的必要前提。商业道德行为的特性表现为：

1）自觉性

商业道德行为是基于企业员工对他人和社会的利益关系的自觉认识而表现出来的行为。不管这种认识是正确的还是错误的，都构成了企业行为的前提。当企业员工对上述利益关系的认识是正确的，同时支配他们行为的商业道德意识，并付诸行动，就表现为商业道德行为；如果他们对这种利益关系有了错误的认识，这种错误的认识就会支配他们的商业道德意识，一旦付诸行动，就表现为企业败德行为。

2）自愿性

商业道德行为是企业员工在其商业道德意识支配下所做出的抉择，是经过他们自愿选择的结果。这是道德行为区别于其他行为的重要特征。只要是道德行为，不管在任何时候，任何情况下就一定要受道德意识的支配，否则就没有道德意义。商业道德行为也不例外。在行为之前，商业道德意识的活动主要表现为对动机的确立，对行为方案的选择和决定；在行为之后，商业道德意识的活动则表现为行为主体对自身行为的检查与评价和对社会检查与评价所采取的态度。

3）坚定性

一个具有高度商业道德责任感和义务感的企业员工，在选择并践行自己的行为时，无论面临多么艰难险恶的环境，都会坚持商业道德观念，不屈外来压力，泰山压顶而不弯腰。始终对自己应尽的商业道德义务高度负责。

11.1.3　商业道德行为的激励和选择

为了激励商业道德的行为，必须懂得激励理论。国外学者，尤其是美国学者对激励理论做了大量研究。其中，影响最大的当推美国心理学家马斯洛（A.H. Maslow）于1943年在《人的动机理论》中提出的"需要层次论"，马斯洛认为人有五种基本需要（basic needs）：生理需要（the physiological needs），安全需要（the safety needs），爱的需要（the love needs），尊重的需要（the esteem needs），自我实现的需要（the needs for self-actualization）。

1954年马斯洛在《激励与个性》一书中补充了两个层次，即在"尊重的需要"之后增加了"求知的需要"和"求美的需要"。

麦格雷戈在其著作——《企业的人事面》一书中对马斯洛的"需要层次论"做了进一步发挥，他提出人的基本需要层次是：

生理的需要——层次虽低，但重要性却极大；

安全的需要——针对危害、威胁和剥削等保护的需要；

社交的需要——包括归属、结社、为他人接受，接纳、友谊和爱的需要；

自我的需要——自尊的需要（包括自重、自信、自主、成就、具有能力和知识的需要）和声望的需要（包括地位、赞颂、赏识与受人尊重的需要）；

自我实现的需要——包括发挥个人潜力，不断自我发展及发挥创造性的需要。

我国学者冬青在麦格雷戈的上述"需要层次论"的基础上，结合我国情况，提出了"C型需要层次图"。

在我国，企业员工的生理需要、安全需要基本得到了满足。作为商业道德行为，是满足企业员工社交需要的手段，获得尊重的前提，达到自我实现需要的途径，最终以理想社会实现需要为方向和目的。

如何激励商业道德的行为，充分调动企业员工的积极性和创造性呢？这就要求，一方面是社会、政府、领导和组织对企业员工的热忱关心，应用激励理论，尽量满足他们的五种基本需要；另一方面，通过商业道德检查与评价、商业道德教育和商业道德修养、启发、引导企业员工的思想和行为，促使最高层次的形成，并终身为之奋斗，两者结合就是企业员工积极性充分发挥的最佳模式。我们称之为"商业道德行为激励模式图"，如图11-1所示：

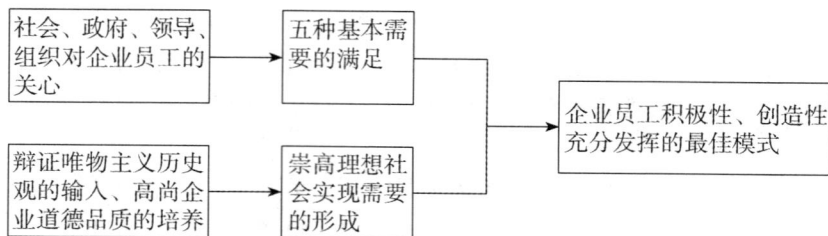

图11-1 商业道德行为激励模式图

现在，我们分析商业道德的行为选择问题。在这里，应明确在商业道德的行为选择中的自由与必然的联系。

根据马克思主义伦理学原理，我们知道商业道德的行为选择，虽然表面上看起来是主观随意的，实际上总在受客观必然性的制约。企业员工不可能超越客观环境提供的可能性，去随心所欲地选择商业道德的行为。首先应该看到，客观必然性对人们的商业道德的行为选择起制约作用，客观必然性制约着人们行为的动机，也制约着人们商业道德的行为选择的标准和内容，还规定着企业行为的道德责任。其次，也应该看到，人们在选择商业道德的行为时有相对的自由，人的主观能动性在商业道德行为中发挥着重要作用。

商业道德的行为选择自由，是指人们对于以商业道德必然性形式出现的历史必然性的认识，而获得的决定采取某种商业道德行为的能力。商业道德必然性则是指人们应当遵守的那些符合历史发展要求的商业道德原则和商业道德规范。一句话，人们对商业道德的行为选择，应谨慎细心，要对自己的行为负责。

|11.2| 大力开展商业道德教育

青少年是人类的希望和祖国的未来。同样，企业的希望和未来也在于对青少年的企业教育，尤其是商业道德教育。因此，商业道德建设首先应该以商业道德教育作为切入点。商业道德教育是企业教育的关键与核心，决定着企业教育的方向和前途。

商业道德教育是根据企业工作的特点，有目的、有组织、有计划地对企业员工施加系统影响，促使企业员工形成商业道德，履行商业道德义务的活动。商业道德教育的作用在于：它把社会意识中得到反映和论证的一定的商业道德原则、商业道德规范和商业道德观念灌输到企业员工的意识之中，引导企业员工既能够实行自我监督，调整自身行为，又能够参与社会行为的调整过程；对其他企业员工提出的商业道德要求进行商业道德评价。商业道德教育是商业道德职能作用得以发挥的重要途径。企业员工的道德品质需要商业道德教育来培养，社会道德风尚也需要包括商业道德教育在内的整个社会道德教育来造就。可见，开展商业道德教育，有利于提高企业员工的道德水平，促使企业员工形成商业道德品质，进行商业道德实践活动。

11.2.1 商业道德教育的特征

商业道德教育是塑造或改造企业员工道德面貌的工作。由于企业员工与社会实践、生产经营等活动有广泛的联系，而且有高度的自觉性和能动性，因此商业道德教育过程是一个极为复杂的矛盾运动过程。但是，商业道德教育并非不可捉摸、无规律可循。根据优秀企业员工的感人事迹，结合其商业道德思想和商业道德行为，我们可以看出商业道德教育具有以下特征：

1）商业道德教育的整体性

由于商业道德品质是商业道德认识、商业道德情感、商业道德意志、商业道德信念和商业道德习惯等基本因素有机统一的集合体，因此商业道德教育不能机械地确定为一个序列，单一地进行，必须注意各个基本要素的整体培养。整体性要求把商业道德教育看作有机的体系，做到各要素之间齐头并进，相互协调，共同发展。也就是说，我们应该在提高企业员工道德认识的同时，培养企业员工的道德情感和道德意志；在教育企业员工确立、坚定和增强自己的道德信念的同时，教育企业员工养成自然而然地实践商业道德原则和规范行为的习惯。当然，在进行商业道德教育的时候，是可以而且应该根据实际情况侧重于其中的某个方面；但是，切不可因有侧重点，而不兼顾其他方面。总之，整体性是由商业道德本身的形成和发展的客观过程所决定的，也是构成企业品质中各要素相互依赖、相互制约的必然要求。

2) 商业道德教育的针对性

商业道德教育要着眼于构成企业员工道德品质诸要素的平衡，使其全面发展，因而要对各要素施加积极的道德影响，但在现实的工作中往往难以达到各个要素发展的完全平衡，各要素在发展方面和发展水平上常常不一致。这是因为每个企业员工的生活经历、教育程度、知识水平和实践状况不同，他们的社会公德素质和职业道德素质不同，客观上企业员工的职业活动又与许多方面发生关系。这种情况决定进行商业道德教育不能采取统一的形式，死扣一环，只从一个固定不变的模式出发，而是要从实际出发，在充分调查的基础上，针对不同的教育对象，选择最需要、最迫切、最能见效的模式进行商业道德教育。譬如，对刚参加工作的企业员工，由于他们对商业道德知识知之甚少，因而就应该从商业道德认识着手；对某些意志薄弱的企业员工，就要从增强商业道德意志入手；对空谈商业道德而不实行者，就要从要求言行一致开始。总之，商业道德教育要因人而异，灵活多样。这种商业道德的针对性，是商业道德教育灵活性和生动性的体现。

3) 商业道德教育的复杂性

培养商业道德品质是一个极为艰巨复杂的过程，需要不断地反复进行。即使是比较单纯地传授商业道德知识，也必须经过反复教育才能逐步为企业员工所了解和掌握。相比之下，商业道德感情的培养，商业道德意志的锻炼，商业道德观念的树立和商业道德习惯的养成还要困难得多、艰巨得多、深刻得多，不可能一蹴而就，一次生效。例如，就培养商业道德情感来说，真正要使企业员工做到爱憎分明，从善如流，疾恶如仇，是很不容易的。这种情感必须在实践的基础上经过反复认识，反复感染，长期熏陶才能产生，要使其稳定，还需要更长期的教育。可见，复杂性是商业道德教育的又一规律性的特征，它表明商业道德教育是一项长期的艰巨的工作。

4) 商业道德教育的实践性

商业道德本身就是知和行的统一，商业道德离开了实际的商业道德行为就会变得毫无意义。不仅商业道德认识、商业道德情感、商业道德信念和商业道德习惯需要在社会实践中培养和训练，而且由"知"转化为"行"，必须在实践基础上实现。商业道德教育的实践性意味着，这种教育既要从企业的实际工作出发，适应社会的实践情况和实际需要；同时，又要引导企业员工遵循商业道德规范。实践是进行商业道德教育的基础，也是检查商业道德成效的唯一标准。离开了实践，商业道德教育就会变成空谈和说教，也就不能称其为商业道德教育。

5) 商业道德教育的渐进性

企业员工的道德品质不是先天就有的，也不是自发产生的，只有经过后天的长期学习和反复磨炼才能形成。企业员工这种反复的磨炼过程实际上也是商业道德品质形成的渐进过程。荀子云："积土成山，风雨兴焉；积水成渊，蛟龙生焉；积善成德，而神明自得，圣心备焉。故不积跬步，无以至千里；不积小流，无以成江海。"此话表明，一种良好的品质要经历积小善为大善的长期过程，只有通过平时细微的然而是不断的道德进步的量的积累，才能达到道德面貌的根本变化。刘备说得更明确："勿以善小而不为，勿以恶小而为之。"因此，商业道德教育不能操之过急，急于求成，而要循序渐进，日积月累。商业道德教育要给企业员工以道德理想，要达到这种理想必须经过无数的阶梯。只有立足企业实践，从自我做起，千锤百炼，才有可能成为一个具有高尚道德情操的企业员工。

商业道德教育是一个培养和塑造企业员工的灵魂的系统工程，特别需要遵循商业道德教育的客观规律。作为企业教育工作者要不断地研究各种新的企业问题，总结新经验，揭示新规律，使商业道德教育更丰富、生动、深刻、富有成效。

11.2.2　商业道德教育的方法

商业道德教育的方法是以商业道德教育的客观过程的特征及其规律性为依据的，是商业道德实践经验的总结。商业道德教育究竟应采取怎样的方法，只能根据商业道德本身的特点和教育对象的实际情况来确定。这里简要介绍以下几个方面：

1）传授商业道德知识与进行商业道德锻炼相结合的方法

传授商业道德知识，就是通过讲授，向企业员工灌输商业道德规范等知识，帮助企业员工提高商业道德认识，并在职业生活中自觉进行商业道德实践。但对商业道德知识的深入理解，离不开企业实践的锻炼和商业道德的锻炼。企业员工只有亲身实践，通过自身的锻炼体验和总结，才能更深刻、更全面地认识、理解商业道德知识，更自觉地从事企业实践活动。可以说，传授商业道德知识以及进行商业道德锻炼，是加强商业道德教育的两个同等重要的方面。

2）个人示范和集体影响相配合的方法

个人示范：第一，要求企业领域的各级负责人在工作中，以身作则，严格要求自己，成为全体企业员工的表率；第二，要求表彰先进模范人物，树立正气，抨击不良倾向。通过个人示范起到影响大众的作用。同时，要加强集体教育，扩大集体影响。集体是由许多个别成员集合组成的。集体影响一般表现为集体成员的相互学习、相互感染、相互激励、相互监督和相互促进等过程。发挥每个成员的长处，克服各自的不足，促进大家一起提高道德水平，起到良好的商业道德教育效果。

3）典范诱导和舆论扬抑相统一的方法

榜样的力量是无穷的，企业领域的榜样，是指在企业工作中做出了巨大成绩的英雄、模范人物。他们具有高尚的商业道德品质，善于从日常小事做起，不断对自己进行道德品质的锻炼，全心全意地为国家、人民、集体工作。他们闪光的行为和事迹，对其他企业员工起到了潜移默化的作用；加之，他们在社会上，尤其在企业领域的道德风尚，恰当地、实事求是地运用榜样的力量，可以启发、诱导和激励企业员工履行商业道德。与此同时，还要重视舆论作用。舆论对企业员工的道德行为起到扬抑作用。在企业领域中，只有形成了扬正抑邪、褒善贬恶的社会舆论，商业道德教育才能收到好的效果。

商业道德教育的方法除了上述几种以外，还有其他多种，例如说服教育的方法，道德行为反馈的方法等。在具体运用商业道德教育方法时，要视商业道德教育的任务、内容和教育对象的实际情况而定。

|11.3| 商业道德修养实践原则与方法

11.3.1 商业道德修养的意义

修养是一个含义广泛的概念，通常是指人们在政治、道德、学术以及各种技艺方面所进行的勤奋刻苦学习和涵养锻炼的功夫，也是人们经过长期的努力所达到的能力和思想品质。修养一般包括思想意识修养、道德品质修养和科学文化修养三个方面。商业道德修养是商业道德品质的一个部分，主要是指企业员工在思想意识、道德品质方面的"自我教育"和"自我改造"，包括按照一定的商业道德管理原则、规范所进行的自我批评和自我解剖，也包括在实践中所形成的商业道德情操和所达到的境界。其任务是企业员工通过对商业道德管理原则、规范的认识和体验，使自己形成稳定的、正确区别在企业工作中的善良与丑恶、光荣与耻辱、高尚与卑鄙、诚实与虚伪等方面的内在信念。企业员工有了正确的内心信念，就能在本职工作中自觉调节个人行为，使其符合商业道德规范。

进行商业道德修养，具有重大的意义。这种意义可以从商业道德修养同商业道德检查与评价、商业道德教育的区别和联系中加以说明。

商业道德修养和商业道德检查与评价是紧密相联的。商业道德修养要通过自我商业道德检查与评价的方式来实现，商业道德检查与评价的展开可促使商业道德修养的提高。在商业道德修养中，检查与评价的因素往往是同对道德理想的选择、追求紧密联系在一起的，并且始终服从于这种选择和追求。因而，检查与评价在这里仅仅表现为一般的"良心"的谴责，而且还从被动状态中解脱出来，成为一种克服障碍，达到个人道德完善的积极的力量。这就表明，在商业道德修养中，商业道德检查与评价的广泛性、深刻性得到了充分发挥，它不仅成为企业员工思想和行为隐蔽的监督者，而且还成为他们思想和行为内在的鼓舞者。商业道德修养把义务、良心、荣誉、幸福等观点集于自身，推动企业员工在为获取更高的道德价值，实现崇高的道德境界而自我反省、自我解剖和自我锻炼。所以，如果说商业道德检查与评价是商业道德规范的捍卫者，是形成企业员工道德品质的重要杠杆，那么其作用的实现关键在于提高企业员工道德修养的自觉性。

商业道德教育和商业道德修养是相辅相成的。商业道德教育是社会进行的道德活动，商业道德修养是企业员工个人自觉地进行道德活动。这两者的区别是社会和个人之间的关系在商业道德活动中的表现。它们之间可能存在着矛盾和斗争，但两者又是紧密联系的。商业道德教育要取得成效，关键是启发企业员工进行商业道德修养的自觉性。因为在商业道德修养中，企业员工的道德积极性和主动性可以得到充分发挥，商业道德教育所提出的道德要求能够转化成企业员工内心的深刻信念，且将该信念付诸商业道德行为，凝结成商业道德品质。从这个意义上讲，商业道德修养是商业道德要求体现在企业员工行为和生活方式中所达到的程度，是对商业道德要求的认识同这些要求在行为中的统一，是商业道德财富同个人独特的生活经验的统一。因此，可以说没有商业道德修养也就没有企业员工道德品质的形成和发展。

总之，商业道德修养是使商业道德的职能和社会作用得以顺利实现的重要基础，是商业道德教育的内在课堂，是商业道德教育的重要目标。一个企业员工一旦掌握了商业道德修养就能将自己在社会实践中，在商业道德检查与评价和商业道德教育中所形成的道德观念、道德信念和道德理想转化为道德行为，凝结成相应的道德品质。其实，一个企业员工高尚的商业道德品质，都是他刻苦进行商业道德修养的结果。

11.3.2　商业道德修养的实践原则

首先，要明确商业道德修养的目的。我国商业道德修养受以公有制为基础的社会主义生产关系的制约，同共产主义道德体系紧密相联，其目的是：提高企业员工在社会主义市场经济中的商业道德管理水平，培养企业员工的共产主义道德觉悟，造就一代新型商业伦理员工，为实现祖国振兴和共产主义而奋斗。

为了实现这一目的，商业道德修养一刻也离不开企业工作的实践。只有在企业实践活动中进行商业道德修养，才能使自身的道德品质不断提高。这就是商业道德修养的原则，这也是它和历史上一切旧的商业道德修养的根本区别。古代的伦理学家强调的是脱离实践活动的唯心主义的修养方法。所以，刘少奇同志曾指出："古代许多人的所谓修养，大都是唯心的、形式的、抽象的、脱离社会实践的东西。他们片面夸大主观的作用，以为只要保持他们抽象的'善良主义'，就可以改变现实、社会和自己。这当然是虚妄的。我们不能这样去修养。我们是革命的唯物主义者，我们的修养不能脱离人民群众的革命实践。"

商业道德修养之所以强调实践原则，是因为：

第一，人们只有在实践过程中才能改造自己的主观意识。企业员工只有在开展工作过程中，通过与服务对象的接触和联系，才能意识到自己的行为哪些是道德的，哪些是不道德的，从而进行商业道德修养。

第二，商业道德修养只能在实践中得到检验和提高。商业道德原则和规范对商业道德修养提出了明确的目标。这些道德原则和规范必须运用到企业实践中去，通过实践效果检验商业道德修养是否符合商业道德原则的规范和要求，对照、检查、改正以至清除自己在思想、言行中的一切与上述原则和规范相违背的东西，从而不断提高商业道德修养水平。

第三，商业道德修养是一个人从实践到认识，再由认识到实践的不断循环往复的运动过程。这一过程不是简单的重复，而是不断向上发展的，永无止境，只有反复实践和反复认识，才能使企业员工的道德修养不断升华，从而达到一个又一个新的境界。

11.3.3 商业道德修养的方法

商业道德修养的方法是多种多样的。由于每个企业员工的社会实践、工作环境、生活经历、文化素质、性格特征各不相同，所以修养的方法就不能完全是一个格调。总体要求是从实际出发，循序渐进，扎扎实实，持之以恒。具体方法主要有：

1) 进行两种商业道德观念的斗争

自觉进行两种商业道德观念的斗争，是企业员工道德修养能否成功的关键。企业员工不能离开社会进行企业实践活动。在当今社会上，存在着封建思想、资本主义思想和各种旧的道德思想，它们经常影响、侵蚀企业员工，以个人利益为核心的旧道德思想就通过各种渠道冲击、影响企业员工的思想和行为。企业员工在进行商业道德修养时要正确地针对这一客观实际情况，严肃认真地培养自己扬善弃恶的道德感情，以商业道德规范为尺度，客观度量自己在企业实践工作中的言行，对各种旧的商业道德思想进行严厉批判和斗争，在斗争中不断提高商业道德修养水平。

2) 开展自我批评，严于解剖自己

有道是："金无足赤，人无完人。"每个企业员工，由于各种原因，难免会有这样那样的弱点、缺点和错误。正确的做法是，要敢于正视自己的不足，开展批评和自我批评，严于解剖自己，而这也成为商业道德修养高低的重要标志。

由于企业工作的性质，决定了企业员工要直接或间接地与金钱和财产物资打交道。企业领域是充满"诱惑力"的地方。目前社会上"向钱看"的思想，这种不健康的思想意识会通过各种途径影响人们，企业领域更是"渗透"的重点。

为此，企业员工要始终保持清醒的头脑，不为各种"香风毒雾"所迷惑，不被各种"糖衣炮弹"所击中，更需要经常不断的自我批评、自我反省和自我警惕。企业员工要紧密结合本职工作实际，经常进行自我反省检查，用社会主义商业道德原则和规范严格解剖自己，找出自己在道德问题上的不足，逐步提高自身的商业道德修养水平。在开展自我批评、自我解剖的过程中，对自己要有正确的估价，开展自我改造，培养并逐步形成社会主义商业道德情感和观念。为了更好地开展自我批评，自我解剖，自我检查与评价，还必须有"闻过则喜"的精神，能够虚心地听取不同意见。因为一个人往往不容易发现自己的缺点、不足，即使发现了，认识也不一定深刻。正如俗语所言："目能见几里之外，而不自见其眉睫""当局者迷，旁观者清"。企业员工要善于听取领导、同事的批评，虚心、诚恳地考虑别人的意见，接受他们的监督，做到有则改之，无则加勉。

可以说，商业道德修养过程同时也就是企业员工不断地开展批评和自我批评，由不成熟到成熟，由不完善到完善的过程。但这一过程永无尽头。正如周恩来同志所说："世界上没有完人，永远不会有完人，一万年到了共产主义社会也还有缺点。"

3）"慎独"

"慎独"作为商业道德修养的方法，是指企业员工必须严格要求自己，努力培养强烈的商业道德情感和坚定的商业道德信念，并且坚持在"隐"和"微"处狠下功夫，在履行职责时不管在人前人后，有人无人的情况下，都能一丝不苟，认真负责，恪尽职守。所以，在商业道德修养中，要从小处、从无人之处着手，努力把好"隐""微"的关口，才能收到预期的效果。"慎独"，作为修养应达到的境界，是指一种无须外来任何监督和强制而习以为常的行为方式。要达到这一境界是很不容易的，要经历一个由不自觉到自觉的过程，要经历长期的、甚至是痛苦的实际锻炼；但必须努力争取达到这种境界，否则，商业道德修养就不能深入，甚至夭折。企业员工为了达到"慎独"的境界，关键在于提高商业道德修养的自觉性。企业员工要深刻认识企业工作的目的和意义，树立强烈的事业心，明确商业道德修养的方向。

11.4 商业道德境界的层次与升华

境界这一概念，在我国西汉时期就开始使用，首先是指"疆界""地域"的意思，以后引申为人们所处的境况。"境界"作为一个思想修养的概念，始于佛教传入中国以后。佛教把境界理解为每个人对佛经的造诣和理解的不同程度。"斯义宏深，非我境界"，就是这个意思。魏晋时期人们开始把诗文的立意和造诣的高低、深浅也称为境界。"境界"这一概念就被广泛运用于文学、艺术、政治和伦理道德等各个领域。

商业道德境界，是指企业员工在社会生活和企业实践工作中，按照商业道德规范所形成的道德觉悟水平，以及处于这种道德觉悟水平所表现出来的思想感情和情操。由于每个企业员工所受教育程度的不同和自我修养程度的不同，他们所达到的道德境界也会存在较大的差别。

11.4.1 企业快乐指数的设计

我们设计了一个诚信与快乐相联系的关系指数，即企业快乐指数：

$$T \cdot M = H^2 \tag{11-3}$$

式中：H（happiness）表示快乐指数；

T（trust）表示诚信；

M（market）表示市场。

公式（11-3）说明，企业讲求诚信，自然会赢得市场，从而可得到双倍的快乐；有些新上马的企业，新产品问世可能市场规模开始较小，只要讲求诚信，终究会日益壮大，赢得市场与快乐；那些不讲求诚信的企业，肯定会失去市场，何谈快乐！

《孟子·告子上》告诫后人："生，亦我所欲也；义，亦我所欲也。二者不可得兼，舍生而取义者也。生亦我所欲，所欲有甚于生者，故不为苟得也；死亦我所恶，所恶有甚于死者，故患有所不辟也。"值得我们深思与仿效。

根据企业员工对待本职工作的不同态度，参照不同级次的快乐指数，商业道德境界大致可分为以下三个层次：

11.4.2 "雇佣型"的境界

在"雇佣型"的商业道德境界下，企业员工用雇佣观点来对待自己的企业工作，看待在本职工作中的人与人之间的关系。他们一般将从事企业工作看作谋生的手段，不主动发挥自己的知识和技能，只求得到理想的工作和报酬，道德上也就满足了，此时他们处于初级快乐指数层次，亟待提高层次。在雇佣型企业员工的道德意识和行为中，社会的道德检查与评价和道德自我检查与评价存在着矛盾。社会对企业员工的道德期望较高，而企业员工对自身的道德要求容易满足。

11.4.3 "尽职型"的境界

处在"尽职型"商业道德境界的企业员工以作好分派给自己的企业工作作为最高的追求。他们缺乏远大的道德理想，不能自觉地认识到自己从事的工作是共产主义事业的一部分。当个人利益与国家、人民的整体利益一致时，他们会认真工作；一旦两者出现矛盾，就会动摇、退却，这时可检验他们商业道德修养的深浅程度。"尽职型"企业员工在开展商业道德自我检查与评价时，会考虑人民利益，但更多的是考虑个人利益，他们会尽可能做到对自我的道德要求符合社会的道德要求，并且力争其个人的企业行为受到社会道德检查与评价的肯定、鼓励和表扬，这类企业员工处于中级快乐指数层次，有待提高与升华。

11.4.4 "献身型"的境界

"献身型"是指企业员工在本职工作中始终做到工作第一，他人第一，全心全意为人民服务。在这种道德境界下，企业员工能从大局出发，能摆正并正确处理个人与集体的关系，能从他人和社会利益出发，提出商业道德的自我要求，整个身心全面投入企业工作，自觉地使自己的商业道德行为符合社会和人民大众的要求。在这里，商业道德的自我检查与评价和社会检查与评价达到统一，商业道德教育收到成效，这些企业员工处于高级快乐指数层次，他们的商业道德修养达到完美的境界。

以上分析表明，三个层次的商业道德境界是递进的，而不是并列的。每个企业员工都可以从较低层次的道德境界向较高层次的道德境界转化。商业道德检查与评价、教育和修养的目的是推进企业员工从"雇佣型"境界向"尽职型"境界转化，从"尽职型"境界向"献身型"境界转化、升华。

应该看到，商业道德境界既是有止境的，又是无止境的。因为一方面它要受历史条件和企业实践的限制，另一方面它又要随历史条件、社会生产力和企业实践的不断发展而发展。因此，每个企业员工都不能满足已经达到的道德境界，要在社会生活和企业实践中不断提高自己的商业道德修养的自觉性，向更高的商业道德境界迈进。

复习思考练习题

一、单项选择题

1.不属于商业道德行为的特性表现的是（　　）。

A.自觉性　　　　　B.自愿性　　　　　C.坚定性　　　　　D.自利性

2.商业道德教育的整体性是指（　　）。

A.商业道德教育不能采取统一的形式，而是针对不同的教育对象，选择最需要、最迫切、最能见效的模式进行商业道德教育

B.商业道德教育不能机械地确定为一个序列，单一地进行，必须注意各个基本要素的整体培养

C.培养商业道德品质是一个极为艰巨复杂的过程，需要不断地反复进行

D.企业员工的道德品质不是先天就有的，也不是自发产生的，只有经过后天的长期学习和反复磨炼才能形成

3.下列关于商业道德修养的说法不正确的是（　　）。

A.商业道德修养和商业道德检查与评价是紧密相联的

B.商业道德修养和商业道德教育是相辅相成的

C.商业道德修养是一个人从实践到认识的单向的运动过程

D.商业道德修养只能在实践中得到检验和提高

4.商业道德修养中的"慎独"方法指的是（　　）。

A.企业员工必须严格要求自己，努力培养强烈的商业道德情感和坚定的商业道德信念，并且坚持在"隐"和"微"处狠下功夫

B.企业员工不断地开展批评和自我批评，由不成熟到成熟，由不完善到完善的过程

C.企业员工自觉进行两种商业道德观念的斗争，这是企业员工道德修养能否成功的关键

D.企业员工只有在实践过程中才能改造自己的主观意识

5.下列不属于道德境界的层次分类是（　　）。

A."雇佣型"　　　　B."自愿型"　　　　C."尽职型"　　　　D."献身型"

二、多项选择题

1.商业道德实践活动的形式包括（　　）。

A.商业道德行为　　　　　　B.商业道德检查与评价　　　C.商业道德教育

D.商业道德品质锤炼　　　　E.商业道德修养

2.影响人们个体行为的因素有（　　　）。

A.生理因素　　　　　　　　B.心理因素　　　　　　　C.文化因素

D.自然因素　　　　　　　　E.社会因素。

3.下列关于"尽职型"的境界，说法正确的是（　　　）。

A.企业员工以做好分派给自己的企业工作作为最高的追求

B.企业员工将工作看作谋生的手段，不主动发挥自己的知识和技能

C.当个人利益与国家、人民的整体利益一致时，他们会认真工作；一旦两者出现矛盾，就会动摇、退却

D.企业员工在开展商业道德自我检查与评价时，会考虑人民利益，但更多的是考虑个人利益

E.在员工的道德意识和行为中，社会的道德检查与评价和道德自我检查与评价存在着矛盾

4.商业道德教育具的特征包括（　　　）。

A.商业道德教育的整体性　　　　　　　B.商业道德教育的针对性

C.商业道德教育的复杂性　　　　　　　D.商业道德教育的实践性

E.商业道德教育的渐进性

5.关于快乐指数下列正确的是（　　　）。

A.快乐指数是关于诚信和市场之间的关系的描述

B.快乐指数是关于诚信和道德之间的关系的描述

C.企业讲求诚信，自然会赢得市场，从而可得到双倍的快乐

D.对于新上市的企业，为了赢得市场，将来再考虑诚信

E.企业获得快乐，主要是取得市场就可以了

三、判断题

1.商业道德检查与评价和商业道德行为相互作用、相互联系且相互依存，共同构成商业道德修养的客观基础。　　　　　　　　　　　　　　（　　　）

2.商业道德行为的基本特征在于，它是企业员工对他人与社会的利益关系的自觉认识和自由选择的表现。　　　　　　　　　　　　　　　　（　　　）

3.坚定性是道德行为区别于其他行为的重要特征。　　　　　　（　　　）

4.传授商业道德知识以及进行商业道德锻炼，是加强商业道德教育的两个同等重要的方面。　　　　　　　　　　　　　　　　　　　　　（　　　）

5."献身型"的境界，商业道德的自我检查与评价和社会检查与评价达到统一，这些企业员工处于高级快乐指数层次。　　　　　　　　　　　（　　　）

四、简答题

1.商业道德行为有何特性？怎样激励与选择企业的道德行为？

2.商业道德教育有何特征？怎样进行商业道德教育？

3.什么是企业快乐指数？商业道德境界有多少层次？如何升华商业道德境界？

4.怎样组织商业道德实践活动？

5.商业道德修养为什么要坚持实践原则？

案例讨论题

万达集团召开廉洁与遵章守纪教育大会

2019年8月30日，万达集团发布内部公告称，8月30日万达集团召开了廉洁与遵章守纪教育大会，经集团审计中心查实，商管集团原总裁助理兼华南运营中心总经理王某、武汉区域原招商营运副总经理密某、黄冈万达广场原总经理付某、孝感万达广场原招商营运副总经理张某严重违反集团制度，向商户、供方及员工索贿，金额巨大，已涉嫌犯罪。目前，万达集团均与上述4人解除劳动关系，并移交司法。

王健林唯一直管的审计部。员工：真的是怕。

军人出身的王健林，一直信奉从严治理之道。眼里揉不得半粒沙子。然而，金钱滋生腐败，天量资金则滋生巨额腐败。身处资金量庞大的地产业，万达也不能幸免。

王健林曾在一次演讲中特别指出：万达建立了一支强大的审计队伍，我个人在集团不分管具体业务，唯一管的部门就是审计部，审计部就相当于万达集团的纪委。这支团队忠诚、严谨、能力强，在集团内树立了权威，具有很强的威慑力。

据万达审计监督微信公众号披露，王健林对占小便宜、贪污腐败、舞弊零容忍。所以他送给万达高层6个字：勤奋、团结、廉洁。

万达信奉审计是一种哲学。没有约束，"人性本并不善"。所以，审计是必需的！在万达，对于腐败和舞弊始终都是保持高压的态势，任何人不得触碰，一旦触碰，发现一起处理一起。

中国企业家杂志曾报道，一名万达前员工表示，"我们对审计部门的主要感受是怕，我们希望永远不要和他们那边（审计中心）的人有交集。因为当他们找到你的时候，基本上没有什么好事儿。很多人对'审计中心'真的……真的……是怕。"

王健林在诸多公开场合表达了"无法容忍腐败"的态度，"反腐把国有企业的无边界扩张遏制了，通过反腐把很多官商勾结从市场上扫走了，大幅度降低了市场上的不公平现象。"

不过，最近几年万达内部的腐败情况还是时有发生。

2018年1月21日，王健林在对2017年工作做出总结时称，反腐卓有成效，"审计中心去年查处263起违规事件，解除劳动关系129人，司法立案三起，为企业挽回损失1.3亿元"。

据多家媒体报道，2018年8月1日上午，在北京建国门的万达总部，两名万达高管被朝阳警方带走。据悉，此次案件或与安徽的项目有关，项目公司以销售去化有困难为由串通集团高管放宽审批权，将房子以极低的折扣卖给了外部供应商，从中赚取差价。此次共牵涉区域公司、集团公司20余人，集团高管个人非法所得金额高达千万。

房企行业的内部腐败并不是偶发性事件。

一名TOP3房企的人士曾告诉每日经济新闻记者，在正常情况下，每家房企每年都会有因为反腐被抓的人，"公司内部设置了审计检查部门，那么多环节，买地、营销，工程采购，每个环节都可能滋生腐败。"

一名在房企负责营销版块的人士也形容，在营销费用上，"拿回扣"在行业内是一种很常见的现象。

据第一财经报道，有地产总裁表示："一个项目营销总监直接贪了6 000万元，我们的项目土地价格只有隔壁项目的一半，利润率至少有60%，但是最后测算只有正常的利润水平。因为那个营销总监贪污太多，我们直接报案。"

朗诗地产2019年5月公告称，邓敏在担任成都公司常务副总经理等职务期间，在项目收购、营销事项上涉嫌经济犯罪，情节严重，公司发现后立即向司法机关报案，司法机关现已对邓敏采取逮捕强制措施。

2019年1月，雅居乐地产集团海南区域总裁简毓萍和雅居乐地产集团广州区域副总裁蔡小鹏因严重廉政违纪双双被罚，简毓萍被开除、蔡小鹏被劝退。

讨论问题：

1.为什么说"拿回扣"是房地产行业内的常见现象？怎样治理？

2.企业内部审计有哪些功能？如何消除腐败？

第12章

商业伦理道德机制构建

经典名言警句

太上曰：祸福无门，惟人自召。善恶之报，如影随形。

——《太上感应篇》

知行合一的"知"，不是"知道"，而是"良知"，是每个人内心与生俱来的道德感和判断力，找到并遵循内心的良知，复杂的外部世界就将变得格外清晰，致胜决断，了然于心。

——度阴山《知行合一：王阳明》

千教万教教人求真，千学万学学做真人。

——陶行知

法律是成文的道德，道德是内心的法律，法律和道德都具有规范社会行为、维护社会秩序的作用。治理国家、治理社会必须一手抓法治、一手抓德治，既重视发挥法律的规范作用，又重视发挥道德的教化作用，实现法律和道德相辅相成、法治和德治相得益彰。

——习近平

知行合一的无边威力在于良知与善行合一。

——佚名

主要知识点

1.道德自律与他律的理念及关系。

2.商业伦理道德自律机制的内容与形式。

3.商业伦理道德他律机制的概念及构成。

4.商业伦理道德评价方式与指标体系设计。

关键概念

自律（autonomy）

他律（heteronomy）

商业道德自律（autonomy of commercial ethics）

商业道德他律（heteronomy of commercial ethics）

商业道德评价（valuation of commercial ethics）

【引言】

今有胡雪岩：帮助左宗棠收复新疆 为国理财

在中国历史上，商界有两位圣人，一位是陶朱公，另一位就是胡雪岩，所以流传着"古有陶朱公，今有胡雪岩"的说法。

胡雪岩是清朝末期一位很了不起的商人，被大家尊称为"商圣"。胡雪岩跟范蠡相反，他是先经商，而后介入官场。但他没有做到功成身退，最后只落个一败涂地。同为商圣，经历和结局却截然不同，这正是值得我们研究的关键。

胡雪岩生于清道光三年（1823年），死于清光绪十一年（1885年），终年六十二岁。他跟大多数人一样，出身贫困。如果胡雪岩出身富贵，或者天赋异禀，那也用不着研究，因为我们没有办法从中得到什么对自己有用的启示。胡雪岩在六十二年人生路程中，跟所有人一样，都经历了童年、少年、青年、壮年、老年，最后走向生命的终结，但是他的人生过程，却充满了跌宕起伏，大起大落，从而为我们提供了很多可以引以为鉴的经验教训，值得我们花时间来仔细地了解并加以研究。

到了新疆，我们第一个想到的人应该是左宗棠。因为如果没有左宗棠，新疆这块占中国领土六分之一的大好河山，很可能已经变成外国人的地盘。当时，中亚细亚有一个首长叫阿古柏，他在外国势力的支持下，一直想把新疆分裂出去，成立一个独立的国家。清朝名臣左宗棠，主张出征西北，收复新疆。但打仗是需要钱的，要给士兵发放粮饷，要给马匹备足草料，军械弹药也都需要购置，这是一笔庞大的费用。但那时的清廷腐败无能，国库空虚，根本无力支付西征所需要的巨额军费，再加上东南沿海告急，同为权臣的李鸿章主张海防重于塞防，极力反对西征新疆。清廷虽然两边都支持，但却根本拿不出钱来。最后是谁支持了左宗棠？是胡雪岩，是他供给了左宗棠收复新疆的大部分军费。

大家一定会想，胡雪岩出身贫困，连政府都供应不起的军费，他一个人怎么就能承担得了？胡雪岩是有这个能耐的。短短十几年的时间，他就迅速累积了巨额财富，曾一度拥有三千万两白银的资产。当然，单凭他个人的财力，要支付整个军队出征的费用也很困难，所以他替清政府向外国银行贷款。因为清政府向外国银行贷款，外国人根本不答应，他们不信任清廷，怕清政府无力偿还。但后来胡雪岩凭个人的担保，以自己的资产做抵押，居然借到这笔巨额贷款，这才保证了左宗棠顺利出征，新疆也才得以收复。左宗棠曾再三地跟西太后讲，如果没有胡雪岩，这个仗打不下来，胡雪岩的功劳不输于任何冲锋陷阵的将领。左宗棠在给朝廷的奏折中写道："胡雪岩，商贾中奇男子也。人虽出于商贾，却有豪侠之概。"

左宗棠站在明处，我们都知道他有贡献，有功劳。可是我们不能忘记，背后还有一个我们看不见，但却是真实存在的功臣——胡雪岩。

我们中国人习惯把死去的人和死去的人作比较，不便把活着的人和死去的人作比较。因为人活着就还会变，只有死了不会再改变，我们才可以放心去评判。所以盖棺论定，才能算数。胡雪岩一生最大的功绩，就是帮助左宗棠收复了新疆，保证了我们祖国领土的完整，在这一点上，没有任何一个逝去的商人能够与之相比。

中国人对时间的观念比较特别，只要现代的商人没有能超越胡雪岩的，即"后无来者"，我们就认为他就是"今"，所以我们才说"今有胡雪岩"。

资料来源　曾仕强.胡雪岩的启示［M］.西安：陕西师范大学出版社，2008.

本章首先明确道德自律与他律理念及商业道德自律与他律的辩证关系，认为企业伦理的平衡需要他律机制与自律机制的约束；其次，探讨商业伦理道德自律机制与商业伦理道德他律机制。再次，从商业道德评价的重要作用、商业道德评价的标准、商业道德评价的根据、商业道德评价的方式等角度论述商业伦理道德评价机制，最后进行了商业道德评价指标体系与评价标准的设计和探讨。

|12.1| 道德自律与他律理念及关系的辨析

目前理论界有的学者把自律与他律割裂开来，片面地强调自律而排斥他律，因而也造成了企业生活中的道德困惑。要理解和把握企业活动中的自律与他律，需要从理论上正确解释道德的自律和他律。

12.1.1 康德的自律理论与黑格尔的他律主张

1）康德的自律理论

"自律"和"他律"原是德国哲学家康德伦理学的用语，在康德的理论中，自律是排斥他律的。"自律"和"他律"本义是指道德价值的根据是在人之外，还是在人自身。"自律"，就是强调道德意志受制于道德主体的理性命令，自己为自己立法，将被动的"必须如此行动"变为"愿意如此行动"，把服从变为自主。就是说，道德价值的根据只在人自身，即在于对道德法则的尊重。在他看来，他律就是道德行为受制于理性以外的其他因素，即受制于神或环境或社会的权威或感性欲求等，而这样的行为，在他看来是有悖于道德的纯粹性和人的尊严的。因为按照康德道德哲学的根本原理，人是目的，他律使人成为手段、工具，这是与人的本质和本性不相容的。

康德的自律论在 18 世纪的德国乃至欧洲，有重大的启蒙意义，它作为对基督教神学道德和机械道德论批判的结果，被看作是道德哲学上的"哥白尼式革命"。

他的历史功绩在于把道德价值的根据从神、权威那里转移到人自身，树立起人的权威和尊严，从而把人的理性道德和宗教信仰道德对立起来，实现了思想启蒙的决定性一步。所以在当时的德国理论界形成一种流行的批判性观点，认为道德的基础是自律，宗教的基础是他律。换句话说，只有自律才是自由的道德，他律就是宗教的强制。那时，康德被激进的青年们崇拜为"道德领域的思想巨人"。他们以这样的观点为武器批判神学道德和各种庸俗道德观。

2）黑格尔的他律主张

黑格尔肯定了康德道德哲学对思想启蒙的伟大功绩，同时批评他只是停留在主观道德领域而未能进入客观的伦理领域。在黑格尔看来，单有主体自身的"意志内部的自我规定"还只是形式的道德，只有进一步通过家庭、社会和国家这些客观的实体性的伦理关系规定，即进入他律，才能成为真实的道德。

他认为，人在做某种事情，从事某种职业活动的时候，就是在以伦理的客观要求规定着自己，限制着自己，并且只有通过这种限制，人才能成为现实的、有特性和有教养的人。不仅如此，黑格尔还把这种理论用于指导职业道德教育，指出："在市民社会中个人在照顾自身的时候，也在为别人工作。但是这种不自觉的必然性是不够的，只有在同业公会中，这种必然性才能达到自觉的和能思考的伦理。"并指出意志自由在道德伦理中只能是自律与他律的统一。对此恩格斯作了肯定的评价，说"黑格尔的原则也是他律""他主张主体和客体力量相调和，他非常重视客观性"，说他比主张任性的主观自律的"青年黑格尔派"高明得多。

12.1.2 马克思和恩格斯的自律与他律道德观

马克思和恩格斯继承并发展了康德的道德理论。青年时代的马克思，利用康德的自律观点，成功地批判了普鲁士的压制自由的书报检查令。同时，马克思也指出了康德道德自律观点的片面性，指出康德的道德观，仅仅是从道德和宗教之间的根本矛盾出发的，但因为"道德的基础是人类精神的自律，而宗教的基础则是人类精神的他律"。这里，马克思是从人类精神而不是从个别精神的角度来谈道德自律的，即把自律当作人类社会整体的内在制约，而不是仅仅作为孤立的个体意志的表象。

当然这种人类精神自律也不是没有物质基础的。这种人类精神的基础和内容，就是他常常强调的"全人类的利益"。马克思说："既然正确理解的利益是整个道德的基础，那就必须使个别人的私人利益符合全人类的利益。"即一定社会的人的道德自律，只能建立在对必然性规律认识的基础上，个体的道德自律不可能离开外部规律性的制约和客观要求，只能自觉地去认识外部世界的规律性和必然性，把自己的行为限制在规律性、必然性、必要性所允许的范围之内。正是在这个意义上，马克思和恩格斯肯定道德本质是他律的，并肯定了黑格尔对康德道德哲学的批评。

12.1.3　商业道德自律与他律的辩证关系

职业道德是自律的，还是他律的，在这个问题上，社会上一直争论不休。较普遍认为自律就是自主、自由，就是人的内在自制；他律就是个人服从外部的约束，被人管着，没有自主和自由，就是外在的强制。那么这种观点是否正确呢？我们说是不正确的，至少是片面的，是康德的职业道德自律观。如果片面地宣传道德就是自律而不能是他律，讲他律就是约束，显然也误解了马克思的道德观点。一般不可能只有他律而无自律。一个小孩子要去拿一个烫手的食物吃，他的理性被这个外物和他自己的食欲所他律，但当母亲说不能吃、会烫坏手时，他就不去拿了。这是通过他的头脑，有自觉意识支配的行为，这以后他遇到这种情况就不再去拿，也就是理性的自律了。

那么，商业道德的"自律"与"他律"究竟是什么关系？

第一，商业道德的自律不只是企业员工主体克制和约束自身的意思，更根本的一层意义是：企业员工主体借以律己的准则，是自然、社会、市场的客观的合理的要求，商业道德价值的根据不在企业员工自身，而在企业员工之外，在于企业员工所实践于其中的社会和历史。

第二，商业道德的自律只是意味着商业道德主体借助于对自然、社会和市场规律的认识和对道德规范的认同，自己为自己立法，把被动的服从变为主动，自觉地指导和约束自己。当某位企业员工自觉履行约束他的法律和道德规范时，他的行为便是自律的；当某位企业员工按照规范要求的"应该如何"去履行行为时，他不但是在自律，而且是把自律与他律统一起来，达到自觉、自主和自由。

第三，商业道德的他律是对企业员工个体的主体性、主动性的肯定，是企业员工的自我认识、自我完善的过程。一个人越是尊重他律，能承担他律的客观要求，他的主体性就越强，他的自律程度就越高。任何一个人都是在限制自己于事业的要求中而发挥能动性、主动性、创造性的；他越是承担起巨大的社会责任，就越是显示出他的主体性、主动性和自律能力。不能承担社会责任的人正是缺乏主体性和自律能力的人。

第四，商业道德的"自律"，是以"他律"为前提的。道德的自律和他律是不可分离的，一般不可能只有他律而无自律。就企业员工所受到外部世界的约束来说，是他律的；而在一定程度上理解和把握自己的生活范围的要求来说，又是自律的。当我们强调自律的时候，不应该忘记和否定这种自律是以承认他律为前提的。首先是肯定道德价值的根据不在人自身而在人之外，即在社会和历史发展之中。其价值就是人的活动的一定的社会存在方式，即对社会所尽的责任和所做的贡献；当我们说到他律的时候，也不应忽视和否定道德必须通过自律去体现，必须转化为自律，才能"因德而明道"。只有自律而无他律的道德，实际是忽略了借以律己的道德准则的客观根据，或者是无根据；只有他律而无自律的道德，只是虚拟不实的规定，或强行的宗教教规。我们的职业道德建设，应力求推进自律与他律的统一。

12.1.4 企业伦理的平衡：需要他律机制与自律机制

在社会主义市场经济建设过程中，为了保持企业伦理天平的平衡，需要从商业道德他律机制与商业道德自律机制两个角度考虑。

在企业他律机制方面，企业经营必须借助法律与规章制度的约束和监管。在商业伦理中，相应的公司法制建设应该跟上社会经济发展的过程，尽快地健全与完善，并从严实施，迫使不讲诚信的人没有可乘之机与侥幸心理。不过，任何法律与规章制度都会存在漏洞与不足之处，而法律与规章制度在时间上总存在着滞后性。所以，社会就需要企业借助道德自律机制的形式来约束企业的经营行为。

在商业道德自律机制方面，诚信的实质在于聚集文化力量，我国企业的诚信需要借助中国的传统文化力量，促使企业员工以诚实、守信、自律约束自己的活动，从而转化为合理合法的自觉自在自主行动。在企业经营中，企业员工只有取信于人，才能万事必成，为社会和大众创造更多更好的物质财富与精神食粮。

而从更广泛更深刻的角度看，我们既要关注在利益方面形成伦理平衡的关键问题，又要重视企业追求利益的合理的行为方式。在追寻与取得利益的平衡过程中，企业经理层采取行动的行为方式有"道"与"术"两种方式。经营实践表明，追求诚实守信的企业是从根本上采用"道"的方式，自然就会兼顾企业长期利益与短期利益，然而过分追求收入利润的企业所采用的只是一种"术"的方式，也许会取得短期利益，但可能忽视企业的长期利益，不利于企业的持续稳定协调发展。

在现代企业经营过程中，真正的商道是以诚信为本之道。无数企业实践证明，企业制定发展战略，提高竞争能力，最终获得在市场上的竞争优势，都得遵循这种商道。诚信为本之道的核心在于人。企业经理层要取信于自己的员工，取信于自己的顾客；同时也要指导企业员工取信于外部利益相关者。有鉴于此，企业经理层要将诚信作为自己的核心价值观，用以指导企业的管理实践，彻底明确管理在于赢得人心。众多企业希望通过自己具有优质品牌的产品来获得忠实的顾客和广阔的市场，这是企业通过品牌的信息来传达诚信的一种重要方式。

12.2 商业伦理道德自律机制

12.2.1 职业道德自律的含义

自律是个体为追求道德本身的目的而制定的伦理原则，个体达到一种不受外在的约束或情感的左右而依据其"良心"法则行动的自主状态。

现代社会职业越发展，职业生活越丰富，人们在职业活动中的主体地位也越突出。

第一，职业道德自律表现为自我立法，在职业活动中它表现为个体将外在职业道德规范，即职业义务内在生成为自我的职业良心，形成自己的职业道德认识、职业道德情感、职业道德意志以及职业道德习惯等。

第二，职业道德自律意味着自我选择，个体依据自己的"良心"制定伦理原则，本身就内含着个体的选择自由，由于人及其价值观的复杂多样，使得在职业活动中人的职业道德观念和职业道德行为层次有别，这也正是主体选择自由的一种表现。

第三，职业道德自律还意味着自我控制，自律所内含的主体选择自由绝不是任意、毫无限制的，为维护社会各行各业的正常运行，个体的职业行为选择必须遵循一些共同的准则，这就要求主体达到自我选择的自由是以主体具有理性和支配自身行为的能力为必要前提，正是这种理性和支配能力促使主体摆脱了外在的控制而达到自主自觉，认清了个人在职业活动中所应担当的社会职责和应尽的社会义务，并在强烈的职业道德意志的作用下逐渐养成良好的职业道德习惯。

12.2.2 商业道德自律及其表现形式

商业道德自律是指企业员工在企业生活中，在履行对他人和社会义务的过程中形成的一种商业道德意识。商业道德自律既是体现在企业员工意识中的一种强烈的商业道德责任感，又是企业员工在意识中依据一定的商业道德准则进行自我评价的能力。

商业道德自律，第一，表现为一种职业道德情感，它是企业员工对他人和社会义务感的强烈表现。第二，商业道德自律表现为一种自我评价，它是一定社会的道德原则、规范在企业员工意识中形成的相对稳定的企业信念和意志。第三，商业道德自律，还往往表现为企业良心。企业良心是对企业责任的自觉意识，是企业员工认识、情感、意识和信念在职业活动过程中的统一。因此，企业良心在企业员工的道德生活中，就不仅能够使企业员工表现出强烈的职业道德责任感，而且能够使企业员工依据职业道德原则和规范自觉地选择和决定行为，成为企业员工发自内心的巨大的精神动力，在企业员工的职业行为中起着主导的作用。

12.2.3 自律在商业道德建设中的作用

建立商业道德自律机制是商业道德形成和发展的高级形态，对培养和造就从业者的自律精神具有极其重要的意义。

第一，企业活动首先是人的创造性劳动，始终离不开企业经营者主观能动性的发挥，要有效组织人力资源挖掘个体的潜能，使企业员工积极主动地从事企业业务，没有一种敬业、乐业、勤业的自律自觉精神显然是不可想象的。

第二，企业生活是企业员工个体社会化的重要场所，企业员工在劳动中创造着社会的物质文明和精神文明，也正是在劳动中个体实现着包括职业荣誉感和职业成就感在内的精神需要的满足，在这里个体找到了自我与社会的接洽点，没有一种发自内心的自主自觉，个体是难以在创造社会价值中实现自我价值的。

第三，商业道德自律作为企业员工道德践行的发动机制，在解决当前社会转型期，由于价值观的嬗变和理想信念的失落等引起的在职业道德领域存在的道德混乱，乃至道德"真空"等方面问题具有风向标的作用，通过增强自律提高企业员工的自我辨识能力，促使企业员工的职业道德素质和社会道德风貌趋于健全完善。

12.2.4　商业道德自律机制的组成

商业道德自律机制是指商业道德自律的一种结构和活动原理。它是商业道德规范的具体要求、标准和内容转化为企业组织和企业员工的内在目标、标准和需要，并且企业员工自觉承担起职业行为选择的结果。在这种机制下，商业道德规范的执行不是受制于外力，而是通过企业员工自我调节、自我约束、自我判断和自我"立法"来体现商业道德规范的内容及要求的一种制度安排。

商业道德自律机制的内容是指保证商业道德自律机制正常运行，发挥其职能作用的基本构成要件和因素。其主要包括商业自律组织机制、商业自律规范机制、商业自律目标机制、商业自律环境机制等内容。

1）商业自律组织机制

商业自律，不仅是企业员工个体的自律，而且是职业整体的自律。因此，要实现这种集体自律，建立健全相应的自律管理机构就是首要的基本任务和内容，它是实现自律的基本组织保证。

建立商业自律组织机制，广泛开展商业道德评议讨论制度。为了切实有效地促使企业员工遵守职业道德，保护企业员工不受打击报复，顺应时代发展要求，借鉴国际惯例，建立一个权威性的企业行业自律组织，实行企业员工自律组织管理，我国的商业道德在管理体制上应实行行业自律与政府行为的统一、协调，政府管制应在坚持行业自律原则的前提下明确管理的范围和形式，同时加强加大执法力度。

2）商业自律规范机制

商业自律组织如何建立及如何开展业务、企业员工如何进行职业道德自律都需要有规章制度可以遵循，因此，商业自律需要有一系列的相应法律、法规和制度，自律实际上是企业员工的自我约束，没有规章制度，自律作用是极其有限的。

商业自律管理的法规及制度应包括：商业自律规范和要求、商业自律组织建设规章制度、商业自律检查规章制度等内容。

3）商业自律目标机制

商业自律目标是指商业道德自律机制运行的预定目的或结果。

商业自律目标机制的基本运行目标就是完善整体商业道德和企业员工个体道德，并使其二者有机统一。在不同时期，或不同地区、不同单位，商业道德自律目标，无论是整体还是个体都常常存在不同价值取向、较高级次目标和较低级次目标等矛盾。要保证商业自律目标机制基本目标的最佳实现，目标机制须发挥以下功能：

第一，目标决策功能，即保证商业自律运行目标对各个不同取向的目标的绝对支配作用和主导作用；

第二，目标控制功能，即通过对自律机制的基本目标的分解和具体化，使其内涵于各个个体、级次的具体目标中，并随这些目标的实现而最终得以实现；

第三，目标协调功能，即在某种具体目标因过度膨胀或冲动而有悖总体目标时，适时施加影响和干预；

第四，目标应变功能，即保证预定自律目标的实现值，能顺应外部条件和自律运行过程本身的变化得到有效校正。

4）商业自律环境机制

商业自律机制的效应状况，不仅同其内部机制是否优化有关，而且同其外部机制是否优化有关。因此，要保证使其有一个正常的外部机制，即在一定程度上依赖其所处的外部企业及经济机制环境，如全社会性的道德教育状况，企业员工普遍的职业道德水准等，不仅同自身的内部机制有关，而且同它与该社会经济、政治、文化等构成的外部机制有关。

企业业务是社会经济管理业务，企业资料是社会资源，企业员工是社会人、经济人中的一部分，只有在从事企业业务时，他才是一个企业员工。因此，商业道德自律机制的建立一方面要尽可能适应特定环境的要求；另一方面要求社会要尽可能为商业道德自律制造、提供更适宜的内部、外部环境条件。按照《公司法》要求，在发挥企业员工及组织职业道德自律主导作用的同时，还要充分发挥业务主管部门、政府财政部门以及其他管理部门的监管作用，还要动员全社会都来支持、关心、理解企业业务，营造一种良好的社会氛围，商业道德自律机制才能真正发挥其应有作用。

12.2.5 商业道德自律建设内容

商业道德自律建设主要包括下列内容：树立商业道德信念、履行商业道德义务、培养商业道德良心、注重商业道德荣誉、捍卫商业道德尊严、坚守商业道德节操。

1）树立商业道德信念

商业道德信念是指企业员工应具备的对做好企业业务的理想追求，既包括社会理想，如共产主义理想等对社会的良好期望；又包括道德理想，如把自己塑造为能被社会承认的良好人格形象的愿望，表现为对做人的尊严、价值和品格的追求等对自己社会人格的良好期望。

树立正确的商业道德信念，对企业员工个体和社会道德行为的倾向、道德品质和道德规范的形成和发展，起着重要的导向性和激励性作用，同时它规定着道德教育的根本任务和道德修养的基本目标。积极的人生观会形成崇高的理想，崇高的理想又会引导人们一步步走向光明的未来。企业业务是经常与钱、物打交道的业务，企业业务的好坏对一个单位经济活动效果的影响很大。企业员工只有树立正确的人生观，确立毫不利己、专门利人、全心全意为人民服务的崇高理想，才能胜任企业的重要业务。

2）履行商业道德义务

商业道德义务是指企业员工在一定的信念和道德观的支配下，自觉履行对社会、他人的责任。它包含两方面要求：其一，社会或他人对企业员工规定的责任；其二，企业员工对社会或他人所负的责任。对社会负责是企业品德的核心内容，主要包括：

第一，对社会负责。任何一个法人组织的经济活动，都是整个国民经济的一个重要组成部分，其企业信息是否真实、完整、准确，均影响着国家宏观经济调控的决策。因此，商业道德义务首先是对社会整体利益负责，能否对社会整体利益负责，是衡量企业员工是否称职的基本标准。

第二，对债权人和投资者负责。企业会计人员必须真实地反映企业的财务状况，准确分析投、融资行为的可能后果，以便让投资者、债权人正确进行投、融资判断。

第三，对单位负责。对单位负责主要表现为对单位财产安全和资金有效运作的责任。企业机构和企业员工必须对单位的财产安全负责。

履行商业道德义务的行为，是将"不得不为"变为"自觉而为"的过程，一个具有很强职业义务感的企业员工，会千方百计干好本职工作，去履行自己的使命、责任；而一个职业义务感不强或没有职业义务感的企业员工，就会把企业业务当儿戏，也就谈不上做好本职工作。因此增强职业义务感，是企业员工做好本职工作的基础。

3）培养商业道德良心

商业道德良心是指企业员工在履行职业义务过程中形成的道德责任感以及对自己职业道德行为的稳定的自我评价能力与自我调节能力。商业道德良心的表现是多方面的，它表现为企业员工对企业本职业务的责任感，对职业对象的同情感，对自己行为的是非感，对正确职业行为的荣誉感，对错误职业行为的羞愧感。商业道德良心主要表现在以下三个方面：

第一，在做出某种企业行为之前，商业道德良心要求企业员工要依据履行商业道德义务的要求，对行为的动机进行自我检查，并否定不道德的动机。

第二，在企业行为进行过程中，商业道德良心起着监督作用，对符合商业道德要求的感情、意志和信念，予以坚持和鼓励，反之则予以否定，特别是在行为过程中发现并认识到错误时，它能使人们改变行为的方向和方式，即良心发现，自觉地保持正直的人格。

第三，在企业行为结束时，针对自己行为的后果和影响做出评价：对良好后果，感到内心满足和欣慰；对不良后果，进行内心谴责，表现出内疚、惭愧和悔恨。

培养企业员工的职业良心，就是培养企业员工爱憎分明的立场，培养除恶扬善的精神；就是要把商业道德原则、范畴和具体的专业道德要求，变成内心的道德要求，并且用这种内在的要求自觉地指导自己在职业生活中的言行。把外在的要求变成内在的要求，这需要经历一个长期的实践过程。在这个过程中，企业员工必须把树立社会主义商业道德的责任感同对企业业务的科学认识结合起来。

4）注重商业道德荣誉

商业道德荣誉是指企业机构或企业员工履行了社会责任义务后，得到的道德上的褒奖和赞许，它既反映了社会对企业员工行为的道德价值的一种肯定，又反映了周围人的尊敬程度。商业道德荣誉是推动企业员工履行职业义务的高尚情操和巨大的精神力量，它可以激发企业员工关心自己的名声、集体的威望和整个行业的信誉，鼓舞企业员工奋发努力，在本职岗位上做出贡献。

5）捍卫商业道德尊严

尊严是由于认识到自己存在的社会价值而产生的一种自尊心或尊严感。商业道德尊严是指社会或他人对企业的尊敬，以及企业员工对自己职业的珍爱。这种职业尊严感，来自于对企业业务的崇高信念和社会作用的明确认识。

商业道德尊严只能在严格履行商业道德义务和责任的过程中形成，要使企业在社会中获得应有的地位，并得到社会的承认和尊重，需要企业员工共同努力，追求职业的自我完善，得到良好的社会口碑，形成有影响力的职业精神。捍卫职业尊严感能使企业员工在企业业务中坚守责任，胸怀正义，还能最大限度地激发企业员工的自豪感，从而使其在业务中处于最佳的精神状态。

6）坚守商业道德节操

商业道德节操是指企业员工在职业行为上应体现大公无私和高度的原则性。企业员工的日常业务与钱、物打交道，在业务中所接触的人和事也与其经济利益有着密切的关系。因此坚守商业道德节操对企业员工来说尤为重要。商业道德节操包含以下方面：

第一，在局部与整体利益关系上的坚持原则。局部与整体利益关系包括单位与国家、单位内部各部门与单位、个人与各部门等的利益关系。企业员工应在这些关系的处理中坚持原则，不能以局部利益牺牲整体利益，同时，要在保护单位整体利益上坚持原则。

第二，在个人与集体利益关系上的公私分明。企业负责管理经营股东的财产物资，在业务上的公私分明是对企业员工起码的要求，高尚的节操应做到大公无私。

第三，抗拒拉拢腐蚀。单位任何人想损公肥私、中饱私囊，都逃不过企业会计人员的眼睛。因此，企业会计人员应在拉拢腐蚀面前坚持立场，刚正不阿，一身正气。

企业员工节操是做好企业业务，保持企业员工自身一生清白的最基本的职业道德。

作为实例，下面我们说明荣事达企业为全体员工制定的企业竞争自律总则。

第一条　荣事达在对内对外的各项活动中形成的企业理念——"和商"理念，源于企业十多年来生产经营活动的实践。随着企业的发展，"和商"理念已成为荣事达全体员工的主导意识，成为处理企业与消费者、企业与企业、企业内部上下级以及企业职工之间关系的基本行为准则。

"和商"理念的核心思想是：倡导相互尊重、相互平等、互惠互利、共同发展、诚信至上、文明经营、以义生利、以德兴企的道德规范和企业自律准则，并用它来调整企业对内对外的各种关系。

第二条　在企业经营中，荣事达力倡"和商"理念，一切从消费者的利益出发，严以律己，宽以待人，在企业内部严格实行零缺陷管理，追求产品零缺陷和服务零缺陷。

第三条　荣事达决心把"和商"理念转化为全体员工共同一致、彼此共约的内心态度、理想境界和行为方式，以此激发全体员工的积极性、创造性，以实现"办一流企业，创一流品牌，树一流形象"的企业目标。

第四条　爱祖国、爱企业、爱岗位是荣事达人在"和商"理念指导下正确处理国家、集体、个人三者利益关系的员工自律准则，它同时又是企业价值观的高度概括。荣事达将继续用这一自律准则来规范本企业员工的行为。

|12.3|　商业伦理道德他律机制

12.3.1　商业道德他律的内涵

他律相对于自律而言，是指服从自身以外的权威与规则的约束而行事的道德原则。德国哲学家康德认为，他律的这种约束人们行事的原则，可以来自于社会，"快乐的引诱，或对幸福的渴求"；也可以来自于"宗教权威、宗教礼仪、宗教狂热与迷信"。

近几年来，我国正在注重加强社会道德建设，特别是职业道德建设，建立了多层次适应各行各业的规范，如"爱岗敬业、诚实守信、办事公道、服务群众、奉献社会"。应当说，经过群众的实践和理论的集中，已经形成了比较完整的职业道德规范体系。职业道德的他律就是通过这些规范体现的"应当如何"的要求。这种客观的外在规范对从业者来说既是一种劝导，又是一种约束。有了一定的规范，长期坚持下去，使个体养成适应职业要求的良好习惯，就会逐渐由外而内地培养并促进个体道德的自觉性和自主性，这正是由他律向自律转化的过程。

商业道德他律可以从以下两个方面来理解其内涵：

第一，商业道德他律是外在于企业员工主体的规范系统，尚未形成企业员工主体自觉，对企业员工主体来说它是一种不得已而为之的律令，因而具有外在制约性，它是维护企业活动正常进行所必需的社会规则及企业准则对不同企业人员的统一要求。

第二，商业道德他律是一种外在于企业员工主体的评价系统，它以社会舆论为导向，通过公众舆论的褒贬抑扬来实现行为的社会调控，对企业员工主体自身来说，他律作为一种外在于企业员工主体的评价系统往往实现着某种道德之外的目的，因而商业道德他律作为对个人主观任意的一种制约是为维系社会秩序而对个体自律程度不足的一种补充。

12.3.2 他律在商业道德建设中的作用

在商业道德建设中，他律发挥着极其重要的作用。

首先，商业道德建设的过程也可以说是一个职业道德规范由他律到自律的个体职业道德的生成过程，即通过企业义务的他律灌输才能逐渐提升到形成企业良心的自律自觉，这是道德形成和发展的一般规律在商业道德建设中的体现，在这里他律灌输及其制约是不可逾越的，道德的实践性特点决定了他律灌输的必要性。

其次，职业活动至今尚是人们用以谋生的手段，企业也不例外。在企业活动中的道德建设就必须从现实活动中的企业员工个体出发，企业员工个体的特点及其矛盾性决定了商业道德建设必须运用他律机制。在我国目前体制转型引发道德真空的情况下，良心的自我约束力大为减弱，他律的运用就显得尤为紧迫和必要。

最后，职业活动作为一项社会性生产，由于其社会分工的复杂化和利益主体的多元化决定了职业活动需要多种社会规范进行调控。那么规范最终通过自律来达到社会控制的目的，但社会存在决定社会意识，正视我国目前社会现状也就会发现商业道德建设至今仍是以他律型为主。

针对目前的商业道德现状，通过建章立制，辅之以必要的社会舆论监督，尤其是企业行业协会监督和行政监督、党纪监督乃至司法监督，从较低层次的规范入手强化他律，在企业活动中存在的不良现象会大为好转。在道德形成与发展过程中他律灌输阶段无法超越，在道德运作实践中他律还是自律的不可或缺的保障，离开他律不仅难以形成自律，即便形成也难以持久稳固。古人在论及个人修养时强调"慎独"，但是就目前的社会存在而言，真正能达到慎独境界的毕竟只是部分人。试想在一个社会震荡、利益重组，改革深入的时期，他律的手段远未完备，与其忧心如焚地呼唤自律，毋宁实事求是地建设并加强他律制约机制，促使个体的行为选择合乎社会职业规范，再经过长期不懈的培育过程从而达到主体的自觉升华。否则只能欲速则不达，超越社会现实和历史阶段的道德建设往往事倍功半。

12.3.3 商业道德他律机制的形式

商业道德建设要遵循道德形成和发展的一般规律，重在培养造就企业员工的自律自觉的精神。我们之所以要强调由他律向自律的转化，是因为自律是他律的基础，他律最终通过自律起作用，离开自律的他律难以从根本上改变人，无法唤起企业员工的自我修养与自我改造的热情，治标不治本。商业道德他律机制主要包括：

1) 社会舆论监督机制

长期以来，社会舆论监督在职业活动中发挥着他律制约作用，但这种抽象的监督机制顺应低效率、慢节奏、结构单一的社会体制的需要，其运作社会成本较高并要以全民的文化素质和社会参与能力的相当水准为前提，多半属事后监督，况且这种舆论监督何以为被监督者所接受，如从业者对此种舆论充耳不闻抑或闻而不动，即使最终有所行动也莫过于慈悲为怀，那么这种监督必定是软弱无力的。

为了配合社会信用建设，我们认为建立企业员工的诚信档案势在必行，从而大力发挥社会舆论监督机制的作用。

2）公司法律制度机制

我国十分重视企业立法，已经拥有独立于其他法律之外的《公司法》，颁布后经过实践又进行了修订，这在国际上并不多见，与之配套的公司法规文件则更多。这些法律、法规明确规定了与企业相关的单位、部门、个人在企业行为履行中的权利、责任；强调加强各单位内部监督及单位负责人、企业机构、企业员工的企业监督的法定职责；对违反《公司法》的法律责任，特别是对单位负责人法律责任的规定是前所未有的，但是在公司法律执行过程中尚存在许多问题：一是公司法规的社会认知度不高；二是"有法不依，执法不严，违法不纠"的问题普遍存在。在企业领域，人超越法律控制企业的现象比比皆是。因此，加大对违反公司法规的惩治与处理力度是根治企业造假的良药，是促使企业自律的最强有力的外力。

3）财经审计监督机制

当企业的财务行为与公司的法规制度发生抵触时，往往片面强调搞活经营，而放松了对违纪违规行为的监督。目前企业监督、财政监督、审计监督、税务监督等形式上的监督很多，但存在着监督标准不统一，各部门在管理上各自为政，功能上相互交叉，造成各种监督不能有机结合，不能从整体上有效地发挥监督作用；公司的法规制度在规范性以及广度、深度、力度等方面都不能给企业内部监督提供有力的支持，进而难以形成有效的监督机制。内部审计作为国家监督体系的组成部分之一，代表国家的利益，通过企业经济活动的监督和控制，保证国家财经法规的贯彻执行，但这种由企业设置的内部审计机构，往往不能被企业真正所接纳，从而很难起到监督作用。

4）企业内部控制机制

企业内部控制机制是指企业的各级管理部门在内部产生相互制约、相互联系的基础上，采取的一系列具有控制功能的方法、措施和程序，并进行规范化、标准化和制度化，从而形成的一整套严密的控制体系，如组织机构控制机制、职务分离控制机制、授权批准控制机制、预算控制机制、财产安全控制机制、企业业务程序控制机制等，通过这些机制我们可以及时发现、纠正可能出现的偏差，防范财务造假，避免把潜在的危机转变为现实的损失，能使凭证有效、记录完整、正确，稽核有力，能有效地堵塞漏洞、防止或减少损失，防止和查处贪污盗窃等违法乱纪行为。可见企业内部控制机制是遏止企业做假的重要工具，是实施自动防错、查错和纠错，实现自我约束、自我控制的重要他律手段。

|12.4| 商业伦理道德评价机制

12.4.1 商业伦理道德评价的重要作用

在企业业务中，企业员工自觉不自觉地总要根据自己的政治观点和道德观点去评判别人的行为，衡量自己的行为，相应地企业员工自身的职业行为也会受到其他社会成员的评判。这种评定和判断人们商业道德行为的价值活动，就是商业伦理道德评价。它是调整企业员工之间、企业员工与其他社会成员之间、与集体、国家之间的关系，以及维护财经制度和财经纪律的重要形式。

商业伦理道德评价的对象是企业行为。商业伦理道德评价包括两方面内容：

第一，员工之间和社会对企业行为的评价，对企业符合商业道德的行为给予充分肯定、支持和赞扬；对企业不道德的行为给予严厉批评、否定和谴责，处以行政处罚、民事处罚，直至追查刑事责任，使企业员工逐步形成共产主义道德。

第二，企业员工对自身行为的评价，认识自己哪些职业行为是道德的，哪些行为是不道德的，从而扬善弃恶，履行企业员工的社会职责，特别要坚定善恶的内在信念，形成相应的行为品质，使自己的观念形态的道德思想，转化为现实的商业道德行为。

商业伦理道德的职能和作用的发挥，主要是靠商业伦理道德评价来实现的。商业道德评价越是正确、广泛，商业道德的职能、作用越能得到发挥，商业伦理道德对社会的影响作用就越是强而有力。离开了商业道德评价，商业道德就失去了它存在的价值和意义，变成无生命力的东西。商业道德评价的作用主要表现在：

（1）商业伦理道德评价是商业道德规范的捍卫者

商业伦理道德的有效性和权威性并不靠其宣言，而是靠它对人们行为的实际约束力量，这种力量是由商业道德评价来表现的。商业道德评价通过社会舆论、传统习俗和内心信念等方式对人们实行普遍的商业道德监督。人们该做什么，不该做什么，什么是善行，什么是恶行，商业道德评价起仲裁作用。在现实经济生活中，企业员工之间、企业员工与其他社会成员之间的关系的调整离不开商业道德评价，它为人们传递商业道德评价价值的信息，行使着商业道德命令的职能，是共产主义道德的忠实卫士。

（2）商业伦理道德评价是商业道德规范转化为商业道德行为和品质的"杠杆"

企业员工的道德品质不是自发形成的，商业道德评价是商业道德品质形成的必不可少的重要因素。这是因为，无论是商业道德教育还是商业道德修养，都离不开商业道德评价。实际上，对企业行为善恶的判断过程，也就是对他进行商业道德教育的过程；企业员工对自身行为善恶的判别过程则是自我的商业道德修养过程。同时，商业道德评价所造成的商业道德环境和社会风尚，也为企业员工道德品质的形成提供了良好的条件。可见，商业道德评价是推动人们把一定商业道德原则和规范转化为商业道德信念和习惯的精神力量，没有商业道德评价就没有商业道德。

12.4.2 商业伦理道德评价的标准

判断企业员工职业行为的善与恶是商业道德评价的基本任务。为此，首先必须明确商业道德评价的标准，即善与恶的标准问题。善与恶，是道德评价中一对更基本的范畴，用来对人们的思想和行为进行的肯定或否定。在现实生活中，人们总是从一定的立场出发，把一切道德的行为称为善行，把一切不道德的行为称为恶行。就商业道德评价的范围而言，符合商业道德治理原则和商业道德治理规范的行为才称得上善行；反之，则是恶行。在判断企业员工行为的善与恶时，应该认识到：

第一，企业员工在职业生活上的善恶观与社会上的善恶观一样，是客观存在的观念；

第二，企业员工职业生活的善恶观随经济关系和阶级关系的变化而变化；

第三，善恶观的变化是绝对的，但有其相对的客观标准。

我国商业道德评价的最高标准就是反映无产阶级利益的善恶标准。具体来说，我国现阶段商业道德评价的标准有：

第一，是否有利于国家的经济建设和社会生产力的发展；

第二，是否有利于企业业务顺利进行，企业科学发展及财务制度的贯彻落实；

第三，是否有利于人民生活不平的提高。

其中，最后一点是最根本的评价标准，是终极标准。

12.4.3 商业伦理道德评价的根据

商业伦理道德评价的根据是什么？这就涉及商业道德行为的动机与效果的关系问题。在通常情况下，动机与效果是相吻合的，但有时不一致，甚至非常矛盾。因此，在对商业道德行为进行评价时，是以动机为根据，还是以效果为根据？对此，伦理学界展开了长期的争论，形成唯动机论和唯效果论。唯动机论者认为，道德评价的唯一标准是行为动机，至于效果好坏不予考虑；唯效果论者则认为，评价道德行为，只能看效果，不能看动机。实践表明，以上两种观点都不能解决行为善恶评价的根据问题。

马克思主义伦理学强调以动机和效果的辩证统一作为道德评价的根据，揭示了动机和效果的辩证关系。毛泽东同志说："唯心论者是强调动机否认效果的，机械唯物论者是强调效果否认动机的，我们和这两者相反，我们是辩证唯物主义的动机和效果的统一论者，为大众的动机和被大众欢迎的效果，是分不开的，必须使二者统一起来。"这一论断，为我们正确地进行道德评价指明了方向。因此，社会主义商业道德必须以行为动机和效果的辩证统一作为判断善恶的根据。

在社会实践的基础上，动机和效果既是统一的，又是对立的。动机和效果的统一，首先是因为，两者相互依存，相互包含。动机总是包含着潜在的效果。在行为的整个过程中，动机总要受到它所指向的预期效果的限制；效果则是在一定动机的指引下形成，效果中体现着动机。其次是因为两者在一定的条件下能相互转化。人们在社会生活中总要吸收自己以前、同时代人或前辈的行为经验而行动，这些行为所取得的效果，成为人们新的动机产生的基础，新的动机又产生新的效果，这样循环往复，周而复始，一次比一次提高，人类的认识就这样不断升华，社会实践就这样不断向前发展。动机和效果对立，表现在人们行为的主观动机和客观效果有时不一致。由于客观事物非常复杂，人们的认识能力有限，无法完全预料自己在行为过程中可能会出现的各种意想不到的情况，因而在实践生活中"好心办坏事"，好的动机产生坏的效果，这些情况也常常存在。不过，这种对立是在统一的基础上的对立。

动机和效果的对立统一，决定了在进行商业道德评价时，既要考虑产生企业行为的动机，又要考虑企业行为带来的效果，把动机和效果在企业实践的基础上统一起来，最终以实践及效果作为评价的标准，也就是毛泽东同志所说的"社会实践及其效果是检验主观愿望或动机的标准"。之所以这样，是因为一方面人的动机总是从实践中产生和发展的，总要表现为实践活动，而实践的效果最终又是动机的客观表现；另一方面，实践是在主观动机指导下力图达到一定效果的整个过程，效果是整个行为实践过程的最终结果和归宿。一般来说，企业员工在业务中，其动机和效果会表现为以下情况：

第一，好的动机产生好的效果，坏的动机引出坏的效果。譬如一位优秀的会计师本着为国家、为人民负责的高度责任感，会做到账面清楚，核算准确，监督严格，收支相符，参与经营，参与管理；相反，一位动机不纯的企业员工，会在账目上做手脚，满足私欲。

第二，好的动机产生坏的效果或坏的动机引出好的效果。在企业业务中，这类现象时有发生。例如，刚参加企业业务的新手，尽管有搞好业务的动机，但因为缺乏必要的经验和知识技能而在实务中做不出好的结果。不过，通过总结经验，在随后的实践中钻研业务，纠正错误，最终会使动机与效果一致起来。有个别企业员工的不良动机有时也会引出好的效果，这种坏心办好事，常常是道德的伪善者达到其不道德目的的手段，用假象迷惑人，以求逞强，但他所做的"好事"是为了达到不良的目的，这种行为必然会在他们的行为中留下痕迹，随着时间的推迟，他们的不道德动机也必然会同最后的效果趋于一致。这告诉我们只要坚持实践的观点，就能对动机、效果的道德性质做出正确判断。

所以，在商业道德评价中，我们要坚持动机与效果辩证统一的观点，在企业实践的基础上把动机和效果结合起来，通过效果来看动机，又联系动机来看效果。只有这样，我们对企业员工的行为才能做出客观、正确的评价。

12.4.4　商业伦理道德评价的方式

商业伦理道德评价的方式有三种：社会舆论、传统习俗和内心信念。前两者是商业伦理道德评价的客观方式，后者是商业伦理道德评价对人们的商业道德行为进行善恶判定，从而会对企业员工的思想和行为产生重大影响。

1）社会舆论

社会舆论就是众人的议论，是人们用语言或文字对所关心的社会生活中的事件或现象所发表的某种倾向性的意见。社会舆论可分为：政治舆论、文艺舆论、宗教舆论和道德舆论等。企业的社会舆论是指道德舆论，也就是人们依据商业伦理道德评价的标准，对企业员工的思想、行为所作的褒贬，如光荣或耻辱、公正或偏私、正义或非正义。社会舆论具有两个显著特点：

第一，范围广泛性，凡是存在人群的地方，任何人都要受到社会舆论的制约；

第二，外在强制性，也就是舆论的压力。

正是因为社会舆论存在上述特点，所以它成为影响人们意识的强大力量，成为商业伦理道德评价的主要方式。社会舆论就其产生来说，有的通过自觉的途径形成，有的则通过自发的途径形成。从企业领域来讲，自觉的社会舆论是指各级人民政府和国家商业伦理机关（财政部门），利用各种宣传工具（如报纸、杂志、广播、电视等），表彰或肯定优秀企业员工的道德行为，谴责或否定少数企业员工的不道德行为，对企业员工进行宣传教育，从而形成一种精神力量，使企业员工接受、遵循社会主义道德规范。近几年来，我国有关单位在这个方面做了大量业务，报刊宣传、报道了许多优秀企业员工的事迹，不少省市，如四川、湖北、吉林、上海等，组织召开了优秀企业员工表彰大会。

同时，不少报刊对深原野、琼民源、闽福发、红光实业、棱光实业、银广夏、四砂股份、黎明股份、猴王股份、方正科技、兰州黄河等企业的各种舞弊造假案件加以披露，令人触目惊心、愤怒万分，而其中没有一个案件与企业脱得了干系，人们自然把企业与假账联系起来，企业的社会公信力降至谷底。其实，诚信对任何人都重要，如果我们每个人都以诚信要求自己，都以诚信对待他人，我们的社会就会成为诚信、和睦的社会。所以说，今日之中国社会最需要的是诚信。

2）传统习俗

传统习俗即传统习惯和社会风俗，它是人们在长期社会生活中形成的一种稳定的、习以为常的行为倾向，它具有稳定性和群众性两个特点。传统习俗也称自发的社会舆论，它是商业道德评价的另一种方式。企业领域的传统习俗是长期以来在企业业务实践过程中形成的、习以为常的职业行为倾向，它表现为一定的业务情绪和业务方式。这些企业习惯，世代相传，具有历史稳定性。这些是企业员工之间不言自明的道德常规，即"习惯成自然"。风俗习惯可一分为二：新习惯和新风俗，旧习惯和旧风俗。对于前者要大力支持、肯定、宣传；对于后者的合理部分可加以改造，对于后者的消极、落后部分则应予以清除。

3）内心信念

内心信念是道德评价借以调整人们行为的内在方式，是一种内在力量。商业道德的内心信念，是指企业员工发自内心对商业道德治理原则、商业道德治理规范或商业道德治理理想的真诚信服和高度责任感，它是企业员工道德情感、商业道德观念和商业道德意志的内在统一，是企业员工对自身职业行为应负商业道德义务的一种商业道德责任感。对企业员工来说，内心信念是他们商业道德活动的理性基础，它使人们对商业道德行为的必然性和正当性做出合理的解释，使企业员工在道德评价中形成一种自知、自尊、自戒的精神，从而成为企业员工对行为进行自我调整的巨大精神支柱。

在上述三种商业道德评价方式中，社会舆论和传统习俗是其社会方式，反映道德评价的广泛性和群众性，对人们的企业行为具有外部约束作用；内心信念则是其自我方式，它表现商业道德评价的自觉性和深刻性，对自我企业行为具有内控作用。两者有机结合在一起，才能使商业道德评价发挥巨大的积极作用。

12.4.5 商业伦理道德评价指标体系与评价标准的设计

本书对商业伦理道德评价指标体系与评价标准也从六个维度进行设计，分别是股东权益与控股股东行为的道德评价、董事与董事会的道德评价、监事与监事会的道德评价、经理层的道德评价、信息披露的道德评价以及利益相关者的道德评价。

1）股东权益与控股股东行为的道德评价

根据《中国公司治理原则》以及《上市公司治理准则》对股东权利、股东会的规范、控股股东行为规范等的规定，我们认为评价股东权益与控股股东行为应包括股东会、上市企业独立性、中小股东权益保护以及关联交易等四个方面。

对股东权益与控股股东行为的道德评价，我们主要设计两个方面四个指标：

（1）关联交易的道德评价：①同行联系度；②融资资信度。

（2）股东道德状况：③股东忠诚度；④股东信誉度。

2）董事与董事会的道德评价

董事会治理质量的评价应密切结合中国上市企业的治理环境，充分考虑法律赋予董事会的职责以及董事会的特征，从保障企业科学决策的目标出发，注重董事行为的合法性和董事会运作的有效性。基于上述考虑我们从董事权利与义务、董事会运作效率、董事会构成、董事薪酬和独立董事五个维度，设置评价董事会治理质量的指标体系。

对董事与董事会的道德评价，我们主要设计两个方面四个指标：

（3）独立董事的道德评价：⑤独立董事的独立性；⑥独立董事勤勉尽责的程度。

（4）董事会道德状况：⑦董事忠诚度；⑧董事信誉度。

3）监事与监事会的道德评价

我国上市企业的监事会作为企业内部的专职监督机构的基本职能是以董事会和总经理为主要监督对象，监督企业的一切经营活动以及财务状况。在监督过程中，随时要求董事会和经理人员纠正违反企业章程的越权行为。对监事会参与治理的评价应该以"有效监督"为目标，注重监事的能力和监事会运行的有效性。其中监事能力保证性包括监事会成员的独立性、监督的积极性等；监事会运行的有效性包括规模上的有效性、结构上的有效性、监督权力的有效性等。

对监事与监事会的道德评价，我们主要设计两个指标：

（5）监事会道德状况：⑨监事会的独立性；⑩监事的胜任能力程度。

4）经理层的道德评价

企业的社会责任使得企业经理层不仅要为股东的利益服务，而且要为更广泛的利益相关者服务。为了促使经理层能够有效地行使职责，一个最基本的前提条件是要选拔优秀的经理人员。在此基础上，给予经理人员充分的权力以及有效的激励与约束都是提升其效率的关键。在中国转轨时期，经理人市场的作用极为有限，市场的选拔机制以及激励机制的作用程度很低，对经理人的选拔以及激励约束主要应通过内部治理机制来实现。目前中国上市企业经理层治理实质上要解决两方面的问题：一是要使经理层有能力并积极地通过自身利益的实现来使利益相关者的利益最大化，从而解决管理无力和管理腐败的问题，这可以通过良好的激励与约束机制来实现；二是要尽可能使有能力的经理层做出有利于企业长远发展的科学决策，这可以通过恰当的任免机制和执行保障机制来实现。

对企业经理层的道德评价，我们主要设计三个指标：

（6）经理道德评价：⑪经理人操守；⑫经理人忠诚度；⑬经理人信誉度。

5）信息披露的道德评价

上市企业信息披露评价主要包括四项内容：一是财务信息，包括使用的会计准则、企业的财务状况、关联交易等；二是审计信息，包括注册会计师的审计报告、内部控制评估等，审计及信息披露评价当前比较注重审计关系本身的合规性、独立性；三是披露的商业伦理信息是否符合相关规定，目前虽具有较高的定性标准，但是缺乏具体的量化标准；四是信息披露的及时性等。其中信息透明度是核心，具体从完整性、真实性以及及时性三个方面衡量信息披露的质量。其中信息披露的真实性是信息的生命，要求企业所公开的信息能够正确反映客观事实或经济活动的发展趋势，而且能够按照一定的标准予以检验；信息披露的及时性要求企业应在信息失去影响决策的功能之前提供给决策者。由于投资者、监管机构和社会公众与企业内部管理人员在掌握信息的时间上存在差异，为解决获取信息的时间不对称性可能产生的弊端，上市企业应在规定的时期内依法披露信息，以增强企业透明度，降低监管难度；信息的披露完整性要求上市企业必须提供企业完整的信息，不得忽略、隐瞒重要信息，使信息使用者能够全面了解企业的商业伦理结构、财务状况、经营成果、现金流量、经营风险及风险程度等。公开所有法定项目的信息，使投资者足以了解企业的全貌、事项的实质和结果，披露的完整性包括形式的完整和内容的完整。

对信息披露的道德评价，我们主要设计三大方面三个指标：

（7）完整性披露（相关性披露）。

（8）真实性披露（可靠性披露）。

（9）及时性披露（信息披露的公信力）：⑭会计报表诚信度；⑮审计报告诚信度；⑯信息披露的社会接受程度。

6）利益相关者的道德评价

我们根据利益相关者在商业伦理中的地位与作用，并且考虑到评价指标的科学性与可行性，主要从利益相关者参与商业伦理和利益相关者关系的和谐角度设置反映利益相关者的评价指标。利益相关者参与商业伦理方面主要评价其参与商业伦理的程度，较高的利益相关者参与程度意味着企业对利益相关者权益保护程度和科学决策的可能性的提高；利益相关者关系的和谐角度方面主要考察企业与由各利益相关者构成的企业生存和成长环境的关系的协调程度，包括企业员工参与程度、社会责任履行状况、企业投资者关系管理、企业和监督管理部门的关系、企业诉讼与仲裁事项等评价内容。

对信息披露的道德评价，我们主要设计五大方面十七个指标：

（10）企业社会责任履行状况：⑰税收贡献率；⑱企业就业率；⑲企业残疾人就业率；⑳社区融洽度；㉑社会美誉度。

（11）企业投资者关系管理：㉒企业对投资者忠诚度。

（12）企业与购销客户的关系：㉓企业对顾客忠诚度；㉔供销稳定；㉕产品价格满意度；㉖产品质量满意度；㉗客户服务满意度。

（13）企业诉讼与仲裁事项：㉘企业遵纪守法程度。

（14）企业员工参与程度：㉙企业对员工的忠诚度；㉚员工对企业的忠诚度；㉛员工的敬业程度；㉜企业对退休员工的关心程度；㉝员工的满意度。

具体对股东权益与控股股东行为的道德评价、董事与董事会的道德评价、监视与监事会的道德评价、经理层的道德评价、信息披露的道德评价以及利益相关者的道德评价的一级指标、二级指标、三级指标所形成的指标体系、指标说明与评价标准见表12-1。

表12-1　　　　商业道德评价指标体系与评价标准表

一级指标	二级指标	三级指标	指标说明	评价标准
股东权益与控股股东行为	（1）关联交易的道德评价	①同行联系度	考核企业横向联系水平	与同行企业保持良好关系
		②融资资信度	考核企业诚信水平	按时按量履行还款义务
	（2）股东道德状况	③股东忠诚度	衡量股东是否长期持有该企业股票	持有期限
		④股东信誉度	评价股东对承诺的履行程度	按时按质履行

一级指标	二级指标	三级指标	指标说明	评价标准
董事与董事会	（3）独立董事的道德状况	⑤独立董事的独立性	考核独立董事职责履行的保障状况	有关规定
		⑥独立董事勤勉尽责的程度	考核独立董事的工作成果	企业有关章程
	（4）董事会道德状况	⑦董事忠诚度	考核董事对企业利益的维护程度	有效保障企业利益
		⑧董事信誉度	考核董事履行承诺的程度	有效履行承诺
监事与监事会	（5）监事会道德状况	⑨监事会的独立性	考核监事会工作的客观独立性	监事会能独立履行职能
		⑩监事的胜任能力程度	考核监事的工作能力	监事具备专业素质履行职能
经理层	（6）经理道德评价	⑪经理人操守	考核经理个人的道德水平	具备综合的个人修养
		⑫经理人忠诚度	考核经理对企业的忠诚	对股东利益一贯性的维护
		⑬经理人信誉度	考核经理对承诺的履行	能按时按质履行承诺
信息披露	（7）完整性披露（相关性披露）			
	（8）真实性披露（可靠性披露）			
	（9）及时性披露（信息披露的公信力）	⑭会计报表诚信度	考核上市企业信息披露是否真实公允	应真实披露企业财务信息
		⑮审计报告诚信度		
		⑯信息披露的社会接受程度	考核公众对财务信息的接受程度	公众对企业财务信息有较大认可度

续表

一级指标	二级指标	三级指标	指标说明	评价标准
利益相关者	（10）企业社会责任履行状况	⑰税收贡献率	考核企业对纳税义务的履行	企业越及时足额纳税越好
		⑱企业就业率	考核企业对社会就业的贡献	企业吸纳就业人数占总人口的比率
		⑲企业残疾人就业率	考核企业对社会公益事业的贡献	企业吸纳就业的残疾人人数
		⑳社区融洽度	考核企业对社区文化的贡献	对社区其他成员利益的考虑
		㉑社会美誉度	考核企业社会责任的履行程度	企业对整个社会公益的关心
	（11）企业投资者关系管理	㉒企业对投资者忠诚度	考察企业对投资者的关心程度	企业对投资者利益的维护水平
	（12）企业与购销客户的关系	㉓企业对顾客忠诚度	考察企业对顾客的关心程度	企业对顾客利益的考虑
		㉔供销稳定度	考察企业的产销链是否成熟	企业产销链是否正常运营
		㉕产品价格满意度	考察企业的产品定价是否合适	企业产品的性价比越高越好
		㉖产品质量满意度	考察企业的产品质量是否可靠	企业产品安全可靠
		㉗客户服务满意度	考核企业提供服务的质量	企业提供的服务是否及时有效
	（13）企业诉讼与仲裁事项	㉘企业遵纪守法程度	考察企业对法律法规的遵守度	企业接受起诉和处罚的次数
	（14）企业员工参与程度	㉙企业对员工的忠诚度	考核企业提供服务的质量	企业提供的服务是否及时有效
		㉚员工对企业的忠诚度	考察员工对企业利益的维护度	企业员工是否一贯维护企业利益
		㉛员工的敬业程度	考察员工对工作的认真度	企业员工是否一贯认真完成工作任务
		㉜企业对退休员工的关心程度	考察企业对退休员工的关心度	企业是否关心退休员工利益的维护
		㉝员工的满意度	考察企业对员工利益的保障度	企业对员工个人的综合利益的考虑

12.4.6 包括商业道德评价在内的公司治理综合评价模型及指数等级划分

1）包括商业道德评价在内的公司治理综合评价模型

在建立评价指标体系、确定评价标准以及评价指标重要性系数的基础上，采用综合指数法对公司治理质量进行综合评价。其基本模型为：

$$CCGI^{NK}=\alpha_1 CCGI^{NK}_{BDS}+\alpha_2 CCGI^{NK}_{BOD}+\alpha_3 CCGI^{NK}_{BOM}+\alpha_4 CCGI^{NK}_{TOM}+\alpha_5 CCGI^{NK}_{ID}+\alpha_6 CCGI^{NK}_{SH}+\alpha_7 CCGI^{NK}_{CE} \qquad (12-1)$$

式中：$CCGI^{NK}$表示治理指数；

α_i（i=1，2，3，…，7）表示各评价要素的重要性系数；

$CCGI^{NK}_{BDS}$表示股东会与上市企业独立性评价指数；

$CCGI^{NK}_{BOD}$表示董事会治理评价指数；

$CCGI^{NK}_{BOM}$表示监事会治理评价指数；

$CCGI^{NK}_{TOM}$表示经理层治理评价指数；

$CCGI^{NK}_{ID}$表示信息披露评价指数；

$CCGI^{NK}_{SH}$表示利益相关者治理评价指数；

$CCGI^{NK}_{CE}$表示企业伦理道德状况评价指数。

2）包括商业道德评价在内的公司治理指数等级划分

按照上述过程编制的上市公司治理指数采用百分制形式，最高值为100，最低值为0。其具体评价的等级为：

$CCGI^{NK}$ Ⅰ：治理指数90～100；

$CCGI^{NK}$ Ⅱ：治理指数80～90；

$CCGI^{NK}$ Ⅲ：治理指数70～80；

$CCGI^{NK}$ Ⅳ：治理指数60～70；

$CCGI^{NK}$ Ⅴ：治理指数50～60；

$CCGI^{NK}$ Ⅵ：治理指数<50。

|12.5| 商业伦理文化与和谐社会建设

12.5.1 和谐社会与和谐企业

和谐意识是中国文化精神的一项重要内容，它包含了人与自然之间关系的和谐。作为企业还应包含员工与企业之间关系的和谐，以及企业与企业、企业与社会之间关系的和谐，只有实现全面和谐，企业才能健康发展，达成构建和谐企业与和谐社会的崇高目标。

1）和谐社会基本内容

社会主义和谐社会应该是民主法治、公平正义、诚信友爱、充满活力、安定有序、人与自然和谐相处的社会。自然界向人类提供的资源是不可再生的，人类需求的增长与自然界所能提供的各类资源必须相适应。人与自然的和谐发展，是基于人类社会可持续发展的必然要求。

2）和谐社会与和谐企业的关系

企业作为国民经济的基本元素和单元细胞，肩负着构建和谐社会的重要使命，它在享受和谐社会带来的巨大利益的同时，必须以科学发展观为指导，处理好自然、社会、企业发展的关系，实现自然、社会、企业的和谐发展。构建和谐社会，对于企业来说，就是构建和谐企业。

构建和谐企业与构建和谐社会之间是相辅相成、互相促进的辩证关系。构建和谐企业，培养高素质员工，足以促进和谐社会的构建；以构建和谐社会作为目标模式激励、引导企业在构建和谐社会的系统中开阔眼界、积极进取，再筑新的辉煌。

3）构建和谐社会要求创建和谐企业

构建和谐社会是全社会的共同责任，需要全体社会民众的共同参与。企业和企业家，无论是作为社会组织还是作为公民，都应积极参加和谐社会的构建，并且承担创建和谐企业的历史使命和时代责任。创建和谐企业是时代的需要。

（1）创建和谐企业是构建和谐社会的需要

社会是一个复杂的系统，由众多的组织和个体组成。企业是国民经济的细胞，也是社会的有机组成部分。物质资料的生产是社会的基本条件，而企业正是物质资料生产的载体和现代生产力的综合体现者。社会产品由企业生产，社会财富由企业创造，社会就业大量由企业吸纳，社会科技进步主要来源于企业的实践，社会人才很多由企业培植，社会的物质文明、精神文明和政治文明建设企业是基础等。因此，人们视企业为社会的"四梁八柱"，并不为过。进一步说，构建社会主义和谐社会，这个"和谐"是多元的，它涉及的方方面面都与企业息息相关，诸如活力问题、公正问题、有序问题、人与自然的关系问题等，都需要在企业中得到回应，得到落实。这就要把企业的创业发展纳入构建和谐社会的体系，形成与和谐社会相协调的和谐企业。

（2）创建和谐企业是企业可持续发展的需要

由于和谐社会为民营企业的发展提供了良好的环境，所以民营企业得以快速发展，在整个国民经济中的地位、作用日益凸现。然而，我国民营企业的平均寿命只有2.6年，远低于美国企业的8.2年和日本企业的12.5年。"短命"的原因是多方面的，例如：急于求成，企业发展盲目提速；立业未稳就盲目扩张和多元化；投资关系复杂，短贷长投现象频出；没有将主要精力放在企业核心竞争力的培育上；缺乏诚信，法规意识淡薄以及企业的各种矛盾激化导致分裂式瓦解等。我们从中得出一个基本认识：创建和谐企业、和谐创业是民营企业创新发展的成功之路。

（3）创建和谐企业是企业和企业家的社会责任

在和谐社会的构建中，企业可以说是"一身二任"。就企业而言，作为一个社会组织，是社会的"细胞"；就企业家而言，是社会公民。无论是作为社会组织还是作为社会公民来说，都享有国家法律保护合法权益的权利，都享有和谐社会所提供的良好的创业发展环境。当然，权利与义务、灾害与责任是对等的，公民与企业对构建和谐社会都有义不容辞的责任，而最直接、最能体现尽心尽责之举便是创建和谐企业。

12.5.2 塑造先进商业诚信文化，创建和谐企业

在建设和谐社会的背景下，建设和谐企业，把企业做大做强，同样需要先进文化的支撑和推动，塑造先进的商业诚信文化已成为企业发展的迫切需要。

商业诚信文化是一个生态系统，是和谐共生的，应该是可以发展创新的，并且具有自我调节功能的。现在我国正在为构建和谐社会而努力，要求进行商业诚信文化创新，塑造先进的商业诚信文化。

1）先进商业诚信文化建设在推动企业和谐发展中的重要作用

（1）塑造先进商业诚信文化是适应市场经济的内在要求

文化是经济发展的推动力，经济活动往往是经济、文化一体化的动作。在对外开放和经济全球化的背景下，经济的发展比任何时候都需要文化的支持。美国哈佛商学院通过对世界各国企业的长期分析研究得出结论："一个企业特定的商业诚信文化是当今影响企业本身业绩的深层次原因。"用文化手段促进国际经济贸易，已经成为西方发达国家的国际营销艺术。

（2）塑造先进商业诚信文化是企业和谐发展的客观需要

相对于企业的其他资源因素，产品、技术、资金、商业伦理者及管理方式而言，先进的商业诚信文化是最能稳定发挥作用的因素。研究表明，真正影响企业长期发展的不是技术也不是资金，而是文化。2004年，世界500强企业的平均寿命是40多岁，而我国民营企业的平均寿命只有5.7岁。可见，商业诚信文化在未来10年将成为决定企业兴衰的关键因素。

（3）塑造先进商业诚信文化是提升企业品牌的有效手段

企业品牌涵盖了企业的产品质量、创新能力、管理水平。企业信誉和社会形象等内容，是人们区别和选择商品或服务的一个重要标志。可口可乐、通用电气、松下等这些耳熟能详的企业，都已历经百年而势头强劲。事实证明，企业的品牌价值是无穷的，品牌的文化价值越高，其对顾客的吸引力越强，企业的生命力就越旺盛。

2）塑造以人为本的先进商业诚信文化是引领企业和谐发展的内在要求

（1）坚持把打造以人为本的商业诚信文化作为商业诚信文化建设的核心内容

企业职工是企业物质文化和精神文化的创造者、建设者和发展者。因此，在商业诚信文化的建设过程中，无论是企业宗旨、制度建设，还是在生产过程中劳动者的行为准则都要确立人的中心地位，最大限度地发挥人的主观能动性。企业要切切实实把职工当作企业发展的最重要资源，不但要全面提高职工的工资福利、民主管理权利、家庭生活条件，还要给职工提供进修培训的机会和事业成长的空间，以保证职工在企业建设中的生力军地位。企业坚持以人为本，还要在尊重职工个性、视职工为利益主体的前提下，引导职工树立企业需要的价值观，进而指导、规范他们的行为，培养职工"以企业为家"的情感，倡导其履行社会责任，创建和谐的商业

诚信文化环境。

（2）塑造企业的团队精神是推动企业和谐发展的基础条件

要把企业中的成千上万名职工凝聚起来，只靠金钱是不够的，企业必须具备共同的价值观、目标和信念。对共同价值的认同会使职工产生稳定的归属感，从而吸引并留住人才。事实证明，企业只有形成了优秀的商业诚信文化，才能打造出一支战无不胜的职工队伍。要鼓励广大干部职工融入比学习、比工作、比干劲、比业绩，互相学习、取长补短，互相团结、共同进步，互相宽容、互不计较的情感之中，从而化解各种矛盾和冲突，心往一处想，劲往一处使，产生良好的凝聚力和归属感。这种凝聚力和归属感反过来又可以转换成强大的战斗力，推动企业发展。要充分发挥企业的团队协作精神，还需要企业内部形成上下一致的价值观。这就意味着企业在塑造以人为本的先进文化推动企业发展的同时，必须注重企业与社会的和谐，也就是注意承担企业的社会责任。企业的社会责任主要有两项内容：一是为社会提供物质财富；二是为社会造就高素质的人才。承担好这两大责任，要求企业在文化建设中坚持以人为本，进一步调动职工的积极性、主动性、创造性。

3）坚持商业诚信文化的创新是推动企业和谐发展的不竭动力

（1）企业内部凝聚力和外部竞争力的形成需要商业诚信文化的不断创新

以先进商业诚信文化推动企业的和谐发展，就是要最大限度地发挥商业诚信文化的导向凝聚功能、整合创新功能，全面提升企业的综合素质和核心竞争力，使企业在强劲而深厚的文化动力中获得持续、健康发展。随着经济全球化进程的加快，企业之间的竞争已经转变为人才、品牌和文化的竞争，说到底就是商业诚信文化的竞争。在社会主义市场经济条件下，需要建设符合社会主义先进文化前进方向的先进商业诚信文化，积极从商业诚信文化的土壤里吸取养分，不断增强企业的凝聚力，增强产品的竞争力，为企业的长远发展打造永不枯竭的动力之源。

（2）创建先进的商业诚信文化是实现企业和谐发展的必然要求

当代经济社会的发展，创新成为关键环节，而创新与风险相伴而行，这就需要营造一种鼓励创新、积极向上的开拓性商业诚信文化，以形成不畏风险、与时俱进的良好氛围。商业诚信文化的核心是其思想观念，它决定着企业成员的思维方式和行为方式，能够激发员工的士气，充分发掘企业的潜能。一个好的商业诚信文化氛围建立后，它所带来的是群体的智慧、协作的精神、新鲜的活力，这就相当于在企业的核心装上了一台大功率的发动机，为企业的创新和发展提供源源不断的精神动力。商业诚信文化是内在的约束，制度安排是外在的约束。因此，商业诚信文化建设必须与企业的创新有机结合起来，为企业的和谐发展提供适宜的环境和充足的营养。

复习思考练习题

一、单项选择题

1.关于商业道德自律和他律的关系，下列说法正确的是（　　）。

A.商业道德就是自律的，不能是他律

B.他律就是个人服从外部的约束，被人管着，没有自主和自由，就是外在的强制

C.商业道德的"自律"，是以"他律"为前提

D.商业道德就是他律的，不能是自律的

2.商业道德义务不包括（　　　）。

A.对社会负责 　　　　　　　　　　　B.对债权人和投资者负责

C.对单位负责 　　　　　　　　　　　D.对自己负责

3.商业道德节操不包含（　　　）。

A.在局部与整体利益关系上的坚持原则

B.在个人与集体利益关系上的公私分明

C.坚持自律和他律相结合

D.抗拒拉拢腐蚀

4.关于商业伦理道德评价，下列说法正确的是（　　　）。

A.商业道德教育还是商业道德修养，都离不开商业道德评价

B.商业伦理道德的有效性和权威性要看其宣传

C.企业员工的道德品质是自发形成的

D.企业业员工在职业生活上的善恶观与社会上的善恶观一样，是主观存在的观念

5.下列有关商业伦理道德评价的方式，说法错误的是（　　　）。

A.社会舆论、传统习俗是商业伦理道德评价的客观方式

B.社会舆论、传统习俗是道德评价对人们的商业道德行为进行善恶判定

C.社会舆论和传统习俗是其社会方式，它们反映道德评价的广泛性和群众性

D.社会舆论和传统习俗对人们的企业行为具有外部约束作用

二、多项选择题

1.商业道德自律机制的内容包括（　　　）。

A.自律管理组织机构 　　　　　　　　B.自律管理规范机制

C.自律目标机制、 　　　　　　　　　D.自律职能机制

E.自律环境机制

2.要保证商业道德自律机制基本目标的最佳实现，目标机制须发挥以下功能（　　　）。

A.目标决策功能 　　　　B.目标控制功能 　　　　C.目标协调功能

D.目标应变功能 　　　　E.目标导向功能

3.商业道德自律建设主要包括（　　　）。

A.树立商业道德信念 　　　B.履行商业道德义务 　　　C.培养商业道德良心

D.注重商业道德荣誉 　　　E.捍卫商业道德尊严

4.商业道德良心的表现是多方面的，主要包括（　　　）。

A.对企业本职业务的责任感 　　　　　B.对职业对象的同情感

C.对自已行为的是非感   D.对正确职业行为的荣誉感

E.对错误职业行为的羞愧感

5.商业道德他律机制不包括（   ）。

A.社会舆论监督机制   B.员工自律机制   C.企业道德评价机制

D.公司法律制度机制   E.财经审计监督机制

三、判断题

1.对投资者和债权人负责是企业品德的核心内容。   （   ）

2.商业伦理道德的职能和作用的发挥，主要是靠商业伦理道德评价来实现的。   （   ）

3.企业员工职业生活的善恶观不会随经济关系和阶级关系变化而变化。
                                          （   ）

4.“是否有利于国家的经济建设和社会生产力的发展”是我国现阶段商业道德评价的终极标准。   （   ）

5.构建和谐企业与构建和谐社会之间是相辅相成、互相促进的辩证关系。
                                          （   ）

四、简答题

1.职业道德自律的含义是什么？

2.商业道德自律建设的内容有哪些？

3.商业道德评价包括哪些内容？

4.商业道德自律与他律的辩证关系是什么？

5.商业伦理与和谐社会的关系是什么？

案例讨论题

大诚于人，信通天下：大信会计师事务所七十载

在1945年抗日战争胜利后的举国欢腾中，大信品牌在荆楚大地武汉横空出世；40年后的1985年，在改革开放的春风中，大信品牌涅槃重生，以当时全国首家合伙制事务所的面貌直面市场挑战；时至今日，在中国经济腾飞、“创业创新”的浪潮之中，大信品牌已然脱胎换骨，屹立于注册会计师行业的强者之林。

岁月如梭，弹指挥间。大信会计师事务所是中华人民共和国第一家合伙制会计师事务所，从未更换过所名，更未改变过以诚信立所的信念。“大诚于人，信通天下”的信念将催动一辈又一辈大信人奋发图强。

一、回眸：抗战胜时大信立，七十余载已逝，来日辉煌可期

经过八年浴血奋战，中国人民于1945年取得抗日战争的伟大胜利，国家开始民族经济复兴的伟大进程。就在这一年，在“九省通衢”的武汉，我国现代会计先行者吴英豪先生怀着服务国家经济建设之情，继上海立信后，以“潘氏模式”在武汉创立中国会计界第二个“三位一体”（会计师事务所、会计学校、会计期刊三位一体）的会计师事务所。

1978年12月，党的十一届三中全会之后"改革开放"的春风吹绿了祖国大地；1980年，财政部做出了重建中国注册会计师制度的战略决策，给我国注册会计师行业恢复发展带来了巨大希望。在党的改革开放春潮的推动下，吴益格先生为顺应时代形势需要，断然从国企提前退休下海，秉承老师遗愿，在武汉恢复重建我国第一家合伙制会计师事务所——武汉大信会计师事务所，并以"自力更生、艰苦奋斗"的精神，战胜"五无"（无钱、无人、无经验、无靠山、无关系）困难，在短短3年内使事务所在武汉站稳脚跟，为后继发展奠定了坚实基础。

在当年的市场环境下，"五无"的大信想承揽到业务并不容易，但大信的"草根"特质也使他们更愿也更能吃苦——大所看不上的业务，大信做；大所不愿意去的偏远地区，大信去！从武汉谌家矶一家乡镇企业的报表辅导起步，肯吃苦耐劳、愿放低身价而专业能力又过硬的大信赢得了口碑，改革开放前期纷纷涌现的乡镇企业也给了大信丰足的市场空间，并逐渐形成了"农村包围城市"的态势，事务所发展蒸蒸日上。脱钩改制极大地激发了大信人的创新精神，他们运用"三大法宝"（机制灵活、重用人才、优质服务），在国有事务所"一统天下"的环境下，巧出奇兵，不一味强攻湖北市场，而是采取外围战术，一举抢占山东7家IPO公司、广西3家IPO公司，然后"农村包围城市"，杀回武汉，取得"湖北第一"的佳绩。

二、"龙头"进京 肯吃苦再成制胜法宝

经过15年的艰苦奋斗，进入新千年的大信取得湖北省会计师事务所业务收入第一的业绩。但此时，大信也面临发展瓶颈甚至是低谷——在成绩面前，有人已进取心不足；首次合并其他事务所不欢而散，做大道路受阻；有人对日渐年长的董事长吴益格的领导力心存疑虑，对发展前途悲观失望。大信是继续向前，还是就此止步？壮心不已的吴益格经过深思熟虑，决定顺应时代发展的潮流，把事务所总部迁到竞争更加激烈、发展机会更多的北京去，开启大信的二次创业。

此时，正是注册会计师行业发展史上著名的"百所进京"时期，与大信一同涌入北京的，还有上百家不甘在地方"小打小闹"的事务所，他们也有雄心壮志，甚至有更好的背景或资源。但大浪淘沙，进京的"百所"有的迅速发展壮大，有的与人合、被人合后名号消失，还有的则铩羽而归。

三、大信欲建"百年老店"

大信会计师事务所（特殊普通合伙）自1985年恢复重建以来，经过30年的不懈努力，从一个地方所发展为具有H股资格的大型会计师事务所，业务收入突破10亿元，员工超过3 000人，跻身本土所前列，成为促进经济社会发展的重要力量。现阶段的大信更加重视一体化管理，特别关注审计质量保障。对于这方面的工作，他们已经有了初步的打算。

四、"做大"后更重一体化

大信计划通过2~3年的努力，形成管理科学、质量过硬、总所与分所协同发展、规模与质量互为驱动的良好局面，不断巩固和提升行业一流大所的地位。

首先是积极推进全所一体化管理。大信将着力解决几个制度性问题，包括解决好合伙团队的价值理念认同度、处理好财务管理与合伙人收益分配机制的制度瓶颈、协调好统一管理与单位间绩效的矛盾冲突。

地区业务总部是大信的管理特色和创新。目前，大信已设立北京、武汉、山东、上海、深圳、江西、吉林、西南等八大地区业务总部。为推进一体化管理，提高审计质量，大信将以"八大"地区总部为重点实施两大举措：一是"八大"地区总部合伙人率先实行在一个"利润池"里收入统一分配；二是"八大"地区总部新增的证券期货、金融等高风险业务项目率先实行按地区、按行业管理。

大信管委会认为，当前，总分所质量控制必须实行一体化管理，分所执业实行分类管理，高风险业务集中由地区业务总部承办。下一步，大信将逐步实施业务项目按地区和按行业管理。他们计划首先完善绩效考核激励机制和利益分配方式，包括内部收入分配办法等，为项目管理改革创新制度条件。随后在基础较好的区域业务总部实行试点，力争用1—2年左右的过渡期，基本实现业务项目按地区和按行业管理。

五、严把审计质量"生命线"

审计质量是会计师事务所安身立命的"生命线"，新时期的大信在这一方面下足了功夫。他们把质量控制的关口前移，严格把控业务项目承接准入关。一是审慎评估承接拟上市业务项目，要求在承接该类项目时进行全面尽职调查和风险评估。各业务总部、分所承接拟上市企业项目，必须报经质量控制部门评估，经业务总部总经理审批后方能承接。涉及重大风险事项的项目由主任会计师审批。二是严格把关"接下家"上市公司业务项目。在签订业务约定书前深入了解上市公司的有关事项，高度关注业务复杂程度、财务状况等情况，经事务所风险控制部门讨论，主任会计师批准后方能承接。三是对于地方投融资平台发债业务项目，大信将保持审慎态度，要求业务部门在承接发债项目前要深入讨论财务重组、资产注入、利润来源等方案的可行性，并以书面形式上报质量控制部门，经同意后方可承接。

六、育人才、重人才是立所之本

能吃苦、打得了硬仗的专业人才是大信持续发展进步的原动力，支持着这家无官办背景的事务所掘取第一桶金，从3 000元注册资本起家到业务收入超10亿元，从湖北武汉杀进北京市场。培育人才、用好人才、重视人才是大信的立所之本。如今，大信依然把很大一部分力量投入到人才建设方面。

大信人认为，提高审计质量，关键取决于执业人员的素质和专业胜任能力。他们还坚守"诚实做人、诚信执业"的所训，充分利用大信平台优势，积极与对外经贸大学合作，为大信专门开办会计、审计硕士班，从全所选派有经验、有培养前途并具备学士学位的人员去学习、培训，为造就一批高级执业人才奠基。大信不但下决心选拔、引进、培育一批既有深厚理论基础，又有实务经验的高层次专业人才，而且积极争取对外经贸大学和武汉大学等高校支持，着手筹建大信博士后流动站。

"雄关漫道真如铁，而今迈步从头越"。大信已经走过了前后70余年的岁月，大信创始人已逝，重建者吴益格也已退居幕后，大信已将管理权向以胡咏华为首席合伙人、主任会计师的管理团队转移。随着会计师事务所股权的稀释，大信已经逐渐摆脱"家族企业"的标签。这家全国最早的合伙制会计师事务所全新演绎着"志同、人和"的合伙理念，向着"立足中国、走向世界、创一流会计师事务所""打造大信百年老店"的目标进发。

资料来源　佚名.大信会计师事务所风雨70年方得"苦后甜"[EB/OL].[2015-12-11]. http://bbs.dongao.com/thread-3905089-1-1.html.

讨论问题：

1.大信会计师事务所历经70余年风雨成功执业的原因何在？

2.大信人为什么要坚守"诚实做人、诚信执业"的所训？对我们有何启示？

国务院办公厅关于加强个人诚信体系
建设的指导意见

国办发〔2016〕98号

各省、自治区、直辖市人民政府，国务院各部委、各直属机构：

为弘扬诚信传统美德，增强社会成员诚信意识，加强个人诚信体系建设，褒扬诚信，惩戒失信，提高全社会信用水平，营造优良信用环境，经国务院同意，现提出以下意见。

一、总体要求

（一）指导思想。全面贯彻落实党的十八大和十八届三中、四中、五中、六中全会精神，深入贯彻习近平总书记系列重要讲话精神，按照党中央、国务院决策部署，以培育和践行社会主义核心价值观为根本，大力弘扬诚信文化，加快个人诚信记录建设，完善个人信息安全、隐私保护与信用修复机制，健全守信激励与失信惩戒机制，使守信者受益、失信者受限，让诚信成为全社会共同的价值追求和行为准则，积极营造"守信光荣、失信可耻"的良好社会氛围。

（二）基本原则。

一是政府推动，社会共建。充分发挥政府在个人诚信体系建设中的组织、引导、推动和示范作用。规范发展征信市场，鼓励调动社会力量广泛参与，共同推进，形成个人诚信体系建设合力。

二是健全法制，规范发展。健全个人信息法律法规、规章制度和标准规范，严格保护个人隐私和信息安全。

三是全面推进，重点突破。以重点领域、重点人群为突破口，推动建立各地区各行业个人诚信记录机制。依托全国信用信息共享平台与各地方信用信息共享平台、金融信用信息基础数据库与个人征信机构，分别实现个人公共信用信息、个人征信信息的记录、归集、处理和应用。

四是强化应用，奖惩联动。积极培育个人公共信用信息产品应用市场，推广个人公共信用信息社会化应用，拓宽应用范围。建立健全个人诚信奖惩联动机制，加大个人守信激励与失信惩戒力度。

二、加强个人诚信教育

（一）大力弘扬诚信文化。将诚信文化建设摆在突出位置，以培育和践行社会主义核心价值观为根本，大力普及信用知识，制定颁布公民诚信守则，将诚信教育贯穿公民道德建设和精神文明创建全过程。加强社会公德、职业道德、家庭美德和个人品德教育，营造"守信者荣、失信者耻、无信者忧"的社会氛围。

（二）广泛开展诚信宣传。结合春节、国际消费者权益日、劳动节、儿童节、网络诚信宣传日、全国信用记录关爱日、诚信兴商宣传月、国庆节、国家宪法日暨全国法制宣传日等重要时间节点和法定节假日，集中宣传信用政策法规、信用知识和典型案例。推动创作中华传统诚信文化与时代价值观相融合的诚信文艺作品、公益广告，丰富诚信宣传载体，增加诚信宣传频次，提升诚信宣传水平。

（三）积极推介诚信典型。充分发挥媒体舆论宣传引导作用，大力发掘、宣传有关部门和社会组织评选的诚信道德模范、优秀志愿者等诚信典型。组织各类网站开设网络诚信专题，经常性地宣传推广各类诚信典型、诚信事迹，推出一批高质量的网络诚信主题文化作品，加强网络失信案例警示教育。支持有关部门和社会组织向社会推介诚信典型和无不良信用记录者，推动实施跨部门、跨领域的守信联合激励措施。

（四）全面加强校园诚信教育。将诚信教育作为中小学和高校学生思想品德教育的重要内容。鼓励高校开设社会信用领域相关课程。支持有条件的高校院所开设信用管理相关专业。推动学校加强信用管理，建立健全18岁以上成年学生诚信档案，推动将学生个人诚信作为升学、毕业、评先评优、奖学金发放、鉴定推荐等环节的重要考量因素。针对考试舞弊、学术造假、不履行助学贷款还款承诺、伪造就业材料等不诚信行为开展教育，并依法依规将相关信息记入个人信用档案。

（五）广泛开展信用教育培训。建立健全信用管理职业培训与专业考评制度。加大对信用从业人员的培训力度，丰富信用知识，提高信用管理水平。鼓励各类社会组织和企业建立信用管理和教育制度，组织签署入职信用承诺书和开展信用知识培训活动，培育企业信用文化。组织编写信用知识读本，依托社区（村）各类基层组织，向公众普及信用知识。

三、加快推进个人诚信记录建设

（一）推动完善个人实名登记制度。以公民身份号码制度为基础，推进公民统一社会信用代码制度建设。推动居民身份证登记指纹信息工作，实现公民统一社会信用代码全覆盖。运用信息化技术手段，不断加强个人身份信息的查核工作，确保个人身份识别信息的唯一性。以互联网、邮寄递送、电信、金融账户等领域为重点，推进建立实名登记制度，为准确采集个人诚信记录奠定基础。

（二）建立重点领域个人诚信记录。以食品药品、安全生产、消防安全、交通安全、环境保护、生物安全、产品质量、税收缴纳、医疗卫生、劳动保障、工程建设、金融服务、知识产权、司法诉讼、电子商务、志愿服务等领域为重点，以公务员、企业法定代表人及相关责任人、律师、教师、医师、执业药师、评估师、税务师、注册消防工程师、会计审计人员、房地产中介从业人员、认证人员、金融从业人员、导游等职业人群为主要对象，有关部门要加快建立和完善个人信用记录形成机制，及时归集有关人员在相关活动中形成的诚信信息，确保信息真实准确，实现及时动态更新。金融信用信息基础数据库和个人征信机构要大力开展重点领域个人征信信息的归集与服务。鼓励行业协会、商会等行业组织建立健全会员信用档案。

四、完善个人信息安全、隐私保护与信用修复机制

（一）保护个人信息安全。有关部门要严格按照规定建立健全并严格执行保障信息安全的规章制度，明确个人信息查询使用权限和程序，做好数据库安全防护工作，建立完善个人信息查询使用登记和审查制度，防止信息泄露。严格按照相关法律法规，加大对金融信用信息基础数据库、征信机构的监管力度，确保个人征信业务合规开展，保障信息主体合法权益，确保国家信息安全。建立征信机构及相关人员信用档案和违规经营"黑名单"制度。

（二）加强隐私保护。未经法律法规授权不得采集个人公共信用信息。加大对泄露、篡改、毁损、出售或者非法向他人提供个人信息等行为的查处力度。对金融机构、征信机构、互联网企业、大数据公司、移动应用程序开发企业实施重点监控，规范其个人信息采集、提供和使用行为。

（三）建立信用修复机制。建立个人公共信用信息纠错、修复机制，制定异议处理、行政复议等管理制度及操作细则。明确各类公共信用信息展示期限，不再展示使用超过期限的公共信用信息。畅通信用修复渠道，丰富信用修复方式，探索通过事后主动履约、申请延期、自主解释等方式减少失信损失，通过按时履约、志愿服务、慈善捐助等方式修复信用。

五、规范推进个人诚信信息共享使用

（一）推动个人公共信用信息共享。制定全国统一的个人公共信用信息目录、分类标准和共享交换规范。依托各地方信用信息共享平台建立个人公共信用信息数据库。依托全国信用信息共享平台，逐步建立跨区域、跨部门、跨行业个人公共信用信息的互联、互通、互查机制。

（二）积极开展个人公共信用信息服务。各级人民政府要依法依规及时向社会提供个人公共信用信息授权查询服务。探索依据个人公共信用信息构建分类管理和诚信积分管理机制。有条件的地区和行业应建立个人公共信用信息与金融信用信息

基础数据库的共享关系，并向个人征信机构提供服务。

六、完善个人守信激励和失信惩戒机制

（一）为优良信用个人提供更多服务便利。对有关部门和社会组织实施信用分类监管确定的信用状况良好的行政相对人、诚信道德模范、优秀志愿者，行业协会商会推荐的诚信会员，以及新闻媒体挖掘的诚信主体等建立优良信用记录，各级人民政府要创新守信激励措施，对具有优良信用记录的个人，在教育、就业、创业等领域给予重点支持，尽力提供更多便利服务；在办理行政许可过程中，对具有优良信用记录的个人和连续三年以上无不良信用记录的行政相对人，可根据实际情况依法采取"绿色通道"和"容缺受理"等便利服务措施。鼓励社会机构依法使用征信产品，对具有优良信用记录的个人给予优惠和便利，使守信者在市场中获得更多机会和收益。

（二）对重点领域严重失信个人实施联合惩戒。依法依规对严重危害人民群众身体健康和生命安全、严重破坏市场公平竞争秩序和社会正常秩序、拒不履行法定义务严重影响司法机关和行政机关公信力以及拒不履行国防义务等个人严重失信行为采取联合惩戒措施。将恶意逃废债务、非法集资、电信诈骗、网络欺诈、交通违法、不依法诚信纳税等严重失信个人列为重点监管对象，依法依规采取行政性约束和惩戒措施。在对失信企事业单位进行联合惩戒的同时，依照法律法规和政策规定对相关责任人员采取相应的联合惩戒措施，将联合惩戒措施落实到人。鼓励将金融信用信息基础数据库和个人征信机构采集的个人在市场经济活动中产生的严重失信记录，推送至全国信用信息共享平台，作为实施信用惩戒措施的参考。

（三）推动形成市场性、社会性约束和惩戒。建立健全个人严重失信行为披露、曝光与举报制度，依托"信用中国"网站，依法向社会公开披露各级人民政府掌握的个人严重失信信息，充分发挥社会舆论监督作用，形成强大的社会震慑力。鼓励市场主体对严重失信个人采取差别化服务。支持征信机构采集严重失信行为信息，纳入信用记录和信用报告。

七、强化保障措施

（一）加强组织领导。各地区各部门要统筹规划，部署实施个人诚信体系建设工作。建立工作考核推进机制，对本地区、本领域个人诚信体系建设工作要定期进行督促、指导和检查。

（二）建立健全法律法规。逐步建立和完善个人诚信体系建设法律法规，加强对个人信息安全和个人隐私的保护，有力维护个人信息的主体权利与合法权益，完善个人公共信用信息记录、归集、处理和应用等各环节的规范制度，为个人诚信体系建设创造良好的法制环境。

（三）加大资金支持力度。各地区各部门要加强社会信用体系建设经费保障，对个人诚信体系建设组织工作、管理工作积极予以经费支持。加大对个人公共信用

信息数据库建设、信息应用、宣传教育和人才培训等各方面的资金支持力度。

（四）强化责任落实。各地区各部门要高度重视个人诚信体系建设工作，强化责任意识，细化分工，明确完成时间节点，确保责任到人、工作到人、落实到人。

各地区各部门要加强领导，高度重视，率先垂范，结合工作实际，切实有效开展个人诚信体系建设相关工作。国家发展改革委会同有关部门负责对本意见落实工作的统筹协调、跟踪了解、督促检查，确保各项工作平稳有序推进。

国务院办公厅

2016 年 12 月 23 日

主要参考文献

[1] 魏杰. 中国经济之变局 [M]. 北京：中国发展出版社，2009.

[2] 刘梦辉. 浅析城市环境污染及治理对策 [J]. 改革与开放，2010（11）.

[3] 刘清. 低碳经济下的废弃物管理 [J]. 经营与管理，2010（10）.

[4] 韩保江. 正视中国经济可持续发展面临的挑战 [N]. 中国经济时报，2004-02-16.

[5] 全国工商管理硕士教育指导委员会. 工商管理硕士教学大纲 [M]. 北京：机械工业出版社，2011.

[6] 国家环境保护总局. 各省、自治区、直辖市贯彻〈国务院关于落实科学发展观加强环境保护的决定〉文件汇编 [M]. 北京：中国环境科学出版社，2007.

[7] 项锦联. HSE管理体系推进企业安全文化建设研究——以航天晨光股份有限公司为例 [D]. 南京：南京理工大学，2010.

[8] 叶陈刚. 推行职业道德守则　提升注册会计师公信力 [J]. 中国注册会计师，2010（6）.

[9] 叶陈刚，王海菲. 公司内部治理机制研究述评与启示 [J]. 审计与经济研究，2011（1）.

[10] 萨缪尔森，诺德豪斯. 经济学（上、下）[M]. 高鸿业，译. 12版. 北京：中国发展出版社，1992.

[11] Boatright J R. 金融伦理学 [M]. 静也，译. 北京：北京大学出版社，2002.

[12] 叶陈刚. 企业风险评估与控制 [M]. 北京：机械工业出版社，2009.

[13] 谢永珍. 董事会治理评价研究 [M]. 北京：高等教育出版社，2006.

[14] 陈少峰. 中国伦理学名著导读 [M]. 北京：北京大学出版社，2004.

[15] 陈工孟. 公司治理概论 [M]. 北京：清华大学出版社，2003.

[16] 叶陈刚. 公司治理层面的伦理结构与机制研究 [M]. 北京：高等教育出版社，2006.

[17] 崔永东. 道德与中西法治 [M]. 北京：人民出版社，2002.

[18] 杜莹，牛习昌. 企业家的社会地位与社会责任 [J]. 河北经贸大学学报，2003（6）.

[19] 葛家澍. 上市公司财务舞弊案剖析丛书 [M]. 北京：中国财政经济出版社，2003.

[20] 周祖城，张漪杰. 企业社会责任相对水平与消费者购买意向关系的实证研究 [J]. 中国工业经济，2007（9）.

[21] 施密特. 全球化与道德重建 [M]. 柴方国, 译.北京：社会科学文献出版社, 2001.

[22] 李维安. 公司治理学 [M]. 北京：高等教育出版社, 2005.

[23] 李维安. 公司治理评价与指数研究 [M]. 北京：高等教育出版社, 2005.

[24] 弗里切. 商业伦理学 [M]. 杨斌, 石坚, 郭阅, 译.北京：机械工业出版社, 1999.

[25] 厉以宁. 超越市场与超越政府——论道德力量在经济中的作用 [M]. 北京：经济科学出版社, 1999.

[26] 刘峰. 信息披露：实话实说 [M]. 北京：中国财政经济出版社, 2003.

[27] 刘智峰. 道德中国：当代中国道德伦理的深重忧思 [M]. 北京：中国社会科学出版社, 2001.

[28] 马连福. 公司内部治理机制研究——中国的实践与日本的经验 [M]. 北京：高等教育出版社, 2005.

[29] 曾仕强. 胡雪岩的启示 [M]. 西安：陕西师范大学出版社, 2008.

[30] 蒙克斯, 米诺. 公司治理 [M]. 李维安, 周建, 等, 译.北京：中国财政经济出版社, 2004.

[31] 恩德勒. 国际经济伦理：挑战与应对方法 [M]. 锐博慧网, 译.北京：北京大学出版社, 2003.

[32] Geroge A S, John F S.企业、政府与社会 [M]. 张志强, 王春香, 译.北京：华夏出版社, 2002.

[33] 宋希仁. 西方伦理思想史 [M]. 北京：中国人民大学出版社, 2004.

[34] 苏勇. 现代管理伦理学 [M]. 北京：石油工业出版社, 2006.

[35] 萨蒙. 公司治理：哈佛商业评论精粹译丛 [M]. 孙经纬, 高晓晖, 译.北京：中国人民大学出版社, 2004.

[36] 兰顿, 瓦特肯森. 公司董事指南：职责、责任和法律义务 [M]. 李维安, 牛建波, 译.北京：中国财政经济出版社, 2004.

[37] 王学义. 商业伦理学 [M]. 成都：西南财经大学出版社, 2004.

[38] 王辉. 企业利益相关者治理研究 [M]. 北京：高等教育出版社, 2005.

[39] 叶陈刚. 商业伦理与商业诚信文化 [M]. 北京：清华大学出版社, 2007.

[40] 斯密. 国民财富的性质和原因的研究 [M]. 郭大力, 王亚南, 译.北京：商务印书馆, 1979.

[41] 于东智, 池国华. 董事会规模、稳定性与公司绩效：理论与经验分析 [J]. 经济研究, 2004（4）.

[42] 赵汀阳. 论道德金规则的最佳可能方案 [J]. 中国社会科学, 2005（3）.

［43］周祖城．企业伦理学［M］．北京：清华大学出版社，2005．

［44］刘军，黄少英．儒家伦理思想与现代商业伦理伦理［M］．北京：科学出版社，2010．

［45］刘光明．新商业伦理学［M］．北京：经济管理出版社，2008．

［46］周珊一，叶陈刚．企业社会责任信息实证研究的归纳及优化［J］．管理学家，2011（7）．

［47］叶志伟，叶陈刚．企业履行资源环境责任与可持续发展［J］．企业经济，2011（7）．

［48］叶陈刚，屈满学．欧洲主权债务的违约风险及其对银行业的影响［J］．经济与管理研究，2012（6）．

［49］叶陈刚，萧蔚．信息不对称对我国上市公司定向增发选择的影响研究——来自我国沪深股市2006—2010的经验数据［J］．审计与经济研究，2013（1）．

［50］叶陈云，叶陈刚．企业集团公司内部审计战略规划体系构建研究［J］．审计研究，2013（2）．

［51］叶陈刚，王孜．社会责任、绩效评价与市场反应［J］．软科学，2013（6）．

［52］马德芳，叶陈刚，王孜．社会责任视角下企业科技创新与文化创新协同效应研究［J］．科技进步与对策，2014（6）．

［53］张炜，叶陈刚，徐刚．C2C电子商务税收征管问题研究［J］．税务研究，2014（10）．

［54］叶陈刚．会计人生当以诚信为本［J］．财会学习，2015（2）．

［55］武剑锋，叶陈刚，刘猛．环境绩效、政治关联与环境信息披露——来自沪市A股重污染行业的经验证据［J］．山西财经大学学报，2015（7）．

［56］叶陈刚，肖韵，陈霄．土地资本化对经济增长的作用［J］．北京工商大学学报，2016（1）．

［57］叶陈刚，冯银波，王孜．国家治理结构与审计制度变革［J］．中国审计评论，2017（2）．

［58］刘猛，叶陈刚，武剑锋．CEO变更、社会信任与审计师认知［J］．山西财经大学学报，2017（7）．

［59］丘邦翰，叶陈刚，宫颖．私募股权投资对企业IPO及绩效的影响——基于天能重工案例研究［J］．中国审计评论，2018（1）．

［60］叶陈刚，刘猛．分析师关注、产权性质与盈余管理路径［J］．中南财经政法大学学报，2018（3）．

［61］叶陈云，叶陈刚．基于国家审计视角的国家监察委员会制度创新的动因、障碍与路径研究［J］．审计与经济研究，2018（2）．

［62］冯银波，叶陈刚．控制权性质、审计师行业专长与审计定价［J］．北京理工大学学报：社会科学版，2019（1）．

［63］叶陈刚，吴永民. 资本市场［M］. 郑州：河南人民出版社，2018.

［64］叶陈刚，王克勤，黄少英. 商业伦理学［M］. 北京：清华大学出版社，2013.

［65］叶陈刚. 审计理论与实务［M］. 3版.北京：中信出版社，2016.

［66］叶陈刚. 商业伦理与企业责任［M］. 北京：高等教育出版社，2016.

［67］叶陈刚. 商业伦理［M］. 大连：东北财经大学出版社，2014.

［68］叶陈刚，王孜. 企业风险评估与控制［M］. 2版.北京：机械工业出版社，2013.

［69］叶陈刚. 企业伦理与社会责任［M］. 北京：中国人民大学出版社，2012.

［70］叶陈刚. 企业文化［M］. 北京：外语教学与研究出版社，2012.

［71］叶陈刚. 内部控制与风险管理［M］. 北京：对外经济贸易大学出版社，2011.

［72］叶陈刚. 企业伦理与会计道德［M］. 3版.大连：东北财经大学出版社，2016.

［73］ANCTIL R M，DICKHAUT J，KANODIA C，et al.Information transparency and coordination failure：theory and experiment［J］. Journal of Accounting Research，2004，42（2）：159-195.

［74］BUSHMAN R，QI C，ENGEL E，et al.Financial accounting information，organizational complexity and corporate governance systems［J］. Journal of Accounting and Economics，2004，37（2）：167-201.

［75］COASE R H.The nature of the firm［J］. Economic，1937（4）：386-405.

［76］KOSTOVA T,KENDALL R.Social capital in multinational corporations and a micro-macro model of its formation［J］. The Academy of Management Review，2003，28（2）：297-317.

［77］NAM S W.Corporate governance of banks：review of issues［J］. ADBI Working Papers，2004.

［78］WILKS T J，MARK F Z.Using game theory and strategic reasoning concepts to prevent and detect fraud［J］. Accounting Horizons，2004，18（3）：173-184.

［79］YE CHENGANG.Discussion on accounting revolution in the time of network［J］. International Finance And Accounting，2001（2）：28-35.

［80］YE CHENGANG.Research on guarding against financial fraud of enterprise's branches［J］. USA-China Business Review，2002（2）：24-27.

［81］YE CHENGANG.Research on the evaluation system of CPA's social responsibility［C］. 5th.Internationa Symposium for Corporate Governance，2009-10-23.

［82］KOMAL B，YE CHENGANG，BILAL B.Challenges in the transition from China-made to China-innovation［J］. Elixir International Journal，2017（110）.

[83] LAGHARI F, YE CHENGANG.Are stock markets and foreign exchange markets cointegrated? An empirical analysis [J]. International Journal of Managerial Studies and Research, 2017, 5 (12): 1-10.

[84] SHAHAB Y, YE CHENGANG.Corporate social responsibility disclosure and corporate governance: empirical insights on neo-institutional framework from China [J]. International Journal of Disclosure and Governance, 2018, 15 (2): 87-103.

[85] SHAHAB Y, YE CHENGANG, ARBIZU A D, et al.Entrepreneurial self-efficacy and intention: do entrepreneurial creativity and education matter? [J]. International Journal of Entrepreneurial Behavior & Research, 2019, 25 (2): 259-280.

[86] QADRI S U, YE CHENGANG, JAMIL M F, et al.Corporate governance and disclosure quality: evidence from the listed non-financial firms of pakistan [J]. International Journal of Managerial Studies and Research, 2018, 6 (11): 116-127.

[87] Shahab Y, Ntim C G, Ye Chengang, et al.Environmental policy, environmental performance and financial distress in China: do top management team characteristics matter? [J]. Business Strategy and the Environment, 2018 (27): 1635-1652.